中文社会科学引文索引（CSSCI）来源集刊
中国人文社会科学期刊综合评价指标体系（AMI）集刊核心

PEKING UNIVERSITY POLITICAL SCIENCE REVIEW

北大政治学评论

（第15辑）

北京大学政府管理学院　主办

燕继荣　主编

图书在版编目（CIP）数据

北大政治学评论.第15辑/燕继荣主编.—北京：商务印书馆，2023
ISBN 978-7-100-22838-1

Ⅰ.①北… Ⅱ.①燕… Ⅲ.①政治学—文集 Ⅳ.①D0-53

中国国家版本馆 CIP 数据核字（2023）第 154739 号

权利保留，侵权必究。

北大政治学评论

（第15辑）

燕继荣　主编

商 务 印 书 馆 出 版
（北京王府井大街36号　邮政编码100710）
商 务 印 书 馆 发 行
江苏凤凰数码印务有限公司印刷
ISBN 978-7-100-22838-1

2023年10月第1版　　开本 787×1092 1/16
2023年10月第1次印刷　　印张 20
定价：108.00元

PKU Political Science Review
北大政治学评论

主办单位
北京大学政府管理学院

学术委员会

主任 俞可平

副主任 金安平 王丽萍 句 华

委员（按姓氏拼音排序）

陈　岳 中国人民大学	肖　滨 中山大学
陈振明 厦门大学	徐　勇 华中师范大学
陈志敏 复旦大学	薛　澜 清华大学
丁　煌 武汉大学	杨光斌 中国人民大学
郭苏建 复旦大学	杨海蛟 中国社会科学院
何增科 北京大学	杨开峰 中国人民大学
金安平 北京大学	杨　阳 中国政法大学
敬乂嘉 复旦大学	俞可平 北京大学
句　华 北京大学	郁建兴 浙江大学
陆　军 北京大学	张凤阳 南京大学
任剑涛 清华大学	张桂林 中国政法大学
桑玉成 复旦大学	张树华 中国社会科学院
时和兴 中共中央党校	张贤明 吉林大学
宋　磊 北京大学	张小劲 清华大学
唐士其 北京大学	周光辉 吉林大学
佟德志 天津师范大学	周　平 云南大学
王丽萍 北京大学	朱光磊 南开大学
王浦劬 北京大学	

PKU Political Science Review
北大政治学评论

编辑委员会

主编 燕继荣

副主编 杨立华　封凯栋　张长东　段德敏

编委（按姓氏拼音排序）

白　彦	包万超	段德敏	费海汀	封凯栋	顾　超	黄　璜
李国平	刘　伦	刘颜俊	刘宇辰	罗　薇	罗祎楠	马　啸
倪宇洁	庞　亮	沈体雁	孙宏哲	孙　明	田　凯	万鹏飞
王　镝	王越端	薛　领	燕继荣	严　洁	杨立华	杨文辉
杨　一	郁俊莉	曾　渝	张长东	张洪谋	赵成根	

编辑部主任　倪宇洁

编辑　费海汀　刘　伦　刘宇辰　王　镝　杨文辉　曾　渝　张洪谋

英文编辑　马　啸

学术编审　罗祎楠

卷首语

严 洁*

（轮值主编）

随着科技的迅猛发展，新一代信息技术（包括大数据、云计算、物联网、人工智能、区块链等）在各个领域的应用日益广泛，为政治学的研究和实践也带来了新的动力、议题和方法。在前沿科技的推动下，政治学的最新发展呈现出多个方面的特点。首先，政治学对权力与治理的研究变得更加深入，关注政治权力的运作机制和动态过程，关注治理体系、治理能力、治理与发展的关系。其次，政治学对政治制度与政治思想的研究更加细致，包括对不同政治制度与政治思想的比较研究、制度变迁与思想的关系，以及制度变迁与思想变迁对政治经济社会发展的影响等。再次，政治学对研究方法的研究和探索在不断深入，包括历史制度主义研究法、混合研究法、计算政治学研究法等都是新近热议的话题。最后，对于政治学学科的讨论更加广泛，包括学科发展史、权力政治学、发展政治学、历史政治学等等。

本辑《北大政治学评论》响应当代科技发展所带来的挑战，将"数字政府"与"数字治理"作为本期的特设栏目，并结合"发展政治学"这个常规栏目为读者展现解答当下中国政治发展问题的不同视角。同时，对数字政府和数字治理的讨论也离不开研究方法，本辑在"研究方法"栏目选用了实证与规范相互对话的两种方法，以及一种关于从知识创造的实践如何上升到认识论的方法。其中

---

* 严洁，北京大学政府管理学院副教授、博士生导师，北京大学国家治理研究院研究员，北京大学公共治理研究所副所长。

计算政治学的方法伴随着数字技术的发展，与数字政府和数字治理的研究相辅相成，而规范的、诠释的方法则让我们可以避免对数据的盲目依赖，得以将理论、方法和认识论相结合，从公共组织和企业的知识创造实践中归纳出一般理论的方法，为完善治理机制、实现治理现代化提供认识论途径。除了解答当下的议题，对传统话题"政治思想"和"政治制度"的回顾更能让我们从历史发展脉络中理解政治学。本辑选择了一篇结合了中国古代政治制度与政治思想的文章，一篇结合了近代知识迁移与政治思想的文章，以形成一种古今议题对话的关系。理论和方法的发展都在为整个政治学学科发展贡献智慧，本辑"学科对话"的栏目重点探讨权力政治学的发端和内涵，从权力与利益结构的视角来审视当下政治学研究中的动态分析方法。

本辑"数字政府"栏目为读者讨论了区块链政务应用和开放政府数据这两个当前热议话题。数字政府强调利用数字技术加强政府与民众、政府与市场，以及政府不同部门之间的互动，从而提升政府的治理能力和效率。随着区块链技术在政务中的广泛应用，在数字政府的建设中，应用区块链解决公共治理问题已成为各国政府创新的焦点。但当前研究大多以个案介绍区块链的技术特点，缺乏对区块链的政务应用如何促进治理质量的经验总结。曾渝和蒋培源的《区块链驱动的数字化协同治理》一文是首篇聚焦区块链在政府治理中应用的综述研究。该文基于系统文献综述方法，选取典型案例分析了区块链驱动数字化协同治理的运作机制。研究发现，区块链凭借其不可篡改、可追溯与分布式存储等技术特点，可实现数字化证明、溯源鉴真以及数据共享的功能，促进多元治理主体在公共决策、行政服务和政府监管三个方面的高效协同。与数据共享紧密相关的是开放政府数据。近年来开放政府数据运动浪潮席卷全球，成为推动开放政府建设和公共治理改革的重要内容，被赋予推动提升政府透明度、开发政府服务的社会和商业价值以及提升公众参与等期待。实践中，开放政府数据的范畴不断拓展，便利程度和公民参与程度也不断提高，但也面临着数据格式的异质性、模糊性、可发现性以及公民参与程度等问题。郭凤林和毛思佳的《开放政府数据：理论、实践与前沿》一文比较了当前发达国家不同的数据开放方案，包括英国的关联数据式、新加坡的电子服务式，以及美国的统筹管理式，并重点讨论了中国的开放政府数据实践的特点，即，以门户网站和移动端为主要形式，形成了多个以省级为单位的开放数据平台品牌，不断加强省级政府数据的互联互通。在此基础上，该文提出了关于着力推动开放数据在更高层次的整合与服务社会的建议。

本辑"数字治理"栏目重点呈现了城市治理、基层治理和人工智能治理中的问题与方法。数字治理强调数字技术、人工智能技术等信息时代的新技术在国家治理和社会治理中的应用，强调构建智能化、开放式的治理体系，实现治理能力的现代化。在城市治理领域，伴随智慧城市的不断发展，许多城市进行了多部门、长周期、大尺度的基础数据积累、整合和数据平台建设，但很大程度上仍停留在"重数据轻算法""重平台轻应用"的阶段。张洪谋的《城市智能治理中的感知、反馈与闭环》一文基于城市智能治理和智慧城市的理论与案例分析，提出应当将城市实时大数据作为城市治理中的"传感器"，将城市政策在各部门中的作用结果通过实时数据进行建模、计算、求解和政策效果评估，进而反馈进入下一阶段的政策制定过程当中，并将这一过程"算法化"和"自动化"，即形成数字治理的"闭环"。该文介绍了阿姆斯特丹、内罗毕和三亚三个城市在城市环境治理、公共基础设施和政务便民服务三个领域实现城市智能治理闭环的例子，并通过统计学中的贝叶斯学派的观点来理论化这一闭环形成的政策逻辑。随着技术的进步，基层数字治理逐渐成为基层治理能力现代化的重要议题。在对基层数字治理的研究中，不仅要关注到其基本逻辑概念，更要了解其在实践过程中的特点和模式，这样才能更好地发挥其优势。在目前基层数字治理的实践中，使用APP这种数字平台开展基层治理的方式，在提升基层政府治理效能、优化公共服务水平等方面积累了诸多经验，更赋予了基层数字治理新的重要意义。邵梓捷和韩景旭在《连接、赋能、行动：APP参与基层数字治理的经验模式》一文中，基于北京市两个地区的实践案例，提出了"连接—赋能—行动"的分析框架，并且通过案例比较对这种分析框架进行了论证。再到智能治理领域，以 ChatGPT 为标志的人工智能技术为人类生产方式、生活方式和治理方式的转型提供了强大的科技支撑与创新动力。与此同时，人工智能应用普及所伴生的风险问题亟待有效治理。赵娟、常多粉和孟天广的《国内外人工智能治理的发展进路：基于 TOPE 治理框架的组合分析》一文从人工智能治理的技术、组织、政策、伦理四个维度，构建了 TOPE 人工智能治理框架，并基于政策文本分析，系统比较了美国、欧盟、日本和中国在四大维度上的人工智能治理实践异同，提出各国人工智能治理应充分考虑 TOPE 四大维度的协同治理策略与交互促进作用，共同构建全球人工智能治理的联动智能生态系统。

本辑"发展政治学"栏目选取国家治理视域内的官僚作为研究对象,为读者展现当代影响政治发展动态过程的官僚是如何发挥其影响力的。发展政治学关注政治发展的动态过程本身,还关注政治发展与可能影响政治发展的各种社会、经济、文化要素之间的互动。在政治发展过程中,制度结构(含权力结构和利益结构)与成员(大众和精英)都是影响其结果的重要因素。张晓彤的《官僚自主性:概念、分析维度与影响》一文关注官僚及其在国家治理中的自主性。该文重新审视官僚自主性的概念和基础,主张在关系和过程两维中重新审视官僚自主性的概念,并基于此分析了官僚自主性在发达国家和发展中国家的不同表现和影响,解释对官僚机构及其自主性的认知呈现巨大分歧的原因。该文提倡将关系维度中的官僚自主性分析置于过程之中,即对官僚机构及其自主性在国家构建和经济发展中的角色作历时性的和语境的分析,以更全面系统地理解官僚自主性的现实意义和理论价值。

本辑"政治思想"栏目收录了两篇政治思想跨领域研究。其中一篇将中国古代政治制度与政治思想相结合,分析了思想随制度变迁的过程。孙明的《国家祀礼中的先代帝王与孔子:周秦汉唐礼制中"先王—先师"分野的生成》一文从周秦汉唐对治道的理解出发,结合历史背景、思想言说与礼制构建,将先代帝王祭祀与孔子祭祀两套礼制合而观之。研究发现,在两种国家祭礼的发展源流与礼制形态中,可以看到"道"从政教合一到狭义的"治""道"两分,对"道"的偶像的祭祀和意义寄托也随之发生制度化的历史变迁,在形格势禁的"分"的趋势下,"合"仍是治道的诉求。另外一篇则将政治思想与学科知识变迁相结合,从知识迁移史的角度理解政治思想的差异。申晚营的《同源异术:张慰慈与张忠绂的政治学谱系及其主权学说论辩》一文从知识迁移史出发,钩沉出张慰慈与张忠绂在美求学时的政治学学科知识生成轨迹,从而对他们在1930年的主权学说论争进行了追本溯源的解读。

本辑"研究方法"栏目展现了两种差异性较大的研究方法和一种从实践发展到认识论的方法。严洁、李钦帅和牛冠捷的《从量化到计算:计算政治学的研究方法与边界》一文讨论了计算政治学当前常用的政治计算、社会模拟以及互联网社会实验三种研究方法的分析思路、优势与局限,并且明确指出计算政治学在方法论、研究主题以及社会伦理三个方面的应用边界。张善若的《中美跨文明政治交流的五重障碍:浅谈"预设网""参照物"与"推理法"的作用》一文则借助近代诠释学、逻辑学和语言哲学的方法,将中美交流看作一个跨文明"交流事件",讨论了对待这一事件的预设网、参照物和推理法的作用。文章指出,当前的定量分析对变量相关性强弱的过度关注会滋长过于简单化的政治常识,实证研究的各种方法,在根本上都是某一种知识论、方法论的应用端。读者从这两篇文章中可以观察到不同研究方法的明显差异,也可以看到二者的共同之处,即政治学研究在理论、方法论、认识论这三方面的思考和实践应该紧密结合、密切互补,定量与定性的方法论分野也正在被打破和补充,新的方法也在不断产生和融合。宋磊和祝若琰的《公共组织如何创造知识:野中郁次郎跨域研究的要点及其中国意义》一文为理解政策过程、完善治理机制、实现治理现代化提供了一种认识论途径。文章以企业知识创造论与公共组织知识创造论为例,展示了一种将企业和公共组织的管理实践与具有普遍性的哲学原理结合起来的方法和路径,为中国学术界从关于中国实践的观察和研究中构筑出一般性理论提供了认识论参考。

本辑"学科对话"栏目通过采访的形式,呈现了李景鹏教授所创立发展的权力政治学的发展脉络、主要内涵和方法论。李景鹏教授提到权力政治学缘起于他在20世纪80年代初期,对于一种新的、动态的理论分析框架的探索。这一探索的理论出发点是马克思主义辩证法关于世界本质的思想——世界上的任何事物都是处于相互联系、相互影响、相互作用、相互制约的运动和变化之中的。这样一种对世界的根本认识,构成了李景鹏教授构想新的动态分析方法的理论出发点。在权力政治学中,"权力"和"利益结构"是核心要素,权力被定义为一种"影响他人行为的能力",可以涵盖一切相互作用的现象以及这种作用的不平衡性。利益结构是社会系统和政治系统的深层结构,构成社会和政治运行的内在动力。利益结构具有转化功能,可以将人们外部的各种关系(包括经济、政治、意识形态的关系)转化为人们的内在要求,然后再通过利益结构的外在形式而表现出来。这一特点使利益结构成为一个非常重要且不可替代的分析工具。

本辑"书评"栏目收入了孙宏哲对《人类思想的无限自由》(*The Illimitable Freedom of the Human Mind*)一书的评述。2021年,在弗吉尼亚大学庆祝成立200周年之际,弗吉尼亚大学历史系教授安德鲁·杰克逊·奥肖内西出版了《人类思想的无限自由》一书,对弗吉尼亚大学的创办与托马斯·杰斐逊政治生涯和政治思想的关系进行了最新探索。托马斯·杰斐逊是美国早期政治发展史与政治思想史上一位举足轻重的人物,而创建弗吉尼亚大学又被杰斐逊视作自己一生中最重要的三大成就之一。孙宏哲认为，学术界对该书的回应未能对该书的一个重要侧面——弗吉尼亚大学与其他高校之间的比较和联系——给予足够关注，为此，书评重点考察该书对弗吉尼亚大学与哈佛大学之间的比较和联系的论述，并探讨这些论述如何彰显杰斐逊独特的政治思想与教育政治学。

总而言之，本辑的若干个栏目各自相对独立，但又共同呈现出古与今的继承和创新、理论与方法的相辅和相成，希望能够起到催生新思想、新方法的作用。

目 录

数字政府

曾 渝 蒋培源 区块链驱动的数字化协同治理 …………………………… 3

郭凤林 毛思佳 开放政府数据：理论、实践与前沿 …………………………… 24

数字治理

张洪谋 城市智能治理中的感知、反馈与闭环 …………………………… 49

邵梓捷 韩景旭 连接、赋能、行动：APP参与基层数字治理的经验模式 …… 66

赵 娟 常多粉 孟天广 国内外人工智能治理的发展进路：基于TOPE治理框架的组合分析 …………………………… 96

发展政治学

张晓彤 官僚自主性：概念、分析维度与影响 …………………………… 121

政治思想

孙 明 国家祀礼中的先代帝王与孔子：周秦汉唐礼制中"先王—先师"分野的生成 …………………………… 141

申晚营　同源异术：张慰慈与张忠绂的政治学谱系及其主权学说论辩 ……… 181

研究方法

严　洁　李钦帅　牛冠捷　从量化到计算：计算政治学的研究方法与边界
　　　　　　　　　　　…………………………………………………… 205

张善若　中美跨文明政治交流的五重障碍：浅谈"预设网""参照物"与"推理
　　　　法"的作用 ……………………………………………………… 232

宋　磊　祝若琰　公共组织如何创造知识：野中郁次郎跨域研究的要点及其中国
　　　　意义 …………………………………………………………… 254

学科对话

樊小川　蒋馨尔　孙宁浩　中国政治发展与权力政治学：对话北京大学李景鹏
　　　　　　　　　　　教授 ………………………………………… 277

书　评

孙宏哲　比较视野下的教育政治学：评《人类思想的无限自由》……………… 293

Contents

Digital Government

Zeng Yu, Jiang Peiyuan   Blockchain-Driven Digital Collaborative Governance
·· 3

Guo Fenglin, Mao Sijia   Open Government Data: Theory, Practice and Frontiers
·· 24

Digital Governance

Zhang Hongmou   Sensing, Feedback, and Closed-Loops in Urban Intelligent Governance ·· 49

Shao Zijie, Han Jingxu   Connecting, Empowering, and Acting: Experiential Mode of APP Participation in Grassroots Digital Governance
·· 66

Zhao Juan, Chang Duofen, Meng Tianguang   The Development Approaches of Artificial Intelligence Governance at Home and Abroad: Based on TOPE Governance Framework ············ 96

Politics of Development

Zhang Xiaotong　Bureaucratic Autonomy: Concept, Analytical Dimension, and Influence ·········· 121

Political Thought

Sun Ming　The Early Emperors and Confucius in the National Sacrifice Rites: The Generation of the "Emperor-Confucian Master" Division in the Ritual System of Ancient China ·········· 141

Shen Wanying　Homology and Dissimilarity: The Political Genealogy of Chang Tso-Shuen and Chang Chung-fu and the Debate on Their Sovereignty Theory ·········· 181

Research Method

Yan Jie, Li Qinshuai, Niu Guanjie　From Quantification to Computation: The Methodology and Boundary of Computational Political Science ·········· 205

Zhang Shanruo　Epistemological Barriers in Cross-Civilizational Communication between China and the US ·········· 232

Song Lei, Zhu Ruoyan　How Public Organizations Create Knowledge: A Review of Ikujiro Nonaka's Interdisciplinary Research and Implications for China ·········· 254

Dialogue between Disciplines

Fan Xiaochuan, Jiang Xiner, Sun Ninghao　China's Political Development and Power Politics Research: A Dialogue with Peking University Professor Li Jingpeng ·········· 277

Book Review

Sun Hongzhe　Politics of Education in Comparative Perspective: A Review of *The Illimitable Freedom of the Human Mind* ·········· 293

数字政府

Digital Government

第 7 部分

Digital Governance

区块链驱动的数字化协同治理[*]

曾 渝 蒋培源[**]

摘 要：随着区块链技术的蓬勃发展，应用区块链解决公共治理问题已成为各国政府创新的焦点。但当前研究大多以个案介绍区块链的技术特点，缺乏对区块链如何提升治理质量的经验总结。本文是首篇聚焦区块链在政府治理中应用的综述研究，运用系统文献综述方法全面梳理了百余篇（部）中英文论文及著作，选取典型案例分析了区块链驱动数字化协同治理的运作机制。研究发现，区块链凭借其不可篡改、可追溯与分布式存储等技术特点，可实现数字化证明、溯源鉴真以及数据共享的功能，促进多元治理主体在公共决策、行政服务和政府监管三个方面的高效协同。本文还从客观条件、主观意愿与制度安排三个角度讨论了当前政务区块链实践中存在的诸多挑战，提出了相应的政策建议。

关键词：区块链；数字化协同治理；数字治理

Abstract: With the rapid development of blockchain technology, how to apply blockchain to improve public governance has become a focus of government innovation around the world. But most existing studies introduce the technical characteristics of blockchain through individual cases, lacking an empirical analysis on how blockchain can promote the quality of governance. This article is the first systematic review on the application of blockchain technology in administrative governance. Based on a

---

[*] 本文为国家自然科学基金项目（72204010）、北京大学国家治理研究院高校人文社会科学重点研究基地重大项目"基于平台的政府治理现代化研究"的研究成果。

[**] 曾渝，北京大学政府管理学院助理教授、研究员、博士生导师，北京大学公共治理研究所研究员；蒋培源，北京大学政府管理学院博士研究生。

comprehensive review of 111 Chinese and English articles and manuscripts, we select typical cases to analyze the operational mechanism of blockchain-driven digital collaborative governance. With its technological characteristics of tamper resistance, traceability, and distributed storage, blockchain can achieve functions such as digital certificate, source-tracing and authentication, as well as data sharing, thus promoting efficient collaboration among multiple governing entities in the sphere of public decision-making, government regulation, and administrative services. This article also discusses several challenges currently faced in the practice of blockchain-driven governance from the perspectives of objective conditions, subjective intentions, and institutional arrangements, and proposes policy recommendations to address these challenges.

Key words: Blockchain, Digital collaborative governance, Digital governance

一、引 言

如今，以区块链、机器学习为代表的信息技术正不断推动着国家治理体系与治理能力的现代化。中共中央总书记习近平在主持政治局第十八次集体学习时强调，要把区块链作为核心技术自主创新的重要突破口，加快推动区块链技术和产业创新发展。近年来，区块链技术已经发展为重要的信息基础设施，在金融、制造、交通、民生等领域造福广大群众。

然而，目前尚未有研究对区块链技术在政府治理①中的应用做过系统归纳。有关政府应用区块链技术进行治理的研究以介绍技术功能为主，或者针对行业领域内的个别案例展开讨论，缺乏对典型案例的综合分析，对区块链融入政府治理的机制理解不深，对区块链治理的挑战认识不足。作为首篇专注于区块链政务应用的文献综述研究，本文在系统归纳百余篇（部）中外文献的基础上，从公共决策、行政服务和政府监管三个方面分析了区块链驱动数字化协同治理的具体机制。

数字化协同治理是应用数字平台实现多个相互依赖的个体或机构参与公共决

---

① 政府治理指政府行政系统作为治理主体对社会公共事务的治理。参见王浦劬：《国家治理、政府治理和社会治理的含义及其相互关系》，《国家行政学院学报》2014年第3期。

策和管理的制度安排。① 数字平台一方面能降低协同治理的参与门槛,通过消除物理限制促进多元治理主体间的信息联通;另一方面也能降低多元治理的协调难度,利用标准化、模块化技术帮助相互依赖的治理主体实现受控的信息共享。区块链技术以其可追溯、不可篡改、分布式存储等特点,具备构建安全高效的数字平台的基本要素,有利于缓解数字化协同治理中数据不真实、不公开的顽疾,赋能多元治理主体在保障私有数据权益的同时实现基于信息共享的公共事务治理。在科层制政府组织中引入区块链,有助于促进科学决策、提高行政效率;但与此同时,信息传导机制与权力配置结构也会随之发生改变,可能放大部门利益固化、权力过度集中等问题,需要改革实践者的高度关注。

接下来,文章第二部分将先介绍区块链技术的主要特点,并引出区块链应用可能带来的数字治理变革。第三部分将对区块链政务应用研究进行系统性文献综述,对不同类型的研究与案例进行描述性分析。第四部分将重点介绍区块链技术在各类应用中的功能体现,通过典型案例验证区块链驱动数字化协同治理的机制。第五部分转而讨论区块链政务应用面临的挑战。结尾部分给出推动基于区块链的政府治理改革建议。

二、区块链的技术特点与治理功能

区块链本质上是一种按时间顺序构成的分布式链状数据结构。② 一个数据区块永久存储同一时段内在对等网络(peer-to-peer network)中发生的操作信息,通过将时间戳③与前一区块的哈希值④写入新区块实现顺序连接,并防止原数据在添加新区块后被篡改。⑤ 对等网络中自主接入区块链的任何实体——组织或个

---

① 曾渝、黄璜:《数字化协同治理模式探究》,《中国行政管理》2021年第12期。
② Casino, F., Dasaklis, T. K. & Patsakis, C., "A Systematic Literature Review of Blockchain-Based Applications: Current Status, Classification and Open Issues," *Telematics and Informatics*, Vol. 36, 2019.
③ 时间戳是唯一标识某一刻时间的字符序列。
④ 哈希值是通过哈希算法创建的长度固定的字符序列,用作数据区块的唯一标识。哈希值不能通过逆操作还原数据,且不同数据产生相同哈希值的概率极低,因此对数据做任何修改都将通过哈希值的变化反映出来,保证数据生成的安全可信。
⑤ Crosby, M., Pattanayak, P. & Verma, S. et al., "Blockchain Technology: Beyond Bitcoin," *Applied Innovation Review*, Vol. 2, No. 71, 2016.

人——被称为节点。一个节点的基本操作是签署"交易",即两个实体达成的协议(如资产转让、任务完成等),也是修改区块链状态的一系列指令。当一个节点签署交易时,指令被广播至网络中的其余节点。负责验证交易是否有效的节点被称为全节点,其中保存着区块链上的所有数据。① 当多次交易的信息达到形成区块的数据量时,待验证的新区块得以生成,再经过51%以上的全节点验证,形成"共识"后被写入区块链。②

早期区块链仅作为记录虚拟货币交易的账本,而非对称加密与智能合约技术提高了区块链的信息安全与自动化水平,赋予其更广阔的应用前景。非对称加密指在加密与解密过程中使用两个不同的密码,即私钥与公钥。区块链上每个节点都拥有一个独立的私钥,并利用私钥和不可逆方法生成公钥。公钥对其余节点公开,私钥则严格保密,这样节点之间就可以进行加密的信息传输,③ 为数据共享提供了安全可靠的技术环境。智能合约是在一定的预设条件下自动实现数据处理的模块化程序,用于执行实体间达成的协议。当智能合约被写入区块链后,一旦预设条件被触发,合约即刻执行,节省了中介机构认证所需要的时间与成本。④

辅以上述技术,区块链的结构设计能够以去中心化方式实现数字化协同治理。首先,区块链的不可篡改性保障了数据传输的安全性,使得多元主体基于数字化证明参与协作成为可能。以往在缺乏信任的条件下,双方交易的达成依赖于第三方权威机构的认证或担保,但这会产生额外的交易成本甚至寻租空间。如果使用区块链记录或读取信息,那么任何链上行为都必须由多数全节点对其合法性进行验证,这构成了一种可取代单一权威的多数信用保障逻辑,能减少个体主观随意性或少数群体共谋对公共决策产生的影响,对公共治理模式的发展有着重大意义。此外,区块链的新增节点不会对既有网络节点造成影响,这意味着基于区

---

① 数字化交易可通过复制数据完成,这意味着同一笔数字货币可能被重复使用,即产生"双重支付"现象。为避免出现此现象,所有区块链上的交易都要被验证是否符合交易规则,是否与之前所有区块中保存的交易数据相矛盾。不参与验证的节点被称为"轻节点",不存储完整数据,但具有签署交易的权限,可获知某项交易是否被通过。Nakamoto, S., "Bitcoin: A Peer-to-Peer Electronic Cash System," *Decentralized Business Review*, Article No. 21260, 2008.
② Christidis, K. & Devetsikiotis, M., "Blockchains and Smart Contracts for the Internet of Things," *IEEE Access*, Vol. 4, 2016.
③ 节点 a 可以在传输信息时用自己的私钥制作数字签名,节点 b 用 a 的公钥验证该签名以确认这部分信息由 a 发送;节点 a 也可以使用节点 b 的公钥对信息加密,使信息只能由掌握私钥的 b 解读。
④ 袁勇、王飞跃:《区块链技术发展现状与展望》,《自动化学报》2016 年第 4 期。

块链技术平台建构的对等网络具有较高的扩展性或较低的参与门槛，有利于促进存在集成依赖关系①的治理主体各自按统一标准进行协调。

其次，区块链永久存储的交易信息使其具有可追溯性，能够实现溯源鉴真的功能，促进存在序贯依赖关系②的实体开展跨越组织边界的横向协作和跨越层级的纵向协作，提高政府执行效率，提升政务自动化水平。

最后，区块链数据的记录、传播与存储都基于分布式系统，即链上数据由节点集体记录、集体传播，并且所有参与记录的节点都在本地存储数据，这既降低了中心化数据存储的安全风险，也便于不同的数据所有者管理访问权限，可让存在互惠依赖关系③的治理主体更有信心进行双向信息交流。分布式存储结合可追溯性、不可篡改性能够明确参与实体的数据权责，④ 降低数据共享的交易成本，⑤ 从参与范围和共享程度两个方面同时促进数字化协同治理。

三、研究设计

为了详尽地梳理区块链在政府治理事务中的应用（下文简称区块链政务应用），本文借鉴佩蒂克鲁（M. Petticrew）与罗伯茨（H. Roberts）提出的系统文献综述方法，⑥ 对中英文文献进行了全面的分析。近年来，区块链技术应用研究发展迅速，在金融、工商等领域累积了大量知识，但涉及公共治理的研究仍相对较少。围绕区块链政务应用现状开展系统性文献综述，有助于我们加深对此议题的了解，找出当前实际应用与学术研究中存在的不足，明确未来的研究方向。基于对所有相关研究的完整搜索和评估，系统性文献综述能够限制选择偏误，科学地归纳出区块链驱动数字化协同治理的机制。

---

① 集成依赖指整体中各部分通过整体形成间接依赖。Thompson, J. D., *Organizations in Action: Social Science Bases of Administrative Theory*, New York: MaGraw-Hill, 1967, pp. 54-55.
② 序贯依赖指动态环境中的单元直接依赖于其他单元的输出。
③ 互惠依赖指多变环境中的各单元相互依赖于彼此的输出。
④ 张楠迪扬:《区块链政务服务:技术赋能与行政权力重构》,《中国行政管理》2020年第1期。
⑤ Alexopoulos, C., Charalabidis, Y. & Loutsaris, M. A. et al., "How Blockchain Technology Changes Government: A Systematic Analysis of Applications," *International Journal of Public Administration in the Digital Age*, Vol. 8, No. 1, 2021.
⑥ Petticrew, M. & Roberts, H., *Systematic Reviews in the Social Sciences: A Practical Guide*, New York: John Wiley & Sons, 2008.

首先，我们以"区块链"为主题从"中国知网"中检索出截至2023年1月发表于CSSCI管理类36种期刊上的文章145篇，再从公共管理类和电子政务类英文期刊中检索出包含关键词"区块链"（blockchain）的英文文献364篇。[①] 接下来，我们通过关键词搜索排除了技术介绍类文章，只保留摘要中包含下列任一关键词的文章：政府（government）、治理（governance）、行政（administration）、公共管理（public management）、公共服务（public service）。再在通读全文的基础上，我们进一步排除了政府作为区块链应用监管者而非参与者的文章（比如讨论虚拟货币与政府监管的问题）以及仅在理论层面探讨区块链治理的文章（比如提出应用设想但无实际应用案例的研究）。最终，我们确定将111篇涉及区块链政务应用的文献作为分析对象，包括中文73篇、英文38篇。

从发表时间来看（如表1所示），区块链政务应用研究自2016年开始出现，快速增长至2021年的28篇，但在2022年数量有所回落。[②] 从整体内容来看，大多数研究以介绍技术可行性为主，对现实应用场景与效果的分析较少，对政策制定的帮助有限。实证研究基本都采用质性研究方法，聚焦于描述单一行业领域内的个别应用，而非总结一般规律，因此在归纳时难以排除行业特殊性对技术应用效果的影响，需要汇总多样案例来提升研究结论的普遍性。

表1 区块链政务应用文献按年分布

年份	2016	2017	2018	2019	2020	2021	2022
文献数	3	12	14	11	27	28	14

注：表格中合计109篇文献，另外两篇发表于2023年1月。
资料来源：作者整理。

为此，本文还从《区块链与大众之治》[③]、《区块链+：从全球50个案例看区

[①] 为应对学术文章发表时存在的选择性偏差问题，英文文献的系统性综述包含了未经同行评审的期刊文章。由于不考虑研究质量的文献综述同样会引入偏差，因此中文文献综述只包含了C刊文章以及后文提及的专著。有关发表偏差的处理方法，请参考 Egger, M., Juni, P. & Bartlett, C. et al., "How Important Are Comprehensive Literature Searches and the Assessment of Trial Quality in Systematic Reviews?" *Health Technology Assessment*, Vol. 7, No. 1, 2003.
[②] 文章数量回落可能与虚拟货币价格暴跌以及"挖矿"热潮消退有关。2021年9月3日发布的《国家发改委等部门关于整治虚拟货币"挖矿"活动的通知》，全面禁止国内的"挖矿"行为，查封了大量虚拟货币"矿场"。
[③] 威廉·马格努森（William J. Magnuson）：《区块链与大众之治》，高奇琦等译，上海人民出版社2021年版。

块链的技术生态、通证经济和社区自治》①两本专著和相关文献综述文章中广泛收集案例，构建了包含全球114个案例的"区块链政务应用案例库"。对于单个研究中信息量较少的案例，我们继续从相关文献和互联网中搜集可靠信息，详尽描述每一个区块链政务应用的具体场景、效果与挑战。

根据上文总结的区块链三种主要功能，我们分类统计了区块链政务应用案例，如图1-1所示。其中，数字化证明43例、溯源鉴真36例、数据共享35例，分别占总数的37.7%、31.6%和30.7%。这说明区块链技术在面对集成依赖、序贯依赖或互惠依赖的治理主体间协同情景时都能发挥积极作用。同时我们也发现，一项区块链政务应用往往会基于多种功能促进协同治理，因此按功能分类总结并不能完整反映区块链技术如何对政治与行政事务产生影响。

为了深入分析区块链技术驱动数字化协同治理的机制，我们又根据政策过程中体现的政府基本职责，②按决策、服务与监管三种细分场景对案例进行归类。从目前发展情况来看，区块链政务应用研究主要集中在服务和监管领域，在决策领域的应用研究还有待深入。如图1-2所示，决策类应用还可细分为政治参与、争端解决和资源分配三个子类；服务类应用则涉及认证服务与行政审批两个子类。下文将依据政府职能分类对区块链政务应用的典型案例展开讨论。

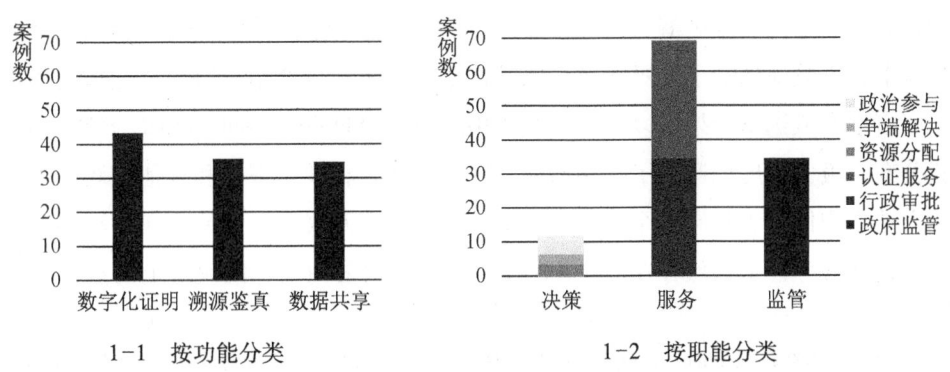

1-1　按功能分类　　　　　　1-2　按职能分类

图1　区块链政务应用案例分类

资料来源：作者整理。

---

① 杜均：《区块链+：从全球50个案例看区块链的技术生态、通证经济和社区自治》，机械工业出版社2020年版。
② 陈玲、赵静、薛澜：《择优还是折衷？——转型期中国政策过程的一个解释框架和共识决策模型》，《管理世界》2010年第8期。

四、区块链政务应用典型案例

（一）决策应用

1. 政治参与

在需要集体决策的现实场景中，区块链与智能合约技术结合可扩大参与主体的多元化水平。区块链技术的开放性、不可篡改性与去中心化特质能够支持多元治理主体在同一分布式网络平台上表达真实意见，有助于提高决策的公信力。而智能合约技术能按照区块链上节点存储的信息整合规则（链上共识）自动汇总各方意见，经计算处理后快捷输出公共决策结果。

美国西弗吉尼亚州在 2018 年中期选举时创造性地使用了基于区块链技术的投票应用程序。① 来自 31 个国家的 144 名选民通过互联网实现了远程投票，不再需要像往年一样邮寄纸质选票，因此节省了大量的时间。② 所有公民只需注册登记为选民后下载移动端应用程序，再经过身份验证即可投票。此程序先利用人脸识别功能与选民证件照进行比对，再将该移动设备通过指纹与选民绑定，这样每一位选民只能用一台固定设备进行投票，保证了一人一票的原则。③ 每张选票在加密后连同选民的匿名编号将会被上传至区块链，其副本存储在云端的 32 个服务器上，有效地保护了选民的隐私以及选票的安全。投票结束后，选务人员操作程序自动合成选举结果，以便携式文档格式（portable document format，PDF）的形式公布，极大程度地避免了计票错误。在此之后，科罗拉多州和犹他州政府也在地方选举中使用了相同的系统。④ 不过，有专家认为数据安全风险在移动端、网络传输和服务器上依然存在。⑤ 尽管设计该程序的公司坚称区块链上的选票几乎

---

① 威廉·马格努森（William J. Magnuson）：《区块链与大众之治》，高奇琦等译，上海人民出版社 2021 年版。
② Miller, B., "West Virginia Becomes First State to Test Mobile Voting by Blockchain in a Federal Election," https://bit.ly/3VywRNQ.
③ Moore, L. & Sawhney, N., "Under the Hood: The West Virginia Mobile Voting Pilot," https://bit.ly/3HzUqQD.
④ Grauer, Y., "What Really Happened with West Virginia's Blockchain Voting Experiment?" https://bit.ly/414hDkP.
⑤ Nelson, D., De, N. & Powers, B., "MIT Wasn't Only One Auditing Voatz—Homeland Security Did Too, with Fewer Concerns," https://bit.ly/42aKp4M.

不可能被黑客攻击，但鉴于民众对区块链选票的怀疑态度，西弗吉尼亚州政府最终还是放弃了在2020年的联邦大选中使用区块链投票程序。①

除选举民意代表外，区块链技术还可支持公民表决公共事务。墨西哥政府自2018年起将区块链"smart tenders"（以下简称ST）应用于政府采购业务。② 如图2所示，政府将采购需求发布到ST上后，卖方（bidder）便可根据政府需求向ST提供竞标方案。ST将首先使用智能合约技术，根据卖方过往的信用记录、卖方提供服务的资质证明等条件进行初筛，保留合格的竞标方案。随后，竞标方案将被匿名发送给专业评估人员（evaluator）打分，从而降低卖方与评估方共谋的可能性。ST还允许对评估方进行回溯追责，如果评分跟政府与公众的期望存在很大差距，将对评估方的声誉及未来收入造成不利影响。最后，ST将包含方案得分的竞标信息公开发布，由公民投票表决出胜选方案，经过全节点验证形成共识后，通过智能合约自动完成本次政府采购交易，执行胜选采购方案。在此案例中，ST综合区块链所具有的分布式、可追溯、不可篡改特点，实现了数字化证

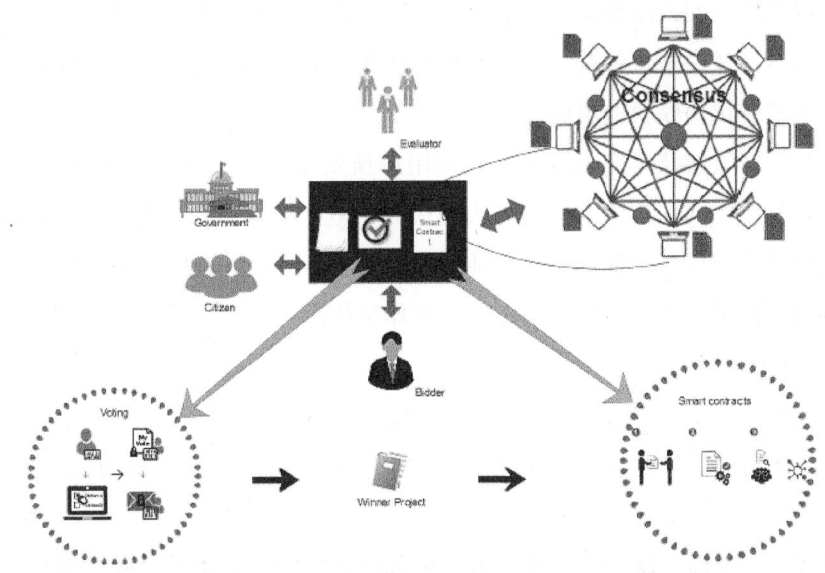

图2　墨西哥"smart tenders"政府采购区块链的运行逻辑

资料来源：Martínez, M. Y., "Blockchain HackMX," https://bit.ly/44rhN8J。

---

① Sinclair, S., "West Virginia Ditches Blockchain Voting APP Provider Voatz," https://bit.ly/3LxPFZ5.
② 王锴、于萌：《成为"精明买主"：基于区块链技术的政府购买服务研究》，《求实》2020年第5期。

明和溯源鉴真功能，促进了集成依赖的公民之间的协同决策。

2. 争端解决

在解决争端的过程中，证据的真实性是影响判决公正性的关键因素，通常需要第三方权威机构（如法院）的背书。区块链的不可篡改性为证据的真实性提供了保障，使得高效、透明的网络审判或网络仲裁成为可能。

以广州"仲裁链"为例，接入区块链的仲裁机构可以参与存证、取证与核证业务，能够实时见证或追溯过往电子证据的创建，快速完成证据的核实，节约仲裁所需的资源与时间。① 在存证环节，发生争端的当事人首先向区块链存证系统（如微众银行区块链②）提交证据，获得系统签名后成功上链。存证机构与仲裁机构收到系统通知后取出链上证据，核实证据的合法性后签名，完成存证流程。智能合约确保证据在获得区块链存证系统、存证机构与仲裁机构的三方签名时才被认证有效，任何一方都无法变更已存证据。

在纠纷发生后的取证与核证环节，区块链存证系统将关联证据的网络地址发送给仲裁机构。仲裁机构据此调取链上数据，以三方签名判定证据的真实性，再根据证据出具裁决书。仲裁结果也保存在区块链上，以便回溯追责，降低仲裁结果被特殊利益集团俘获的可能。

此外，区块链技术的可追溯性允许用户预先在链上存储具有时效性的证据，比如侵权行为的网页截图等信息，为易灭失的电子证据提供保护。③ 在区块链存证系统的技术支持下，仲裁流程可随时在线上公开完成，有助于仲裁作为争端解决机制的大范围普及，缓解司法机关的工作负担。④

3. 资源分配

为了优化资源配置，政府可通过发放基于区块链的虚拟货币创建"交易市场"，利用区块链的不可篡改性验证并记录每一笔交易，促进大规模交流合作。

近年来，上海、深圳等地的生态环境部门为响应中央建设"碳排放权交易市

---

① Fisco-Dev：《仲裁链：基于区块链的存证实践》，https://bit.ly/3p3wa2R。
② 微众银行区块链团队：《微众银行区块链开源生态》，https://bit.ly/44vacpS。
③ 杜均：《区块链+：从全球50个案例看区块链的技术生态、通证经济和社区自治》，机械工业出版社2020年版。
④ 朱婉菁：《区块链技术驱动社会治理创新的理论考察》，《电子政务》2020年第3期。

场"的要求,① 陆续推出了"碳普惠"区块链,引导民众采取低碳绿色的生活方式。② 用户可以在链上申报个人生活或企业生产中的绿色环保行为,经审核机构确认后根据实际减排效果获得一定数量的"碳币",即绿色行为减排量的数字化证明。作为一种虚拟货币,碳币具有现实交换价值,可用于礼品兑换或在碳排放市场上出售。任何形式的碳币交易——包括兑换数字人民币、享受能源价格优惠等——都必须通过链上节点的合法性验证,从而避免双重支付等现象。③ 通过对绿色行为的量化记录与价值赋予,区块链为公民选择绿色生活提供了正向激励。以深圳市为例,该项目推出后仅半年内就有近百万市民参与减碳行为,累计减少碳排放130吨。④

类似的政策实践也出现在巴西的阿马帕州(Amapá)。当地政府强制污染企业预先支付环境保证金以购买碳币,并将这些资金用来补贴森林生态修复活动。⑤ 这一制度在为环保行为提供激励的同时,也降低了高污染、高能耗产业的商业吸引力。

(二) 政府监管

在上述案例中,由于数字货币存在套利空间,可能有不法分子用其进行洗钱、腐败等违法活动,因此加强政府监管、保护用户合法权益变得尤为重要。区块链的分布式结构、可追溯性与不可篡改性使其具有溯源鉴真的功能,能够实现对交易信息的追溯,提高政府对交易流程的监管能力。

由于区块链上分散的节点永久或公开存储着交易方、交易时间等信息记录,政府监管部门不再受困于交易数据因企业集中存储而难以获取的问题。并且,政府可借助时间戳对全流程交易信息进行实时追踪,在事后对数据造假、扰乱市场、生产伪劣产品等行为进行追责。区块链为事前、事中、事后监管提供了技术

---

① 生态环境部:《碳排放权交易管理办法(试行)》,https://bit.ly/3ATmfQ1。
② 杨煜:《基于区块链赋能的生态环境治理网络研究》,《电子政务》2021年第4期;新华网:《全民减排新方式——碳普惠制度》,https://bit.ly/3pbMs9O。
③ 澎湃新闻:《碳普惠"沪碳行"上线:数字人民币结算、区块链存证》,https://bit.ly/3nuHCEd。
④ 腾讯科技(深圳)有限公司:《双碳案例分享:腾讯区块链助力打造深圳碳普惠平台》,https://bit.ly/42qdgS2。
⑤ Correa, T. E., Meirelles, F. S. & Tavares, E. C. et al., "Blockchain in the Amazon: Creating Public Value and Promoting Sustainability," *Information Technology for Development*, Vol. 27, No. 3, 2021.

支持，改变了过去监管手段落后、监管资源不足的情况，也压缩了权力寻租的空间。

比如在2020年疫情期间，湖北省市场监督管理局启用了进口冷链食品信息追溯平台——"鄂冷链"。该平台利用区块链的时间戳依次记录所有从湖北省入境的进口冷链食品检测信息，包括事前监管需要的企业备案、从业人员等信息，事中监管需要的产品登记、海关报关单、核酸检测证明等信息，以及事后监管需要的快递定位等信息。执法人员和消费者可通过扫描产品外包装上的"溯源码"了解从生产、运输到销售的全流程信息。此外，平台基于区块链分布式技术实现了产品信息、消费信息、监管信息由链上节点共享，提升了企业、消费者和监管部门多方数据协同的效率，实现了多元监管结构。平台还利用区块链的共识算法和非对称加密技术，保证链上数据不可篡改，增强了公众对食品药品监管的信心。[1]

再以税收监管为例，深圳市税务局的"区块链电子发票"系统革新了发票管理机制，实现了从开票到报销的发票流转全程数字化。该系统在线上支付发生的同时就将交易数据与发票信息保存到区块链上，以此杜绝虚开发票、少开发票的问题。[2] 链上数据由开票方、用票方、报销方、税务局等机构接入的节点实时共享，为事前感知税务风险、事中及时控制风险提供了广泛且准确的信息。[3] 智能合约可自动判断企业的开票行为是否符合既定规则或是否超出开票额度，在识别到风险时自动采取紧急停开等限制措施。[4] 基于区块链的不可篡改性和可追溯性，税务部门可在事后对涉税行为进行检查，不用担心未及时检查而出现信息失真。总之，区块链电子发票系统能够帮助税务部门实现对发票的溯源鉴真，降低税收管理成本，同时提升与纳税人的信任关系。

---

[1] 王启飞、程梦丽、张毅：《区块链技术赋能食药安全监管机制研究——基于"鄂冷链"的案例分析》，《电子政务》2021年第11期。
[2] 广东省深圳市国际税收研究会课题组：《区块链技术在我国税收管理领域应用的探索》，《国际税收》2020年第2期。
[3] 《利用区块链促进税收管理现代化的研究》课题组：《基于区块链的"互联网+税务"创新探索——以深圳市税务局的实践为例》，《税务研究》2019年第1期。
[4] 周贺新：《"互联网+税务"：以深圳市区块链电子发票为例》，https://bit.ly/3nuuqiM。

(三) 行政服务

1. 认证服务

公共服务事项往往涉及多个政府职能部门的业务。要实现跨部门协作，信息互认是基础。区块链不可篡改及可追溯的特点有助于生成可靠的数字化证明，如身份认证和产权证书，为跨部门协作提供条件。各部门无须再对纸质材料进行反复验证，只需依据数字化证明即可进行审批，在提升行政效率的同时，也提高了服务质量，避免出现业务办理者"来回跑"的现象。举例来说，佛山市禅城区开发的区块链身份认证平台将公民的面部特征、身份证号等个人信息写入区块链中，利用链上数据不可篡改的特点避免身份冒用等现象的发生。再以链上身份信息为索引，该平台连接了包括社保、户口、征信在内的一系列政务信息，让公民在移动端应用中完成验证与授权后便可实现公证、就医、养老、助残等民生业务的线上办理。[1]

在产权认证方面，格鲁吉亚、瑞典、加纳、洪都拉斯等多个国家应用区块链技术实现土地所有权的确认与管理。[2] 迪拜土地局是世界上最早将区块链技术应用于产权保护的政府部门之一，截至2021年由其管理的阿联酋房地产系统已存储超过50万份契约，每日平均新增250份产权证书。[3] 区块链的使用让数字化产权取代纸质文档，自动化交易取代手动支付，简化了交易流程，降低了交易成本。在智能合约的作用下，房地产交易方（如业主与租客）无须再为中介经纪人额外支付准备合同、办理手续的佣金，只需在线上填写并签署合同即可。区块链的不可篡改与可追溯性也保证了各交易方身份的可靠性，消除任何一方造假或欺诈的风险。该平台还接入水电局等公用事业部门，为业主或租客提供便捷的一站式服务。

2. 行政审批

复杂事项的行政审批要求参与协同治理的多个政府部门共享信息。而要实现

---

[1] 访谈记录，2019年8月19日；侯衡：《区块链技术在电子政务中的应用：优势、制约与发展》，《电子政务》2018年第6期。

[2] Kshetri, N., "Will Blockchain Emerge as a Tool to Break the Poverty Chain in the Global South?" *Third World Quarterly*, Vol. 38, No. 8, 2017; Allessie, D. & Sobolewski, M. et al., *Blockchain for Digital Government*, Luxembourg: Publications Office of the European Union, 2019, pp. 18-45.

[3] Papadaki, M. & Karamitsos, I., "Blockchain Technology in the Middle East and North Africa Region," *Information Technology for Development*, Vol. 27, No. 3, 2021.

数据的跨部门流动，必须保证数据安全，这离不开区块链技术的支持。当链上节点发送数据请求时，已开放共享权限的被请求数据就会按照智能合约进行自动传输。任意节点（包括数据所有者在内）要修改链上数据，都需要经过多数节点的验证，传输数据的真实与安全由此得以保障。如果传输的是保密数据，那么非对称加密技术一方面可以隐藏数据内容，让交易双方在不担心泄露数据的情况下实现共享，另一方面还可以确认数据来源，避免虚假信源的干扰，保证共享的保密数据真实可信。① 例如杭州市区块链电子印章应用平台为政府部门和企业提供的"数字公章"，规避了盗用或冒用公章的风险，奠定了政企协作、在线审批的基础。②

为提升服务效能，方便群众和企业办事，我国各级党委和政府利用区块链技术围绕"马上办、网上办、就近办、一次办"进行了诸多探索，③ 涉及贸易、民生等行政服务领域。④ 天津市2018年建立了"区块链跨境贸易直通车平台"，通过连接商贸、物流、监管等众多利益相关方的数据，实现了关键流通数据（如货物内容、完税情况等）的交互验证，同时减少了重复性工作。⑤ 在提升信息流通效率的同时，区块链还减少了技术性风险与数据管理失误，使跨境贸易更加便捷。⑥

在政务公开领域，传统的数据平台只能提供统一权限的数据接口，而区块链技术则允许政府官员为行政数据设定不同的安全级别，促进灵活的自动化审批。区块链根据用户读写权限不同存在三种形式：公有链、私有链与联盟链。公有链指的是没有准入限制的区块链，如各类常见的虚拟货币，交易规则不对新节点的

---

① 由于区块链中的所有操作都需要向全节点广播，当实体机构 A 请求机构 B 的某项数据时，机构 C 可以截取这一信息并作为假信源将虚假数据发送给机构 A。
② Zou, Y., "Leveraging Digital Infrastructure for Pandemic Governance: Preparation, Praxis, and Paradox," *Public Performance & Management Review*, Vol. 46, No. 1, 2023；锥体区块链研究院：《区块链+电子印章，政企数字化的必然趋势》，https://bit.ly/4146xfy。
③ 中共中央办公厅、国务院办公厅：《关于深入推进审批服务便民化的指导意见》，https://bit.ly/3LUMWdm。
④ 陈涛、马敏、徐晓林：《区块链在智慧城市信息共享与使用中的应用研究》，《电子政务》2018年第7期；周博雅、叶珺雯、徐晓林：《基于区块链技术的政府权力监督研究》，《电子政务》2020年第10期。
⑤ 张楠迪扬：《区块链政务服务：技术赋能与行政权力重构》，《中国行政管理》2020年第1期。
⑥ 张翠梅、方宜：《区块链架构下政府数据开放共享治理研究》，《南通大学学报》（社会科学版）2021年第6期。

加入设置任何门槛，运行流程也不会受到新节点加入的影响。① 私有链是有准入限制的区块链，只有拥有权限的用户才可以从链上读写数据，而且链所有者拥有修改或删除节点信息的特权。② 联盟链是私有链与公有链的组合，意味着所有交易仍须经多数全节点的验证，但各节点可以有不同的数据读写权限，适用于上述政务公开场景。③ 比如北京市政府的目录区块链系统，将53个市级部门的职责与数据集成在标准化的数据平台中进行统一管理，为公民、企业或政府提供数据开放渠道。④ 大数据中心等部门作为联盟链目录中拥有高权限的"领导节点"，管理政务数据在链上的申请、审批与授权流程。企业或个人用户则作为普通节点加入目录链，只具有更新和检索链上数据资源的权限。⑤ 对于通过验证后的数据请求，平台将发送加密的政务数据，确保只有掌握私钥的节点才可以访问该数据。2020年北京市政府基于该链构建了"北京健康宝"应用，实现了超过16亿人次的健康数据查询，减轻了各级政府在疫情中的工作压力。⑥

（四）小结

上述不同政务领域的典型案例表明，不可篡改且可追溯的分布式区块链在公共决策、政府监管与行政服务领域发挥了巨大作用，实现了政府内外、部门之间、层级之间的数据共享，促进了数字化协同治理。如图3所示，公共决策与认证服务主要利用区块链的不可篡改性与可追溯性，其生成的数字化证明可辅助人工决策，保障产生决策所需的意见、证据或交易平台真实和可靠，促进效率与合法性的提升。此外，区块链的分布式存储特性结合不可篡改性、可追溯性使其能够实现数据共享与溯源鉴真的功能，驱动多元主体进行全流程监管以及跨领域协作。

---

① 由于任何用户都可以从公有链上读取或写入数据，所以大规模的去中心化合作得以实现，但验证过程也需要消耗大量时间和能源。
② 私有链是一个封闭、不透明、非去中心化的系统，通过牺牲安全换取更高的交易效率。
③ Zhou, N., Wu, M. & Zhou, J., "Volunteer Service Time Record System Based on Blockchain Technology," 2017 IEEE 2nd Advanced Information Technology, Electronic and Automation Control Conference, sponsored by IEEE, Jinkaoyuan Conference Center, Chongqing, March 25-26, 2017.
④ 张翠梅、方宜:《区块链架构下政府数据开放共享治理研究》,《南通大学学报》（社会科学版）2021年第6期。
⑤ 许鑫、梅妍霜:《产业与治理｜打破城市"信息孤岛"，目录链建设可成抓手》，https://bit.ly/416eFfN。
⑥ 华为云:《北京政务云 从"数上"到"智上"，北京数字经济迎来新阶段》，https://bit.ly/42gKlA8。

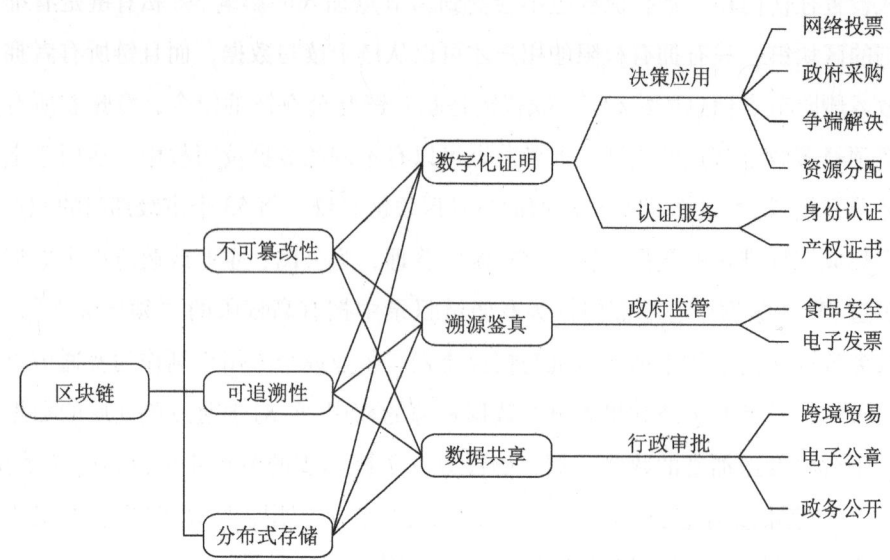

图 3　区块链的主要技术特点、治理功能与政务应用

资料来源：作者自制。

五、区块链政务应用的挑战

通过对区块链政务应用案例的系统梳理，我们发现区块链政务改革主要面临着来自客观条件、主观意愿与制度安排的三类挑战。

（一）客观条件

区块链政务应用需要底层技术、节点网络与链外技术三方面的支持，每个方面都存在客观条件的制约。首先，区块链的底层技术（如哈希算法、共识算法等）复杂性较高，对数字基础设施有一定要求。因此区块链政务应用的发展既受到高昂的建设运营成本的制约，[1] 也受到高端技术人才供给不足的影响。[2]

---

[1] 朱婉菁：《区块链技术驱动社会治理创新的理论考察》，《电子政务》2020 年第 3 期；Akhmetbek, Y. & Špaček, D., "Opportunities and Barriers of Using Blockchain in Public Administration: The Case of Real Estate Registration in Kazakhstan," *NISPAcee Journal of Public Administration and Policy*, Vol. 14, No. 2, 2021.

[2] Cunha, P. R., Soja, P. & Themistocleous, M., "Blockchain for Development: A Guiding Framework," *Information Technology for Development*, Vol. 27, No. 3, 2021.

其次，互操作性问题①可能降低链上节点之间的互动效能。以丹麦政府开发的区块链退税系统为例，该系统旨在通过记录并同步退税信息，避免跨国投资者在多国重复退税，但各国税务系统的差异提高了跨国衔接的门槛，增加了该项目落地的难度。②

最后，尽管区块链能够保障自身运作安全，但必要的链下环节仍可能出现安全漏洞。比如在选举案例中，身份认证时的人脸识别容易受到网络攻击，导致出现冒充投票的现象。又比如个别用户为了获取碳币，会在多地重复申报绿色行为，利用各地数据不互通的漏洞违规获利。对区块链技术的盲目信任可能使政府官员与公众忽视安全风险，导致严重的治理后果。③

(二) 主观意愿

除客观因素外，技术应用者和使用者的主观能动性对区块链政务应用的发展也有重要影响。首先，认知因素可能降低公众或政府官员对区块链政务应用的接受程度。④ 其次，政府部门作为区块链政务改革的推动者可能会受到既得利益者的阻碍。⑤ 如瑞典土地登记处曾于2017年尝试在区块链中将土地所有权数字化，以提高房地产交易过程中信息流通的效率与安全性，但由于区块链可能使相关利

---

① 互操作性指不同的操作系统、网络、数据格式和应用程序协同工作并共享信息的能力。参见 Warkentin, M. & Orgeron, C., "Using the Security Triad to Assess Blockchain Technology in Public Sector Applications," *International Journal of Information Management*, Vol. 52, 2020。

② Shahaab, A., Khan, I. A. & Maude, R. et al., "Public Service Operational Efficiency and Blockchain—A Case Study of Companies House, UK," *Government Information Quarterly*, Vol. 40, No. 1, 2023.

③ Hou, H., "The Application of Blockchain Technology in E-Government in China," paper delivered to 2017 26th International Conference on Computer Communication and Networks, sponsored by IEEE, 2017.

④ Batubara, F. R., Ubacht, J. & Janssen, M., "Challenges of Blockchain Technology Adoption for E-Government: A Systematic Literature Review," *Proceedings of the 19th Annual International Conference on Digital Government Research: Governance in the Data Age*, Article No. 76, 2018；杜均：《区块链+：从全球50个案例看区块链的技术生态、通证经济和社区自治》，机械工业出版社2020年版。

⑤ Thomason, J., Ahmad, M. & Bronder, P. et al., "Chapter 10-Blockchain—Powering and Empowering the Poor in Developing Countries," *Transforming Climate Finance and Green Investment With Blockchains*, New York: Academic Press, 2018, pp. 137-152.

益团体在土地交易过程中失去寻租机会,因而项目推行遭遇重重挫折。① 洪都拉斯政府早在 2015 年就曾尝试在土地产权登记与交易中引入区块链,以求减少土地权属造假与官员腐败行为,② 但在执行中却因意愿不足而长期停滞。③

最后,部门利益固化还会产生部门间的"囚徒困境",即每个部门都希望得到别的部门数据,却不愿分享本部门的数据。由此,专业职能部门或只倾向于建设行业领域内的区块链数据库,而跨部门信息依然难以连通。尽管区块链可以促进数据共享,给政府职能部门带来正向外部效应,但在碎片化的权力结构下,数据常被各部门视作施政的基础资源而加以严密保护,导致区块链共享应用落地困难。特别是掌管经济社会关键领域的核心部门,因为担忧开放数据共享后会丢失垄断特权,未必愿意将私有数据置于链上公开。比如审计局在例行工作中常遇到被审计单位"不敢、不愿、不积极"共享部门数据的情况,主要原因就是部门主管将数据视作命脉,认为交出数据后会面临核心业务丢失的风险,权力可能被大幅削弱。④

(三) 制度安排

从制度视角分析,区块链的去中心化特质与科层制权力结构之间也存在矛盾。在科层制的不对称权力结构中,下级部门因掌握局部的专属信息在政策执行过程中往往被允许拥有一定的自主决策空间。⑤ 然而当上级引入区块链技术后,上下级之间的信息不对称状态将被打破,信息访问权限向上级集中,下级所有的局部专属信息对上级而言变为单向透明的状态。⑥ 上级得以直接利用这些信息,

---

① Tomlinson, B., Boberg, J. & Cranefield, J. et al., "Analyzing the Sustainability of 28 'Blockchain for Good' Projects via Affordances and Constraints," *Information Technology for Development*, Vol. 27, No. 3, 2021.
② 洪都拉斯的房产登记率极低,因此,政府官员常常将财产注册给自己或收受贿赂来将房产注册给他人。参见 Kshetri, N., "Will Blockchain Emerge as a Tool to Break the Poverty Chain in the Global South?" *Third World Quarterly*, Vol. 38, No. 8, 2017。
③ Andrikos, J., "Blockchain-Based Land Registry in Honduras," https://bit.ly/3AYQYeo.
④ 访谈记录,2020 年 2 月 23 日;Zou, Y., "Leveraging Digital Infrastructure for Pandemic Governance: Preparation, Praxis, and Paradox," *Public Performance & Management Review*, Vol. 46, No. 1, 2023。
⑤ 下级部门的博弈策略包括提供局部私有信息提高谈判能力以及利用信息模糊性合理化自主决策。
⑥ 上级政府可在联盟链中将自身设置为"领导节点"使链上所有数据变得对其透明,或者通过选择特定的验证节点加强对区块链内多数共识的控制。

通过智能算法设定政策目标，避免下级出现道德困境（如瞒报、漏报数据等行为）。换言之，区块链技术在强化信息透明度、提高信息流通效率的同时，也可能进一步导致权力向上集中，这将给以去中心化为基础逻辑的区块链应用带来巨大冲击。理论上，如果单一实体能够控制网络节点中50%以上的算力①，就可以任意生成新区块，削弱分布式验证的合法性，破坏区块链的不可篡改性。② 代表科层制上级权力的多个节点可能因硬件优势具备更高的算力，也就对链上共识具有更大的影响力，可依据个人意愿扭曲链上共识。特别是在联盟链中，代表上级的领导节点不仅可以控制一般节点的访问权限，还可以自由选择参与验证、形成共识的节点，由此获得操纵共识区块的能力，导致区块链政务应用的可信度下降。

由于区块链消除了上下级之间的信息不对称，上级给予下级自由裁量权的激励也随之减弱，而由算法辅助生成的政策目标具有更强的约束力。如此一来，负责执行的下级可能为了避免上级的惩罚，投入超额资源保证完成重要的任务，却忽视相对不重要的任务。下级行政资源的重复消耗反而还会造成整体治理效率的下降。

此外，区块链政务应用的监管框架与相关法律还需完善。③ 由于政府对区块链项目复杂的设计与构建过程缺乏监督能力，政务区块链容易被掌握技术的利益集团俘获，间接造成对公民数据隐私权的侵害。④ 虽然智能合约是实现政务区块链的技术保障，但基于智能合约实现的自动化决策可能会产生错误及不良后果。⑤ 鉴于自动化决策的法律规范仍不健全，各参与主体的权利与义务还未厘清，政务区块链的不良后果可能会对政府公信力以及公民使用区块链的信心造

---

① 算力是指计算机计算哈希函数输出的速度。
② Beikverdi, A. & Song, J. S., "Trend of Centralization in Bitcoin's Distributed Network," paper delivered to 2015 IEEE/ACIS 16th International Conference on Software Engineering, Artificial Intelligence, Networking and Parallel/Distributed Computing (SNPD), sponsored by IEEE, 2015.
③ Mora, H., Mendoza-Tello, J. C. & Varela-Guzmán, E. G. et al., "Blockchain Technologies to Address Smart City and Society Challenges," *Computers in Human Behavior*, Vol. 122, 2021.
④ 企业可以在数据上链前就故意提供错误的或者延迟的数据以利用区块链，在数据公开时也可能会导致公民隐私信息泄露。参见 Shahaab, A., Khan, I. A. & Maude, R. et al., "Public Service Operational Efficiency and Blockchain—A Case Study of Companies House, UK," *Government Information Quarterly*, Vol. 40, No. 1, 2023。
⑤ 刘炼箴、杨东：《区块链嵌入政府管理方式变革研究》，《行政管理改革》2020年第4期。

成负面影响。

六、结论与讨论

基于对全球 114 个区块链政务案例的研究，本文提出并检验了区块链驱动数字化协同治理的机制。区块链凭借其不可篡改、可追溯与分布式存储等技术特点，可实现数字化证明、溯源鉴真以及数据共享的功能，促进了多元治理主体在决策、监管与服务三个方面的高效协同。特别是在科层制结构中引入区块链技术，能够缩小上下层级之间的信息不对称，打通部门间的数据壁垒，降低数据共享的成本，为跨部门协同与高效行政赋能。

同时，本文还从客观条件、主观意愿与制度安排三个角度讨论了当前政务区块链实践中存在的诸多挑战。为了应对这些挑战，进一步推动区块链政务的发展，本文提出如下建议。首先，要创造适合区块链政务发展的客观条件。具体来说，第一，要注重区块链相关的信息基础设施建设，培养区块链应用人才，开发促进链间与链外数据安全交换的新技术。第二，要加强对政务区块链的知识普及，引导官员与民众认识区块链的重要价值，避免政务区块链陷入建而不用的困境。第三，应通过试点获得更多实践经验，探索由区块链驱动的治理理论与方法，确立与政务区块链相关的法律规范。

其次，为了减少政府内部对政务区块链的抵制，要设法提高信息共享的意愿。一方面，要改变政府机构因掌握行业或地方私有数据而产生的封闭思维，打破部门利益固化的不利局面。另一方面，要以数据共享增量促进改革，在保证数据安全的前提下，通过补贴、减税等措施激励各类治理主体将私有数据上链，利用数据共享的规模效益带动各方参与区块链数据库建设。

最后，为了充分发挥区块链的政府治理功能，要通过制度设计防止权力过度集中。具体而言，第一，为保持形成共识的过程有效，应保证验证节点的异质性，避免被特殊利益集团绑架。第二，须保留下级政府必要的自由裁量权，在制定政策目标时充分考虑政策执行过程中的不确定性与随机性，避免过度依赖算法而激发逆向选择或选择性执法的行为。第三，要完善政策目标动态调整机制，保持上下级沟通管道畅通，以便双方就现实条件与智能算法之间的偏差做出及时反应。

尽管区块链技术在政府治理事务中的应用还面临诸多挑战，目前仍处于早期发展阶段，但未来前景十分广阔。区块链技术解决了数据共享中的安全问题，已显露出对协同治理的巨大促进作用。随着越来越多的人了解区块链、应用区块链、信任区块链，由区块链驱动的数字化协同治理将有助于提供更高质量的公共服务，推动更大范围的民主自治，为人类社会带来积极且深远的变化。

开放政府数据:理论、实践与前沿*

郭凤林　毛思佳**

摘　要:近年来开放政府数据运动浪潮席卷全球,成为推动开放政府建设和公共治理改革的重要内容,被赋予推动提升政府透明度、开发政府服务的社会和商业价值以及提升公众参与等期待。实践中,开放政府数据的范畴不断拓展,在更多满足公众开发需求的同时也面临着数据源、数据形式多样性所带来的再使用难题。当前各国探索了不同的提供方案,包括英国的关联数据式、新加坡的电子服务式以及美国的门户网站式等模式。伴随着大数据发展和数字政府改革,中国的开放政府数据实践也正在迅速铺开,以门户网站和移动端为主要形式,形成了多个以省级为单位的开放数据平台品牌。未来开放政府数据建设需要进一步关注公民隐私保护等问题,并着力推动开放数据在更高层次的整合以及服务于社会。

关键词:开放政府数据;开放政府;公共治理改革

Abstract:The open government data movement has swept the world in recent years and has become an important part of the drive for open government and public governance reform, with expectations to drive greater government transparency, develop the social and commercial value of government services and enhance public engagement. In practice, the scope of open government data continues to expand, and while it is more responsive to public development needs, it also faces the challenge of

---

*　本文为"北京大学公共治理研究所健康治理与国家治理能力现代化学术团队建设项目"的研究成果。
**　郭凤林,北京外国语大学国际关系学院副教授,主要研究方向为社会政策、福利政治、比较政治等;毛思佳,北京外国语大学国际关系学院硕士研究生。

re-use due to the diversity of data sources and data forms. Currently countries have explored different delivery options, including linked data style in the UK, e-services style in Singapore, and portal style in the US. China's open government data practice is also spreading rapidly alongside the digital government reform, with several provincial-based brands of open data platforms in the form of portals and mobile terminals. The future construction of open government data needs to pay further attention to issues such as the protection of citizens' privacy, and focus on promoting the integration of open data at a higher level and serving society.

Key words: Open government data, Open government, Public governance reform

一、引言：开放政府数据的实践进程

数据在国家治理现代化进程中具有重要作用，而政务数据是其重要构成。政府在日常工作和信息化过程中积累的海量数据，是社会生活的重要记录。有效促进政务数据的社会开放与连接，推动数据的再开发利用，使之成为社会重要的生产力推动器，是政府服务社会的重要路径。2003 年，欧洲议会及欧盟理事会通过了《公共部门信息再利用指令》，要求各成员国政府为公众再利用政府数据和文件提供便利。① 2009 年，美国奥巴马政府发布《开放政府指令》，推动建设统一的政府开放门户网站（www.data.gov）。至此，"开放政府数据"（Open Government Data，OGD）作为一项运动开始席卷全球，先后诞生了诸如"开放政府合作伙伴计划"（Open Government Partnership，OGP）、"八国集团开放数据宪章"（G8 Open Data Charter）等国际合作计划。

中国政府也一直高度重视政府数据的开发再利用。2015 年，国务院发布《促进大数据发展行动纲要》，强调推动政府部门数据共享的必要性，要求依托政府数据统一共享交换平台促进数据资源跨部门、跨区域流动。从 2016 到 2017 年，

---

① 杜剑楠、胡德葳：《公共部门数据公开与再利用的政策指引——以欧盟 PSI 指令为例》，《西北工业大学学报》（社会科学版）2017 年第 1 期。

国务院相继出台《政务信息资源共享管理暂行办法》《政务信息系统整合共享实施方案》，将政务信息纳入共享范畴，部署全国政务信息整合共享。2019年，国务院发布《中华人民共和国政府信息公开条例》，进一步明确了政务信息公开主体和范围，以行政法规形式对政府数据开放进行法规保障。2022年，国务院发布《关于加强数字政府建设的指导意见》，从数据的管理、共享和利用三个方面对政府开放数据做了规划和建议。

当前开放政府数据实践如火如荼，成为政府建设的一项基本内容。但国内对于开放政府数据实践特征的研究偏少，尤其是对开放政府数据的内容、开放方式与层次、实践效益的总结分析还不够充分。为此，本文拟从理论和实践两个视角出发，考察开放政府数据的理论基础，以及在此基础上的世界各国的实践特征及效果，以期为中国开放政府数据实践提供进一步的发展参考。

二、开放政府数据的起源

（一）从开放政府到开放政府数据

自20世纪80年代以来，新公共管理运动席卷全球，政府改革的基本趋势是摆脱传统封闭的、刻板的、低效率的、不负责任的、低能的官僚体制，转向开放的、富有弹性的、高效率的、负责任的、有能力的政府治理，实现从公共行政向公共治理的转型。其中，开放性被许多国际组织视为善治或者优良公共治理的标准之一。奥巴马上任白宫的第一天就在总统备忘录中提出，将增强政府的开放性。[①] 到2011年9月，奥巴马政府开始与其他国家联合，形成合作伙伴关系来共同建设透明性、参与性政府，并宣布了"开放政府"的国家行动计划。此后，"开放政府"成为一个重要的全球化议题。

"开放政府数据"是"开放政府"实施的最直接的制度支柱。但相较于开放数据，开放政府数据的定义比较模糊。[②] 一些研究从数据发布方来定义政府开放

---

① Memorandum for the Heads of Executive Departments and Agencies, "Transparency and Open Government," https://obamawhitehouse.archives.gov/the-press-office/transparency-and-open-government.
② Yu, H. M. -T., *Designing Software to Shape Open Government Policy*, Princeton: Princeton University, 2012.

数据,将其定义为"由政府或政府控制的实体生产或委托生产的数据"①;但该定义限制了政府数据的范围,将政府开放数据限制在由政府生产或委托生产的数据范畴,忽略了由私人实体报告、政府机构收集和储存的数据。为此,盖格(C. P. Geiger)等从数据存储方和传播方式角度对开放政府数据做了定义,认为其是"由公共部门存储的数据",并且"这些数据可以由政府出于公共利益的考虑不受任何限制地进行使用和传播"。② 这一定义大大扩展了开放政府数据的范畴,并从可获得性角度对其进行了属性定义。

在如上两种定义方式的基础上,更多研究将两种定义方式相结合,从数据要素角度进行定义。德约科·西吉特·萨约格(Djoko Sigit Sayogo)等将开放式政府数据定义为政府机构收集和存储的数据,这些数据经法律同意,通过单一的数据门户网站向公众开放。他们认为开放政府数据包含三个要素:首先,开放政府数据公布了所有由政府机构收集和存储的数据;其次,开放政府数据只公布经由法律同意的数据,遵循隐私、保密和安全原则;最后,开放政府数据允许公众通过数据门户网站访问。③ 阳光基金会(Sunlight Foundation)提出了开放政府数据的结构和发布方式所需要符合的八项原则:完整性(completeness)、领先性(primacy)、时间性(timeliness)、物理和电子可获得性(ease of physical and electronic access)、机器可读性(machine readability)、非歧视性(non-discrimination)、公共标准的使用(use of commonly owned standards)和授权性(licensing)。随后这八项原则又增加了两项:永久性(permanence)和无使用成本(usage costs)。④

(二) 开放政府数据的动因

公共部门是不同领域数据最大的创造者和收集者之一,⑤ 这些数据涉及交通、气候、地理、旅游信息、统计、商业、公共部门预算和绩效水平等,也包括

---

① Open Knowledge Foundation, "Open Definition," https://opendefinition.org/od/2.1/en/.
② Geiger, C. P. & von Lucke, J., "Open Government and Linked Open Government Data," *Journal of eDemocracy-JeDEM*, Vol. 4, No. 2, 2012.
③ Sayogo, D. S., Pardo, T. A. & Cook, M., "A Framework for Benchmarking Open Government Data Efforts," 2014 47th Hawaii International Conference on System Sciences, 2014.
④ Sunlight Foundation, "Open Data Policy Guidelines," https://sunlightfoundation.com/opendataguidelines/.
⑤ Janssen, K., "The Influence of the PSI Directive on Open Government Data: An Overview of Recent Developments," *Government Information Quarterly*, Vol. 28, No. 4, 2011.

各种相关政策和检查数据(食品、安全、医疗、教育)等。政府数据以容易获取的数字格式提供,使其能够被重新使用,并与其他数字内容相结合,创造新的增值服务和产品。这种基于数据的增值服务和产品增加了政府的透明度,改善了公共管理的功能,促进经济增长并为公民提供了社会价值,① 也为社会提供了新的就业机会,给消费者带来更多选择。具体而言,开放政府数据的动因可以归为如下几项:

一是透明度的要求。为了拥有一个运作良好的民主社会,公民和其他利益相关者需要能够监督政府的举措。为此,反腐败是促使开放政府数据倡议成立的主要原因之一。透明度虽然不能被视为目的,但可以作为一种手段来抑制腐败。利益相关者有机会以多种方式审查和重新使用现有的信息,包括识别数据中的模式和创造新的服务等,可以加强问责制,从而减少腐败问题。因此,透明度意味着利益相关者不仅可以获得数据,还应该能够使用、重新利用和分发数据,并在这个过程中形成对政府的监督。

二是释放社会和商业价值。所有数据,无论是学校地址、地理空间数据、环境数据、交通和规划数据,还是预算数据,都具有社会和商业价值,并可用于许多不同于最初设想的目的。通过公布这些数据,政府可以鼓励利益相关者创造新的服务,产生新的社会经济价值。② 开放政府数据还可以作为企业开发新产品或创新服务的资源,促进经济增长和技术创新。③ 格雷厄姆·维克里(Graham Vickery)估计,在27个欧盟国家中,使用公共部门信息所产生的直接和间接经济效益每年约为数十亿欧元。他认为如果公共部门数据的获取和使用政策是"开放的,以免费或边际成本分配的方式为大众获取",那么经济效益将进一步提高。④

---

① Newberry, D., Bently, L. & Pollock, R., "Models of Public Sector Information Provision via Trading Funds," 2008, http://www.berr.gov.uk/files/file45136.pdf; Dekkers, M., Polman, F. & Velde, R. et al., "MEPSIR: Measuring European Public Sector Information Resources. Final Report of Study on Exploitation of Public Sector Information—Benchmarking of EU Framework Conditions," 2006, http://ec.europa.eu/information_society/policy/psi/docs/pdfs/mepsir/final_report.pdf.
② Kusý, Vojtěch, "Ontology as a Backbone of the Enterprise Information Systems and Current Applications in Czech Republic," *Journal of Systems Integration*, Vol. 4, No. 2, 2013.
③ Deloitte, "Unlocking Growth: How Open Data Creates New Opportunities for the UK," 2011, http://www.deloitte.com/assets/DcomUnitedKingdom/Local%20Assets/Documents/Market%20insights/Deloitte%20Analytics/uk-mi-daunlocking-growth.pdf.
④ Vickery, Graham, "Review of Recent Studies on PSI Reuse and Related Market Developments," http://ec.europa.eu/information_society/policy/psi/docs/pdfs/report/psi_final_version_formatted.docx.

三是参与式治理。通过公布政府数据，公众有机会积极参与如决策等治理过程，而不是每隔几年才能在选举中投票进行政治参与。公共部门也可以通过开放政府数据让公众更有效地了解其制定的政策条例等，借此来改善公共关系，增进政府与公众之间的信任与理解，促使公众对政府产生积极的态度。[1] 而通过门户网站等开放政府数据的举措，利益相关者也可以获得更多信息，并能够做出更好的政治决策。对政府而言，以机器可读的格式提供数据，可以最大限度地减少从文件中手动转录数据的需要，可以降低错误产生的概率；而公布政府数据也可以帮助政府分析和识别现存的问题，完善政府数据和流程，并从数据发布和反馈中发现既有数据中的错误。[2] 此外，开放政府数据还可以增强政府对数据的理解和管理，通过对开放源码软件进行编目，以及制定已发布或维护的数据集清单，可以帮助公共部门机构了解其拥有哪些数据以及如何更好地管理这些数据。

由此，从简单的数据开放入手，政府与外界的联系得以更广泛地建立起来，公众得以更大程度地参与政策制定、执行和监督，与此同时，政府数据又被重新赋能，成为推动经济社会高速发展的资源。

三、开放政府数据的内容与方式

（一）开放政府数据的类型

开放政府数据主要来源有两种：一是各级政府的公开数据（如预算数据等），二是大型公共政府数据集（如天气、GPS、传感器、证监会以及健康数据）。开放政府数据通过展示覆盖面广、深度合适和总量大的民生数据，从而方便公众生活以及企业创新。以医疗卫生公共数据为例，各国都将健康数据作为开放政府数据的重要类别，以提高医疗卫生系统透明度为目标。企业和个人基于开放的医疗卫

---

[1] Logica Business Consulting, "Open Data and Use of Standards: Towards a Better Supply and Distribution Process for Open Data," https://forumstandaardisatie.nl/fileadmin/os/documenten/Internationale_benchmark_v1_03_final.pdf.

[2] Both, Wolfgang & Schieferdecker, Ina, *Berliner Open Data-Strategie: Organisatorische, rechtliche und technische Aspekte offener Daten in Berlin*, Stuttgart: Fraunhofer-Verl, 2012, p.179.

生数据，可以构建新型商业模式，为患者、医疗机构和专业人员提供更好的服务。

随着数据开放工作的进展，政府开放数据的范畴也越来越广。例如，美国 www.data.gov 最初上线时仅有 47 个数据集和 27 个工具，但至 2022 年，已有 35 万余个数据集和上百个工具，开放共享的数据主题包括农业、气候、能源、地方政府、海事以及老年人健康等类别，还可以进一步细分至水资源、人类健康、食品安全、生物多样性等多个方面。data.gov.sg 是新加坡政府的数据开放平台，其于 2011 年 6 月启用，数据范围涵盖经济、教育、环境、金融、健康、基础设施、社会、科技、交通九大领域。

然而，扩大数据开放也会加重政府的负担，若不加区别地开放大量数据，可能会对政府工作效率造成损耗。因此，政府在制定数据开放计划时，通常也会依据数据的社会价值进行有选择性和有优先级的开放。例如，英国吸纳了史蒂芬·莎士比亚（Stephan Sakespeare）提出的"数据双轨发布"策略，将传统"自上而下"的政府发布机制与"自下而上"的市场牵引机制结合起来，加强与现有和潜在数据使用者在数据开放规划过程中的联系，将有限的资源优先投放于高需求领域。目前，英国政府的数据开放门户网站 data.gov.uk 上公开的数据类别包括商业与经济、犯罪与司法、国防、教育、环境、政府、政府支出、健康、地图、社会、城镇、交通、数字化服务表现以及政府参考数据共十四大类，重点凸显了民生、安全等领域。

（二）开放政府数据的形式

尽管希望公开政府数据的公共实体的数量在急剧增长，但要实现开放政府数据的全部潜力并支持所有相关方公布和消费这些数据仍然面临重大挑战，在技术、政策和法律、经济和金融、组织和文化方面仍然存在许多障碍和难题。

一是数据异质性问题。数据格式是数据能够被使用、重用和重新分配的基础，前文提到的八项开放政府数据原则中的两项即涉及数据发布的格式，要求数据应该以非专有、可机读的格式向公众开放。但许多政府数据仍然充斥着多种样式，如图像、PDF、CSV、Excel、更高结构的 XML 文件和数据库以及一些专有格式等。这就造成了数据孤岛问题，使得用户在实际使用某些数据之前需要做大量的清理和转换工作,① 也难以对政府数据进行比较和汇总分析。因此,政府实体(数据提供者)应该考虑到数据终端用户(数据消费者)的要求。② 万维网联盟(World Wide Web Consortium,W3C)建议使用统一的数据格式,如 XML 和 RDF。③ 另一个可行的解决方案是建立数据开放门户平台,让数据提供方和数据需求方之间通过平台有效连接,确定合适的数据接入方式,从源头有效加强对数据的管理能力。④ 比如,欧洲数据门户(European Data Portal,EDP)可以直接从欧洲各国公共数据门户上的公共部门处获取元数据,整理后以统一的格式进行数据发布,让用户从一个平台就可以检索到多个国家和地区的政府数据资源。

其二是数据模糊性问题。政府提供数据时还需要同时提供数据的主题和相关背景,才能方便用户理解和使用。比如"年"这个概念,日常理解通常为"日历年",但在公共部门的数据发布中,有时候指向的是"财务年",⑤ 这就导致了当用户试图建立不同数据集之间的关联时面临应用困难的问题。因此,语义模糊需要各方提出更有效的解决措施,以便链接和理解数据。⑥ 一个简单的解决方案是政府发布数据时带有描述性标题,或者以其他方式提供代码的关键名称,⑦ 来帮助数据消费者了解数据内容及其用处。此外,政府也可鼓励使用 RDF 作为数据格式,因为它是一种高度描述性的数据格式。

其三是数据可发现性问题。政府已发布的数据要被数据消费者使用才能够真正"开放"起来,这就要求开放数据必须是可以且容易被检索到的。首先,政

---

① Hendler, J., Holm, J. & Musialek, C. et al., "US Government Linked Open Data: Semantic. data. gov," *IEEE Intelligent Systems*, Vol. 27, No. 3, 2012.
② Zuiderwijk, A. & Janssen, M., "A Coordination Theory Perspective to Improve the Use of Open Data in Policy-Making," *Lecture Notes in Computer Science*, 2013.
③ Edelmann, N., Höchtl, J. & Sachs, M., "Collaboration for Open Innovation Processes in Public Administrations," *Empowering Open and Collaborative Governance*, 2012.
④ Solar, M., Meijueiro, L. & Daniels, F., "A Guide to Implement Open Data in Public Agencies," *Lecture Notes in Computer Science*, 2013.
⑤ Liu, Q., Bai, Q. & Ding, L. et al., "Linking Australian Government Data for Sustainability Science— A Case Study," in D. Wood(ed.), *Linking Government Data*, New York: Springer, 2011.
⑥ Conradie, P. & Choenni, S., "Exploring Process Barriers to Release Public Sector Information in Local Government," *Proceedings of the 6th International Conference on Theory and Practice of Electronic Governance*, 2012.
⑦ O'Hara, K., "Enhancing the Quality of Open Data," in L. Floridi & P. Illari, "The Philosophy of Information Quality," *Synthese Library*, Vol. 358, 2014.

府数据通常在不同层级的政府以及政府的不同部门分别开放,当数据消费者不知道相关政府实体的职责或其提供的数据类型时,找到相应数据的难度就大大增加;而数据集分散在多个数据源中也进一步加剧了数据可发现性问题。① 其次,一些技术问题也容易导致用户难以快速找到有用数据。② 例如,一些门户网站只支持简单的搜索功能,检索结果中除了有目标数据集外,还包括相关的政策和文件,这可能会导致信息量过大,③ 用户不得不翻阅所有结果,才能找到相关的数据集。为此,莱切(K. J. Reiche)等提出了政府公共数据库应用质量的五个指标,即完整性、加权完整性、准确性、信息丰富性和易使用性。专家依据这些指标对数据库中的元数据进行评估,并用质量分数指标衡量数据质量,以便后续对评分较差的元数据进行优化。④

其四是公众参与问题。政府和公民之间的合作被认为是民主社会的核心支柱,具有开放数据消费、政策制定、服务提供以及提升决策质量的潜力。⑤ 门户网站要想成功,必须让消费者(包括公民、终端用户和受益人)了解所发布数据的相关性和有用性,⑥ 据此来切实增强政府透明度和公众参与度以及推动创新。⑦ 然而,公

---

① Conradie, P. & Choenni, S., "Exploring Process Barriers to Release Public Sector Information in Local Government," *Proceedings of the 6th International Conference on Theory and Practice of Electronic Governance*, 2012; Dos Santos Brito, K., Silva Costa, M. & Cardoso Garcia, V. et al., "Experiences Integrating Heterogeneous Government Open Data Sources to Deliver Services and Promote Transparency in Brazil," Computer Software and Applications Conference, 2014 IEEE 38th Annual, 2014.

② Liu, Q., Bai, Q. & Ding, L. et al., "Linking Australian Government Data for Sustainability Science—A Case Study," in D. Wood (ed.), *Linking Government Data*, New York: Springer, 2011, pp. 181-204.

③ Zuiderwijk, A. & Janssen, M., "The Negative Effects of Open Government Data—Investigating the Dark Side of Open Data," *Proceedings of the 15th Annual International Conference on Digital Government Research*, 2014.

④ Reiche, K. J. & Höfig, E., "Implementation of Metadata Quality Metrics and Application on Public Government Data," *COMP-SAC Workshops*, 2013.

⑤ Veljkovic, N., Bogdanovic-Dinic, S. & Stoimenov, L., "Web 2.0 as a Technological Driver of Democratic, Transparent, and Participatory Government," *Public Administration and Information Technology*, Vol. 1, 2012.

⑥ Mutuku, L. N. & Colaco, J., "Increasing Kenyan Open Data Consumption: A Design Thinking Approach," *Proceedings of the 6th International Conference on Theory and Practice of Electronic Governance*, 2012.

⑦ Reiche, K. J. & Höfig, E., "Implementation of Metadata Quality Metrics and Application on Public Government Data," *COMP-SAC Workshops*, 2013.

众的参与和合作在当前推动政府服务创新方面的全部潜力还未挖掘出来。① 按照德约科·西吉特·萨约格等的定义，参与是指利益相关者能够在多大程度上参与开放式政府数据门户的治理，比如建议发布哪些数据，或者对门户本身的数据集或功能进行评级。为此，政府有必要了解哪些因素会影响公民开放数据的参与以及利益相关者参与和合作的建设需求，通过这种互动来使政府能够提供更多以公民为中心的服务和数据。

（三）开放政府数据的层次

开放政府数据运动遵循开放数据的理念，建议将数据免费且不设限制地提供给所有人。开放政府数据的主要原则之一即是政府提供数据，然后由私人提供增值产品和服务，并为公众提供互动访问。然而，卡兰波基斯（E. Kalampokis）等的研究表明，目前的开放政府数据行动用了不同的方法提供数据，显示出不少局限性问题（如数据重复等），② 为衡量电子政务发展的进展而开发的各种阶段性模型并不适合于开放政府数据。事实上，这些模型通常认为在线信息提供是电子政务发展的最低阶段，而更高阶段的目标是通过政府转型以实现在线交易和提供复杂的在线服务。③ 显然，现有的电子政务阶段模型并不能够符合逐渐流行的开放政府数据运动。由此，卡兰波基斯等补充了现有的电子政务阶段模型，引入开放

---

① Edelmann, N., Höchtl, J. & Sachs, M., "Collaboration for Open Innovation Processes in Public Administrations," *Empowering Open and Collaborative Governance*, 2012; Fuentes-Enriquez, R. & Rojas-Romero, Y., "Developing Accountability, Transparency and Government Efficiency through Mobile Apps: The Case of Mexico," *Proceedings of the 7th International Conference on Theory and Practice of Electronic Governance*, 2013; Matheus, R., Ribeiro, M. M. & Vaz, J. C. et al., "Anti-Corruption Online Monitoring Systems in Brazil," *Proceedings of the 6th International Conference on Theory and Practice of Electronic Governance*, 2012.

② Kalampokis, E., Tambouris, E. & Tarabanis, K., "A Classification Scheme for Open Government Data: Towards Linking Decentralized Data," *International Journal of Web Engineering and Technology*, Vol. 6, No. 3, 2011.

③ Layne, K. & Lee, J., "Developing Fully Functional E-Government: A Four Stage Model," *Government Information Quarterly*, Vol. 18, No. 2, 2001; Klievink, B. & Janssen, M., "Realizing Joined-Up Government—Dynamic Capabilities and Stage Models for Transformation," *Government Information Quarterly*, Vol. 26, No. 2, 2009; Siau, K. & Long, Y., "Synthesizing E-Government Stage Models—A Meta-Synthesis Based on Meta-Ethnography Approach," *Industrial Management & Data Systems*, Vol. 105, No. 4, 2005; Lee, J., "10 Year Retrospect on Stage Models of E-Government: A Qualitative Meta-Synthesis," *Government Information Quarterly*, Vol. 27, No. 3, 2010.

政府数据阶段模型,将其建设层次分为四个阶段。①

第一个层次是政府数据的汇总。在这一阶段,公众可以获得大量有价值的数据,用于开发新的附加值服务。然而,该阶段中政府并没有考虑到一些可能阻碍数据使用和再使用的限制性因素。实际上,由于数据是由各机构单独提供的,因此单纯的数据汇总平台并不能自动搜索不同机构提供的数据,也不可能出于创造增值服务和产品的需求将它们结合起来。因此,数据消费者需要耗费大量的时间和精力才能真正使用数据,包括识别所有提供与特定现实世界问题相关的数据的来源、评估数据的准确性、融合已识别的数据集、将数据转换为适当的格式、识别可以为解决方案增加价值的其他数据集并将它们与最初的数据集进行整合等工作等。在分析了大量的开放政府数据计划的基础上,② 卡兰波基斯等认为,当前大多数开放政府数据都处于这一层次。

第二个层次是政府数据的整合。在这一阶段,政府各行政部门的数据实现了整合,其最重要的好处是开放平台为不同来源的政府数据提供了一个统一视图,且整合后的政府数据将是完整和简明的:完整意味着没有特定的被遗漏的对象,而简明意味着数据没有重复。政府数据整合是一项非常具有挑战性的任务,其中包括重大的技术和组织问题。在技术方面,各政府部门应该以特定格式提供数据,以便于数据平台上的整合;此后政府应该决定采取什么样的架构方式(如中央存储库或者联合查询等)来整合数据,这包括数据模式的标准化、标识符的标准化等。在组织问题上,政府应该建立规范的业务流程,以防止不同机构的数据被重复发布,确保数据及时发布的同时提高数据的准确性。在经过数据整合之后,消费者可以在开放平台上执行更复杂的查询。例如,data.gov.uk 围绕特定主体如学校、公交车站、国会议员、地理定位等,提供了部分整合数据,并在不同的公共机构提供的数据集之间建立了链接。

第三个层次是政府数据与非政府数据的整合。在这一阶段,许多非政府来源的数据也在平台上以结构化的格式提供。例如,维基百科的链接数据版本 DBpe-

---

① Kalampokis, E., Tambouris, E. & Tarabanis, K., "Open Government Data: A Stage Model," *Lecture Notes in Computer Science*, 2011.

② Kalampokis, E., Tambouris, E. & Tarabanis, K., "A Classification Scheme for Open Government Data: Towards Linking Decentralized Data," *International Journal of Web Engineering and Technology*, Vol. 6, No. 3, 2011.

dia7 和纽约时报的链接开放数据集 Data.nytimes8，提供了关于特定组织、人和地点的数据，以及如"温室气体排放"这类主题词的数据。虽然两者都是社会平台，但多用户的参与也有力保证了非政府部门所提供信息的客观性、准确性和无偏见性。政府数据与非政府正式数据的整合能够为数据消费者提供更丰富的信息，并支持更复杂的查询。这一阶段会增加组织和技术的复杂性，政府和第三方应该克服这一问题。整合这两种数据应确定两者之间可能的概念整合点，并确定相关的政府数据集和非政府正式数据的来源，在两者之间建立必要的技术和组织联系。考虑到关联数据是政府数据提供中最先进的技术方法，这一阶段的技术要求是建立和维护政府与非政府数据集之间的联系。

第四个层次是政府数据与非政府数据以及社会数据的整合。在这一阶段，数据整合不仅包括政府数据与非政府数据，还包括网络上的社会数据。社会数据是公民通过社交媒体平台（如 Twitter 和 Facebook）创建并自愿分享的数据。这种数据区别于政府数据和非政府数据，主要传达的是个人意见、信仰和偏好。这种整合可以给创新服务创造空间：社会数据提供一个解释的背景，既可以使政府在决策过程中考虑公民通过社交媒体表达的意见，也可以使公民在社交媒体上以更明确的方式审议与公共管理有关的事务。例如，在这一阶段，政府和公民将能够回答"受某一特定法律影响的公民对这一法律的意见是什么？"之类的问题。此外，政府还能够通过分析政府和社会的综合数据，了解公众对于具体决策的情绪，从而采取纠正措施，缓解可能出现的大众反应。

社会数据每秒钟都在通过 Twitter 和 Facebook 等社交媒体平台大量涌现，考虑到这种高度动态和非结构化的数据形式，第四阶段的整合必须引入额外的技术和组织要求。还应注意的是，在政府和社会数据之间建立永久的联系是困难的，但还是应该建立适当的机制来允许和促进这两种类型的整合。当前一个流行的结合方式是事件地点，但由于描述地点的数据格式和颗粒度在不同数据集之间可能不同，所以这种结合并不简单。例如，尽管 Twitter 将一个点的经纬度添加到了移动应用程序发布的推文中，但 Ordnance Survey 并没有提供将该点映射到具体行政区域的服务，这就阻碍了不同数据在同一空间的呈现。

四、开放政府数据的国际实践

当前有不少国家和地区都发布了开放政府数据的行动方案并进行了实践操作,形成了几种不同的模式,以下举例介绍。

(一) 突出关联数据——英国实践

政府开放关联数据对国家数据生态系统具有较高的要求,即人、数字技术和数据之间可以高度交互。政府通过发布关联数据,使公民可以自由获取并且重复利用数据资源,并以流畅的方式运行人工智能算法,从而将不同公民发布的数据资源进行链接。

英国的开放政府数据实践起步较早,在全球数据开放指数(Global Open Data Index)中长期排名前列,它的数据开放门户 data.gov.uk 数据集涵盖范围广且主题丰富,数据格式以常用的 CSV 或 Excel 为主。在数据提供方式上,它也是政府开放关联数据建设的先行者。它会把控元数据的信息质量,同时会告知公众数据类型、公众平台收集或创建个人数据的方式、合理分配权重和数据排列等数据信息,这使公民对数据有更为详细的认识,也极大提升了政府开放数据服务能力。data.gov.uk 还提供了"发布你的数据"(publish your data)通道,用户在注册账户后可以自主将数据集添加到网站中,并且能够对数据集进行管理,这使得用户身份能在数据提供者和数据利用者之间转换,极大丰富了网站数据库资源。此外,为了加强数据开放过程中数据提供者和数据使用者之间的联系,英国政府意识到开放数据门户不能止步于数据归纳作用,[①] 还需重视公民和企业在使用数据开放平台时的参与和反馈。英国开放数据门户 data.gov.uk 开通了用户反馈渠道,用户可以结合数据需求提出建议,网站则会即时进行反馈。

随着开放数据规模的不断扩大和来源机构的不断增加,如何把控开放政府数据的质量成为政府在数据开放之路上必须应对的挑战。因此英国政府除了从源头加强数据把控,还不断加强数据开放共享过程中的监测工作。为了保证数据质

---

① Janssen, K., "The Influence of the PSI Directive on Open Government Data: An Overview of Recent Developments," *Government Information Quarterly*, Vol. 28, 2011.

量,英国政府先后成立信息经济委员会(Information Economy Council)和数据战略委员会(Data Strategy Board)制定政府数据开放战略,监督和监测政府数据开放工作的实施;并通过设置公共数据集团(Public Data Group)和开放数据研究院(Open Data Institute, ODI)来具体实施政府数据开放工作并进行监管。

(二) 电子服务式——新加坡实践

新加坡数据开放平台 data.gov.sg 由新加坡信息通信发展局(Infocomm Development Authority of Singapore, IDA)于 2011 年 6 月 20 日推出。最初该门户网站提供来自 50 个政府机构的 5000 多个数据集,用于社会研究或开发应用。截至 2023 年初,data.gov.sg 已有约 2000 个数据集,部分数据集免费向外界提供,部分数据集则需要付费。主要的数据类型有经济、教育、环境、金融、健康、基础设施建设、科技、交通等,基本涵盖了公民所需的基础数据。虽然这些数据大部分都可以从各个政府机构的网站上获得,但 data.gov.sg 门户网站将数据进行汇集,为公民提供了一个可以搜索和访问重要政府数据的集中平台,其应用展示页面也极大便利了公民对电子服务的发现和使用。[①]

新加坡开放政府数据实践中最主要的特色是对电子服务的强调,即更加强调政府服务提供者的身份。新加坡"e Gov2015"总体规划中明确指出,data.gov.sg 门户网站的战略目标是致力于实现"共创更高价值",政府与公民之间的协作关系尤其重要。data.gov.sg 为社会提供了开放式创新的合作机会。[②] 该平台留有外部接口的 API 及博客、开发人员门户等模块,鼓励公众对数据进行利用与创新。程序开发人员一旦开发出新的电子服务,就可以在门户网站进行注册,将创新内容置于门户网站的应用展示上,以便用户访问和搜索,极大促进了数据开放平台的更新与优化;同时,企业或公众可以利用 API 与政府开放数据系统整合,获取政府的实时数据,并在此基础之上创建具有社会价值的 App。为了鼓励公众对政府开放数据的应用,新加坡政府还积极举办各类活动,比如新加坡公共机构 Up Singapore 就曾举办了开放数据创新竞赛,特别是医疗卫生方面的 Health

---

[①] Chan, C. M. L., Lau, Y. M. & Pan S. L., "E-Government Implementation: A Macro Analysis of Singapore's E-Government Initiatives," *Government Information Quarterly*, Vol. 25, 2008.

[②] Chesbrough, H. W. & Appleyard, M. M., "Open Innovation and Strategy," *California Management Review*, Vol. 50, 2007.

Up Hackathon 竞赛，极大鼓励了对医疗卫生开放数据的再利用。

（三）门户网站式——美国实践

2009年5月，美国政府数据门户网站 data.gov 正式上线。作为国家数据门户网站，data.gov 将各政府部门及社会各界提供的开放数据资源进行整合，使得超过2万个政府网站的支离破碎的信息有了统一的数据开放原则。data.gov 的数据按主题分类索引，并统一了元数据格式及元数据地图，以 CSV、PDF、XML 等标准化格式进行发布，便于公众对政府数据资源进行高效的开发利用。此外，data.gov 还为开发者提供了 API 接口，大大提升了公众对政府数据的使用效率。例如，福布斯杂志网站使用 data.gov 中的人口流动数据开发了美国人口迁移可视化工具，这是社会利用数据资源进行创新的一大实践。

此外，美国开放政府数据网站还开发了元数据质量评估系统——"开放数据项目仪表盘"（Project Open Data Dashboard），从人工评价、系统自动评估和第三方评估等三个层面来评估政府开放网站的质量，检测数据开放工作的执行情况。其中，人工评价机制主要从政府部门的数据清单、公众参与度、隐私保护和数据安全性、人力资源合理性、数据的利用和影响等六个方面进行评估评价；系统自动评估的绩效指标主要包括数据集的访问量和下载量、有效数据集的数量、API 的使用量、元数据的合格率、可下载数据集的百分比、可开放数据集的百分比、可访问链接的百分比、与上季度数据集对比的增长率、链接转换的次数、最后修改的时间等；第三方评估则指相关学者与专家对政府部门工作成效的认定。

除了 data.gov 这一核心门户网站，美国各州也积极推动数据门户网站的建设。其中，Health Data NY 是第一个美国州立开放政府数据门户网站，以高质的数据产品、高效的数字分析工具为其他各国提供了医疗数据开放的优化方向。Health Data NY 提供的数据种类丰富，包括 COVID-19 测试、糖尿病死亡率、烟草零售商、食品服务机构检查、学校饮用水中的铅含量、环境辐射监测、学龄儿童的肥胖症等较为常见以及使用率较高的数据集；此外，该网站还提供了"自杀和自残仪表板"、医疗机构质量和安全信息查询等形式多样的内容。在使用方式上，用户可以与门户网站互动，执行可视化、过滤和导出数据集等基础操作。

五、开放数林式——中国开放数据实践

（一）中国开放政府数据的实践

中国开放政府数据实践有着较强的应用导向，一开始即着重于服务大数据发展和数字政府建设，使得其在最初构建时即强调服务社会的功能定位。在推动经济转型、提升国家竞争优势和政府治理能力的驱动下，中国也对开放政府数据进行了积极部署，并启动了各地的政府开放数据实践，形成了政府开放数据的"开放数林"。《中国地方政府数据开放报告》（2021）显示，截至2021年10月，中国已有193个省级和城市的地方政府上线了数据开放平台，其中省级平台20个（含省和自治区，不包括直辖市和港澳台），城市平台173个（含直辖市、副省级与地级行政区），覆盖率分别达到71.43%和51.33%。从增速上看，中国地级及以上政府数据开放平台数量增长显著，从2017年的20个增长至2021下半年的193个。①

从实践效果来看，各地纷纷结合数字政府建设，建立了以省级为单位的开放政府数据平台品牌，有力推动了政务数据的归集。以"开放广东"政府数据统一开放平台为例（表1），该网站囊括了55个省级部门数据，涉及21个地市，共有数据集57 479个，政府数据33 829亿条，数据应用102个。在数据集聚方式上，"开放广东"将数据资源按场景导航、主题分类和省级部门三种形式进行划分。其中，省级部门根据数据提供部门进行划分，如省委政法委、省发展改革委、省教育厅等；场景导航和主题分类相似，根据数据用途进行划分，包括城市安全、创新科技、金融贸易、土地农业、交通出行、医疗卫生、生态环境、社保就业、教育文化和文旅服务10个类别；主题分类则由资源环境、经济建设、教育科技、道路交通、社会发展等12个类别构成。在用户对具体需求数据类别进行选择后，网站会提供现有数据集数量，并说明省级与市级各自数据集数量。提供的数据格式主要包括XLS、XLSX、XML、CSV、RDF、JSON等多种，用户可以选择特定数据格式下载。

---

① 复旦大学数字与移动治理实验室：《中国地方政府数据开放报告》，2021年。

表1　"开放广东"平台数据集类别、数量、浏览量、下载量(截至2023年3月15日)

类别	数据集数量	浏览量	下载量
城市安全	429	199 518	52 711
创新科技	184	74 085	8230
金融贸易	156	49 727	16 684
土地农业	244	92 654	12 865
交通出行	328	151 522	33 809
医疗卫生	793	286 812	91 952
生态环境	374	125 783	58 273
社保就业	137	54 937	16 415
教育文化	648	300 698	67 639
文旅服务	1423	2 218 078	281 260

浙江政务服务网(https：//www.zjzwfw.gov.cn)将数据开放与政务服务相结合，打造了统一的政务服务平台，便于公众进行一体化的数据查询与业务办理。其数据集以开放专栏的形式呈现，开放数据集共1267个，分为开放数据、接口服务、应用成果、地图服务、开发者中心、开放指数、互动交流、政策动态以及开放生态等9个类别。为适应移动端快速发展的需要，浙江政务服务网还开通了"浙里办"APP服务，便于用于手机操作。

安徽省打造了"皖事通办"平台(https：//www.ahzwfw.gov.cn/)，将政府数据开放也纳入政务服务平台之中。当前数据共享交换平台已接入省直57个部门，完成了与国家级和各市级数据共享交换平台的对接，汇聚人口数据1.85亿条、法人数据5418万条，身份证、营业执照等电子证照数据330类近1.87亿条。"皖事通办"还推出了"皖事通"移动端，推出了1600余项高频服务，目前下载量超2800万，服务访问量1.2亿次。此外，安徽省政府还积极推进长三角"一网通办"试点，实现了大量企业以及个人事项跨区域办理，服务能力居长三角地区前列，使得进驻省级政务服务中心事项全部实现了"最多跑一次"，市县覆盖率评价达到97%。①

---

① 《安徽省"数字政府"建设规划（2020—2025年）》，https：//www.hefei.gov.cn/public/20311/105603827.html。

从整体上看,东南沿海省域的政府数据平台已经基本相连成片,所有直辖市,以及浙江省、广东省、山东省、四川省与广西壮族自治区等省(自治区)域内的所有下辖城市都已上线了各自的品牌政府数据开放平台,形成中国最为密集的城市"开放数林"。在开放政府数据主题上,各省市都秉承需求导向的原则,大力推动社会关注度高、需求度高、价值密度高的公共数据开放,尤其是关于教育科技、卫生健康等基础民生领域的数据。根据 2022 年 11 月复旦大学数字与移动治理实验室发布的《2022 卫生健康公共数据开放报告》①,截至 2021 年 11 月,中国已有 12 个省级和 115 个城市平台开放了卫生健康领域数据 13 808 个,数据容量达到了 2.68 亿。卫生健康数据容量较高的城市集中在山东省、浙江省以及四川省内,符合中国城市"开放数林"的密集特征。在数据集的数量上,卫生健康主管部门开放的数据集总数也仅次于文化旅游,体现了卫生健康数据的高价值属性。

(二) 中国开放政府数据的基本特征

中国政府开放数据起步较晚,在充分借鉴其他国家开放经验的基础上,对政府开放数据做了积极的统一部署,对各地政府数据开放工作做了规定和要求,形成了开放政府数据的标准化框架。各地实践也在中央要求指导下,形成了有步骤的开放,主要开放特征有如下三点:

一是加强政务数据的统一管理,有序推进数据的分级分类开放。各级政府在数据开放之初即加强对开放数据形式和类别的整体规划管理,以期取得开放政府数据整体的优化效益。其中,《安徽省人民政府关于打造"皖事通办"平台加快政务数据归集共享的意见》要求,政务数据开放要执行全省统一目录管理,明确政务数据的分类、责任方、格式、属性、更新时限、共享类型、共享方式、使用要求等,并进行动态更新。② 北京市也发布《关于通过公共数据开放促进人工智能产业发展的工作方案》,要求对公共数据开放进行分级分类,将公共数据按开

---

① 《2022 卫生健康公共数据开放报告》,http://www.dmg.fudan.edu.cn/? p=9644。
② 《安徽省人民政府关于打造"皖事通办"平台加快政务数据归集共享的意见》,https://www.ah.gov.cn/public/1681/8307401.html。

放程度从低到高分为四个级别。①《福建省大数据发展条例》也将共享数据分为无条件共享、有条件共享和暂不共享三种类型，有序推进政务数据开放。②

二是强化推进开放数据间的互联互通工作，强调中央政府与地方政府之间、地方政府与地方政府之间的数据共享合作，方便数据更新并提高数据利用率。其中，《安徽省"数字政府"建设规划（2020—2025年）》要求，要建立一体化协同办公体系，提高跨层级、跨部门、跨区域业务协同率，并以江淮大数据中心及"数字江淮"政务云为主要枢纽，实现政务数据100%归集，加速推进社会、经济数据汇聚。③《北京市大数据和云计算发展行动计划（2016—2020年）》提出，要建立北京市大数据管理中心，将建设市级大数据管理平台和公共数据开放平台作为工作重点，重点推动统计、交通、人口、旅游、规划和国土资源管理、住房城乡建设、医疗、教育、信用信息、农业、商务等领域公共大数据的汇聚融合与共享应用，加快推动区级公共大数据汇聚中心建设。④《甘肃省人民政府关于加强数字政府建设的意见》指出，积极推动政务数据资源向政务数据中心汇聚，构建综合人口库、综合法人库、信用信息库、自然资源和地理空间基础信息库等基础库，并开发事项库、办件库等主题库，在一体化大数据基座上实现政务数据的归集融合，形成全省统一的数据资产。⑤《广东省"数字政府"建设总体规划（2018—2020年）实施方案》要求，省级政府要与中央政府的数据对接，做到自上而下、自下而上的数据汇集。⑥《黑龙江省"十四五"数字政府建设规划的通知》也要求联通全国一体化政务服务平台和国家数据共享交换平台，实现与国家部委、其他省市之间的数据供需对接合作，确保数据的时效性，并探索依托区块链技术建设政府部门之间的共享通道，实现数据分钟级共享和全链路数据质量监

---

① 《关于通过公共数据开放促进人工智能产业发展的工作方案》，http://jxj.beijing.gov.cn/zwgk/zc-wj/bjszc/201912/t20191204_864960.html。
② 《福建省大数据发展条例》，http://www.fujian.gov.cn/zwgk/flfg/dfxfg/202201/t20220110_5812288.htm。
③ 《安徽省"数字政府"建设规划（2020—2025年）》，https://www.ah.gov.cn/zwyw/ztzl/zstjzsjythfz/ythzc/553989481.html。
④ 《北京市大数据和云计算发展行动计划（2016—2020年）》，http://www.cac.gov.cn/2016-08/19/c_1119422578.htm。
⑤ 《甘肃省人民政府关于加强数字政府建设的意见》，https://zwfw.gansu.gov.cn/gaotai/xwfb/zcwj/art/2022/art_75463663aa3e41a7b0c54ca57728cf8c.html。
⑥ 《广东省"数字政府"建设总体规划（2018—2020年）实施方案》，http://www.gd.gov.cn/zwgk/wjk/qbwj/yfb/content/post_162016.html。

控，建成高保障、高可用的数据供应链体系。①

三是构建一体化的网上政务服务平台，推动社会各界对政府数据的发现与利用。福建省提出要实现省政府门户网站与网上办事大厅的前端融合、平台对接和应用兼容，由省政府门户网站提供统一的前端展现。甘肃省指出要依托全省一体化政务服务平台，推动各级各部门清理整合现有政务信息系统，形成覆盖省、市、县等各层级的全省一体化政务数据共享交换体系。广东省依托"开放广东"政府数据统一开放平台，围绕企业监管、质量安全、节能消耗、财税金融、交通运输、社保就业、环境保护、科技创新等社会治理和民生服务重点领域，向社会开放公共数据资源。通过一体化的网络政务平台设计，形成公众熟知的数据平台，并不断设计优化来推动更简洁明确的网站页面布局以及更全面丰富的数据类别呈现，以此来推动用户体验，提高开放数据的利用水平。

六、开放政府数据的发展方向与前景

如上可见，当前开放政府数据的实践正处于快速发展中，并正在产生积极的社会效益，学界就其理论基础、发展方向等都在不断形成共识，有力地指导了开放政府数据的实践推进。但开放政府数据的进一步发展还需要思考如下几个潜在问题。

一是开放政府数据与公民隐私之间的可能矛盾。开放政府数据旨在通过加强公民与政府之间的联系，促进透明度和问责制的发展，其在开放时往往未考虑到公民隐私权问题。然而，某些数据的公开有可能侵犯公民隐私，因为政务数据包含了大量的个人信息，尽管这些信息尽管是以匿名方式发布的，但与其他可用数据匹配时，仍有可能识别到个人。当前在大数据领域尚缺乏明确的隐私权立法，与数据信息隐私保护相关的法律法规也不够完善，导致开放政府数据存在数据权属问题。因此，如何平衡开放政府数据服务社会功能的开发与公民隐私保护，需要在理论和法律上做出探讨和规定。近年来，中国对数据隐私保护和网络安全建设的重视程度在不断提高，《关于加强网络信息保护的决定》等法律法规对隐私

---

① 《黑龙江省"十四五"数字政府建设规划的通知》，https://www.hlj.gov.cn/hljzqc/c100117/202112/c00_8067533.shtml。

保护也有所涉及。但在未来,政府层面仍应出台更多有关开放政府数据隐私保护问题的政策与法律,用立法连接数据开放和个人隐私保护。除了立法和政策保护,政府部门也应加强对数据的集中管理,在数据开放前基于隐私保护对个人数据进行过滤,开通公民监管投诉渠道,使公民在发现个人数据泄露问题时能够及时反馈。

二是开放政府数据在社会化使用中可能产生的准确性和合法性问题。随着政府开放数据工作的不断深入,公众和社会组织成为重要的数据供给主体,且社会对数据的应用范围和场景也在不断扩大。如果公民和社会组织向公共部门提供的数据不正确,那么后续公布的政府数据的准确性就会受到影响,使用数据的用户也可能会有意或无意地曲解数据,进而对社会其他主体造成伤害。由此,公共部门需要评估每个数据集作为开放数据发布是否符合法律规定,并警示公布数据集的潜在法律风险。为此,纳奥米·科恩(Naomi Korn)等建议,发布部门应确保数据中不存在机密信息,且出于隐私保护,某些数据可以匿名发布。① 吉隆·奥哈拉(Kieron O'Hara)认为,政府应该对公开数据进行匿名化处理,使这些信息无法用于识别个人,减少意外泄露个人可识别信息的风险。②

三是开放政府数据提供的效率问题。随着数据规模的指数级增长,政府在发布数据时还要有一定的选择性,需要更多考虑到用户的需求、反馈和意见,以便不断改进数据提供的效用。赫尔比格(N. C. Helbig)等指出,应开放既能体现政府绩效又能满足公众兴趣的政府数据,评估不同利益相关方对数据的不同使用方式,使数据管理方式具有前瞻性,推动政府数据开放的可持续性。③ 为此,公共部门机构需要评估大众对数据的需求,以便提供潜在消费者所需要的数据集。评估方式可以多元化,如分析数据请求、网站监测或对数据集的投票等。此外,政府机关除扮演单纯数据提供者的角色之外,还应进一步提供工具、服务以及创造社群等,鼓励公众参与开放数据的使用,还可以考虑搭配简易明了的授权方式,如知识共享授权(creative commons license),让公众可以放心地对其所取得的政

---

① Korn, Naomi & Oppenheim, Charles, "Licensing Open Data: A Practical Guide," *Discovery*, 2011.
② O'Hara, Kieron, "Transparent Government, Not Transparent Citizens: A Report on Privacy and Transparency for the Cabinet Office," *ePrints Soton*, 2011.
③ Helbig, N. C., Cresswell, A. M. & Burke, B. et al., "The Dynamics of Opening Government Data," http://www.ctg.albany.edu/publications/reports/opendata.

府开放数据作增值运用。①

随着数据技术的不断突破和经济社会多元化的不断发展，开发政府数据日趋复杂和深化，其进一步的高质量发展需要从政策法规、组织管理、数据管理、平台开发等多层面同时推进，建立政府—公民—社会三者之间良好的协作关系，充分发挥开放政府数据服务社会、促进创新的效能发挥。

---

① 杨东谋、罗晋、王慧茹：《国际政府数据开放实施现况初探》，《电子政务》2013年第6期。

数字治理

Digital Governance

城市智能治理中的感知、反馈与闭环[*]

张洪谋[**]

摘　要：随着智慧城市建设的不断发展，许多城市进行了多部门、长周期、大尺度的基础数据积累、整合和数据平台建设，但很大程度上仍停留在"重数据、轻算法""重平台、轻应用"的阶段。基于城市智能治理和智慧城市的理论与案例分析，我们提出应当将城市数据，特别是城市实时大数据作为城市治理中的"传感器"，将城市政策在各部门中的作用结果通过实时数据进行建模、计算、求解和政策效果评估，进而反馈进入下一阶段的政策制定过程当中，并将这一过程"算法化"和"自动化"，即形成数字治理的"闭环"。在本文中，我们介绍阿姆斯特丹、内罗毕和三亚三个城市在城市环境治理、公共基础设施和政务便民服务三个领域实现城市智能治理闭环的例子，并通过统计学中的贝叶斯学派的观点来阐释这一闭环形成的政策逻辑。本文还将讨论这一政策过程的范式性转变在实践中可能存在的风险及其理论解释。

关键词：城市智能治理；智慧城市；城市感知；反馈；闭环；贝叶斯

Abstract: With the development of smart city governance, many cities have accumulated and integrated multi-departmental, long-term, and large-scale urban data, alongside with their data platforms. However, these cities are still largely at the stage of "data more than algorithms", and "platforms more than applications". Based the theoretical and empirical analysis of urban intelligent and smart governance, we pro-

---

[*]　本文为北京大学公共治理研究所一般项目"智慧城市的社会视角"（YBXM202114）的研究成果。
[**]　张洪谋，北京大学政府管理学院助理教授，北京大学公共治理研究所研究员。

pose 1) to consider these real-time urban data as the "sensors" in urban governance, 2) to assess urban policies through modeling, calculating, and evaluating these real-time data, and 3) eventually by "algorithmizing" and "automating" the process, to form the "closed loop" of urban intelligent governance. In this article, we introduce and analyze three cases of urban environmental governance, public infrastructure provision, and civic service responses in Amsterdam, Nairobi, and Sanya, respectively, to illustrate how the "closed loops" of urban intelligent governance might be like. We employ the Bayesian perspectives in statistics to explain the policy logic of the closed loops. At the end of the article, we also discuss the potential risks and possible theoretical explanations of this urban policy's paradigm shift.

Key words: Urban intelligent governance, Smart city, Urban sensing, Feedback, Closed-Loop, Bayesian

一、引 言

城市智能治理是智慧城市发展阶段的新形态，要求城市治理从"'人工发现'向'智能发现'转变"，其中"智能发现"指依靠信息识别、大数据组织、数据挖掘等技术手段对城市中的问题进行自动化处理，① 或称之为城市治理"数智化"过程。② 在这一发展阶段中，首先需要解决的问题是对于"发现"这一抽象概念的物理实现，也就是如何识别、观测出城市治理中需要解决的问题。这一物理实现过程也被一些学者称为城市感知（senseable）过程。③

学术界对城市智能治理、智慧城市治理或城市治理数字化等相关概念的理论解释已有一定的基础，如学者们将城市治理智能化的过程定义为"通过信息系统的整合弥合服务型政府建设中福利与便利的缝隙，并在此基础之上不断推进治理

---

① 沈体雁等：《城市数字治理理论与实践——"一网共治南京模式"》，社会科学文献出版社2023年版。
② 张建峰等：《数智化：数字政府、数字经济与数字社会大融合》，电子工业出版社2022年版。
③ Picon, Antoine & Ratti, Carlo, *Atlas of the Senseable City*, New Haven: Yale University Press, 2023.

的精细化"①;"运用最新技术对城市资源要素、公共事务等进行精细化、标准化、动态性和无缝隙管理"②;"人脑和城市大脑相互交互、相互分工和协同发展的过程"③;等等。但这些定义或描述往往基于现象学分析、机构或功能阐释,或对未来发展方向进行政策探讨,缺乏对其"运行过程"的政策逻辑的理论解释。

相比基于人脑的城市治理,城市智能治理作为一种城市政策制定与评估过程,具有实时性、动态性与高频性,并且极大依赖城市数据传感器、人工智能、时空间优化等工具。这些特征导致了对这一政策的制定、实施与评估,其政策的理论逻辑解释也需要建立新的分析框架。因此,本文将试图从理论化阐释、实践案例和风险挑战等三个方面对这一过程展开分析,并按照以下方式进行组织。在第二节中,我们将探讨"感知"技术的发展对于城市治理的影响与作用,以及在城市治理中"反馈"与"闭环"的政策含义。在第三节中,我们将通过统计学中贝叶斯学派的观点,解释这一政策闭环的理论逻辑。在第四节中,我们将通过城市治理领域学者和地方政府于阿姆斯特丹、内罗毕与三亚进行的关于城市环境治理、公共基础设施服务与政务便民服务的三个城市智能治理实践案例,来实例化我们提出的理论模型。最后,我们将在第五节中对城市智能治理形成闭环之后的若干理论与实践问题进行辨析,并对全文进行小结。

二、感知、反馈与闭环的建立

不同类型的"传感器"技术发展极大丰富了城市政府对不同类型信息的感知,为不同部门的城市治理需求提供了动态化、多样化的数据来源。在城市治理中至少包括以下几类传感器的应用,从城市物理系统到社会系统可如下分类:一是对于城市环境质量信息的感知,如空气污染监测、水体水质检测设备;二是交通与土地利用情况的动态感知设备,包括交通摄像头、卫星遥感影像、街景数

---

① 薛泽林、孙荣:《人工智能赋能超大城市精细化治理——应用逻辑、重要议题与未来突破》,《上海行政学院学报》2020年第2期。
② 辜胜阻、王敏:《智慧城市建设的理论思考与战略选择》,《中国人口·资源与环境》2012年第5期。
③ 李文钊:《数字界面视角下超大城市治理数字化转型原理——以城市大脑为例》,《电子政务》2021年第3期。

据、车载定位系统(GPS);三是对于城市人群的空间位置和活动的实时感知技术,包括手机的定位与轨迹、公共场所的摄像头、无线网络(Wi-Fi)和蓝牙的连接;四是对于社交媒体、自媒体等内容的语义信息感知,可用于舆情监测、群体情绪识别等。

由于城市是人类活动高度密集的区域,这些传感器可以动态、实时地产生传统城市治理手段难以收集和处理的"海量"数据,因此对于城市治理的能力和技术手段提出了极大的新挑战,甚至将引发治理模式的范式性转变。需要指出的是,在城市研究领域长期存在对于"城市主义"(urbanism)一词过度使用的情况。这一术语往往与其他术语组成词组,如"基础设施城市主义""数字城市主义"等,用以表达突出城市中某一部门或方面(基础设施、数字化)在城市发展与治理中的重要地位的思潮。① 在传感器技术对于城市智能治理产生重要理论和实践影响之际,我们或许可以认为感知城市也日渐成为一种城市治理中的新思潮,即感知城市主义(senseable urbanism)。

感知可以为城市治理提供重要的信息来源,但感知本身并不产生任何政策。因此,从感知到城市治理的过程必然伴随着其他具有"思考性"与"动作性"的部分,即本文标题所使用的"反馈"与"闭环"过程。具体来说,从感知到反馈的过程中还包括两个步骤:一是对通过感知得到的数据进行分析、求解、优化进而形成政策的过程,二是对这一求解优化的政策加以实施的过程,二者缺一不可。这里我们可以做一个类比:美国麻省理工学院的校训为Mens et Manus,意为"头脑与双手"。② 作为一个工科院校,麻省理工学院在校训中突出了在工程领域解决问题时理论方法和实践过程并重的思路。但解决现实问题,往往还需要基于对现实世界的观测感知。因此,我们需要把感知过程也纳入其中,转化为 Oculi, Mens et Manus,即城市智能治理过程中需要的三要素:眼睛、头脑与双手。

与仅以类比方式定义的"感知"不同,"反馈"与"闭环"具有更确切的词源,这两个词原本为系统论与控制论中的基本概念。其中,"反馈"(feedback)

---

① Barnett, Jonathan, "A Short Guide to 60 of the Newest Urbanisms," *Planning*, April 2011.
② MIT Division of Student Life, *2022-23 Mind & Hand Book*, Massachusetts Institute of Technology, 2022.

原本指一个系统的输出经过某些环节又重新返回系统中，成为系统的输入。[1] 而"闭环控制"（closed-loop controller），相较于"开环控制"（open-loop controller）而言，就是指有反馈的控制系统。其主要差别在于，闭环控制系统中的操作依赖于系统本身的输出，根据输入再对系统状态进行调节。[2]

可以通过两个简单的例子对"感知""反馈""闭环"的关系进行简要说明。例如，在一个有温度传感器的房间中进行恒温控制时，通过温度传感器形成的输入（感知），反馈到温度控制模块，由温度控制模块根据当前温度与预先设置的适宜温度进行比较，从而决定是加热还是制冷（反馈）。这一流程可以实时、不断进行，并且不需要人进行中间干预，进而形成闭环。一个更复杂并且与城市更相关的例子是共享出行平台的车辆调度系统。例如，在滴滴、优步（Uber）等共享出行平台的运营中，可以通过司机与乘客的实时位置与实践动态感知到城市中不同区域的出行需求（感知），通过优化计算、价格或者信息发布等方式引导司机到特定城市高需求区域接单（反馈），进而提高订单数量，实现平台运营利润的不断优化。这一过程同样可以通过提前编写的优化算法，基于动态实时数据的不断输入，实现自动化的司机、车辆调度过程（闭环）。

城市智能治理与这两个例子有若干共同特征。一是城市治理同样存在通过收集数据、加以分析、形成新政策的"感知—反馈"过程。例如，城市环境治理需要通过环境数据的感知确定新的治理方向与手段，城管综合执法也需要就城市中存在的公共安全、卫生、市容等问题进行数据收集，并根据其分布情况进行定向干预与处置。二是这一"闭环"过程同样具有动态性和实时性，特别是在城市交通、环境污染、舆情监测等领域，会出现以分钟或秒级更新的"高动态"数据。对这些城市感知如通过人工手段进行治理，往往会由于处理方式显著慢于情况变化的速度而无法形成有效的治理对策，因此往往需要"自动化""智能化"手段，对这些领域出现的智能治理问题进行直接回应。这一过程也可以称为"闭环"的建立过程，即从城市感知输入到自动产生政策输出，并且进一步感知观测政策调整对输入的影响（反馈），循环往复，不断进行。

---

[1] Wiener, Norbert, "Cybernetics," *Bulletin of the American Academy of Arts and Sciences*, Vol. 3, No. 7, 1950.
[2] 谢科范、余肖禹：《基于双向闭环思维的复杂科学管理方法集研究》，《复杂科学管理》2020 年第 1 期。

三、城市智能治理的"贝叶斯化"(bayesianization)

上文已经就城市智能治理在实践过程中形成闭环的方式进行了简要论述。但是在理论层面,这一闭环过程的建立意味着怎样的政策逻辑变迁,并非不言自明。在本节中,我们拟使用统计学中贝叶斯学派的观点试对这一逻辑进行理论阐释。

我们需要先就何为"贝叶斯"做简要的说明。在传统的统计学世界观(也被称为"频率学派")中,一个随机事件的发生概率或一个统计分布的参数被认为是"基本事实"(ground truth)。这些基本事实可能不被观测者所知,但是其存在是客观的,其数值也是固定的。传统的统计学模型的发展基本可以归纳为对这些客观存在的数字,通过观测进行估计的过程。例如,基于频率学派的观点,在样本中一个事件发生的比例(频率的比值)就可以作为这个事件发生概率的一个估计。

相比于频率学派对于概率的认知,贝叶斯学派(得名于英国统计学家、哲学家托马斯·贝叶斯[Thomas Bayes])则认为,概率实际上代表了对于这件事发生的"信念"(belief),或称为对于这件事发生的可能性的"认知"(perception)。贝叶斯学派并不关心关于概率的基本事实为何。或者说相比于终极无法获得的基本事实,贝叶斯学派更关心如何"提升"对于概率的认知。[1]

在贝叶斯学派的观点中,"先验"(prior)与"后验"(posterior)是最为重要的一组概念,二者的关系是基于不断观测对先验信息进行更新,进而形成新的后验。这一更新方式可以由著名的贝叶斯定理进行解释。贝叶斯定理的基本形式如下:

$$P(A \mid B) = \frac{P(B \mid A) P(A)}{P(B)}$$

其中 A 与 B 代表两个任意的随机事件,我们可以将其替换为我们关心的任何信息。例如,我们关心现实世界中一个随机分布的参数 θ,并试图通过收集来自这

---

[1] Fienberg, Stephen E., "When Did Bayesian Inference Become 'Bayesian'?" *Bayesian Analysis*, Vol. 1, No. 1, 2006.

个随机分布的数据 D 来不断更新我们对于这个参数估计的"认知"。按照贝叶斯学派的观点，我们无法获得 θ 的真实值，而只能不断更新我们对于 θ 的认知，或者 θ 的概率 P(θ)。同样，我们从一个概率分布中获得什么样的数据也是随机事件，具有概率分布 P(D)。将这两个概率带入贝叶斯定理，我们即可获得下式：

$$P(\theta \mid D) = \frac{P(D \mid \theta)P(\theta)}{P(D)}$$

在这个公式中，我们可以把 P(θ) 称为对于 θ 的先验认识，而基于我们收集到的数据的相关信息 $\frac{P(D \mid \theta)}{P(D)}$ 对 P(θ) 进行更新，获得对于 θ 的后验认识 P(θ∣D)。事实上，由于我们可以不断收集新的信息 D，对 θ 的认识过程可以不断更新。在不断更新的过程中，先前获得的后验 P(θ∣D) 又成为新的先验。

这一过程与我们前文所描述的城市智能治理的闭环过程在逻辑和实践操作的思路上均保持一致。因此，我们可以借由此公式来精确地描述城市闭环中所实现的政策逻辑。在城市智能治理中，D 代表的信息为城市感知过程，即从纷繁复杂的城市生活中通过各种传感器获取的信息，而 θ 代表了某种广义的"政策"或城市治理的策略、方式、手段。我们需要通过不断收集新的 D 来不断更新城市治理的策略，这样，正对应于前文我们所提到的闭环过程。

需要说明的是，单独一个贝叶斯公式并不能体现闭环过程，仅仅体现了上文所说的"认知更新"这一步。而需要将后验 P(θ∣D) 带回先验 P(θ)，不断迭代，才完成了闭环。事实上，在城市智能治理中，这一过程一定是不断往复、循环前进的，并且由于数据收集和计算的自动化，它往往以高频率、动态性的形式出现，如智能基础设施的实时调度。因此，单独的贝叶斯公式并不能作为完整的城市智能治理闭环的理论解释，而贝叶斯公式的自我迭代才是这一过程的完整阐释。

社会科学中存在建构主义与现实主义两种思维方式，基于贝叶斯学派解释的城市智能治理更接近现实主义的政策制定逻辑，即通过对城市状况的不断感知来进行实时调整，以制定出解决当前城市治理问题的最佳策略。虽然广义上的政策制定并不能完全建立在现实主义的逻辑之上，特别是对于国家治理等宏观政策而言，往往需要建构主义确定的一些基本原则。但是，对于常常需要面对实时、具体且具有高动态需求的城市治理问题来说，这一政策逻辑往往是可行且必要的。

为了论证在哪些情形下这一逻辑是确有必要的,我们从既有城市智能治理的研究中试举三个例子。

四、城市智能治理闭环的三个实践案例

在本节中,我们选择城市治理谱系上处于不同发展阶段国家(荷兰、中国与肯尼亚)的三个典型案例进行分析,用以实例化上文所建立的理论阐释。其中,荷兰是欧洲发达国家,由于经济社会发展具有良好积累,在城市数据基础设施建设、科技研发能力、城市治理水平等方面都具有良好积累。肯尼亚是典型的发展中国家,相对于发达国家,虽然其城市数据基础设施建设滞后,并且城市的基本公共服务提供都还有明显短板,但依然可以在使用有限数据的情况下通过智能治理手段对城市的公共服务水平进行显著提升。第三个例子为中国城市三亚。作为发展中国家,中国在城市治理水平方面同样存在很大的提升空间。但相比于其他发展中国家,得益于近二十年的大规模数据基础设施建设,中国的部分城市具有可与发达国家相较的良好数据条件。亟待提高的城市治理能力与良好的数据条件这一并不常见的组合,使中国的城市案例处在一个显著不同于另外两个案例的特殊位置上。

通过城市智能治理谱系上三种不同城市的选择,本文希望说明,城市智能治理闭环的建立,并不是仅在数据条件良好或治理水平达到较高层次的城市才能实现。在不同发展阶段国家的城市中,都可以通过现有数据条件对城市智能治理水平进行有效提升。

(一) Roboat:从环境感知到环境治理

2021年前后,美国麻省理工学院感知城市实验室与荷兰阿姆斯特丹市(该市的主要负责单位是先进都市解决方案研究所,即 Amsterdam Institute for Advanced Metropolitan Solutions,简称 AMS)共同提出了一个著名的城市智能环境治理的实践案例 Roboat。[1] 这一试验项目聚焦于使用自动驾驶船(称为 Roboat,即 robot 和 boat 的缩合词)解决阿姆斯特丹市面临的多项城市环境治理问题。阿姆斯特丹市

---

[1] Duarte, Fábio et al., "Reimagining Urban Infrastructure through Design and Experimentation: Autonomous Boat Technology in the Canals of Amsterdam," in Katharine S. Willis & Alessandro Aurigi (eds.), *The Routledge Companion to Smart Cities*, London: Routledge, 2020, pp. 395-410.

以密布的运河网络著称：一方面，河网密布的水质监测是一个费时费力的工作；另一方面，由于河网密布，道路交通往往要依靠桥梁跨越河道。而桥梁分布相对一般道路来说较为稀疏，导致城市内交通联系渠道受限，容易发生交通拥堵，进一步造成汽车尾气等其他环境污染。

Roboat作为一种无人驾驶船只，从多个方面对阿姆斯特丹市环境治理能力进行提升。首先，作为无人驾驶船只，这些Roboats可以在城市的密布河网中自动巡弋，实时动态监测不同城市位置的水体微生物、污染物状况。其次，无人驾驶船只可以依托运河提供一种"按需预约"（on-demand）的交通工具，类似于路面的无人驾驶网约车，分担路面交通压力。再次，无人驾驶船只也可以起到城市内部货运的作用，减少货运卡车使用。最后，在同一思路下，无人驾驶船只还可以用于运输城市生活垃圾，减少了路面垃圾车的数量。在后两点中，货运卡车和垃圾车由于体量较大，难于转圜，往往对交通拥堵产生很大的影响。而无人驾驶船只因为不需要驾驶员，可以自动定位、寻址导航，因此可以轻量化、小型化。所以，即使对于大量的垃圾清运需求，也可以少量多次、蚂蚁搬家的方式解决，并不会对河网造成拥堵，并能较大缓解路面交通压力。

这一方案从感知（对河网水体的监测，但更重要的是对城市内部不同区域人流、货流、废品流的运输需求的感知）出发，并通过无人驾驶技术与整个船队的优化调度技术，最大化利用河网的运输能力，分担城市交通路面压力，进而多角度解决城市环境治理问题，形成环境治理闭环。这一过程中的"贝叶斯化"体现在对于船队的实时调度上：在城市的动态运行过程中，城市的不同区域每时每刻都会产生新的人货运输需求，而通过对于每一时刻新的城市需求感知 D，更新最优的调度方式 $P(\theta|D)$，就是我们上文所提到的不断更新后验的过程。这一实践案例被学者总结为"可编程城市"（programmable city）和"回应性自动基础设施"（responsive autonomous infrastructure）。①

(二) Digital Matatus：基础设施与基本公共服务

相比于作为发达国家的荷兰，亚非拉的第三世界国家往往还面临数据条件不

---

① Benson, Tom et al., "Programmable Cities: Using Roboat to Create a Responsive Autonomous Infrastructure in Amsterdam," *Medium*, 2021, https://medium.com/urban-ai/programmable-cities-using-roboat-to-create-a-responsive-autonomous-infrastructure-in-amsterdam-1894bae64f91.

足、城市基础设施不完善等问题。麻省理工学院的公民数据设计实验室（Civic Data Design Lab）与肯尼亚内罗毕大学的计算与信息学院合作，提出了一个解决内罗毕城市交通基础设施信息发布与居民使用之间沟通不畅的问题。①

在内罗毕，由于地方政府提供的公共交通严重不足，存在着大量由私人运营商提供的半正式或非正式小型巴士服务，来填补本应由城市公共交通提供的、服务人数超过300万的城市内部出行。当地称这些小型巴士为matatu（复数为matatus）。这些小巴往往没有完全固定的线路或时刻表，按照城市不同区域的需求增减进行调整。其数量超过100条线路，并且每条线路上可能有多家不同的私人运营商。因为运营商众多、线路和时刻表不固定，对市民以及访客出行来说，存在无法掌握出行信息进而造成出行不便的问题。

公民数据设计实验室和内罗毕大学的科研人员发现，可以通过对当地居民的手机轨迹数据进行归并、汇总、聚类，自动识别出可能的matatu线路，并由此自动绘制出matatu的线路图。由于手机数据本身就存在，所以这一方法只要将算法开发完成，就可以根据手机数据的不断更新、动态更新，推断出matatu线路的不断变化，从而解决线路与时刻表不固定、绘制静态地图人工成本高且难以持续更新的问题。这一项目被《麻省理工学院新闻》（MIT News）评价为"让不可见的（信息）可见"（makes the invisible visible）②。

在这一案例中，我们同样可以用贝叶斯的视角来对其进行分析。事实上，公共交通作为一种城市重要的公共基础设施，其可得性是基本公共服务普及的重要组成部分。在数字化matatu线路图的过程中，我们可以把这一基本公共服务的可得性理解为 θ，通过不断感知新的人群轨迹 D，基于算法开发，最终可以作为输入不断更新后验的基础设施可得性分布 $P(\theta)$，从而实现了基本公共服务信息发布的闭环。

（三）三亚12345：投诉数据的"自动导航"

中国作为全世界经济体量最大的发展中国家，兼具以上两个例子的特点。一方面，得益于大型基础设施特别是数字基础设施的建设，中国具有可以与发

---

① Williams, Sarah et al., "The Digital Matatu Project: Using Cell Phones to Create an Open Source Data for Nairobi's Semi-Formal Bus System," *Journal of Transport Geography*, Vol. 49, 2015.
② Shulman, Ken, "Digital Matatus Project Makes the Invisible Visible," *MIT News*, August 26, 2015.

达国家相匹敌的且为其他发展中国家普遍所不具备的良好数据条件；另一方面，与其他发展中国家类似的是，中国在使用数据回应公共政策诉求方面，依然存在算法开发薄弱的问题。面向这一问题，北京大学城市治理优化实验室使用三亚市12345投诉数据作为案例，进行了数据使用方式的优化与算法开发。①

该团队发现，12345的投诉数据由人工根据一份年代较早（2007年）的国家标准进行分类，这一过程一方面极大基于分类工作人员的经验，另一方面由于标准制定年代较早，无法有效地对新种类的投诉问题进行导流。在此观测上，该团队基于自然语言处理（natural language processing，NLP）和有监督机器学习（supervised machine learning）方法，对12345投诉数据本身的语义信息进行分类，得出了城市12345投诉的"分类树"、各类问题出现频率的分布，以及表达不同类型问题共同出现概率的"共现矩阵"。在对这一12345投诉数据分类和频率分布进行分析的基础上，该团队还根据工作量均衡原则和工作内容与投诉内容适配原则，对城市政府的机构、部门设置提出了"优化算法"。

在这一案例中，通过机器学习模型对12345投诉数据进行城市投诉问题分类，并在此基础上进行投诉处理的工作流优化，同样也是一个不断进行"感知""反馈"的"闭环"过程。在这一过程中，城市投诉问题和工作流的最优处置安排就是需要不断迭代更新的后验 θ，而随着时间发展而来的新的投诉数据就是用于更新后验的 D。

在这一节，我们通过城市环境治理、基本公共服务信息提供、投诉处理等多个例子实例化了"贝叶斯"这一城市智能治理闭环的基本逻辑。可以发现，这三个例子在"闭环"形成的过程中具有一些共性特征：一是数据驱动，三个例子都使用了"自下而上"收集的大量数据（环境监测与运输需求、个人移动轨迹、投诉文本信息），并基于这些大规模、动态化的数据进行城市"感知"；二是基于机器学习算法（船队调度、轨迹聚类、自然语言处理与分类），可以将对于这些"海量"数据处理的过程自动化；三是经过机器学习算法计算得到的结

---

① 彭晓、梁艳、许立言等：《基于"12345"市民服务热线的城市公共管理问题挖掘与治理优化途径》，《北京大学学报》（自然科学版）2020年第4期；Peng, Xiao et al., "A Social Sensing Approach for Everyday Urban Problem-Handling with the 12345-Complaint Hotline Data," *Computers, Environment and Urban Systems*, Vol. 94, June 2022, p. 101790。

果可以"反馈"回到城市治理的过程中来,被市民进一步"感知",进而形成城市智能治理闭环。

在此类城市智能治理闭环形成过程中,天然存在一般数据驱动与机器学习模型中的问题,但这些普遍问题对于城市治理来说具有特定内涵。我们在下一节中就这些问题进行辨析与讨论。

五、关于闭环城市智能治理的几点思考

在感知—反馈—闭环的建立过程中,这三个环节中的每一个都存在着可能的理论与实践问题,分别对应如下:首先,在感知过程中,由于数据本身相对于城市智能治理,甚至对于收集数据的传感器本身来说,都是外生信息,其本质特征并不是智能治理所可控的。因此,需要对这一外界输入的潜在风险进行辨析。其次,从感知到反馈的过程由于其自动化、智能化属性,往往依赖于机器学习等智能模型。而对于智能模型来说,它到底建立了"何种"智能,如何建立,有何风险,同样需要做进一步探讨。最后,建立闭环是否对城市政府等智能治理系统的用户来说就是一劳永逸的解决方案,其中"人"与"智能"之间的交互关系为何,特别是这一"智能""闭环"过程是否将脱离人的控制而发展出"自我意识",这些理论问题都需要在其发展为对城市治理产生本质性影响之前进行广泛充分的讨论。

这些问题本身都不仅仅针对城市智能治理,在更大的社会科学与工程技术伦理等学科中已有大量相关讨论。因此,本文仅针对这三个问题在城市智能治理中的表现做简要分析,用以完善本文对于"城市治理闭环"过程分析的完整性,并将更深入的、借由实证案例支持的分析留待进一步研究。下面对三个问题进行讨论。

(一)数据驱动的潜在风险

在基于城市感知的城市治理模型中,对于大规模城市数据的使用往往被视作"数据驱动"(data-driven)。其中"驱动"一词意指这些数据为城市问题的解决提供了根本的动力来源。这里我们需要辨析的问题是,城市治理问题的解决是否由于这些大数据的存在才本质上得以实现。

首先，相比于上文案例所指的基于海量数据的城市治理创新方式而言，依赖传统信息收集渠道的城市治理方式，同样存在这一"感知""反馈"的过程。只不过这一过程链条较长，时间较慢。例如，在传统的城市治理中，从接到投诉到形成新的政策反馈中间，往往需要经过多个环节的讨论和不同部门、部门内不同层级间的信息传递。而在数据驱动的城市智能治理中，一方面由于数据量巨大，无法通过人工手动的方式对数据进行处理，所以自然导致了机器学习等自动化模型的引入；另一方面由于不断有新的数据实时进入，如果不能实现实时反馈，就会被数据淹没。从这个意义上说，数据驱动的含义不仅体现在具体城市治理问题的解决上，还体现在对城市治理方式和政策逻辑的改变上，因此或可称之为"范式驱动"。

其次，在数据驱动的城市智能治理中，由于数据本身是对城市问题感知的直接来源，能否获得有效、有代表性的数据将直接影响城市感知的准确性。例如，在使用个体轨迹数据判断人群分布、活动分布的过程中，往往使用的是手机运营商收集的手机位置数据。这个例子中就存在多种潜在的数据偏误：一是有些城市居民(如老人、小孩)没有手机，而有些居民有多部手机，因此在采样上就会朝有多部手机的群体倾斜。二是手机在不同位置记录信息的频率、准确性可能存在差别，在手机通讯信号较差的位置，可能存在数据样本的偏差。另外，还有人会为了节约手机流量或电量，关闭手机定位功能，从而造成数据缺失，而这种缺失和收入、年龄等社会经济属性存在耦合关系。三是数据反映的是现状的信息，但城市治理往往还存在一个"社会最优"的目标。例如，对于城市交通治理，现状的交通分布可能是每个出行人个体目标最优的结果，但是如果需要实现城市总体的最低交通拥堵程度，那么可能需要对部分人群进行导流，进而缓解特定区域的交通拥堵。在这种情况下，这些被导流的人群的交通出行就与其个体最优的交通出行有所不同。在这个例子中，如果仅仅是"复现"历史数据，则无法实现最优结果，最优方案的出现并不能仅仅依靠数据驱动，而需要另外构造最优目标与方案模型。

最后，对城市数据进行感知，还需要考虑在特定情况下有人对数据进行干扰、污染或定向破坏的情况。例如，2020年德国艺术家韦克特(Weckert)通过步行拖动一辆小的平板车上的99部手机，成功地人为制造了谷歌地图上这一路段的"交通拥堵"假象。① 事实上,这是因为谷歌地图的拥堵识别算法主要依赖于有多少用户在这一路段打开了谷歌地图服务,并由这些用户的手机记录的实时速度来更新路段拥堵信息。因此,对于车流量不大的路段,99 个由步行缓慢拖动的手机,足以对这一算法的判定造成干扰。这一例子极大启示了我们使用城市感知数据进行城市智能治理时可能存在的数据干扰风险。

(二) 机器"学习"到了什么

上一节所举的三个案例都使用了机器学习模型作为城市智能治理自动化形成闭环的技术工具。我们在理论上通过贝叶斯学派的观点解释了闭环形成过程的逻辑内涵,但是具体到如何实现智能治理从"输入"到"输出"的转化过程,则需要对其中用到的机器学习模型的基本思路进行更具体的分析。

简单来说,机器学习是一个"拟合"数据之间"关系"的过程。以有监督机器学习为例,用于模型训练的数据集包括自变量 X 和对应的因变量 Y 两个部分。机器学习中的训练过程,就是基于训练数据集通过拟合获得 X 和 Y 之间关系的过程。经过训练、拟合建立的模型即可用于预测或模拟,为新输入的 X′计算得到对应的 Y′。例如,计算机理论学者已经证明了常见的前馈神经网络模型(一种机器学习模型),可以任意精度逼近一个性质较好的函数。② 因此,从理论上说,机器学习模型实际上就是通过大样本训练变量间联系的"函数"关系。

在城市治理模型中,这一函数关系对应于"感知"所得的城市问题与最适用的城市政策"反馈"之间的关系。例如在 Roboat 案例中,这一关系就对应于城市中一种给定的运输需求分布 X,与针对这一需求分布的最优船队调度方案 Y 之间的关系。这一关系可以通过历史上的调度方案,或基于优化的模拟等方式加以学习、拟合获得。这里可以类比于无人驾驶汽车通过学习人类司机在某一路段或环境中(X)如何操作车辆的情况。需要提及的是,针对现实问题中的复杂变量与数据,这种函数关系往往无法用简单的表达式给出,而需要通过数以百万、千万计的参数才能描述。

---

① Hern, Alex, "Berlin Artist Uses 99 Phones to Trick Google into Traffic Jam Alert," *The Guardian*, February 3, 2020.
② Hornik, Kurt, "Approximation Capabilities of Multilayer Feedforward Networks," *Neural Networks*, Vol. 4, No. 2, 1991.

由于机器并不进行价值判断，而仅仅从给定的数据中进行拟合学习，所以数据中的偏误往往也会造成拟合得到的关系的偏误。例如，上文提到的部分社会群体对于手机的使用较其他群体更少，那么基于手机轨迹数据训练得到的这一群体的基本公共服务需求可能也会相应产生偏误，进而在基本公共服务的布局上减少对该群体的提供比例。在这种情形下，只有通过其他途径估算可能的数据偏误，才有可能在自动化求解的过程中定向"纠偏"，减少单纯基于数据和模型学习获得的有偏结果。

（三）政策"意识"的形成：什么是"智慧"城市

涉及自动化与城市智能治理闭环的形成，一个自然而然的延伸问题就是，这一政策过程是否会像其他人工智能工具一样，具有自主"意识"而脱离了政策制定者的控制。事实上，在关于智慧城市的讨论中，已有学者提出智慧城市是否会发展出意识的问题。[①] 对这一问题的讨论需要建立在对于"意识"概念的精确理解上。

关于计算机算法与程序是否具有意识，学术界已有较多讨论。其中，美国哲学家约翰·R. 塞尔(John R. Searle)的"中文房间"思想实验常被用来做算法与程序并不具有意识的证明。在这一思想实验中，塞尔假设有一个密闭房间，只有一个开口用来输入和输出信息，房间里有一个只懂英文、不懂中文的人，以及一本手册，指示他如何将开口收到的中文信息(符号)转化成回答，并通过开口返回。塞尔认为，由这个人、手册和房间构成的整体("中文房间")并不能被认为"理解"了中文，进而用这个思想实验来论证计算机程序实际上并不具有意识。[②]

但理论上，这一思想实验也可以用归谬法进行反驳，如人脑对视听觉信号的处理同样也是一系列基于规则的生物电化学反应，如果"中文房间"不具有意识，那么同样也可以论证人脑是无意识的，这显然与我们的直觉相悖。由于这一矛盾的存在，其他学者试图用更形式化、公理化的办法来定义什么是意识。例如，意大利神经科学家朱利奥·托诺尼(Giulio Tononi)提出的整合信息论(inte-

---

[①] Bunschoten, Raoul, "From Smart City to Conscious City," *Handbuch Energiewende und Partizipation*, Wiesbaden: Springer, 2018.

[②] Searle, John R., "Minds, Brains, and Programs," *Behavioral and Brain Sciences*, Vol. 3, No. 3, 1980.

grated information theory），将意识定义为一个系统中可以将输入通过某种"因果联系"进行输出的性质。① 在托诺尼的一系列公理化定义之下，不仅可以识别一个系统是否有意识，更可以进一步计算意识的大小，以及意识由该系统的哪些组成部分承担。在此基础上，托诺尼等学者对一系列系统进行了意识大小（这一变量被记为 Φ）的计算。经过计算，他们发现意识的形成与系统中是否存在"反馈"与"闭环"高度相关。

这一对于意识的研究给我们对智慧城市是否具有自我意识提供了启发。一个有"感知""反馈"的城市智能治理系统，根据上述定义显然是存在意识的。因此，我们可以粗略认为，在这样一个"闭环"的政策调整与优化过程中，整个系统是具有"政策意识"的。

基于这一认识我们可以进一步推论，实际上城市感知数据的不断输入，反馈过程的不断建立（"因果关系"的"学习"），是在培养和训练这一城市智能治理系统具备更强的"政策意识"的过程，这一过程与 ChatGPT② 等问答机器人通过互联网大量文本信息进行的训练过程具有本质上的共同性。

六、小结与展望

本文首先使用控制论中的概念，简要叙述了"感知""反馈""闭环"等概念如何用于类比城市智能治理中出现的智能化过程，以及其背后的政策含义，并使用统计学中贝叶斯学派的理论观点将这一政策过程描述为"通过不断引入对城市最新情形的认知，更新最优城市政策设计"的理论解释。在此基础上，本文引用了城市治理领域学者和城市政府在荷兰阿姆斯特丹、肯尼亚内罗毕和中国三亚这三个处于不同城市治理水平以及具有不同城市数据基础设施条件，但都成功建立了城市智能治理闭环的案例，实例化了"城市智能治理贝叶斯化"这一理论解释，指出城市智能治理闭环的建立并不一定依赖良好的数据条件，在有限的数据条件下同样可以极大提升城市智能治理水平。最后，本文还讨论了在城市智能

---

① Tononi, Giulio et al., "Integrated Information Theory: From Consciousness to Its Physical Substrate," *Nature Reviews Neuroscience*, Vol. 17, No. 7, 2016.
② Lock, Samantha, "What Is AI Chatbot Phenomenon ChatGPT and Could It Replace Humans?" *The Guardian*, December 5, 2022.

治理的"感知""反馈""闭环"三个阶段分别可能出现的数据、算法与"政策意识"形成的潜在理论和实践问题,并对其机制进行了简要分析。

随着人工智能等技术的进一步发展,城市智能治理必然将发展出更高效、更具智能化的方法,并将在现阶段由于数据条件或算法能力所限尚未建立闭环的领域中,发展出可能形成闭环的新的城市治理模式和案例,形成"全域智治"的智能化城市治理。① 这一过程不仅需要人工智能、数据科学等领域学者的参与,也需要公共管理领域学者对可能出现的政策问题提前进行判断与评估。

在文中我们指出,随着"反馈""闭环"的建立,城市智能治理实际上已经具有了一定程度的"意识"。这一意识和城市治理中人的意识、社会的意识显然不完全等同,其中包含一部分由算法、模型所引入的新的意识。在这个新的意识系统中,社会系统和算法系统意识之间的关系为何,如何区分,以及如何精确识别以确认可能存在的潜在政策风险,都是需要重点研究的问题,我们以这些问题的提出为本文的总结。

---

① 冯奎等:《数字治理:中国城市视角》,电子工业出版社2021年版。

连接、赋能、行动：APP 参与基层数字治理的经验模式

邵梓捷 韩景旭[*]

摘 要：随着技术的进步，基层数字治理逐渐成为基层治理能力现代化的重要议题。在对基层数字治理的研究中，不仅要关注到其基本逻辑概念，更要了解其在实践过程中的特点和模式，这样才能更好地发挥其优势。在目前基层数字治理的实践中，使用 APP 这种数字平台开展基层治理的方式，在提升基层政府治理效能、优化公共服务水平等方面积累了诸多经验，更赋予了基层数字治理新的重要意义。基于北京市两个地区的实践案例，本文提出了"连接—赋能—行动"的分析框架，并且尝试通过其他案例对这一分析框架进行论证。本文旨在梳理总结一种经验模式，为基层数字治理提供更多借鉴。

关键词：基层数字治理；关系连接；技术赋能；共同行动

Abstract: With the progress of technology, digital governance at the grassroots level has gradually become an essential issue in the modernization of grassroots governance capacity. In the study of grassroots digital governance, we should pay attention to its basic logical concept and understand its characteristics and patterns in the practice process to play the grassroots digital governance better. In the current practice of grassroots digital governance, the use of digital platforms such as APP to carry out

---

[*] 邵梓捷,政治学博士,中国传媒大学政府与公共事务学院副教授、政治传播系主任,北京大学中国政府治理中心特聘副研究员,研究方向为政治传播、社会科学研究方法、地方治理;韩景旭,中国传媒大学政府与公共事务学院硕士研究生,研究方向为公共治理与城乡智慧管理。

grassroots digital governance has accumulated a lot of experience in improving the governance efficiency of grassroots governments and optimizing the level of public services and has given grassroots digital governance new significance. Based on the practical cases of two districts in Beijing, this paper puts forward an analytical framework of "connection, empowerment, action" and tries to demonstrate this analytical framework through cases. It aims to summarize and sort out an experienced model through research and provide more reference for grassroots digital governance.

Key words：Grassroots digital governance, Relational connection, Technical enablement, Act together

国家治理体系和治理能力是一个国家制度和制度执行能力的集中体现，数字治理作为国家治理体系和治理能力现代化的一个重要组成部分，越来越受到党和政府的高度关注。党的二十大报告对建设网络强国、数字中国提出了更高要求。"以数字化改革助力政府职能转变"① 和"加强基层智慧治理能力建设"② 是落实党的二十大精神和打通国家治理能力"最后一公里"的关键环节。由此可见，通过数字手段提升治理效能，逐渐成为基层治理的趋势。

作为国家治理过程中最活跃的细胞——基层政府，正在尝试使用各种数字工具，特别是APP，在基层政府提升治理效能、优化公共服务水平等方面积累了诸多经验，也赋予了基层数字治理以重要意义。

一、问题的提出

随着数字技术的迅猛发展，社会进入数据多样化样态的信息时代。2018年以来，越来越多的电子政务、数字政府、数字平台作为治理手段，被基层政府广泛用于解决具体问题。在这一过程中，许多省市设立了政府数据管理机构，推进各级政务数据治理平台和系统建设项目，其中体系较为完整的有浙江省"最多跑

---

① 《国务院关于加强数字政府建设的指导意见》，http://www.gov.cn/zhengce/content/2022-06/23/content_5697299.htm。
② 《国务院关于加强基层治理体系和治理能力现代化建设的意见》，http://www.gov.cn/zhengce/2021-07/11/content_5624201.htm?trs=1。

一次"改革、广东省数字政府省域治理"一网统管"、北京市"接诉即办"等。在基层政府体系中,无论是乡镇农村还是城市社区,都有基层数字治理工具的案例,所使用的数字治理工具如社区通APP、"社区大脑"、社区微(微信)治理、"村情通"APP、"直联群众"乡村数字平台等。在某些特定时期,这些工具都起到了一定的治理效果,但也有的如昙花一现,出现了悬浮化、行动延迟、错位或滞后等情况。这就带来了如下问题:技术工具参与基层数字治理会凸显出哪些特点?这些数字工具是否真的在切换?虽然已经有学者从政府数字治理的概念与特征、数字治理路径、数字治理能力建设等方面进行了研究,但是针对APP这一数字工具参与基层治理的研究还寥寥无几。因此,本文聚焦于APP参与基层治理的过程,剖析APP作为数字治理工具的生产策略,讨论APP参与基层数字治理的可行路径和结构。

二、文献综述

通过梳理文献可以发现,早期的数字治理研究大多以发达国家为研究对象,比较侧重对信息技术手段的应用分析,因此研究内容"轻理论、重应用"的现象比较突出,并且关注视角有限,通常和电子政务、电子治理等技术治理手段相关联,具有明显的技术导向性;后期的研究则侧重理论比较,多半是关于数字治理理论与实践的总结反思,以及试图构建数字治理理论体系。美国学者迈克尔·米拉科维奇(Michael Milakovich)认为,数字治理的含义可从广义和狭义两个层面进行理解:广义上,数字治理指的是电子技术支持下的整个社会运行和组织的形式,包括对经济社会资源的综合治理;狭义上,数字治理指的是政府与经济社会的互动,以及政府内部运行中运用电子技术来易化政府行政,提高民主程度。[1] 英国学者帕特里克·敦利威(Patrick Dunleavy)主张发挥信息技术和信息系统在公共部门改革中的重要作用,实现部门扁平化管理,促进权力运行的共享,逐步实现还权于社会;[2] 其认为数字治理的核心在于整体的、公共参与的新型决

---

[1] 张晓:《数字化转型与数字治理》,电子工业出版社2021年版,第27页。
[2] 赵友华:《技术行政的价值及其实现逻辑》,华东政法大学,博士学位论文,2021年。

策方式及电子行政运作广泛的数字化。①

国内有关"数字治理"的概念源于2004年。徐晓林、周立新认为数字治理是在电子商务和电子政务之后产生的概念,也被称为"电子治理",是数字时代一种新型治理模式:"数字治理是新技术革命推动的结果,不只是几个政府网站或是服务网络化供给途径、信息传播数字化途径,它将改变政府、市民社会和以企业为代表的经济社会治理主体的互动方式,改变传统社会价值链,并对城市治理现代化发展产生深远的影响。"② 复旦大学教授竺乾威在《公共行政理论》一书中介绍了帕特里克·敦利威关于数字治理理论的观点。③ 近年来,国内学者在体制和机制方面初步构建起政府数据治理体系,④ 指出数字治理是将现代数字化技术与治理理论融合的一种新型治理模式,意味着政府权力由以机构为中心向以企业或者市民为中心转变,增强了政府、市民与企业之间的互动,体现了服务型政府以及善治政府建设的要求。⑤

从20世纪90年代开始,我国展开了政府信息化、互联网+政务服务、互联网+监管、互联网+督查等一系列数字政府建设探索,因而产生了电子政务、数据治理、平台政府、整体智治等建设理念及模式,其中也不乏很多基层政府的数字治理实践,如基层政务服务、社区治理、网格治理、综治维稳等。

(一) 数字工具参与基层数字治理的研究

有学者认为数字治理不同于一般意义(电子政务)的数字治理,从某种程度上说一般意义的数字治理的发展从实践领域丰富了数字治理理论的核心内容,因为治理理论本身就存在"多元主体、政府与社会之间边界与责任的模糊性等命题"⑥。数字治理理论十分关注公民参与问题,借助信息科技改变公民参与形式,公民参与也对公共政策的制定发挥了重要作用,有效的公民参与成为检验公共政

---

① Dunleavy, P., Margetts, H. & Tinkler, B. J., "New Public Management Is Dead: Long Live Digital-Era Governance," *Journal of Public Administration Research & Theory*, Vol. 16, No. 3, 2006.
② 徐晓林、周立新:《数字治理在城市政府善治中的体系构建》,《管理世界》2004年第11期。
③ 竺乾威:《公共行政理论》,复旦大学出版社2008年版。
④ 黄璜、孙学智:《中国地方政府数据治理机构的初步研究:现状与模式》,《中国行政管理》2018年第12期。
⑤ 黄建伟、陈玲玲:《我国数字治理的历程、特征与成效》,《国家治理现代化研究》2019年第2期。
⑥ 谭功荣:《西方公共行政学思想与流派》,北京大学出版社2008年版。

策成功的重要研判准则。从政治角度看，米拉科维奇曾提出信息和通信技术通过增强民主来改变政治体制。从行政角度看，公共机构需要和公民、利益相关者和政府官员一起建立均衡的绩效标准来满足不同人群的偏好。从全球化角度看，数字治理正在成为渗透到各个国家、各个行政分支的全球化趋势，利用数字工具处理教育、医疗和社会保障等领域的问题亦为削弱全球化的负面影响的方法之一。

数字治理强调政府、企业和公民三个主体之间的互动运作，这意味着政府的权力将由机构内部向企业和公民转移，与我国构建服务型政府的理念相统一。数字工具嵌入公共治理能够使治理过程更加开放和透明，提高解决问题的时效性。现阶段，数字治理的发展实际受到地区经济发展水平、科技力量和基础设施的影响，主要体现为城乡之间、地区之间数字化发展不平衡，导致区域之间存在数据壁垒。已有研究从主体参与方式，将基层数字治理概括为以下三类。

第一类是主体互动参与式。这类的典型为以数字社交媒体的形式参与社区治理。社交媒体凭借其开放性、便捷性与互动性特征，推动公众参与，培育社区社会资本，提升社区治理透明度，激发社区共同感与归属感。在基层数字治理时代，草根意见领袖成为社区治理中的重要力量，而政府与居民在线直接接触则发挥重要作用。但官方主导和居民主导下的社区社交媒体会出现明显分化，导致技术功能的收缩。面对这样的困境，挖掘与分析社区社交媒体产生的大数据可以有效化解治理风险，实现善治目标。通过这类参与形式，我们可以发现：如果将"治理"看作一个政治学范畴内的概念，那么"互动"则提供了一种社会学研究角度，它是社会系统中的"个人与个人""群体与群体""个人与群体"之间，以语言或其他手段交流时产生依赖性行为的过程。互动与治理都不是静态的过程，互动的主体也不可能是单一的。

第二类是公共服务参与式。信息技术驱动了社区服务供给模式转型，信息技术的广泛应用带来了社区公共服务智慧化供给方式，包括资源整合集聚型、智能家居超市型、复合网络平台型和生态群落共生型等建设模式。有学者在"互联网+"框架中提出，城市社区治理依托现代化技术手段和平台，治理效率和治理方式得以提高和升级。① 我国互联网与城市社区治理融合仍然在职能的形式化等多个方面存在问题和挑战，形成四种主要的"互联网+"城市社区治理模式：网格化社区

---

① 宗成峰：《中国"互联网+"城市社区治理：挑战、趋势与模式》，《城市发展研究》2020年第10期。

治理模式、智慧社区模式、大数据社区治理模式和人工智能区块链社区治理模式。在数字手段参与治理的国外实践方面：英国提出了"政府即平台"，新加坡提出了一站式7×24不间断100%覆盖的在线政府，美国提出了整体政府和互动政府，爱沙尼亚提出了万能钥匙eID和十字路口X-Road，韩国提出了"政府3.0"，迪拜提出了"智能迪拜"计划。

第三类是社区协商参与式。该方式指依托移动互联网工具，如微信群、APP等，在线协商社区公共事务的治理模式。作为一种崭新的基层治理理念和路径，它正在很多地区得到推广实践。在线协商因其席卷多元阶层、更易信息对称，且更能保持便捷的实时互动，不仅开启了基层微治理、微协商的旅程，也将为移动互联时代的基层治理带来组织、模式和公民三方面变革。

通过以上模式我们可以发现，在基层数字治理中，无论哪一种参与方式，都强调多元主体的共识力和行动力，这也正揭示了基层数字治理的最终目标。

（二）数字工具参与基层数字治理的已有模式

数字治理涉及行政体制、政治体制的全面革新，不是单纯强调行政效率，而是同时追求政治价值的实现。[①] 数字治理通过"技术赋能"旨在协同提升政府的治理能力，以及社会中多元主体的合作共治能力。

基层数字治理主要以基层政府组织为治理主体，使用信息化技术和工具，实现治理过程在基层治理中的运用，促进基层公共服务效率的提高和公共事务的有效治理。[②] 国家的政治基础在基层，而基层政府作为执行国家权力的最末端机构，成为国家政策的直接贯彻者。数字技术的深度嵌入也能够打破现有的科层制结构，利用信息简化行政过程，让行政体制趋向于"扁平化"。这种改变不仅能够在优化政务流程的角度提升行政效率，也有助于构建新型政府—社会关系、政府—市场关系。[③] 因此，在使用数字工具参与基层治理过程中，要注重数字化工具的构建和自身的伦理取向，因为这些内容都直接影响基层治理的效率以及基层

[①] 赵玉林、任莹、周悦：《指尖上的形式主义:压力型体制下的基层数字治理——基于30个案例的经验分析》，《电子政务》2020年第3期。

[②] 黄建伟、陈玲玲：《中国基层政府数字治理的伦理困境与优化路径》，《哈尔滨工业大学学报》（社会科学版）2019年第2期。

[③] 孟天广：《数字治理全方位赋能数字化转型》，《政策瞭望》2021年第3期。

民众对党和国家的认同。①

关于数字治理工具参与基层治理的研究主要包括以下几类：

1. 治理效能凸显价值的网格化管理工具

网格化管理主要是从政府管理视角进行的数字治理实践。治理效能是一个衍生的概念，它主要强调治理的产出和相关影响，以凸显治理结果指标和满意度指标，并且以此回应政府的责任履职。基层数字治理依靠数字工具，能够突破一些结构上的限制，为民众参与基层治理提供有效的路径，以推动政府达到治理效能。

基层数字治理中的网格模式已形成一些可复制的经验，拓展了基层治理的发展广度和深度。但近年来的很多实践也表明，一些地方和基层政府将网格治理工具简单化、机械化，存在数字鸿沟、技术排斥、治理异化和治理人员空缺等现实困境，②如重形式、轻实效的网格随手拍这种处处留痕、过度精细量化的数字形式主义。基层治理需要数字赋能，但更要借助价值导航，提升基层数字治理效能离不开价值引导和技术支持的融合统一。③追求治理效能最大化是网格治理的目标，但实现价值理性与技术理性的统一是其所面对的非常重要的理论问题。

2. 驱动治理中心下移的"接诉即办"

与数字时代同行的数字治理已成为我国政府治理改革的显著趋势，因此"数字治理+"成为破解政府治理难题、提高政府治理效能的有效策略。其中"数字治理+"治理重心下移是当前我国基层治理改革的一项重要议题。"接诉即办"就是其中的典型代表。

在顶层设计上，"接诉即办"依循数字范式，将"对数据的治理"作为数字政府建设的主要内容。在技术基础上，运用数字技术并将之嵌入治理结构，以重塑和优化政府治理流程；在业务架构上，利用数字技术连接政府系统内部与外部，打造政务处理的平台化模式。

李忠汉认为，"接诉即办"对治理重心下移的驱动，既不是简单地向基层下

---

① 张芸:《我国乡镇公务员行政伦理建设研究——从公共行政的视角审视》，《陕西行政学院学报》2015年第3期。
② 刘天元、田北海:《治理现代化视角下数字乡村建设的现实困境及优化路径》，《江汉论坛》2022年第3期。
③ 苏光:《中国社会治理的价值诉求——基于工具理性和价值理性的统一》，《理论探讨》2014年第3期。

沉资源，也不是单向地技术赋能，而是一个数字技术赋能科层治理与科层规约数字技术的双向互动的过程，需要在相互调适中形成新的、有效的治理机制或治理结构。① 这种治理机制是治理资源下沉至基层并发挥效能的前提条件。

3. 提升公共服务效能的"智慧大脑"

"智慧大脑"将技术算法和基层治理进行了有效的结合。例如，运用全景可视的治理技术去适应基层治理任务中繁重的制度条件，去释放基层组织的人力资源；数字化治理的实时反馈技术契合复杂多样的治理环境，提升基层的风险防控能力；数字治理体系的"连通性"特征则契合人口流动加剧的社会趋势，为民众参与基层治理赋予新的平台。② 也有一些基层政府采用"码上办"等形式，将数字治理工具应用于公共服务。这些数字治理工具提升了政府服务的效率，但在实际推动和改革的过程中，还存在"行政和技术"两张皮、信息孤岛、公共服务供给冗余、应用不强等现象，似乎让数字治理进入"停滞"阶段。因此，对于数字工具在推动社会治理升级过程中的梗阻为何，背后深层次的体制机制为何，数字工具在重塑政府流程过程中优势为何，都亟须深入研究。③

4. 信息传递型的"微治理"

"微治理"通过微信或其他移动互联网平台，为民众提供相应服务功能。通过信息互通，治理中枢得以搭建，为基层治理提供实用的线上工作平台，为基层群众提供多元服务和社交平台。除了信息互通，也有部分地区借助数字技术为基层治理决策领域提供数据支持，从而推动决策的精准化、科学化。例如，龙游县张王村创立"村情通"APP，通过对数字平台内高频板块、热点词汇等进行大数据分析，为精准研判民情民意、制定科学化的治理策略提供重要参考。④ 江西省赣州市 C 县建立"村务公开微信群"和"村务监督微信群"并制定《"双群"管

---

① 李忠汉：《数字治理驱动治理重心下移的机制分析——以北京市"接诉即办"改革为例》，《北京社会科学》2022 年第 11 期。
② 刘能、陆兵哲：《契合与调适：数字化治理在乡村社会的实践逻辑——浙江德清数字乡村治理的个案研究》，《中国农业大学学报》（社会科学版）2022 年第 5 期。
③ 段哲哲、贾泽民：《数字治理视域下的互联网+基层治理：困境与优化路径——以 S 市为例》，《江苏师范大学学报》（哲学社会科学版）2022 年第 3 期。
④ 唐京华：《数字乡村治理的运作逻辑与推进策略——基于"龙游通"平台的考察》，《湖北社会科学》2022 年第 3 期。

理办法》，借助微信群实现村务信息公开，收集村民意见诉求并予以解决。① 技术的嵌入打破了基层治理中的地方社会关系壁垒，实现了与主体的再联结，基层治理秩序由"行政权威主导"向"数字多元共治"转型。

我国的基层治理在发展过程中，一直力图摆脱传统国家包办一切的情况，逐渐构建"多方协同、合作共治"的新框架体系，这也是当前基层治理体制构建的重点。在数字技术的支撑下，有学者将基层治理从"谁来治理、用什么治理、如何治理、治理得怎么样"四个核心问题入手，去观察互联网参与治理的效果，其具体表现为：联结党政商社群，治理主体是否从单一转向多元；搭建平台促共享，治理资源是否从分散转向整合；消除孤岛促融合，治理方式是否从孤立转向协同；对接供需促匹配，治理效能是否从粗放转向精准。②

在借助数字技术平台进行基层治理的过程中，推进基层智能化管理和服务的同时，要结合其地区内的不同实际情况选择治理策略。模板化和盲目技术化的治理策略不仅浪费公共资源，其效果也可能不显著甚至适得其反。同时，数字化服务的推出应该从民众方便的角度出发，避免形式主义。我国当前处于社会发展的转型期，基层治理建设还需要走较长的路，数字和科技的发展则大大加快了这个过程。在未来，数字技术在我国基层治理中的作用空间仍然广大，更多未知的命题和挑战值得我们进一步探究与分析。

三、连接、赋能、行动——一种数字工具参与基层数字治理的分析框架

从社会管理到社会治理的转变过程与互联网在我国迅速崛起的过程几乎是同步的。有学者发现，数字技术在基层治理的实践中实现了更多元的主体参与，提高了政府内部的资源整合能力，建立了缓解基层社会矛盾的有效机制。但同时也要看到，所谓的"互联网""数字"不仅仅是一种治理技术，更是一种治理理念。在许多实践案例中，数字技术的应用并没有真正实现部门协同，条线分割的

---

① 苏运勋：《乡村网络公共空间与基层治理转型——以江西省赣州市C县村务微信群为例》，《中共福建省委党校（福建行政学院）学报》2021年第1期。
② 周红云：《社区治理共同体：互联网支撑下建设机理与治理模式创新》，《西南民族大学学报》（人文社会科学版）2021年第9期。

现象依然存在，在推进过程中仍然需要加强推动多元主体的积极参与。

学者曹银山、刘义强通过对结构功能主义的梳理，推导出"结构—行动"的分析框架：1937年帕森斯(T. Parsons)最先提出结构功能主义的相关概念，认为社会由有机体系统，即系统生存的环境、行动者系统、社会系统、文化系统构成，只有充分发挥A—G—I—L(适应—目的—整合—模式维持)四种功能，社会才能维持运转下去。[1] 为了解决帕森斯结构理论过于宏大和抽象的问题，帕氏学生默顿(R. Merton)提出了结构的中层理论，认为结构影响功能。[2] 拉德克利夫-布朗(Radcliffe-Brown)则认为社会中广泛存在的诸多结构性要素，深刻影响并支配着不同主体的行为。[3] 结构化理论的集大成者安东尼·吉登斯(Anthony Giddens)在功能主义理论基础上，突出行动的结构化特征，认为结构具有二重性，并与行动互构。[4] 这说明现有结构仍然为个体行动设定框架，而行动者则可以调整甚至改变结构，[5] 结构与行动应该是一种相互依赖的关系。在上述理论的支撑下，"结构—行动"的分析框架得以构建。

金太军、鹿斌认为社会治理结构是由三个词共同组成的，其中，"社会"是各种关系的总和；"治理"则可以理解成"政府和民间组织、公共部门和私人部门之间的一种新型关系"[6]；而"结构"则是关系的一种外在但相对稳定的表现。由此，社会治理结构可以从关系角度理解为一种"关系的集合形式"[7]。因此，在理论特征上，多元主体、复杂网络、合作互动、集体行为不仅构成了社会治理理论的主体内容，也是其不断倡导的价值维度。我们从"关系"的角度把"治理结构"在行动过程中进行解构，其主要包括"关系的连接"和"主体的赋能"。

美国学者马克·莫尔(Mark H. Moore)也曾提出"战略三角形"模型，即公

---

[1] 吴晓林：《新结构主义政治分析模型——马克思主义结构分析的回溯与发展》，《复旦学报》(社会科学版)2020年第2期。
[2] Merton, R., *On Theoretical Sociology*, New York: The Free Press, 1967, p. 36.
[3] 拉德克利夫-布朗：《社会人类学方法》，夏建中译，山东人民出版社1988年版，第148页。
[4] 安东尼·吉登斯：《社会的构成：结构化理论纲要》，李康、李猛译，中国人民大学出版社2016年版。
[5] 吴晓林：《结构依然有效：迈向政治社会研究的"结构—过程"分析范式》，《政治学研究》2017年第2期。
[6] 何增科：《治理、善治与中国政治发展》，《中共福建省委党校学报》2002年第3期。
[7] 金太军、鹿斌：《社会治理创新：结构视角》，《中国行政管理》2019年第12期。

共价值管理涉及三个维度,分别是"合法性支持""组织与运作能力"以及"价值目标",公共管理者的任务就是实现这三者之间的高度匹配与平衡。[1] 着眼数字治理平台如何提升政府与社会共治的有效性,打通政府与社会"双循环"的三大机制——中介机制、参与机制、动员机制,也正是根据"结构—行动"框架的演变。我们最终以"连接—赋能—行动"为分析框架,去深度了解数字工具参与基层治理的内在逻辑。

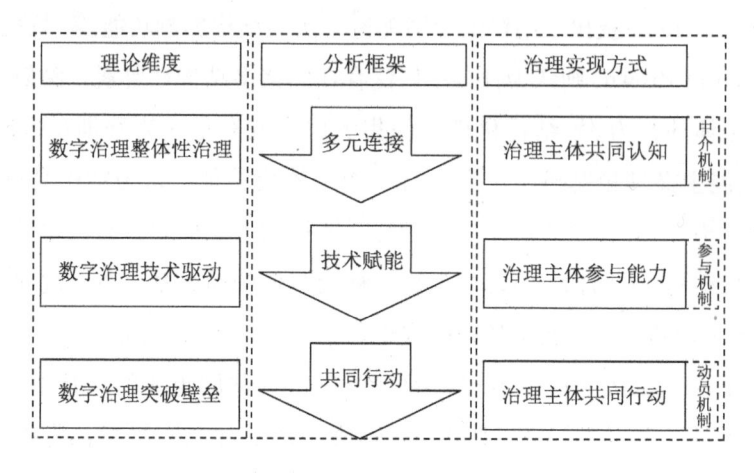

理论维度	分析框架	治理实现方式	
数字治理整体性治理	多元连接	治理主体共同认知	中介机制
数字治理技术驱动	技术赋能	治理主体参与能力	参与机制
数字治理突破壁垒	共同行动	治理主体共同行动	动员机制

图1 数字治理分析框架图

1. 连接渠道,实现多元主体的共同认知

陈水生曾指出,"城市智慧治理是连接治理"[2]——它包括万物的连接、人与人的连接、人机连接、人与组织连接、技术与制度连接等。运用数据构建连接的桥梁与基点,才能实现全景、全程和全域治理,最大化提升治理效能。

多元主体共治的基础就是连接的建立,而并非"各自独立"。中国自古以来就有"家国同构"的传统,它延续着"个人—家庭—国家"之间的情感纽带。[3] 数据主义者将越来越多的媒介连接在一起,生产和使用海量信息,努力让数据最

---

[1] Moore, Mark H., "Managing for Value: Organizational Strategy in For-Profit, Nonprofit, and Governmental Organizations," *Nonprofit & Voluntary Sector Quarterly*, 2000.

[2] 陈水生:《迈向数字时代的城市智慧治理:内在理路与转型路径》,《上海行政学院学报》2021年第5期。

[3] 任文启、顾东辉:《通过社会工作的情感治理:70年情感治理的历史脉络与现代化转向》,《青海社会科学》2019年第6期。

大化并把一切连接到系统中。① 在连接的作用下，基层数字治理能够通过技术、信息与数据等实现各种元素、物件、部件、组织、人员的连接，构建出融合"技术应用、制度创新和能力迭代"的基层治理新体系，形成城市政府、企业、社会组织和公众等多元协同治理的新格局，打破传统城市治理的分离、脱节和割裂，提升城市治理效能。

互联网工具凭借其开放性、便捷性与互动性等特征，推动公众参与，培育基层社会资本，② 同时提升基层治理的透明程度，③ 进一步激发基层多元主体的共同认知与归属感。④ 马克·莫尔曾将价值归纳为个体的需求与感觉，而不是任何物理上的形体变化。谭九生、杨建武则认为，数字治理能够敏捷回应民众的情感诉求，达成数字项目的设计和执行中的技术与情感的和谐共生，实现工具主义技术性质和以人为本治理思想的兼容与互动。⑤ 数字治理通过连接包括政府、企业、社会组织和公众在内的多元主体，帮助各方在数字治理过程中发挥各自资源优势和能力，推动共同参与、有效协同，这不仅能促进社会价值和福利最大化，也能实现数字政府的价值共创。⑥

2. 技术赋能，提升多元主体的参与能力

除了具备多元主体的共同认知外，还要有行动的能力。伴随着云计算、区块链、大数据以及人工智能等技术的发展，人们越来越充分地享受到技术带来的便利。在这个过程中，数字技术逐渐开始影响文化、政府结构以及社会运行等多个方面，故有学者提出政府数字治理与技术的普遍应用密不可分，可谓技术带来数字，技术引导数字。基层数字治理实质上也是技术与社会治理相互建构的过程：信息技术会因为社区组织结构的技术刚性被不断改造，⑦ 而基层数

---

① 尤瓦尔·赫拉利：《未来简史：从智人到神人》，林俊宏译，中信出版社2017年版。
② Warren, Anne Marie et al., "Social Media Effects on Fostering Online Civic Engagement and Building Citizen Trust and Trust in Institutions," *Government Information Quarterly*, Vol. 31, No. 2, 2014.
③ Bonson, E., Torres, L. & Roto, S. et al., "Local E-Government 2.0: Social Media and Corporate Transparency in Municipalities," *Government Information Quarterly*, Vol. 29, 2012.
④ Bingham-Hall, J. & Law. S., "Connected or Informed: Local Twitter Networking in a London Neighbourhood," *Big Data & Society*, 2015.
⑤ 谭九生、杨建武：《智能时代技术治理的价值悖论及其消解》，《电子政务》2020年第9期。
⑥ 刘银喜、赵森：《公共价值创造：数字政府治理研究新视角——理论框架与路径选择》，《电子政务》2022年第2期。
⑦ 张燕、邱泽奇：《技术与组织关系的三个视角》，《社会学研究》2009年第2期。

字治理依托互联网平台或产品能够更好地进行，治理效率和治理方式得以提高和升级。

从技术赋能的应用场景、对赋能对象的影响、运行机理等角度，诸多学者对技术赋能与城市基层社会治理的关联研究进行了探索。有学者指出，当前的社会治理变革是由网络的社会技术发展和公共数据的开放推动的，[1] 面临提高生活质量、增强复原力、优化资源利用、赋予社区权力和实现可持续发展等方面的机遇。技术的赋能效应从"治理挑战—解决方案—潜在影响"的治理过程出发，[2] 形成多元主体"多跨协同"的治理机制，[3] 实现城市治理中的组织重构和流程再造，[4] 提高公共部门治理效能，不断创造新型公共价值服务，实现治理现代化目标。[5]

一方面，数字治理通过技术赋能可以更好地洞察和回应基层治理的需求，因此能够提供高效的组织内和组织间协调。[6] 技术本身的能力，如人脸识别、人员监测、语言理解、情感分析和强化学习等，[7] 都能够高效地处理信息和数据，特别是公众的模糊化和非结构化的需求信息。通过技术手段，政府部门可以较为精准地刻画出公众的需求和行为特征，进而更可能识别、回应覆盖整体社会群体的需求。[8] 而比这更为重要的一项功能是，在复杂社会需求的识别和简化基础上，数字技术既能够支撑更高效率以及更大规模的组织内和组织间的协调，从而降低

---

[1] Gertrudis-Casado, M. C., Gértrudix-Barrio, M. & Álvarez-García, S., "Professional Information Skills and Open Data. Challenges for Citizen Empowerment and Social Change," *Comunicar*, 2016.

[2] 关婷、薛澜、赵静：《技术赋能的治理创新：基于中国环境领域的实践案例》，《中国行政管理》2019年第4期。

[3] 郁建兴、樊靓：《数字技术赋能社会治理及其限度——以杭州城市大脑为分析对象》，《经济社会体制比较》2022年第1期。

[4] 王苹、王胡林：《提升城市现代化治理能力和水平的实践进路》，《理论视野》2020年第4期。

[5] 于水、杨杨：《区块链赋能、治理流程优化与创造公共价值》，《南开学报》（哲学社会科学版）2020年第5期。

[6] Reuver, Mark de, Sørensen, Carsten & Basole, Rahul C., "The Digital Platform: A Research Agenda," *Journal of Information Technology*, Vol. 33, No. 2, 2018.

[7] 周慎、朱旭峰、薛澜：《人工智能在突发公共卫生事件管理中的赋能效用研究——以全球新冠肺炎疫情防控为例》，《中国行政管理》2020年第10期。

[8] 陈天祥、徐雅倩、宋锴业、蓝云：《双向激活：基层治理中的数字赋能——"越秀越有数"数字政府建设的经验启示》，《华南师范大学学报》（社会科学版）2021年第4期。

协调成本，也能够在根本上改变组织的基础设施、产品服务、业务模式、组织战略。①

另一方面，数字治理中的技术赋能使得政府和社会系统中分离的资源获得释放潜力的可能性，以便组织以新的方式协调和使用资源。② 基层治理中存在着大量闲置和未被充分使用的资源，数字技术能高效和低成本地整合这些资源，让它们变得更有可见性和可用性。数字技术链接能力的持续提升可以将政府组织内部的各类资源连接成一个整体，消除数据和资源孤岛。另外，基层政府强调以数字治理平台建设为基础，形成基层政府数字治理模式，将基层社会复杂民声综合纳入互动平台，通过民意表达和需求呈现的"数据流"进入治理视野，以达到基层政府数字治理的制度体系、组织协同、机制聚合、智能应用、公民参与的内生动力，最终实现持续性发展。③

3. 行动动员能力，打破多动员主体的行动壁垒

行动是由行动的反思性监控、行动的理性化和行动的动机激发过程等方面所构成的一系列过程。结构具有二重性，即"社会系统的结构性特征对于它们循环反复组织起来的实践来说，既是后者的中介，又是它的结果"④。因此，一方面结构是行动的中介，对行动具有使动性和制约性，另一方面行动对结构也具有调节或重塑作用。结合基层治理的情境，治理的主体是多元化的。2021年4月28日，《中共中央 国务院关于加强基层治理体系和治理能力现代化建设的意见》将"坚持共建共治共享，建设人人有责、人人尽责、人人享有的基层治理共同体"确立为基层治理现代化的工作原则之一。"共同体"这个概念，在中国国家治理的顶层设计中被赋予的特殊政治地位，体现了它在中国社会治理中不同于西方的理论内涵和现实意义。普遍认为，"共同体"起源于德国社会学家斐迪南·滕尼

---

① Gong, Yiwei, Yang, Jun & Shi, Xiaojie, "Towards a Comprehensive Understanding of Digital Transformation in Government: Analysis of Flexibility and Enterprise Architecture," *Government Information Quarterly*, Vol. 37, No. 3, 2020.
② Pittaway, Jeffrey J., "Know-How to Lead Digital Transformation: The Case of Local Governments," *Government Information Quarterly*, Vol. 37, No. 4, 2020.
③ 沈费伟、叶温馨：《政府赋能与数据约束：基层政府数字治理的实践逻辑与路径建构——基于"龙游通"数字治理的案例考察》，《河南社会科学》2021年第4期。
④ 安东尼·吉登斯：《社会的构成：结构化理论纲要》，李康、李猛译，中国人民大学出版社2016年版，第5、23页。

斯(Ferdinand Tönnies)的《共同体与社会》一书。① 不同于西方学界"社群—社会"二元对立的研究范式,在共同体理论传入中国的最开始,吴文藻、费孝通等学者对"共同体"这一理论进行了中国化的解释。② 在我国的"共同体"理论体系中,"共同体"并不作为一种与现代社会相对立、相分离的概念出现,而是侧重于社会主体间的合作与一体化,因此通常将"共同体"作为现代社会网络的内在组成部分来看待。③ "共同体意识"则应被理解为一种个体成员对集体行动的能动认同,甚至"共同体意识"是社会治理共同体形成和稳固的前提。"社会治理共同体意指政府、社会组织、公众等基于互动协商、权责对等的原则,基于解决社会问题、回应治理需求的共同目标,自觉形成的相互关联、相互促进且关系稳定的群体。"④ 其中,各参与主体"通过对话、协商、谈判、合作等集体选择和集体行动,形成资源共享、彼此依赖、互惠合作的机制与组织结构,以实现共同的治理目标"⑤。

基层治理贯穿于基层建设的方方面面,基层治理的有效性是实现社会治理新格局的基础,同时也是基层数字治理的价值所在。随着国家治理重心和治理资源向基层不断下沉,加上居民公共意识提升,基层社会事务逐渐繁多,满足居民多元诉求和提升社会事务治理的效率成为基层治理的重点。数字技术的兴起解决了这些问题:首先,数字技术的穿透性可以有效打破长期以来存在的"信息壁垒",在一定程度上强化了公共部门的透明性和开放性,为多元主体的行动提供了可能性;其次,数字技术的清晰性可以有效绘制社会事务的精准画像,清晰识别居民的价值诉求,为多元主体行动提供了方向性;最后,数字技术为自下而上的民意反馈提供渠道,多元主体可以利用数字技术平台参与基层事务决策、进行民意反馈,为上级政府清晰掌握民情提供了便利,为多元主体行动提供了诸多参与的可能性。

---

① 斐迪南·滕尼斯:《共同体与社会:纯粹社会学的基本概念》,林荣远译,商务印书馆1999年版,第1页。
② 刘海涛:《滕尼斯"共同体"理论的中国化及其当代意义——兼论中华民族共同体理论构建的创新发展》,《北方民族大学学报》2021年第1期。
③ 王诗宗、胡冲:《社会治理共同体建设路径:多重网络的再组织——基于舟山市"东海渔嫂"案例的研究》,《治理研究》2021年第6期。
④ 郁建兴:《社会治理共同体及其建设路径》,《公共管理评论》2019年第1期。
⑤ 公维友、刘云:《当代中国政府主导下的社会治理共同体建构理路探析》,《山东大学学报》(哲学社会科学版)2014年第3期。

四、APP 基层数字治理的案例对比
——基于北京市 D 区 D 街道和 T 区 L 镇的比较

"连接—赋能—行动"是作者基于数字治理的基本逻辑和基层多元治理的基本过程而梳理出的一种框架视角。由于基层治理的长效需求,只有当这三者形成统一且有效的运转时,基层数字治理的优势才能得以释放,以实现基层治理提质增效、多元共建的新局面。本文分别以北京市核心城区的 D 区 D 街道和 T 区 L 镇使用 APP 这一数字工具进行基层数字治理实践的案例,尝试梳理和总结出 APP 参与基层数字治理的模式经验。

(一) 互益共生的互联网家园——北京市 D 区 D 街道的实践案例

北京市 D 区 D 街道,位于北京中央核心区的边缘,地区总面积 2.5 平方公里,常住人口 47 864 人。由于建成的时间较长,D 街道基础配套设施完善、商户种类齐全、社区生活便利。在我国,城市社区的分类不同于西方学者的经典分类,它是具有中国特色的社区类型。西方学者一般从社区形成位置、社会阶层分化、城市居民群体特征、社会经济情况和社会互动方式对城市社区进行划分,如马库斯(G. Marcus)的社区分类(豪华住宅区、绅士住宅区、郊区住宅区、租地住宅区、遗弃住宅区)和甘斯(H. Gans)的社区类型四分法(寄宿区、种族村、贫民窟、灰区)。而我国学者有的按照社区的组织性质和功能将其分为"行政社区"(街道办事处和居民委员会的辖区范围内的法定社区)和"非行政社区"(商业社区、工业社区、大学社区等自然社区)。也有学者将中国城市社区划分为传统街坊式社区、单一单位式社区、过渡演替式社区、现代商品房式社区和综合混合式社区等五种基本类型。D 区 D 街道就是典型的现代商品房式社区,有着城市基层治理的常见难题——虽然生活在同一小区、单元,但很多居民互不熟悉,邻里交往有限,小区"陌生人社会"特征明显。

1. 基层数字治理工具"花伴儿"APP 的基本情况

在 D 街道"陌生人化"的现代商品房治理场域下,小区缺乏必要的社会关系网络,组织开展居民自治难度大、成本高,难以取得实质性的成效,这也是目前城市基层治理面临的最大困境。居民缺乏共同的地区认知,不沟通、不交流,没有相互理解,邻里感情"上不来",邻里矛盾"下不去",久而久之就形成了更大的隐患。如果不及时疏导,不仅影响社区的安定和谐,而且难免引起负面的"邻里效应"而感染整个社区,从而引起更大的问题。邻里间有距离,但更有同缘性,虽难免有不同的认知,但都属于"人民内部矛盾"。而如何正确处理"内部矛盾",不仅是邻里个体之间的事,也需要全社会共同努力。

现代政府组织主要是以科层制为基础而逐步发展起来的,因此部门之间的分工细化也被不断加强。廖福崇认为,科层制的公共部门组织机构在实现政务职能等方面发挥了较强的正面作用,但是随着组织机构的不断发展,也面临着机构臃肿和行政效率低下等弊病。① 从协同治理的理论视角看,数字治理能够在一定程度上应对科层制组织的潜在弊端:一方面,数字治理能够实现管理层级的缩小和管理幅度的扩大,有利于提升管理效率;② 另一方面,数字治理能够加强部门之间的协同与合作,在一定意义上打破了科层壁垒。③ 数字化协同治理就可以依托数字信息技术,使相关治理主体实现更高水平的沟通和协作,进而有效提升协同治理的效能。

2019年,D街道上线"花伴儿"APP,针对地区多元主体打造共同的线上"家园"。"花伴儿"APP力求通过数字技术线上线下交互的平台优势,探索形成汇集信息共享、邻里互动、便民服务、公事共办等功能的融媒平台,推动修复和涵养共治共享的社区"生态系统"。因此"花伴儿"APP包含了邻里发帖、垃圾分类打卡、活动报名、积分商城、邻里议事等主要功能。

与传统的参与方式相比,基层数字治理的公共参与呈现出与众不同的特点。首先,数字信息技术有效提升了治理参与的便捷度,降低了公众参与的成本,可以有效拓宽公民参与公共事务的渠道,降低公共事务的参与成本,激发社会公共参与的活力。其次,广泛的公共参与可以提升管理效能,给政府的信息公开提出了新的要求,互联网舆论也在一定程度上要求公共部门提升回应效能。

---

① 廖福崇:《数字治理体系建设:要素、特征与生成机制》,《行政管理改革》2022年第7期。
② 罗斌元、赵帅恒:《数字化转型对制造企业创新绩效的影响研究》,《创新科技》2022年第3期; Xue, Zelin, Zheng, Yang & Hu, Jieren, "Cross-Departmental Collaboration within the Government in China: The Case of Shanghai," *China: An International Journal*, Vol. 20, No. 1, 2022。
③ 周文彰:《数字政府和国家治理现代化》,《行政管理改革》2020年第2期;廖福崇:《政府治理数字化转型的类型学分析》,《中共天津市委党校学报》2021年第4期。

2. "花伴儿"APP在分析框架下的主要成效

截至2022年10月24日,"花伴儿"APP下载量达到45 989次,实名注册人数达到20 292人,7日活跃度约为1250人次。社区里很多居民把刷"花伴儿"当成了日常生活的一部分。可见,建设规模适度、互动有度、彰显温度的本地化APP平台,能够为城市基层社会治理赋能,即首先通过修复社区"生态圈"让邻里熟悉起来,其次通过APP任务活动打造治理"共同体",让多元共治的场景逐渐变为现实。"花伴儿"APP的主要运营思路即依托APP工具,围绕本地生活需求线上社交、线下互助,将治理行动转换为社区生活场景,线上共鸣共情共识,线下共建共治共享。

(1) 以服务连接多元主体。服务可谓基层最有效的连接,因此在推广过程中,"花伴儿"APP瞄准需求最强烈的三个方面,做优公共服务+生活服务+公益服务,为地区"便民服务"拓项。近年来很多城市社区治理呈现出多元化、碎片化的特征,甚至出现"内卷化""麦当劳化"的趋势。鉴于此,"花伴儿"APP通过平台聚合地区各类服务,向本地群众提供政务服务、公共事业服务和生活服务,结合地区民众需求,逐步开发、完善各项公益服务,通过便民利民聚合更多居民,让居民、政府、组织逐渐"连接"起来,实现基层服务智能化、全民化、全能化。"花伴儿"APP通过线上平台实现资源再整合,尝试整合社区卫生服务中心、私人诊所、健身俱乐部、养老服务企业,以及在职党员、社区能人等资源,发布"健康朋友圈"项目,通过养生问诊"云课堂"、居家健身"云动会"、签约医生"医家人"等系列直播课程,建立健全居民身边的公共卫生服务体系,已开展直播94场,观看量62 518人次。后疫情时代,"花伴儿"APP采用线下录演和线上播出的形式,为各社区的新春联欢会搭建平台,有效兼顾了疫情防控要求和居民节庆愿望。在公共实体空间无法完成应有功能的现实背景下,线上春晚增强了居民与居民、居民与居委会之间的联系,有助于将累积的疏离感驱逐,维护社区的平稳,而"花伴儿"APP恰巧在这一方面具有打破空间壁垒的优势。"花伴儿"APP还为地区商户参与、实现互惠互助提供了一个免费平台,如邀请商超市场、家电维修企业、医疗服务单位等,为居民提供生活福利和服务,为商家提供免费的"位置"——目前已有100余家本地单位入驻;打造服务企业"一网通"线上平台,线上线下尽全力地为当地社会组织解决多种瓶颈问题,例如疫情以来解决企业需求168个,协调职能部门主动上门服务47次。

(2) 赋能大 V 共同发声。"花伴儿" APP 通过做强舆论引导，为"能量蓄水池"增容。通过技术赋能，将原先简单硬性的党委、政府上传下达的宣传，转化成软性的居民自发邻里社交，统一部署、统一发声。APP 的正面宣传、正面引导，突出党建引领特色，传播"红色"事迹，让党和政府手握"金话筒"。有专家指出，数字治理同样包含对数据的治理，数据无疑能为政府数字治理提供宝贵的资源，① 因而不少学者认识到数据的赋能和赋智作用，从数据资源角度阐释了政府数字治理的内涵。另外，"花伴儿" APP 通过策划线下文化项目，成为地区新闻报道和舆论引导的主流阵地：引导地区能人正能量发声，制造本土"网红"；放大身边细小文明，看见身边榜样，从而发酵"暖新闻"，为正能量"聚流量"；孕育地区文化品牌，配合融媒体中心建设。例如，开展"帮邻居上头条"活动，鼓励暖心发帖，传播好人好事，让好心人热心人受到尊重；发起"给防疫守望岗拍张照"、"图书漂流"线上捐书、"折纸鹤·护家园"线上祝福等活动，进一步增强了社区互动，沉淀了公共记忆，塑造了家园文化。此外，它还建立了积分晋级体系，根据互动热度、公益行动、技能特长等多个维度评选出 135 位"居民大 V"，通过"大 V 学院"培育、"花伴有戏"网红短剧等活动，让居民大 V 成为邻里明星，为正能量发声赋予本地流量。

(3) 心愿共筹行动共振。APP 平台给予了地区街坊邻里更多的参与途径，通过大力号召"邻里互动和集体行动"，赋予用户"家园守望者"身份，让他们有参与的途径和意愿。基层社会治理的逻辑起点和实践的重点是优化服务、精准治理，② APP 积极推进线下热点活动，能够引导邻里增加了解、增加互动，形成"邻里社交圈"；通过前期积累，整合基层治理多元主体，破解治理的单一性。"花伴儿" APP 用智能、便捷的方式积极组织协商议事，引导居民树立"地区事、众人治"的公共事务理念，更加激发居民主动参与社区治理的热情，搭建一个使居民从问题反馈者、提出者变为问题解决者、参与者的平台，形成社区"家园守望者"的价值共识，构建"公事共办"的治理新格局。例如，D 街道 N 社区的"吉祥三保"（一家三口都在社区服务，爸爸负责维护小区花园和道路的卫生，妈妈负责把居民楼内打扫干净，儿子负责整个小区的消防安全）提

---

① 姚倩钰、范丽莉：《政府数字治理研究进程与热点分析》，《数字图书馆论坛》2022 年第 1 期。
② 李建宁：《基层社会治理数字化转型的审思与创新》，《领导科学》2021 年第 14 期。

出的微心愿是筹建一个家乡的图书角,供孩子们读更多的书。心愿虽小,但是充满了爱。这个心意一经提出,就引起了共鸣和多方支持:由街道团工委引领,加上学而思教育机构、阅有意思图书馆等辖区驻街单位的全力支持,并结合一些社会爱心人士捐赠的上千册图书,"花伴儿"APP 发起了在线捐书活动,通过线上线下一起发力,共计募集图书 3000 册,共同完成了该心愿。

移动互联设备日益改变着人们的生活方式以及社会治理和公共服务等经济社会运行方式,同时也深刻影响着基层治理的方式。在西方国家,美国政府就以数字化的消息共享和获取数据为基础,以用户为中心,以公共服务为导向,不断强调围绕客户需求创建、管理数据,实现了向服务型政府的转变;英国则通过政府数字化战略提出以人为本的原则,更多地从用户需求出发,致力于改善民众与政府之间的关系。以上这些理念异曲同工,都体现了以"用户""群众"为中心,是全球政府数字化转型的基本共识。因此,在推进基层数字治理的过程中,要坚持以群众需求为导向,用"人民至上"的价值取向赋予基层数字治理工具"温度"。

(二) 熟人社会的文明实践场——北京市 T 区 L 镇的实践案例

北京市 T 区 L 镇,位于北京市副中心,地区总面积 70.86 平方公里,户籍人口 55 725 人,常住人口约 11 万人。L 镇下辖 56 个自然村、54 个村民委员会、3 个居民社区,乡村属性较为明显。

L 镇是距离北京城市副中心核心行政办公区最近的乡镇,打造生态智慧的新型城镇化示范区是 L 镇的发展目标。但在镇域基层治理中,"堡垒后面无人随、主心骨身边没群众"的尴尬时有发生。2016 年,L 镇运用群众工作方法圆满完成棚改拆迁,为城市副中心落地建设打下坚实基础。而后,在推进新型城镇化示范样板区建设过程中,聚焦农村地区基层动员力不足的问题,L 镇提出党建引领"深耕德治,促进自治,推动共治"的理念,于 2018 年在 T 区率先成立"文明银行",以文明建设为切入点,以积分回馈为手段,充分统筹地区资源,充分发动群众参与,形成全镇"一盘棋"、资源"一张网"、党群"一条心"的生动局面。

近年来,随着乡村振兴战略的提出,乡村治理也日益成为基层治理的关键,乡村数字治理也越来越受到关注。学界关于乡村数字治理的研究主要聚焦以下几个方面：首先是乡村数字治理的发展基础，主要从组织载体、多元资源和制度环境进行相关的分析，这些都是乡村数字治理发展的基本条件。其次是乡村数字治理的应用与功能研究。在应用方面，一是乡村数字治理在基层政府行政过程中的应用，如电子政务、指标监管考核、痕迹化管理等；① 二是基层治理现代化转型中的"互联网+""智慧乡村"等模式的数字化应用。② 在功能方面，从技术治理角度切入对乡村数字治理的功能研究，关注技术赋能治理主体所带来的成本和服务改进、技术与乡村治理体制协同增效。③ 学界认为，在乡村社会转型中，网络社会成为新社会形态，高度互联结构中基层数字治理体系能有效实现村务、政务、党务等信息与服务的在线化，提高村民参与度和组织性；④ 在基层治理方式变革中，能拓展政府治理边界，减少管理层级，实现精细精准施政，提升社会治理水平及服务效率。最后是乡村数字治理的限度研究。该方面的研究主要包括技术治理与基层法治的张力；⑤ 社会生活的"泛行政化"，不确定性与治理负担、风险提升等。

1. 基层数字治理工具"文明潞城"APP 的基本概况

2021 年 11 月，L 镇升级"文明银行"系统，开发"文明潞城"APP，创建面向公众开放的智能化数字参与平台，打造全镇数据化中心及动员中心。APP 自运行以来，截至 2023 年 2 月，注册用户数量达到 11 309 人。

在社会发展阶段、村庄社会性质、国家治理转型和数字社会发展发生改变的多重背景下，借助互联网技术与农村基础设施建设不断完善的客观技术基础，互联网技术与农民主体掌握相结合的实践得以展开。虽然乡土社会转型、国家治理现代化、数字技术的推广构成了乡村数字治理成长的多重空间，但是数字治理体系的建构和治理效能的激发，还须结合地区的乡土社会基础和基层治理环境来具

---

① 张春华：《大数据时代的乡村治理转型与创新》，《重庆社会科学》2017 年第 6 期。
② 杜姣：《重塑治理责任：理解乡村技术治理的一个新视角——基于 12345 政府服务热线乡村实践的考察与反思》，《探索》2021 年第 1 期。
③ 张丙宣：《技术与体制的协同增效：数字时代政府改革的路径》，《中共杭州市委党校学报》2019 年第 1 期。
④ 邬家峰：《乡村治理共同体的网络化重构与乡村治理的数字化转型》，《江苏社会科学》2022 年第 3 期。
⑤ 朱政：《国家权力视野下的乡村治理与基层法治——鄂西 L 县网格化管理创新调查》，《中国农业大学学报》（社会科学版）2015 年第 6 期。

体分析。①

2.“文明潞城”APP 在分析框架下的主要成效

截至 2023 年,下载使用"文明潞城"APP 的实名注册用户,户覆盖率实现60%,基本实现常驻户全覆盖。为了更好地提供服务,地区 23 家"签约爱心商户"入驻。政、商、民"网聚"在一个线上线下紧密互动的公共平台上,地区事务不再仅由政府牵头发起,而是由地区群众、辖区商户、社会单位等各方主体主动参与和作为。"文明潞城"APP 的基础功能也包括了邻里交往、本地服务、活动报名、接诉即办、区域共治等。在 APP 上,每名群众注册时须选择自己所在村庄及门牌号,进入界面后,可点击"轮播图"参与线上活动;或通过"大喇叭""地区品牌"等栏目,获取重要资讯与通知;还可及时获知或报名参加镇、村两级组织举办的各类活动,并获得相应积分;更可以掌上享受政务服务,一键连通便民服务热线。

在智慧化社会治理大背景下,L 镇以新时代文明实践为切入点,通过"文明潞城"APP 提升了镇域乡村数字治理的智联化水平,依托自主开发的智慧系统,群众上网、工作上网,多线采集形成了众多数据台账;通过整合和分析平台大数据,为镇党委开展工作提供了基础和依据,使基层社会治理的共治有了"智治"的加持。目前,"文明潞城"APP 已经成为全镇枢纽型工作平台,文明实践成果综合应用遍布在各项工作中,让有限资源发挥最大效益。其主要特点有以下几个方面:

(1)连接各类服务资源,发挥平台优势。通过平台载体开拓按需定制的回馈服务,吸引知名厂商进行个性化定制,在压缩成本的同时,使物品自带文明属性。同时,开发积分兑换线上商城,打造全时段积分兑换渠道。服务方面突出稀缺性,针对青少年提供四点半课堂的幼托服务、小记者团的户外拓展服务、周末兴趣班等素质教育类回馈项目,进一步提升青少年素质;针对老年人,提供老年驿站营养配餐、免费理发、义诊等助老服务,进一步争取老一辈人对文明风尚的认同,最终形成倒逼家庭常态化参与文明建设的坚实力量。APP 盘活镇内资源,重点打造内循环圈以实现可持续发展,推出"签约爱心商户"机制,广聚爱心商家低偿提供的回馈服务;结合企业扶持政策,与蒙牛、

---

① 韩庆龄:《论乡村数字治理的运行机理:多元基础与实践路径》,《电子政务》2023 年第 5 期。

大红门、中农富通园艺有限公司、诚和敬养老驿站等本地企业建立了稳定的回馈合作关系;结合乡村匠人培育计划,大力挖掘和吸纳能人巧匠,将其作品纳入积分商城,助力匠人传承技艺,用手艺赋能乡村建设。此外,APP用活积分循环,积极拓展积分流转场景,畅通邻里守望互助的公益服务交换。通过APP开发文明银行志愿服务积分消费功能,群众可以通过"文明潞城"APP发布如陪伴空巢老人、助行助餐等生活需求,其他人可以在接受并完成服务后获取志愿积分,每个文明银行的参与者都可以实现需要帮助——受到帮助——服务他人的转换。每个组织、每个人还可以号召文明银行储户捐赠出自己的积分,为身边的困难群体完成微心愿,通过灵活运用移动端的文明积分,搭建连接互助善举的桥梁,真正实现"文明累积分,积分享服务,服务促文明"的闭环。

（2）赋能积分体系,营造文明风尚。为了更好地构建开放联动的积分体系,"文明潞城"APP每月在全镇发起有规模、有口碑、有效果的特色行动,鼓励群众随手做好事,引导邻里互助,留住浓浓乡愁。例如,腊八节邀请每人捐赠1勺米,熬制全镇"幸福粥"送予各类群体;农历小年号召村民走进高龄独居老人家中帮忙扫院子、擦玻璃、清尘土。全年全镇累计开展300余场活动。为了实现良性循环,APP灵活运用物质激励、荣誉激励、服务激励等手段,让好人香起来,给好人名分,给社会行为一个标尺,形成了示范传递效应,使百姓主动去挖掘和发现身边的"文明"。此外,APP在积分端坚持"文明引导"和"工作所需"相结合。不仅以文明新风尚为出发点推出常态化积分项,还将"文明行为"分为文明参与、文明评比、文明规范、志愿服务、好人好事等5大类11项内容,积分切口小、门槛低,各类积分细则成为群众日常生活的文明指南。同时根据工作方向及发展所需,不断调整和丰富积分细则,有效发动群众参与重点工作。例如,制定了党员、机关干部、楼门长等不同群体积分细则及"门前三包"、"最美庭院"评选、一米微花园创建、疫情防控志愿服务等专项工作积分细则。APP在回馈端坚持"按需定制"和"积分流通"两大原则。数字工具立足数字治理成长的多元基础,"数字技术—数字空间—数字信息"互构融合,在乡村治理实践中丰富延展,有效激活了乡村内外社会系统中的治理要素,将乡土社会自身的资源、组织和制度优势转化成治理效能。通过数字空间和数字信息,实现对乡土社会中治理资源的赋能增量,实现对流动和高度分化的乡土社会的有机整合,提升乡村自我发展与社会自治的能力。推动国家公共服务和资源在乡土社会的有效落地与高效利用，提高精准精细回应群众分化诉求的治理与服务能力，促使基层治理体系建设灵敏高效。①

（3）以共同行动沉淀积分热情。线下围绕重点难点工作，持续推出品牌行动，积极搭建群众参与平台，通过支部带领组织、党员带动群众的形式，提升群众参与基层社会治理的自觉性、主动性，激发群众自治"新活力"。例如，围绕移风易俗工作，54个村建立"红白理事会"，用积分引导村民"白事简办，红事新办"，并培育志愿队伍，帮助符合政策的村户办理红白喜事；围绕疫情防控工作，在防疫关键期，派驻社工进驻封管控小区，开展志愿者招募、管理、积分及回馈工作，迅速建起90余人的星火志愿服务队；在疫苗接种攻坚期，开展疫苗接种专项礼遇，设立"疫苗接种娃娃宣传站"，发起"全家接种疫苗领取'荣誉牌'"活动，以精神荣誉引领，带动村（居）民自主自愿接种；围绕接诉即办工作，开展党群"贴心工程"，招募280余位机关干部组成贴心服务队，在全镇范围内下村包户走访问需，用积分量化工作成效；围绕人居常态化整洁工作，推出"门前三包"工作，村民划定各家"门前三包"范围，签订"门前三包"协议书，村里街巷长每天巡查，根据检查结果为村民积分，形成了日日有检查、周周有公示、月月有积分的环境卫生管理长效机制，并在APP平台启动了"最美庭院"评选，每月每村选出"最美庭院"。

村庄公共性是维系村庄社会秩序的基石，同样也是增强社会动员和达成社会共识的基础力量。高速城镇化进程带来的社会流动、私人生活变革导致的乡村个体化流变等，均构成乡土社会结构变迁和村庄社会关联松动的重要因素。随着年轻人的外流，村内的公共交往逐渐减少，公共空间萎缩，基于血缘、地缘关联的村庄公共性普遍式微；同时，日常生产生活中的互助合作被市场化机制取代，基于互助合作等实体化需求联结的村庄公共性亦逐渐消解。村民之间社会关联和内在情感的式微，抽离了村庄公共性成长的基础。因此，村庄中缺少将各阶层整合起来的价值观念和村民一致认可的规则体系，这给基层治理带来了群众动员与行动组织的困境。在数字乡村建设进程中，数字空间重构了村庄公共性发育的基础

---

① 韩庆龄：《论乡村数字治理的运行机理：多元基础与实践路径》，《电子政务》2023年第5期。

环境，相应的村庄公共性建设出现了新联结机制——通过数字空间的社会治理，在村和不在村的村民之间围绕国家资源和公共服务的下乡，形成了一定的利益关联结构。在利益连接的基础上，村民之间形成对村庄公共事务的共同参与和协商互动，而在对村庄公共事务制度性的参与过程中，个体不再是异于故乡的他者，而是与村庄建立起了紧密的情感，并反过来进一步强化了利益的关联。数字空间中的政治参与是对成员身份的激活，拉近了长期在外的村民对村庄的归属和情感。另外，通过数字空间的文化联结，共同行动的动力使得数字空间中建构出新的社会交往共同体。

（三）两个案例的比较分析

在两个基层数字治理的实践案例中，我们可以发现，无论是在城市社区还是乡镇农村，APP 参与基层数字治理的共同要点包括以下几个方面：

1. 连接型筑牢利益纽带。APP 运维过程中，在对动员目标、动员主体、动员方式、动员对象、动员效果等进行系统化思考后，基层治理实践以人民为中心、以利益为纽带，坚持问题导向，从多元主体的需求出发，注重发挥社会主义市场经济和法律体系的优势，综合运用经济、政策引导、激励等方式推动实现动员目标。

2. 赋能型建立信任关系。APP 运维过程中，基层治理实践以贴近为手段，建立与基层党委和政府、社会大众以及市场主体三方面的信任。将政务服务搬到线上，并做好宣传展示，协助政府把资源优化分配给需要的人，促进政民良性互动；贴近群众，融入群众生活，了解群众需求，搭建服务平台，畅通参与渠道，通过围观、参与、欣赏、互助，重建社会关系网；贴近市场主体，了解企业需求，遵循市场规律，盘活企业资源，实现合作共赢。

3. 行动型的治理共同体。APP 运维过程中，基层治理实践呈现出"嵌入型自主"的特征，注重心理聚合与动员力度的合理运用，与增能有效结合，通过喜闻乐见的方式与动员对象建立联系，充分发挥动员对象的积极性和主动性，提升参与效能感，形成本地依恋，增加社区黏性，逐步提升公民的权利意识和社会责任意识，积极打造共建共治共享的社区治理共同体。

结合两个地区的实践情况，我们可以将其运营路径进行如下梳理（表1）：

表 1　两个案例的运营路径

	具体实践	赋能	行动
D区D街道	通过邻里社交，营造地区良好氛围，连接地区邻里（例如求助发帖等）	挖掘大V，培养居民意见领袖，通过技术手段为他们提供舞台	共商共治，家事共办
T区L镇	通过文明银行，连接地区单位、商户，丰富农村地区的治理主体	通过打造乡村草根组织，开展活动，通过技术平台进行积分	通过文明银行发布共同任务，认领并实现公共价值

资料来源：笔者根据案例情况整理。

这三个主要功能，适应了移动互联时代的传播方式和舆论生态。开展基层数字治理的线上线下交互模式探索，形成汇集信息共享、邻里互动、便民服务、活动组织、公事共办等功能的融媒平台，有利于实现价值共享，推动修复和涵养共治共享的社区"生态系统"。

从另一个角度看，治理是用规则和制度来约束、重塑利益相关者之间的关系。① 而这一关系的建立并不是一个直接实现的过程，它需要进行流程的解构。数字治理工具参与基层治理，如果只追求数据、绩效等指标而忽略了其关系的内在逻辑，那么也容易让用户失去参与的动力。数字治理在数字技术条件下，以政府为主导，平台与企业、社会组织、网络社群、公民个人等多元主体可以协同参与到相关事务的制度安排之中。作为一种治理范式的转型，数字治理主要表现为优化公共部门的运行流程、高效响应公众需求以及强化部门之间的协同联动。可见，数字治理对公共权力重构以及社会互动关系的影响最为显著。②

还有学者借鉴"国家—社会关系"类型划分逻辑，从政府主导和居民自治两个重要维度建构智能化社区治理分析框架，包括技术增能型、技术赋权型、增能赋权型、技术脱嵌型。③ 其中，技术增能型具有较高的政府主导性和较低的居民自治性，核心目标在于通过技术手段提升社区管理与服务能力。技术赋权型具有较低的政府主导性和较高的居民自治性，核心目标在于运用移动互联网、社交媒体等技术工具搭建社区沟通交流平台，推进社区居民参与、协商与共治。增能赋权型同时具有较高的政府主导性和较高的居民自治性，其目标在于提升社区管

---

① 马苹：《如何理解推进国家治理体系和治理能力现代化》，《政工学刊》2014年第2期。
② 周尚君：《数字社会对权力机制的重新构造》，《华东政法大学学报》2021年第5期。
③ 王法硕：《智能化社区治理：分析框架与多案例比较》，《中国行政管理》2020年第12期。

理与服务能力,促进社区居民参与。技术脱嵌型同时具有较低的政府主导性和较低的居民自治性,既没有提升政府社区管理与服务能力,也没能推进社区居民参与。只有数字技术和多元关系构建同步发展、同频共振,才能使基层数字治理拥有更高的活跃度。

未来的基层数字治理,更需要营造公共部门与多元主体的协同关系。公共部门以依托大数据、公共数据平台等信息技术为纽带,以公共利益与需求为行动导向,在遵循特定原则与规范的基础上打破时空的限制,从而真正实现政府与社会组织、公众等多元主体的协同与合作,实现对社会运行过程的整体性治理,[①] 在提升基层政府品质服务的同时为社会公平赋能。与之相协调,基层数字治理中也不能忽视培育数字与公众的数字人文关系。依托数字化手段,在精确识别民众需求的基础上,精准地为公众提供便捷化、高效化的公共服务,提升公众的数字认同,强化公众数字身份的自我认知,以此来培育数字化共识、数字能力与数字共治。

五、结论与对策

近年来,基层数字治理的探索大体经历了发轫期、发展期、发力期三个阶段。第一阶段为发轫期,主要以党委、政府为主导,依托宣传平台如微信公众号、社区报纸,进行"我说你听"的命令式或者运动式动员。第二阶段为发展期,仍然以党委、政府为主导,社会组织通过依托政府购买公共服务的方式参与进来。这一时期注重掌上新媒体矩阵打造,通过微信群、微信公众号、微博、小程序等,在线上线下交互过程中调动多元主体参与;但互动多为单向,且无法实现效果累积及资源沉淀。由此进入第三阶段,即发力期,以 APP 为代表的数字治理工具开发及运维为主,动员的主体不仅限于党委和政府,社会组织也越来越多地承担起组织动员的角色,且随着时间推移,居民、自治组织、辖区单位等社会大众,人人都是动员的主体。在动员手段上,更加注重权利让渡、社会能动;在组织方式上,更加注重"自律带动他律";在互动类型上,更加注重利益互

---

① 颜佳华、王张华:《数字治理、数据治理、智能治理与智慧治理概念及其关系辨析》,《湘潭大学学报》(哲学社会科学版)2019 年第 5 期。

动。在这一时期,数字治理能力的生成模式对于建构数字政府、数字社会和数字经济三位一体的治理格局具有重要的意义。

基于数字治理的相关研究,本文提出了一个"连接—赋能—行动"的分析框架,从而探索基层数字治理"从工具到治理"的生效过程。APP参与基层数字治理聚焦"一个中心"(党建引领为中心),把握"两个坚持"(坚持本地化,坚持贴近性),践行"三个使命"("邻里共识、邻里互信"的社交使命,"资源聚合、服务便民"的服务使命,"家事共商、家事共办"的共治使命),实现"五个参与"(居民参与、楼门参与、组织参与、商户参与、社会参与),通过聚人气、唠家常、办家事、解民忧,持续深化党建引领基层社会治理,打造人人参与、人人受益、人人代言、人人践行的共建共治共享的基层数字治理格局,不断提升基层精治、共治水平。

基于案例经验的总结并结合实践中存在的问题,对标《中共中央 国务院关于加强基层治理体系和治理能力现代化建设的意见》中提出的"建设开发智慧社区信息系统和简便应用软件,提高基层治理数字化智能化水平"及《国务院关于加强数字政府建设的指导意见》提出的"积极推动数字化治理模式创新,提升社会管理能力"的有关要求,我们从以下四个方面分析如何深化拓展互联网+社区治理的探索实践。

1. 充分运用科技手段,切实做好连接,破除数据壁垒

首先,视野下移,进一步实现地区连接,引导回应需求,盘活资源,凝聚价值共识。其得以实现的关键在于社会组织(第三方)进一步完善工具,拿出具体可行的社群运维方案以及基层党委、政府和社区"两委一站"的信任充分授权及原始启动的"种子资金"。其次,视野平视,需要街道内部各科室、各社区进一步开放本地的数据及资源,不受此项工作到底是哪个科室主抓的限制,将APP平台打造为本地区的治理工具;社会组织(第三方)需要在街道大数据的基础上,完善平台数据分析、透视、关键词索引等功能,做好数据的应用,将数据治理的效能发挥到极致。最后,视野向上,与城市运行网融合以打破数据壁垒,提升基层数字治理科学化、精细化、智能化水平。此部分的实现需要基层党委、政府以及社区组织、专家等一起发力,借助各级党代会、人民代表大会、政协会、专家研讨会等多种渠道,建言献策,提供民间开发运营的本地化智慧治理工具,打破官方城市运行管网之间的数据壁垒。

2. 健全体制机制，责权利清晰有效赋能，不断提升多元主体认知

首先，在法治框架下，进一步完善党委政府、社会力量、市场主体在互联网+社会动员中的职责定位，避免权责不清，造成利益相关方缺位越位、推诿扯皮。其次，针对不同主体，开展不同主题形式的增能培训活动，加强教育，提升认知，凝聚共识。对基层党委、政府及社区"两委一站"，可以通过内训、动态观察、外出参观交流等方式，不断提高其在主动治理、数字治理、公共管理等方面的认知水平；对社会组织，要加强企业内训和行业监管，提升其治理视野专业水平及安全认知；对居民，要加强公民教育，确保合理发声、依法参与维权；对商户，要成立地区商户自律联盟，服务及监管双管齐下，不断提升其诚信守法经营的能力。

3. 结合民众需求，展开共同行动，推动主动治理向纵深发展

首先，加大对本地民众需求类数据的分析，结合诉求情况，针对高频问题和诉求提前设计服务内容及事项，实现未诉先办、及时引导，畅通群众诉求发声及快速解决回应的渠道，进而使群众养成在平台上反映诉求和问题的习惯，有效吸纳群众诉求，分流并减轻接诉即办工作的压力。其次，在回应群众急难愁盼问题及本地治理难题上，要与吹哨报到工作紧密结合，加强调查研究及项目化解决的思维，设置专题，先行先试，专项解决推动，引发群众期待及参与，从源头上解决问题。最后，要针对高频的群众认知误区，如汛期漏雨、换物业、换电梯、下水道堵塞、噪音扰民等诉求的权责不分问题，使用发帖、动漫小视频、网络神曲、主题活动等方式，及时引导和教育群众，为主动治理培力聚力。

4. 多措并举，多管齐下，提升动员的专业性创造性

一方面，苦练内功，在德治、法治、自治的框架下，以第三方社会组织为主，以基层党委和政府、社区"两委一站"工作人员、楼门长、居民大 V 等为辅，加强学习培训，不断提升动员主体的动员能力，提升其线上线下有序开展动员工作的水平；另一方面，要充分考虑群体利益，针对不同年龄段、收入水平群体的生活方式和问题需求，创造性调整细化动员方案和技术设计，并以动员对象喜闻乐见的方式有针对性地进行回应满足，循序渐进地回应动员对象利益关切问题，满足其情感需求，从而不断增强对中青年群体等不同群体的动员力。

APP 这一参与基层数字治理的工具，还处在一个高速成长的过程中。伴随数字技术发展，纷繁复杂的治理功能可能会逐渐成为一种可以被设计和操控的理性程序。目前，很多国家已逐步将技术融入科层制中，提高了政府工作效率，同时也暴露出科层制弊端，陷入刻板化和专断化困局。[①] 在实践中，我们不能过度强调技术，陷入"技术利维坦"，也不能忽视技术所带来的高效、便捷。总之，要坚持用辩证唯物主义的原理和方法理性看待基层数字治理的多重功能，取其精华，去其糟粕，在治理实践中充分发掘其正向作用，尽力避免其负向影响。

---

① 程同顺、周卉：《当前中国粮食安全治理现代化中的技术政治》，《理论探讨》2021年第1期。

国内外人工智能治理的发展进路：
基于 TOPE 治理框架的组合分析*

赵 娟 常多粉 孟天广**

摘 要：随着通用人工智能时代的来临，人工智能技术的快速发展为人类生产方式、生活方式和治理方式的转型提供了强大的科技支撑与创新动力，与此同时，人工智能应用普及所伴生的风险问题亟待有效治理。本文从人工智能治理的技术、组织、政策、伦理四个维度，构建了 TOPE 人工智能治理框架，并基于政策文本分析，系统比较美国、欧盟、日本和中国在四大维度上的人工智能治理实践异同。各国的人工智能治理应充分考虑 TOPE 四大维度的协同治理策略与交互促进作用，共同构建全球人工智能治理的联动智能生态系统。

关键词：人工智能；发展进路；治理框架；TOPE

Abstract: With the advent of the era of general artificial intelligence, the rapid development of artificial intelligence (AI) technology has provided strong technological support and innovative impetus for the transformation of human production modes, lifestyle, and governance. At the same time, the ethical risks associated with the popularization of AI applications urgently need to be effectively addressed. This article

---

* 本文为国家社会科学基金重大项目"基于大数据的智能化社会治理监测、评估与应对策略研究"（18ZDA110）、国家社会科学基金青年项目"治理现代化视域下数字政府转型机制与路径研究"（20CGL058）、教育部人文社会科学研究青年基金项目"网络互动视阈下政府社会性监管的回应性研究"（18YJC810016）的阶段性研究成果。

** 赵娟，北京化工大学文法学院公共管理系副教授；常多粉，清华大学社会科学学院政治学系博士后研究员；孟天广（通讯作者），清华大学社会科学学院副院长、政治学系教授。

constructs the TOPE AI governance framework from the dimensions of technology, organization, policy, and ethics. Based on policy text analysis, it systematically compares the convergence and divergence in AI governance practices of the United States, the European Union, Japan, and China in these four above dimensions. AI governance in various countries should fully take into account the cooperative governance strategies and the interaction of the four dimensions of TOPE, and collaborate to build a linked intelligence ecosystem for the global governance of AI.

Key words：Artificial intelligence, Developing route, Governance framework, TOPE

以人工智能技术为代表的第四次工业革命，正在重塑着人类经济社会形态与全球治理秩序。当前，人工智能技术已广泛应用于医疗、教育、自动驾驶及政府治理等各领域，显著提升了人们的生活质量和工作效率，重塑着政府服务的供给方式以及政府与社会的互动模式。2022年底，ChatGPT横空出世，其快速迭代及普及应用引起世界关注，标志着通用人工智能时代的来临。① 随着人工智能技术的广泛深度应用，电商平台的精准推荐、金融领域的智能风控，以及智能医疗和智能司法等各类场景应用过程中引发的隐私泄露、算法歧视、决策偏差、舆论操纵、就业冲击等各种人工智能伦理问题愈加凸显，成为各国重视并推动人工智能伦理安全与风险治理的直接动力。如何有效应对人工智能技术应用伴生的治理问题，最大程度发挥人工智能的积极作用，成为亟待解决的时代议题。

世界主要国家和地区围绕人工智能治理已广泛采取多项创新举措。美国、日本、中国等先进国家先后出台人工智能战略发展规划，以推动人工智能的有序治理；OECD成员国2019年签署并发布全球首个AI原则——《负责任地管理可信AI原则》；联合国亦为推动建立AI伦理国际对话做出诸多尝试和努力。2017年，中国《新一代人工智能发展规划》强调，要"重视人工智能法律伦理的基础理论问题研究"，"加强人工智能相关法律、伦理和社会问题研究，建立保障人工智能健康发展的法律法规和伦理道德框架"。在此背景下，本文在梳理现有人工智

---

① 孟天广：《智能治理的中国内涵及路径》，《中国社会科学报》2023年第3期；刘鲁宁、刘勉：《辩证看待ChatGPT影响智能社会治理的效用》，《中国社会科学报》2023年第3期。

能治理文献、政策和实践经验的基础上,通过构建系统的人工智能伦理治理框架,探究并比较美国、欧盟、日本和中国人工智能治理实践的发展进路,以期为全球范围内人工智能治理共识形成及有效治理提供借鉴参考。

一、文献回顾:人工智能治理实践与研究进展

人工智能是一种基于算法、算力和数据的新型技术,具备自我学习、自我推理和自我适应能力,① 支持人类完成各种任务。② 在开发完成人类各种任务的系统及软件过程中,可能生发人类和机器之间、机器作为人与人中介的三者之间的行为关系界定和伦理风险议题。可以说,人工智能治理必须考虑技术应用过程中所可能引发的各种非预期性伦理风险,"人工智能伦理既包括对技术本身的研究,也包括在符合人类价值的前提下对人、机和环境之间的关系研究"③。基于上述互动关系中人工智能多要素互动的关注,学界主要从以下视角展开研究。

第一,人工智能的应用领域、伦理风险与成因透视。当前,人工智能在交通、医疗、教育、金融、政务等各领域的应用愈益增多,在给人们带来巨大便利的同时伴生着治理风险。如自动驾驶 AI 系统的决策控制权重、交通事故的主体责任权属、政府监管调控作用等核心问题④尚未达成一致认识。智能医疗助力临床决策,提高了医疗服务效率,实现了精准治疗,但医疗算法歧视、算法黑箱、算法归责及算法安全等伦理风险⑤如何消解仍须探索。人工智能技术提升了政务服务效能、预测性决策辅助水平,但智能技术如何体现集体智慧、将程序平等转变为结果平等⑥有待考量。人工智能治理问题之所以产生,主体与制度视角认为

---

① 阙天舒、张纪腾:《人工智能时代背景下的国家安全治理:应用范式、风险识别与路径选择》,《国际安全研究》2020 年第 1 期。
② 刘韩:《人工智能简史》,人民邮电出版社 2018 年版,第 65 页。
③ 刘伟、赵路:《对人工智能若干伦理问题的思考》,《科学与社会》2018 年第 1 期。
④ Bonnefon, Jean-François, Shariff, Azim & Rahwan, Iyad, "The Social Dilemma of Autonomous Vehicles," *Science*, Vol. 352, No. 6293, 2016.
⑤ 侯滢、史励柯、侯建平等:《智能诊疗领域的算法伦理与算法治理研究》,《中国医学伦理学》2021 年第 4 期。
⑥ Vogl, Thomas, Cathrine, Seidelin & Ganesh, Bharath et al., "Smart Technology and the Emergence of Algorithmic Bureaucracy: Artificial Intelligence in UK Local Authorities," *Public Administration Review*, Vol. 80, No. 6, 2020.

这源于人工智能挑战人类主体性、影响社会运行规则方式;① 技术视角则认为这与人工智能技术的算法黑箱密切相关,算法歧视和算法决策等技术、网络空间及物理空间产生的海量数据、人工智能算法的滥用和误用等均会引发人工智能伦理问题。②

第二,人工智能的基本原则、治理方案与未来路径。据德国 AlgorithmWatch 研究机构统计,近五年来全球已公布 170 余项人工智能伦理原则。多元利益主体从各自视角提出应当遵循的行为伦理原则。③ 学界从"创新、适度、平衡、多元"治理原则④、主体责权分配关系与结构⑤、公共部门自动化决策系统与监管⑥等方面提供了治理方案。在此基础上,学者主张从治理主体、治理结构和治理机制等方面建立人工智能全球治理体系;⑦ 或从主体、国别、行为体等方面建立包括人机合智、多国合智、多行为体合智的全球合智⑧路径来应对未来人工智能发展。

第三,人工智能的全球实践、伦理比较与治理反思。人工智能的治理实践及措施在不同国家各有侧重。⑨ 当前学界对先进国家人工智能的战略动向与全球影响⑩、伦理准则及其国际意义⑪、机构路线及生态系统⑫、伦理原则及治理技术⑬等给予

---

① 贾开、薛澜:《人工智能伦理问题与安全风险治理的全球比较与中国实践》,《公共管理评论》2021 年第 1 期。
② 陈磊、王柏村、黄思翰等:《人工智能伦理准则与治理体系:发展现状和战略建议》,《科技管理研究》2021 年第 6 期。
③ Torresen, Jim, "A Review of Future and Ethical Perspectives of Robotics and AI," *Frontiers in Robotics and AI*, Vol. 4, No. 1, 2018.
④ 庞金友:《AI 治理:人工智能时代的秩序困境与治理原则》,《人民论坛·学术前沿》2018 年第 10 期。
⑤ 贾开、薛澜:《人工智能伦理问题与安全风险治理的全球比较与中国实践》,《公共管理评论》2021 年第 1 期。
⑥ Kuziemski, Maciej & Misuraca, Gianluca, "AI Governance in the Public Sector: Three Tales from the Frontiers of Automated Decision-Making in Democratic Settings," *Telecommunications Policy*, Vol. 44, No. 6, 2020.
⑦ 陈伟光、袁静:《人工智能全球治理:基于治理主体、结构和机制的分析》,《国际观察》2018 年第 4 期。
⑧ 高奇琦:《全球善智与全球合智:人工智能全球治理的未来》,《世界经济与政治》2019 年第 7 期。
⑨ 陈琪、肖源睿:《国际人工智能战略之比较》,《国别和区域研究》2020 年第 1 期。
⑩ 刘新、曾立、肖湘江:《美国〈关键和新兴技术国家战略〉述评》,《情报杂志》2021 年第 5 期。
⑪ 殷佳章、房乐宪:《欧盟人工智能战略框架下的伦理准则及其国际含义》,《国际论坛》2020 年第 2 期。
⑫ 刘姣姣、黄鹰旭、徐晓林:《日本人工智能战略:机构、路线及生态系统》,《科技管理研究》2020 年第 12 期。
⑬ Wu, Wenjun, Huang, Tiejun & Gong, Ke, "Ethical Principles and Governance Technology Development of AI in China," *Engineering* (Beijing, China), Vol. 6, No. 3, 2020.

较强关注,多聚焦于各国出台的人工智能相关政策规划、组织机构、人才措施等现状与趋势研究,① 并进行国家间比较。② 尽管各国在人工智能伦理治理的核心概念和基本原则方面达成了一定共识,但在风险识别和公正分配、产业竞争与治理合作等方面③仍面临挑战。

二、分析框架:基于 TOPE 框架的人工智能治理

现有文献主要侧重人工智能伦理的具象或局部分析,强调典型国家或具体领域的战略导向、政策含义或案例启示,运用系统性治理框架开展人工智能伦理的国内外研究尚为有限。薛澜等人阐释了区别于传统治理框架的敏捷治理框架,并从治理原则、治理关系和治理工具方面提供应采取的优化路径和措施;④ 托拜厄斯·克拉夫特(Tobias Krafft)等人在委托代理视角下就不同应用所涉及的算法治理问责风险开发出"结果问责—目标导向问责—过程问责"的监管框架;⑤ 贾开(Kai Jia)等人在风险管理视角下从具体—通用(specific-general)、法律—伦理(law-ethical)、个人—集体(individual-collective)、代际—跨代(generational-trans-generational)四个维度构建了分析人工智能的风险及其全球治理举措的框架;⑥ 于涵(Han Yu)等人基于主要的人工智能会议出版物总结出伦理困境探索、个体伦理决策、集体伦理决策和人机交互伦理所组成的伦理决策框架。⑦

上述文献分别从比较视角、问责视角、风险管理视角和决策视角对人工智能

---

① 俞晗之、王晗晔:《人工智能全球治理的现状:基于主体与实践的分析》,《电子政务》2019 年第 3 期。

② 曾坚朋、张双志、张龙鹏:《中美人工智能政策体系的比较研究——基于政策主体、工具与目标的分析框架》,《电子政务》2019 年第 6 期。

③ 卢阳旭、何光喜:《我国人工智能治理面临的机遇和挑战:基于科技公共治理视角》,《行政管理改革》2019 年第 8 期。

④ 薛澜、赵静:《走向敏捷治理:新兴产业发展与监管模式探究》,《中国行政管理》2019 年第 8 期。

⑤ Krafft, Tobias, Zweig, Katharina & König, Pascal, "How to Regulate Algorithmic Decision-Making: A Framework of Regulatory Requirements for Different Applications," *Regulation & Governance*, Vol. 16, No. 1, 2022.

⑥ Jia, Kai & Zhang, Nan, "Categorization and Eccentricity of AI Risks: A Comparative Study of the Global AI Guidelines," *Electronic Markets*, Vol. 32, No. 1, 2021.

⑦ Yu, Han, Shen, Zhiqi & Miao, Chunyan et al., "Building ethics into artificial intelligence," *Proceedings of the 27th International Joint Conference on Artificial Intelligence*, Stockholm, Sweden, Jul. 13–19, 2018, https://doi.org/10.48550/arxiv.1812.02953.

的治理与监管提出框架性解释路径,但对人工智能所涉及的主客体互动维度缺乏关注。伯恩德·维尔茨(Bernd Wirtz)等人认为,一个完整的人工智能治理框架应包括技术层、组织层和政策层;① 卢恰诺·弗洛里迪(Luciano Floridi)等人指出,基于社会公益(social good)来设计人工智能,需要涵盖技术和伦理因素。② 尽管现有文献已有关于人工智能治理的主体或客体(技术、制度、伦理)视角的论述,但将上述维度进行系统化整合并进行框架构建与比较分析的研究付之阙如。人工智能伦理治理旨在构建人工智能技术创新发展的合规环境与明晰路径,本文从人工智能所关涉的四大关键要素——技术、组织、政策和伦理,系统建构人工智能治理框架并进行分析。

第一,技术维度。技术思想家布莱恩·阿瑟(Brian Arthur)指出,新技术提供了潜在的新元素,它们可以交互地用在其他技术中,因而它担当了引导使用它、适应它的技术的角色;特别是它可能引发包含它在内的新的组织制度的发生。③ 技术并非孤立产生并发展的,技术和制度是协同演化的。技术演化会对制度演化产生影响,新技术可能降低制度的实施成本,使原先无法实施或实施成本过大的制度得以推行;制度演化同样会对技术产生作用:制度会对技术创新产生正激励或负激励,影响技术的创新和扩散速度,并影响技术选择的正确性。一个旧制度很容易对劣势技术进行"锁定",影响组织的知识水平和竞争能力。④ 由此,不同组织对技术会采取不同创新鼓励与监管程度的措施。本文在技术维度聚焦美国、欧盟、中国、日本的人工智能技术的创新和政府监管程度,以及其处理人工智能的伴生治理风险时使用的技术矫正方式。

第二,组织维度。人工智能治理须动员伦理学家、科研工作者、人工智能企业、政府部门等组织内外部利益相关者共同行动以规避风险。技术的规约过程可区隔为"设计—试验—使用—推广"⑤ 四阶段,不同阶段由不同组织以不同方式

---

① Wirtz, Bernd & Müller, Wilhelm, "An Integrated Artificial Intelligence Framework for Public Management," *Public Management Review*, Vol. 21, No. 7, 2019.
② Floridi, Luciano, Cowls, Josh & King, Thomas C. et al., "How to Design AI for Social Good: Seven Essential Factors," *Science and Engineering Ethics*, Vol. 26, No. 3, 2020.
③ 布莱恩·阿瑟:《技术的本质》,浙江人民出版社2018年版,第217页。
④ Pelikan, Pavel, "Bringing Institutions into Evolutionary Economics: Another View with Links to Changes in Physical and Social Technologies," *Journal of Evolutionary Economics*, Vol. 13, No. 3, 2003.
⑤ 王健:《技术伦理规约的过程性》,《东北大学学报》(社会科学版)2003年第4期。

实施干预治理。设计阶段可以人工智能专家为主导进行伦理嵌入，通过"预测—评估—设计"模型实现人工智能的道德化设计；试验阶段进行伦理评估，以评估委员会为主导，识别伦理效应，厘清伦理问题，开发解决方式，修正并完善人工智能开发方案；使用阶段以使用者为主导，通过对他者、世界、技术及自身责任的主动承担，为人工智能伦理提供支撑；推广阶段进行伦理调适，以政府部门为主导，通过制度、舆论和教育调适，实现人工智能与社会价值系统的融合。① 本文在组织维度主要关注政企社等多元主体在人工智能治理中所发挥的不同作用及治理重点。

第三，政策维度。制度在社会中的主要作用，是通过建立人们互动的稳定（但不一定是有效的）结构来减少不确定性。② 行动来源于政策（制度）激励。一方面，各国在人工智能的第三次时代浪潮下，先后制定了人工智能战略规划、原则指南等系列制度和政策，不同国家政策体系的完备程度、对人工智能技术发展的支持程度和政策导向，影响着各国人工智能技术发展的路径和前景。另一方面，组织与制度之间可能互致引发结果变化：其一表现为组织引导制度的变迁，组织及其行动者"是制度变迁的主角，他们型塑了制度变迁的方向"，共同为各国人工智能技术的发展和治理提供规范性框架；其二表现为制度环境影响组织行为，"特定的制度约束规定了组织运作的范围"，"影响着我们为自身的行动而需要付出的代价"。③ 本文在政策维度主要考察各国人工智能政策体系构成、类型分布以及组织与政策间的互动关系。

第四，伦理维度。当前各国人工智能治理的伦理规范多为软性约束力。伦理具有情境性，在一个环境下能正常接受的伦理，迁移到另一种情境后可能就会变得难以接受。④ 因此，人工智能治理应融入伦理价值考量：一是跨文化伦理价值的异同。不同国家在人工智能伦理价值上的导向和注意力不同，影响其在组织、制度和技术中的嵌入与推广。二是跨主体伦理价值的融合。伦理价值在同一个国家的不同主体之间的侧重与差异，其价值释义和行动转译可能形成完全不同的事实结果。本文在价值维度主要探讨不同国家和组织中人工智能伦理价值的倾向性。

---

① 王钰、程海东：《人工智能技术伦理治理内在路径解析》，《自然辩证法通讯》2019年第8期。
② 道格拉斯·C. 诺思：《制度、制度变迁与经济绩效》，格致出版社2008年版，第7页。
③ 道格拉斯·C. 诺思：《制度、制度变迁与经济绩效》，格致出版社2008年版，第152页。
④ 谢洪明：《如何认识人工智能的伦理冲突：研究回顾与展望》，《外国经济与管理》2019年第10期。

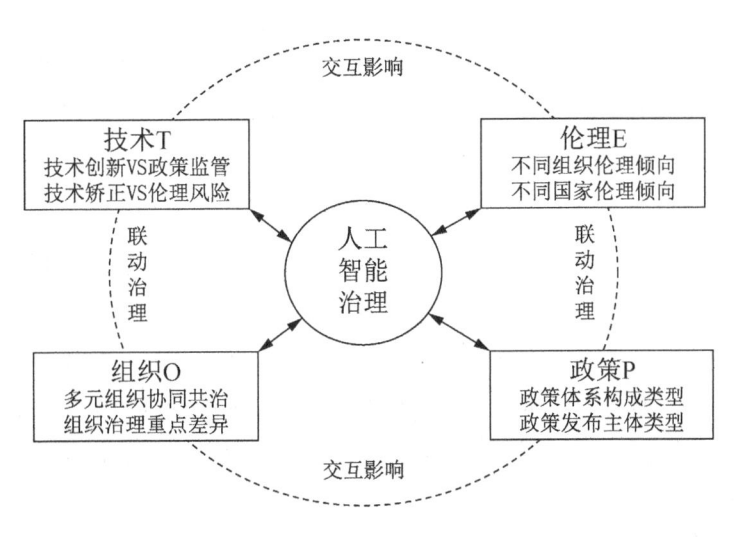

图 1　TOPE 人工智能治理框架

三、国内外人工智能伦理治理的发展进路

现今，数字技术与智能终端所掀起的数字化浪潮迅猛而来，人类经济社会的基本面貌以及全球治理秩序，正受到数字技术革命的深刻形塑和重构。① 本部分基于美国、欧盟、中国和日本等国家的政府、企业、社会组织所发布的 136 份人工智能相关政策文件，展开系统梳理和比较分析。分析仅纳入可获得的以及可转译为中英文语言的政策文本。

(一) 技术维度：技术创新、政策监管与技术矫正

当今世界各国人工智能发展程度与技术布局呈现差序格局。中美两国人工智能处于领先地位。从人工智能领域 2000—2019 年 20 年来的专利数据看各国技术竞争力，中国专利申请量远超其他各国，总量分别相当于美国和日本的 2.3、4.4 倍；但以专利价值度②（总分 10 分）来看，中国专利价值度大多处于中等水平（4—8 分），美日德法等国家的专利价值度更高（8—10 分），其中美国 10 分专利占比最高。③ 就

---

① 赵娟、孟天广：《数字政府的纵向治理逻辑：分层体系与协同治理》，《学海》2021 年第 2 期。
② 以"技术稳定性、技术先进性、保护范围等技术指标"来构建价值度分值。
③ 雷琴、胡静、魏丽敏：《专利视角下人工智能技术发展态势研究》，《四川图书馆学报》2021 年第 3 期。

人工智能技术发展的战略布局而言，美国人工智能技术布局更为全面，优势技术遍布基础层、技术层和应用层，优先发展"人机界面""人工智能""自主系统"等领域；① 而中国人工智能技术在"自然语言处理、生物、图像、视频、语音识别"等应用层更为突出，在基础层和技术层的布局相对薄弱。不同发展特征导致各国人工智能技术治理的差异化，对监管和创新的侧重也体现出了相应差异。

1. 技术创新与政策监管

创新与监管是各国人工智能技术发展的相向路径。如果将技术创新和政策监管视为连续谱，那么美日两国更鼓励技术的创新，而中欧则更侧重政策监管，即美日两国对人工智能的监管逻辑更倾向于"无须批准式"，中欧则更倾向于"审慎监管式"。②

为了保持在人工智能领域的全球竞争力和技术创新力，美国对人工智能伦理的监管是有限的。③ 其人工智能政策文件多与国家安全、技术保护等紧密相连。在美国政府及委员会发布的12份政策文件中，提及"安全"（security/safety）的共92次，其中涉及"国家安全"（national security）的即有43次。美国要求监管机构制定人工智能应用相关法规时必须谨慎评估风险和成本效益，减少人工智能技术创新发展的监管不确定性和可能阻碍，避免重拳扼杀创新模式。日本将人工智能和机器人制造视为解决日本经济困境的重要机遇，④ 其监管亦更注重对技术研发与创新的支持。如日本政府制定的《人工智能战略》（2019），将"使日本成为人工智能应用于现实世界的工业领跑者"作为战略之一，将"通过促进与人工智能相关的开发支持、系统设计，以及为有助于这一过渡的社会实施奠定基础"⑤ 作为要实现的政策目标之一。

人工智能的核心是数据。欧盟经由《通用数据保护条例》（GDPR）对数据使用和算法等设置了严格的监管限定，对数据隐私、透明度与算法准确平衡、算法决

---

① Doubleday, Justin, "White House Releases 'National Strategy for Critical and Emerging Technology'," October 15, 2020, https://insidedefense.com/insider/white-house-releases-national-strategy-critical-and-emerging-technologies.
② 贾开、蒋余浩：《人工智能治理的三个基本问题：技术逻辑、风险挑战与公共政策选择》，《中国行政管理》2017年第10期。
③ 周琪：《美国人工智能的发展及政府发展战略》，《世界经济与政治》2020年第6期。
④ 蒋佳妮、堵文瑜：《促进人工智能发展的法律与伦理规范》，科学技术文献出版社2020年版，第47页。
⑤ 日本内阁：《2019年人工智能战略》，https://www.kantei.go.jp/jp/singi/tougou-innovation/pdf/aisenryaku2019.pdf。

策、数据本地化违法风险等进行了严苛约束,① 尤其在人工智能自动化功能、基于人工智能技术分析结果的接受度方面态度较为消极。这些制度设定使欧盟的人工智能伦理治理较为规范,但也使欧盟人工智能的技术创新和应用发展相对滞缓。中国积极促进人工智能的技术、理论与应用的创新发展,同时对人工智能技术发展的非预期伦理风险进行了规制性约束。如 2021 年 11 月 1 日起实施的《个人信息保护法》对个人信息收集和处理做出严格规定:"个人信息处理者在处理个人信息前,应当以显著方式、清晰易懂的语言真实、准确、完整地向个人告知相应事项。"对具有严重情节的违法行为,"没收违法所得,并处五千万元以下或者上一年度营业额百分之五以下罚款",责令停业整顿,直至吊销相关业务许可/营业执照,其严格程度堪比 GDPR。

2. 技术矫正与伦理风险

运用技术手段进行伦理风险矫正是人工智能伦理治理的题中应有之义。技术矫正主要是将伦理规则嵌入算法中来解决技术伴生的治理挑战,② 如通过软件来截堵网上的隐私漏洞,或通过随机换脸来应对人脸识别技术滥用可能导致的隐私泄露和侵权行为等。③ 整体而言,美国侧重于技术算法层面的矫正,欧盟、日本和中国则侧重于对技术人员的约束。

美国的《国家人工智能研发战略规划》提出,将伦理价值的监控体系、主体体系、道德体系嵌套于人工智能系统架构,以消解人工智能技术所造成的伦理价值风险;④ 微软公司提出,人工智能必须透明,算法层面必须具有可责性。欧盟

---

① 如第 6 条在数据隐私方面规定:数据收集需考虑初始目的与实际处理目的之间的一致性,未经数据主体同意,禁止数据用于首次收集之外的其他目的。再如在透明度与算法准确平衡方面,第 13—15 条规定企业在运用个人数据进行处理时,应向数据主体提供一般性说明信息(尽管这一规定可能会迫于透明压力而使算法准确性有所偏差)。复如在人工智能的算法决策约束方面,第 22 条规定作为数据主体的个人或组织有权不受完全基于自动处理的决定的约束,包括对其产生的法律效果或类似重大影响的分析。

② Awad, Edmond, Anderson, Michael & Anderson, Susan Leigh et al., "An Approach for Combining Ethical Principles with Public Opinion to Guide Public Policy," *Artificial Intelligence*, Vol. 287, No. 9, 2020.

③ 奇普·沃尔特:《网络侦探弥补隐私漏洞》,郭凯声译,《环球科学》2007 年第 8 期。

④ National Science and Technology Council, Networking and Information Technology Research and Development Subcommittee, "The National Artificial Intelligence research and Development Strategic Plan: 2019 Update," https://cra.org/ccc/wp-content/uploads/sites/2/2016/11/NSTC_national_ai_rd_strategic_plan.pdf.

通过约束技术的开发人员来矫正伦理风险,针对 AI 科研人员和研究伦理委员会(REC)提出了一系列应予遵守的伦理准则,诸如人类利益、不作恶、正义、基本权利、警惕性、包容性、可责性、安全性等。日本政府则围绕技术战略的执行、研发、利用等,出台了针对执行人员、开发人员等的行为规范或操作指南;日本人工智能学会提出要遵守法律法规、尊重隐私、秉直行事等准则。中国虽然在基础设施建设、标准化建设等方面投入较大,但在组织或人员约束方面亦有一定规范性举措。全国信息安全标准化技术委员会 2021 年初发布的《网络安全标准实践指南——人工智能伦理安全风险防范指引》,对在人工智能活动不同阶段可能造成失控性、社会性、侵权性、歧视性和责任性风险的相关主体——研究开发者、设计制造者、部署应用者等,进行了禁止性和应然性行为约束。

(二) 组织维度:主体作用、协同共治与治理重点

国际互联网协会在 2017 年发布的《人工智能的指导原则和建议》中提出了"开放治理",指出民间社会、政府、私营部门、学术界和技术界等各种利益相关者参与人工智能治理的能力对于人工智能的安全部署至关重要,建议与人工智能治理相关的组织、机构和流程,需要采用开放、透明和包容的方法,促进多利益相关者治理。①

1. 多元主体协同共治

各国人工智能伦理治理主体的性质或地位具有差异。在中美人工智能伦理治理中,政府发挥主导作用,企业和科研机构发挥着重要的辅助性支撑作用。美国总统办公室发布有关人工智能的行政令和倡议,白宫科技政策办公室制定战略计划并发布年度行动报告;美国公共政策委员会、国家情报局局长办公室、国防部等与科技发展或国家安全相关的职能部门则针对各自职责进行 AI 伦理原则的适应性调整和应用发布。中国的人工智能伦理治理由国务院、全面深化改革委员会发布统摄性产业发展规划和指导意见,工业和信息化部、国家发展改革委、财政部、国家标准化管理委员会、中央网信办等机构在此基础上提出中短期行动计划和实施方案。中美企业通过行业通用型倡议或自我规范型原则参与人工智能伦理

---

① Internet Society, "Artificial Intelligence and Machine Learning: Policy Paper," https://www.internetsociety.org/resources/doc/2017/artificial-intelligence-and-machine-learning-policy-paper/.

治理；美国通用电气公司等传统企业则在其特定产品服务领域表达着自己的人工智能伦理观。此外，美国斯坦福大学、电气与电子工程师协会、信息技术产业理事会（ITI）等科研机构或社会组织通过发布倡议或白皮书等，为人工智能伦理研究、标准制定等贡献智慧；中国相关组织通过发布各类共识、倡议、宣言、原则等，为人工智能伦理善治路径、管理指南等提供专业支撑。

在欧盟的人工智能治理中，联合政府机构和国际组织发挥主导作用。前者包括欧盟委员会、欧盟理事会、欧盟网络安全机构等；后者如欧洲经济与社会委员会、经济合作与发展组织、G20组织等国际性组织。欧洲人工智能联盟等社会组织也参与人工智能伦理治理，发布AI原则。在日本人工智能伦理治理中，人工智能技术战略会议是日本政府人工智能领域的最高决策机构，下设研究合作会议和产业合作会议，分别负责协调推进人工智能基础研究和成果转化应用两个阶段的跨部门合作，① 内阁府发挥总体协调作用；企业参与数量多但参与程度不深，索尼、电信、日立、AI inside 等信息通信企业主要针对本企业发布自我限定型规范文件。

2. 组织治理重点差异

就政府关注及治理重点来看，美国政府发展人工智能主要以维持美国在全球人工智能领域的领导地位并以服务国家安全为首要目标，围绕关键和新兴技术实施国家战略计划，尤为重视人工智能在国防部、社区组织中的智能化应用安全伦理。② 欧盟在推动 AI 进步的同时，更加重视应对 AI 使用过程中的相关风险，强调 AI 对人类生活福祉的提升、社会更好的发展以及对公众基本权利的保护，③ 倾向于资助"安全、可靠和有用"的人工智能研究。④ 日本政府重点在机器人、医疗健

---

① 王玲：《日本政府发展人工智能的战略布局分析》，《全球科技经济瞭望》2020年第10期。
② U. S. Department of Defense, "DOD Adopts Ethical Principles for Artificial Intelligence," https://www.defense.gov/News/Releases/Release/Article/2091996/dod-adopts-ethical-principles-for-artificial-intelligence/; "Principles of Artificial Intelligence Ethics for the Intelligence Community," https://www.intelligence.gov/principles-of-artificial-intelligence-ethics-for-the-intelligence-community.
③ European Commission, "Proposal for a Regulation of the European Parliament and of the Council Laying Down Harmonised Rules on Artifical Intelligence (Artificial Intelligence Act) and Amending Centain Union Legislative Acts," https://eur-lex.europa.eu/legal-content/EN/TXT/? qid=1623335154975&uri=CELEX%3A52021PC0206; European Commission, "White Paper on Artificial Intelligence: A European Approach to Excellence and Trust," https://ec.europa.eu/info/sites/default/files/commission-white-paper-artificial-intelligence-feb2020_en.pdf.
④ European Economic and Social Committee, "Artificial Intelligence for Europe: Position Paper," January 2019, https://www.eesc.europa.eu/sites/default/files/files/qe-04-19-022-en-n.pdf.

康和自动驾驶三大具有相对优势的领域进行布局和投资,① 主张推动先进军事技术创新发展,着力解决养老、教育和商业领域的国家难题,② 提出"超智能社会5.0"概念,积极促进政企联合发展。中国政府侧重于机器人、人工智能等产业经济领域的人工智能整体顶层设计,强调建设人工智能创新发展试验区,营造新兴产业集群发展环境。

就其他社会主体关注及治理重点而言,美国科技巨头和应用人工智能的传统企业注重人机互动③、企业算法技术的问责④、信任与透明⑤、隐私等伦理原则⑥;美国科研机构或社会组织更注重人工智能是否以人为本⑦、是否有利于促进社会公益⑧等。欧盟由欧盟网络和信息安全局(ENISA)向各国行业和企业提出产品服务安全、网络市场安全、安全意识和教育、风险管理改进等十点建议;⑨欧盟企业、研究机构或社会组织等在此基础上提出行业建议、发展路线、安全指南和道德规范等。日本企业更加注重人工智能的公平性与透明度⑩、人权⑪等的切实践行;日本科研机构和社会组织侧重研究伦理准则、研发利用指南等。中国科技巨头企业相继发布人工智能应用准则、技术伦理观、伦理框架、宣言等伦理

---

① 《未来投资战略2018——迈向社会5.0和数据驱动型社会的变革》,https://www.kantei.go.jp/jp/singi/keizaisaisei/pdf/miraitousi2018_d2.pdf.
② 《综合创新战略推进委员会,"以人为本的人工智能社会原则"》,https://www8.cao.go.jp/cstp/ai/index.html。
③ Amershi, Saleema & Weld, Dan et al., "Guidelines for Human-AI Interaction," https://www.microsoft.com/en-us/research/uploads/prod/2019/01/Guidelines-for-Human-AI-Interaction-camera-ready.pdf.
④ Diakopoulos, Nicholas & Friedler, Sorelle et al., "Principles for Accountable Algorithms and a Social Impact Statement for Algorithms," https://www.fatml.org/resources/principles-for-accountable-algorithms.
⑤ "IBM's Principles for Trust and Transparency," https://www.ibm.com/blogs/policy/trust-principles/.
⑥ Horvitz, Eric, "Privacy, AI, and the AI Enterprise," https://www.microsoft.com/en-us/research/wp-content/uploads/2016/11/IAPP_Eric_Horvitz.pdf.
⑦ Li, Fei-Fei & Etchemendy, John, "Introducing Stanford's Human-Centered AI Initiative," https://hai.stanford.edu/news/introducing-stanfords-human-centered-ai-initiative.
⑧ Tomašev, Nenad, Cornebise, Julien & Hutter, Frank et al., "AI for Social Good: Unlocking the Opportunity for Positive Impact," *Nature Communications*, Vol. 11, No. 1, 2020.
⑨ Purser, Steve, "ENISA Recommendations to IT Industry," https://www.enisa.europa.eu/publications/enisa-position-papers-and-opinions/enisa-recommendations-to-it-industry.
⑩ "AI for People: Sony's AI initiatives," https://www.sony.com/en/SonyInfo/sony_ai/.
⑪ 《NEC集团人工智能和人权政策》,https://jpn.nec.com/press/201904/20190402_01.html。

原则表明着自身的伦理价值态度；中国科研机构则围绕善治、可信、和谐、担当等核心要义发出各类宣言或倡议。

（三）政策维度：发布主体、类型分布与体系差异

2015年以来，世界各国陆续将人工智能提升到国家战略层面予以高度重视，先后出台人工智能战略规划、伦理指南、行动方案等制度性文件。截至2020年12月，全球已有39个国家和地区制定人工智能战略规划、倡议宣言、原则标准、行动措施等不同类型文件，逐步为人工智能的技术发展与伦理治理织密政策网络。

美国、欧盟、中国、日本人工智能政策体系呈现出如下特征：其一，战略规划和行动措施类文件由各国政府出台，美国、欧盟、日本发布战略规划类文件较多，中国发布行动措施类文件较多。其二，倡议宣言类文件在各国由不同组织主体发布，美国倡议宣言类文件由政府和社会组织等共同发布，欧盟由政府和企业等共同发布，日本主要由企业组织发布，中国则由企业、科研机构和社会组织等共同发布，尤其后两类主体2018年以来已发布倡议宣言类文件13份以上，较其他国家表现更为突出。其三，各国政企社研等多主体均有发布原则标准类文件，但企业在各国人工智能原则标准文件的发布上均更多。

在战略规划方面，美国人工智能战略强调全球领导地位以及服务国家安全；欧盟侧重产业能力与风险治理；日本关注产业应用与人才教育；中国聚焦理论、技术与应用的世界领先。在倡议宣言方面，美国发布人工智能倡议总统行政令，社会组织发出全球倡议与声明；欧盟委员会对欧洲各国跨境合作、行业安全发展发出倡议，各国企业跟进并自我承诺；日本企业则自觉倡议与承诺；中国人工智能宣言或倡议更多由科研机构和社会组织等联合发出，企业随后跟进。相较战略规划、倡议宣言和行动措施类文件，在原则标准方面，各国文件数量均为最多，政企社研各主体均有设定，而相对于政府、社会组织和科研机构等主体而言，各国企业组织提出的数量均为最多。在行动措施方面，美国主要由总统办公室、白宫科技政策办公室、管理和预算办公室等分别对经济、行动报告、监管指南等进行影响性分析和操作性指导；欧盟主要由欧洲经济和社会委员会审议与通过相关数字服务和市场法案；日本先由内阁提出科技发展五年规划，再由人工智能技术战略会议这一顶层决策机构制定《人工智能技术战略执行计划》；中国则主要由工业和信息化部制定人工智能产业发展三年行动计划，相应部委根据自身职责分

表 1 美国、欧盟、中国、日本人工智能政策体系汇总表

	战略规划类	倡议宣言类	原则标准类	行动措施类
美国	* 《国家人工智能研究与发展战略计划》(2016) * 《为未来人工智能做好准备》(2016) * 《维持美国在人工智能领域领导地位的行政令》(2019) * 《国家人工智能研发战略规划：2019更新》 * 《关键和新兴技术国家战略》(2020)	* 《美国人工智能倡议》(2019) + 《关于自治和智能系统伦理的全球倡议》(2017) + 《关于算法透明度和问责制的声明》(2017)	* 《智能社区的人工智能伦理原则》(2020) * 《国防部对人工智能采用道德原则》(2020) $ 《数据伦理的通用原则》(2016) $ 《人工智能公共政策白皮书》(2017) $ 《Open AI 宪章》(2018) $ 《Microsoft AI 原则》(2018) $ 《ADP：人工智能的道德》(2018) $ 《IBM 的信任和透明原则》(2018) $ 《医疗保障伦理尚不新鲜，但其应用从未像现在重要》(2018) $ 《人与人工智能互动指南》(2019) $ 《对人工智能采取负道德方法》(2021) $ 《人工智能政策原则》(2021) #《以人为本的人工智能》(2017) + 《人工智能政策原则》(2017) + 《人工智能风险管理框架》(2021)	* 《人工智能、自动化及经济》(2016) * 《美国人工智能行动：第一年度报告》(2020) * "人工智能应用监管指南"备忘录》草案(2020)
欧盟	* 《关于欧洲人工智能开发与使用的协同计划》(2018) * 《欧盟人工智能白皮书》(2019) * 《人工智能战略计划》(2019) * 《人工智能法案》(草案)(2021)	* 《ENISA 对 IT 行业的建议》(2016) * 《人工智能合作宣言》(2018) * 《建立以人为本的可信人工智能》(2019) $ 《问责算法原则和算法的社会影响声明》(2016) $ 《Tieto 加强了对人工智能的道德使用的承诺》(2018)	* 《更新欧盟网络安全战略的原则和机会》(2016) * 《欧盟机器人民事法律规则》(2017) * 《经合组织关于人工智能原则》(2019) * 《G20 人工智能原则》(2019) $ 《人工智能原则》(2018 西班牙电信） $ 《人工智能指南》(2018 德国电信） $ 《人工智能道德准则》(2020 博世[德]) $ 《博世人工智能未指南针》(2020 博世[德]) $ 《SAP 人工智能指南》(2018 思爱普[SAP]) + 《人工智能通用指南》(2018 公共声音联盟） + 《可信人工智能伦理准则》(2019 欧洲人工智能联盟）	* 《人工智能对(数字)单一市场、消费、就业和社会的影响》(2017欧洲经济和社会委员会) * 《数字服务法案》(2021 欧洲经济与社会委员会) * 《数字市场法案》(2021 欧洲经济与社会委员会)

续表

	战略规划类	倡议宣言类	原则标准类	行动措施类
日本	*《日本机器人战略：愿景、战略、行动计划》(2015) *《超级智能社会5.0》(2016) *《下一代人工智能推进战略》(2017) *《人工智能技术战略》(2017) *《未来投资战略2018——迈向社会5.0和数据驱动型社会的变革》(2018) *《人工智能战略2019》	$《AI倡议—索尼集团对可管理AI的承诺》 $《富士通集团AI道德倡议》	*《以人类为中心的AI社会原则》(2019日本内阁) $《索尼集团人工智能道德指南》(2018索尼) $《AI准则》(2019日本电信) $《OKI集团AI原则》(2019OKI) $《人工智能与人权政策》(2019NEC) $《AI伦理原则》(2021日立集团) $《KDDI"AI原则"》 #《AI利用原则方案》(2018总务省情报通信政策研究所) #《AI利用指南》(2019总务省情报通信政策研究所) +《日本人工智能学会伦理准则》(2017日本人工智能学会) +《AI研发指南（草案）》(2017人工智能研究开发原则委员会) +《人工智能利用原则》（草案）(2018人工智能网络学会)	*《日本机器人战略：愿景、战略、行动计划》(2015) *《第五期(2016—2020年度)科学技术基本计划》(2016) *《人工智能技术战略执行计划》(2018)

续表

	战略规划类	倡议宣言类	原则标准类	行动措施类
中国	*《机器人产业发展规划（2016—2020年）》(2016) *《新一代人工智能发展规划》(2017)	$《人工智能深圳宣言》(2016 科大讯飞) #《人工智能创新发展道德伦理宣言》(2018) #《人工智能善治倡议》(2018) #《和谐人工智能原则》(2018) #《人工智能北京共识》(2019) #《人工智能担当宣言》(2021) #《促进可信人工智能发展倡议》(2021) +《未来基石：人工智能的社会角色与伦理》(2018) +《人工智能伦理道德宣言》(2018) +《人工智能行业自律公约》(2019) +《"新一代"人工智能行业自律联合承诺》(2019) +《人工智能安全发展上海倡议》(2019) +《中国青年科学家人工智能创新治理上海宣言》(2019)	*《人工智能标准化白皮书》(2018) *《国家新一代人工智能标准体系建设指南》(2018) *《网络安全标准实践指南——人工智能伦理安全风险防范指引》(2021) $《人工智能应用准则》(2019) $《人工智能的伦理框架》(2018) $《智能时代的技术伦理观——重塑数字社会的信任》(2019) #《和谐人工智能原则》(2018) #《新一代人工智能治理原则》(2019) +《新一代人工智能六点原则》(2019) +《未来基石——人工智能的社会角色与伦理》(2018)	*《"互联网+"人工智能三年行动实施方案》(2016) *《促进新一代人工智能产业发展三年行动计划》(2017) *《国家新一代人工智能创新发展试验区建设工作指引（修订版）》(2020)

注：表格系作者自制。"*"表示政府发布；"$"表示企业发布；"#"表示科研机构发布；"+"表示社会组织发布。

别制定"互联网+人工智能""人工智能+实体经济""人工智能试验区"等行动实施方案、指导意见或工作指引等。

(四) 伦理维度：伦理原则、国家倾向与组织倾向

不同利益相关者从不同角度对人工智能提出了伦理原则。① 本文采用链接人工智能准则平台(LAIP)②关于人工智能原则进行主题聚类的规则(表2)，对当前收集的美国、欧盟、中国、日本不同主体发布的136份人工智能准则文件进行文本分析。

表2　LAIP人工智能准则主题聚类

主题	关键词
为人类(for human)	为人类(for human)、有益(beneficial)、福祉(well-being)、尊严(dignity)、自由(freedom)、教育(education)
可持续(sustainability)	可持续(sustainability)
协作(collaboration)	协作(collaboration)、伙伴(partnership)、合作(cooperation)、对话(dialogue)
共享(share)	共享(share)、平等(equal)
公平(fairness)	公平(fairness)、正义(justice)、偏见(bias/prejudice)、歧视(discrimination)
透明(transparency)	透明(transparency)、可解释(explainable)、可预测(predictable)、可理解(intelligible)、审计(audit)、追踪(trace)
隐私(privacy)	隐私(privacy)、知情(informed)、数据控制(control the data)
安全(security)	安全(security)、网络攻击(cyberattack)、机密(confidential)、安全(safety)、验证(validation)、确认(verification)、测试(test)、可控(controllability)、人类控制(human control)
问责(accountability)	问责制(accountability)、责任(responsibility)
长期人工智能(long term AI)	长期人工智能(long term AI)、更高水平人工智能(higher level of AI)、通用人工智能(artificial general intelligence/AGI)、超级人工智能(superintelligence/ASI)

资料来源：链接人工智能准则平台，详见 https://www.linking-ai-principles.org/keywords，其中security与safety指标做合并处理。

---

① Torresen, Jim, "A Review of Future and Ethical Perspectives of Robotics and AI," *Frontiers in Robotics and AI*, Vol.4, 2018.
② 链接人工智能准则平台是整合与连接全球人工智能原则及社会实践的综合平台，截至2021年10月31日，平台汇聚世界各地不同研究机构、企业和社会组织等人工智能准则共85份。

将136份文件中的关键词进行词频分析与主题聚类后发现,安全问题在不同国家的各类组织中已成为人工智能伦理治理的首要问题。美国和欧盟对人工智能所引起的隐私问题更为关注,日本和中国则对人工智能对整个人类产生的影响更为关注。其中,中国最为关注共享和安全原则;美国最为关注公平、透明和隐私原则;欧盟最为关注问责原则。各国对人工智能的可持续性及长期发展的关注度仍然较低。

不同类型组织在对人工智能原则的关注焦点与治理重心方面,同质性和差异性并存。虽然各国政府对人工智能的安全、其是否利于人类以及协作治理原则已达成共识,但协作伙伴的选择仍为区域性的。① 相对而言,中美政府以及国际组织更为关注人工智能对全人类的福祉以及安全问题;企业更关注人工智能技术发展中的隐私和公平原则如何保证。美国企业最关注隐私原则,欧盟、日本和中国的企业最关注安全原则;欧盟企业对透明、隐私和公平原则的关注度几乎相同;日本制定人工智能伦理原则的企业相对较少,更为关注人工智能安全;中国企业对安全的关注度是隐私原则的3.4倍。美国社会组织最为关注安全、隐私和人类共同命运;中国社会组织最为关注人工智能对整个人类的影响。

四、人工智能伦理治理的实践启示

目前,基于人工智能所带来的前景认知在世界各国呈现出两极化倾向:一方面,对其可能极大促进经济社会发展的预期兴奋不已;另一方面,对其可能带来的破坏民生等危害与风险愈益担忧。② 整体而言,欧盟对人工智能为社会经济和个人福祉带来的影响更为审慎,中国、日本和美国则相对更加乐观。美国、欧盟等国家和地区希望建立共同的AI监管框架。基于公共的AI准则,将"公平""包容性""隐私保护""透明性"等原则,定为公共监管框架的基础。③ 不容忽

---

① 新的美国—欧盟贸易和技术委员会与欧洲盟友合作,与英国在科学和技术方面建立新的合作伙伴关系。美国、日本、韩国就关键和新兴技术建立了新的双边合作伙伴关系,并在《关键和新兴技术国家战略》中不断强调与盟友共同发展,分享人才和能力,建立牢固而持久的技术伙伴关系和技术优势,明确提出"要确保其共同原则占上风",而无视全球共荣发展。
② 段伟文:《构建稳健敏捷的人工智能伦理与治理框架》,《科普研究》2020年第3期。
③ 中国信息通信研究院和人工智能与经济社会研究中心:《全球人工智能战略与政策观察(2020)——共筑合作新生态》,2020年12月。

表3 LAIP涉及美国、欧盟、日本、中国人工智能伦理准则词频分析

国家地区	组织性质	以人为本(for human)	可持续(sustainability)	协作(collaboration)	共享(share)	公平(fairness)	透明(transparency)	隐私(privacy)	安全(security)	问责(accountability)	长期人工智能(long term AI)
美国	政府	46	2	30	30	24	24	33	153	7	2
美国	企业	16	0	13	11	49	40	88	68	23	1
美国	社会组织	32	1	9	4	19	14	34	48	28	1
美国	总计	94	3	52	45	92	78	155	269	58	4
欧盟	政府	8	2	14	10	3	1	5	18	4	0
欧盟	企业	5	6	10	8	17	18	18	36	15	0
欧盟	国际组织	67	2	19	44	60	52	59	122	50	1
欧盟	总计	80	10	43	62	80	71	82	176	69	1
日本	政府	80	1	21	4	0	1	0	17	0	0
日本	企业	11	8	20	8	27	31	14	34	13	0
日本	社会组织	2	0	0	2	3	0	2	6	3	0
日本	总计	93	9	41	14	30	32	16	57	16	0
中国	政府	65	3	78	59	5	41	8	139	23	1
中国	企业	75	17	9	9	39	24	21	71	22	6
中国	社会组织	33	2	10	6	8	5	4	19	3	0
中国	总计	173	22	97	74	52	70	33	229	48	7

来源：作者自制。

视的事实是，当前运用技术设计人工智能系统使其符合现有的伦理规范，无论是技术嵌入的深度还是广度上，"其发展与伦理应对都处于一种未完成的状态"[①]。在人机关系构建中，为避免人类主体利用技术通过机器对人作恶，对人工智能从技术、组织、政策以及伦理层面进行全面监管和规范约束，是避免人工智能技术及数据与算法等侵权与滥用的必然选择。本文基于 TOPE 治理框架，对美国、欧盟、中国、日本的人工智能技术发展与治理实践进行了系统梳理与分析，期冀该框架对未来人工智能治理提供些许启示。

一是技术维度上，在促进各国人工智能技术向善演化的同时，应通过政策促进技术创新的正向激励，"锁定"对组织具有优势的技术发展路径，监管影响人类社会的具有劣势的技术应用；探索从技术开发与创新链条之源头，将伦理原则通过技术操作化、符号化、指令化等方式嵌入系统，并确保其不可拆卸、不可篡改、异常可锁定报警等功能的实现。二是组织维度上，当前各国不同类型组织在人工智能领域既通过国家战略进行竞争，又具有发展路径的差异化关注与倾向性重点。各国政府组织应以人类共同利益为首要考量加强国家间合作，强化不同主体开展人工智能治理的功能协同。三是政策维度上，当前各国政策体系主要从战略规划、倡议宣言、原则指南、行动措施等倡导性、原则性、建议性软法形式进行约束，尚未普遍将违反人工智能伦理的行为以立法形式进行硬性约束，建立违反法律法规的惩罚机制和可信承诺机制至关重要，各国在探索将人工智能治理上升至法律层面之后，应逐步从国际公约层面达成全球共识。四是伦理维度上，要廓清人工智能伦理细则之间的意涵与影响，从全球多边商讨中寻得对未来人类社会系统有效的价值方向与治理方案。

从当前全球人工智能发展实践进程来看，人工智能的全球治理尚处于 1.0 阶段，这主要源于：一是各国政府间合作尚未全面展开，目前只是区域性合作；二是人工智能治理及其伦理的行业规范尚未明确建立并取得广泛认可；三是各类型组织尚处于议题探讨、原则制定和框架探索阶段，对细化方案和路径方向缺乏稳健可行的系统化治理方案。由于人工智能引发风险的世界波及性、影响的地区不均衡性、伦理标准的区域差异性和危害预测的知识不充分性，世界各国有必要共

[①] 于雪、段伟文：《人工智能的伦理建构》，《理论探索》2019 年第 6 期。

同构建多边、民主、透明的人工智能全球治理体系。[①] 在遵循人工智能"负责任、可信赖、保护隐私、促进公正、安全可控"等共同理念下,全球各国应深化合作、凝聚共识,充分考虑人工智能"技术—组织—政策—伦理"协同治理策略与交互促进作用,共同构建全球人工智能治理的联动智能生态系统,实现人类共同福祉。

[①] 陈伟光、袁静:《人工智能全球治理:基于治理主体、结构和机制的分析》,《国际观察》2018年第4期。

发展政治学

Politics of Development

PART V

Politics of Development

官僚自主性：概念、分析维度与影响

张晓彤*

摘 要：尽管官僚在政府决策制定和实际执行中发挥着重要作用，但人们对官僚机构褒贬不一，学者对官僚自主性的评价也毁誉参半。本文重新审视官僚自主性的概念和基础，主张在关系维度和过程维度两种视域中审视官僚自主性，在此基础上分析了官僚自主性在发达国家和发展中国家的不同表现和影响，以回答对官僚机构及其自主性的认知呈现巨大分歧的原因。其中，关系维度（官僚与政治家、官僚与社会关系）中的官僚自主性关注空间上横向的、相对静止的分析，而过程维度（国家构建过程）中的官僚自主性则可以理解为一种时间上纵向的、历时性变化的研究。本文提倡将关系维度中的官僚自主性分析置于过程之中，即对官僚机构及其自主性在国家构建和经济发展中的角色作历时性的和语境的分析，以更全面和综合性地理解官僚自主性的现实意义和理论价值。

关键词：官僚自主性；政治家—官僚关系；委托—代理关系；国家构建；语境分析

Abstract: Though bureaucrats play an important role in government decision-making and implementation, opinions on bureaucratic institutions and autonomy are divided and mixed. This article re-examines the concept and foundation of bureaucratic autonomy and suggests examining bureaucratic autonomy from two perspectives: the relational dimension and the process dimension, based on which I analyze the different manifestations and impacts of bureaucratic autonomy in both developed and developing

---

* 张晓彤，北京大学政府管理学院政治学（比较政治学）博士研究生。

countries, to explain the divergent understanding of bureaucratic institutions and autonomy. In the relational dimension (bureaucrats' relationships with politicians and society), analyses on bureaucratic autonomy focus on horizontal nexuses spatially and are relatively static, while in the process dimension (state building), analyses on bureaucratic autonomy are rather longitudinal and diachronic. This article advocates bringing in the relational dimension of bureaucratic autonomy, that is, to analyze the role of bureaucratic institutions and autonomy in the context of state building and economic development over time, to understand the real-world significance and theoretical value of bureaucratic autonomy.

Key words: Bureaucratic autonomy, Politician-Bureaucrat relationship, Principal-Agent relationship, State building, Contextual analysis

1919年冬天,德国慕尼黑,马克斯·韦伯围绕"一战"后德国问题发表名为"以政治为业"的演讲。韦伯描述了当时历史进程背后的两大趋向:国家职能的扩张引发了官僚机构的膨胀,经过技术训练、具有永久性职业生涯的行政官员在当代政治中将发挥越来越重要的作用;与此同时,依赖群众性政党和选民投票的新的职业政客阶层正在兴起。职业性的政治家和官僚将势不可挡地在现代政治运行中发挥重要作用。① 在他看来,官僚与政治家的关系或官僚自主性问题将成为现代政治中的重要问题。

此后一百多年来,官僚作为现代政治过程的运行中心,在政府政策制定和执行过程中发挥着关键作用。然而,在学术讨论中,官僚机构常常伴随毁誉参半的评价:他们不偏不倚、公正无私,有着理性、中立、专业化、职业精神等韦伯式理性官僚制的特质,有时又会成为"平庸之恶"的纯粹执行者,几乎不存在自主性。② 与官僚相关的诸多负面形象,如为人诟病的"不了解和不关心人民群众"的官僚主义习气,或是转型社会中"一个特殊利益集团的代言人",又或在公共选择理论视野中被视为自私自利、追逐权力的野心家,使得官僚自主性被赋

---

① 马克斯·韦伯:《政治作为一种志业》,钱永祥等译,见《学术与政治》第二章,广西师范大学出版社2010年版,第199—207页。
② 马克斯·韦伯:《经济与社会》第1卷,阎克文译,上海人民出版社2010年版,第327页;汉娜·阿伦特:《艾希曼在耶路撒冷:一份关于平庸的恶的报告》,安尼译,译林出版社2017年版。

予诸多负面的内涵。① 与此同时，官僚自主性有时却被给予积极的肯定性评价。如官僚威权主义理论所强调的技术官僚在阿根廷和巴西的经济现代化中的积极作用，或"发展型国家"文献将精英化官僚机构作为东亚国家经济腾飞的关键。在这种背景中，官僚又被视作实现政治发展和经济现代化的关键角色。②

那么，有关官僚作用和官僚自主性的评价为什么如此不同？究竟什么是官僚自主性？应该如何理解官僚自主性及其变化？本文尝试对这些问题做出回答，以更全面和综合性地理解官僚自主性的现实意义和理论价值。论文分析了官僚自主性的概念和基础，主张在关系维度和过程维度两种视域中审视官僚自主性，在此基础上分析官僚自主性在发达国家和发展中国家的不同表现和影响，以发现官僚机构及其自主性的认知呈现巨大分歧的原因。

其中，关系维度中的官僚自主性是横向的、相对静止的，关注官僚与政治家、官僚与社会关系；过程维度中的官僚自主性则可以理解为一种时间上纵向的、历时性变化的研究，关注官僚自主性在国家构建和国家发展不同阶段的价值。在这种分析背景中，文章进一步分析了官僚自主性的影响，指出官僚自主性对发达国家和发展中国家的意义是不同的，这是发达国家和发展中国家面临的不同发展阶段和任务决定的。本文提倡将关系维度中的官僚自主性分析置于过程之中，即对官僚机构及其自主性在国家构建和经济发展中的角色作历时性的和语境的(contextual)分析。

一、官僚自主性的概念与基础

官僚在职业中拥有利益、专长和信息以及对公共利益的感知，同时，官僚作为社会人的属性而存在的面向决定其对自身利益的关注。可以说，官僚的职业动机和自身利益共同决定了官僚获得更大自主性的愿望，即官僚的职业属性和社会属性是官僚行为的重要驱动因素。

---

① 中共中央文献研究室编：《毛泽东年谱：一九四九——一九七六》第2卷，中央文献出版社2013年版；鲁恂·W. 派伊：《政治发展面面观》，任晓、王元译，天津人民出版社2009年版，第39页；威廉姆·A. 尼斯坎南：《官僚制与公共经济学》，王浦劬等译，中国青年出版社2004年版；大卫·格雷伯：《规则的悖论：想象背后的技术、愚笨与权力诱惑》，倪谦谦译，中信出版社2023年版。
② 吉列尔莫·奥康奈：《现代化和官僚威权主义：南美政治研究》，王欢、申明民译，北京大学出版社2006年版，第62—79页。

（一）什么是官僚自主性？

除了个人对声誉、权势和财富的追求，官僚的政治取向关注贯彻社会主要价值和目标上的伦理和职业责任，主要集中于相对于统治者和最重要的社会阶层的某种自主性。艾森斯塔德（S. N. Eisenstadt）认为，这种自主性倾向主要表现在两个方面：第一，官僚维持一定的服务方式、规则和标准，将民众的某些一般利益纳入考虑，并对试图改变官僚机构的外部利益加以抵制；第二，官僚发展出作为国家或共同体的公仆观念，而并不仅仅是统治者的"私仆"。[1] 这两个方面就构成了官僚自主性的概念基础。

官僚自主性（bureaucratic autonomy），也被称为官僚隔离（bureaucratic insulation），即官僚隔离于统治者（现代社会中表现为政治家）和有组织的利益集团/社会阶层，官僚按照自己的意愿独立形成和实施政策的能力。这意味着官员并非仅仅简单反映政治家和强有力社会集团的偏好，也有能力根据组织凝聚力、专长、汲取能力和强制能力，执行官员们偏好的决定。[2] 从其本身属性上看，官僚自主性与韦伯意义上的官僚制一样，都是中性的，并不具有积极或消极含义。

官僚自主性首先是相对于政治家而言的，即官僚机构表现出的不受政治家控制的自主性倾向。这种情况下，官僚自主性表现为"行政机构利用自由裁量权来执行政治主人所制定的政策的能力，以及在正式命令模棱两可、腐败、无能或者与国家利益观念相违背时，官僚根据自身意愿制定政策的能力"[3]。譬如，研究中国古代官僚政治的学者往往关注皇帝和官僚机构之间的关系，认为皇帝可以随时随地以发号施令的形式干预官僚机构按章办事的规则。而官僚自主性既表现出

---

[1] S. N. 艾森斯塔德：《帝国的政治体系》，阎步克译，贵州人民出版社1992年版，第279页。
[2] Geddes, Barbara, "Building 'State' Autonomy in Brazil, 1930 – 1964," *Comparative Politics*, Vol. 22, No. 2, 1990; Carpenter, Daniel P., "State Building through Reputation Building: Coalitions of Esteem and Program Innovation in the National Postal System, 1883 – 1913," *Studies in American Political Development*, Vol. 14, No. 2, 2000; Carpenter, Daniel P., *The Forging of Bureaucratic Autonomy: Reputations, Networks, and Policy Innovation in Executive Agencies, 1862 – 1928*, Princeton: Princeton University Press, 2001; Carpenter, Daniel P., "The Political Foundations of Bureaucratic Autonomy: A Response to Kernell," *Studies in American Political Development*, Vol. 15, No. 1, 2002.
[3] Bersch, Katherine & Fukuyama, Francis, "Defining Bureaucratic Autonomy," *Annual Review of Political Science*, Vol. 26, 2023.

不受君主控制的倾向，但最后又呈现出服从君主任意专断权的结果。①

在社会集团相对发达和活跃的社会中，官僚也不得不处理与社会的关系。随着资本主义的不断扩张和发展，以商品经济为基础的社会力量不断壮大，不同的社会阶层为了自身利益对官僚机构施加的影响日益增加，而官僚相对于社会阶层的自主性就变得愈加重要。在现代社会中，官僚自主性有了更加深刻的意义，除了体现在相对于政治家和社会集团的关系中，还表现于官僚内部不同层级、不同部门的自主性。民主政治对政府回应性的强调也使官僚自主性受到影响，即官僚要不要对社会诉求做出回应。对官僚自主性形成基础的探讨有助于界定和理解官僚自主性这一概念。

（二）官僚自主性的基础

在韦伯的理想型官僚制理论中，官僚自主性源于官员掌握的特殊知识，这种知识包括专业技能训练（如经济学或法学）和实务中接触到的大量具体信息。② 这种对技能和信息的相对垄断可以转化为官僚自主性。按照这种观点，官僚机构内部不同部门的自主性也是分化的，专业技能越强，其自主性越强，也就越能保持相对于政治家的独立性。③

官僚自主性的其他来源是执行过程中对政策可行性的考量，即官僚的自由裁量权（bureaucratic discretion）。自由裁量权源于政治决策、法律法规和行政指令无法完全涵盖可能出现的所有情形，而且政策执行需要根据社会需要不断进行调整。因此，官僚利用掌握的专业知识和信息进行自由裁量的情况非常普遍。自由裁量权不仅是官僚自主性的主要来源，也是官僚自主性的一种重要表现形式。

官僚自主性还源于官僚在权力和政策斗争中的重要优势——规模和数量庞大。官僚机构规模和自主性的关系，一直是政治学、经济学和组织行为学关注的重点。④ 在这里，官僚自主性往往表现为一定程度的官僚漂移（bureaucratic drift），即负责政策执行的官僚偏好与政治家（或立法者）的偏好存在偏移，最终

---

① 孔飞力：《叫魂：1768年中国妖术大恐慌》，陈兼、刘昶译，生活·读书·新知三联书店2014年版。
② 马丁·阿尔布罗：《官僚制》，阎步克译，知识出版社1990年版，第34页。
③ 罗德·黑格、马丁·哈罗普：《比较政府与政治导论》第5版，张小劲等译，中国人民大学出版社2007年版，第424页。
④ Maggetti, Martino & Verhoest, Koen, "Unexplored Aspects of Bureaucratic Autonomy: A State of the Field and Ways Forward," *International Review of Administrative Sciences*, Vol. 80, No. 2, 2014.

政策执行过程或政策实际结果很可能会背离制定者初衷。① 委托—代理模型很大程度上就是对如何控制官僚自主性的回答。

20世纪初,韦伯一方面乐观地预见了官僚机构促进资本主义发展的前景,另一方面则对官僚制的未来存有隐忧。如何防止官僚制利用特殊知识积聚权力,以超出组织的服务倾向而谋求自身的利益和扩张,即如何将官僚自主性控制在一定范围和程度内而不损害公共利益。这是韦伯的疑问,也为后来的学者提出了需要持续探索的问题。韦伯诉诸政党、民主甚至克里斯玛型权威来对官僚制加以制衡,后来的许多研究似乎也并未脱离韦伯当时设定的议题。

随着后工业社会的来临,知识体系分工变得日益复杂化、精细化,要求官僚掌握的技能和知识也更加专门化;法律、规章越来越难以涵盖纷杂繁复的现实社会,官员的自由裁量权也在不断扩大,但是也出现了如《行政程序法》从程序上予以制约的情况。"二战"后,发达国家几乎都成为某种意义上的福利国家,政党通过国家干预的承诺获取民众支持,官僚机构规模扩张和专业化随之而来。可以说,随着社会经济的发展、程序正义的法治要求和国家职能的扩张,官僚自主性的作用日益显著,国家卷入社会和经济的指导活动越深,特殊技能、信息和政策经验在导致官员形成自主性偏好时的作用就越大。②

二、关系维度中的官僚自主性

从政治家—官僚的角度,对官僚自主性的分析主要体现在委托—代理理论中,官僚自主性有着官僚倾向于不受政治家控制而谋求自身利益与公共利益的内涵;而关注官僚隔离于社会的官僚自主性研究,更多关注官僚的自主性对国家发展的积极作用。政治家—官僚关系和官僚—社会关系二者共同构成关系维度中的官僚自主性。

(一) 政治家—官僚关系中的官僚自主性

官僚机构有着两层委托代理关系:一层存在于政治家和官僚机构之间,民选

---

① Dixit, Avinash, "Incentives and Organizations in the Public Sector: An Interpretative Review," *The Journal of Human Resources*, Vol. 37, No. 4, 2002.
② 埃里克·A. 诺德林格:《民主国家的自主性》,孙荣飞、朱慧涛、郭继光译,江苏人民出版社2010年版,第31页。

政治家作为人民的代表,授权官僚机构制定和执行政策;另一层存在于官僚机构内部的上级和下级之间,二者形成了一系列委托人和代理人之间的契约,其中高级官僚负责政策指令,低级官僚负责具体的实施和执行。

信息是政治家与官僚之间、官僚机构内部不同层级之间产生问题的本质和关键,即信息不对称是问题的根源。官僚在对政策执行的信息资源上有着相对于政治家或官僚上级的优势,为官僚自主性提供了机会;另外,官僚还有着源于私人政治价值、个人职业目标的动机。

信息不对称提供的机会和官僚动机就构成了官僚自主性的根源。在这种关系中可能会产生三种"病症"——逆向选择、道德风险和政策不确定。"逆向选择"(adverse selection)指委托人挑选代理人,但对代理人能否确保做出正确的执行和选择并不足够知情,即代理人做决策时需要的信息、信念以及价值具有不可观察性。"道德风险"(moral hazard)体现在委托人不知道代理人是否执行了契约,即无法完全观察缔约后的实际行为,具体表现为逃避责任(shirking)、腐败和"寡头统治"等行为。[1] 而政策不确定指政治家为了控制官僚机构自主性,细致规定官僚机构的具体政策,但是政治家并不确定某一政策会带来的后果。[2]

在这种情况下,问题的核心是控制:政治家作为委托人如何控制官僚代理人,官僚上级如何控制下级,即控制官僚自主性以使官僚服从。早期用委托—代理理论分析政治现象的文献主要旨在解决公共选择理论遗留的难题,关注政治控制(任命、预算、重组、监督和立法)的重要性,建议采用激励措施和监督工具对官僚机构的结构和目标施加影响,通过行政程序法和司法审查机制帮助政治家控制官僚行为,如《行政程序法》限定决策结构程序,《信息公开法》减少内部沟通和信息储存。[3] 更为晚近的研究不再狭隘地集中于立法一边,而越来越将政治控制工具的变化作为被解释变量,关心如何解释官僚机构的结构与不同激励和监

---

[1] Moe, Terry M., "The New Economics of Organization," *American Journal of Political Science*, Vol. 28, No. 4, 1984.

[2] Huber, John D. & Shipan, Charles R., "The Costs of Control: Legislators, Agencies, and Transaction Costs," *Legislative Studies Quarterly*, Vol. XXV, 2000.

[3] Moe, Terry M., "The New Economics of Organization," *American Journal of Political Science*, Vol. 28, No. 4, 1984; McCubbins, Mathew D., Noll, Roger G. & Weigast, Barry R., "Administrative Procedures as Instruments of Political Control," *Journal of Law, Economics and Organization*, Vol. 3, No. 2, 1987; Wood, B. Dan & Waterman, Richard W., "The Dynamics of Political Control of the Bureaucracy," *American Political Science Review*, Vol. 85, No. 3, 1991.

督机制运行的原理。①

新公共管理改革者重申政策制定和行政管理之间的界限:政治家仍然负责决策,改革者试图用市场驱动的竞争取代传统的以权力驱动的政府官僚制。他们的目标是缩小政府规模并改善其运作方式。② 威廉姆森(Oliver E. Williamson)区分了不同的公共部门交易类型,论证了某些交易类型适合以市场方式外包,但某些事务(如外交事务、国防事务)必须由政府的"低效率"组织完成。诺斯(Douglass C. North)认为政治市场是低效率的,并且低效率的制度可以长期存在,但威廉姆森认为诺斯的回答并不能直接推广到公共管理领域,要先确定政府"制造"和"购买"公共服务的边界。③

最近有关委托—代理理论的实证研究,关注政治委托人任命和罢免官僚的原因和后果,随着时间的推移官僚机构如何以及为何发展有关特定领域的专门知识,以及官僚组织产生有效绩效的官僚能力问题。④ 仍有不少研究从不同角度分析委托—代理理论的有效性,如有学者在分析了印度的政治家—官僚关系对就业发展计划的绩效表现后认为,单一政治家委托人更有动力去激励官僚积极寻求经济绩效,以获得更多的选票;而存在多个政治家委托人的情形中,不仅会导致自身的搭便车问题,而且会面临其他政治家的干预和竞争,不利于对官僚的控制。⑤ 可以发现,委托—代理理论下的官僚自主性及其控制问题非常具有生命力,不仅用以解决发达国家面临的问题,也用以部分解释发展中国家经济欠发达的原因。

---

① Huber, John D. & Shipan, Charles R., "The Costs of Control: Legislators, Agencies, and Transaction Costs," *Legislative Studies Quarterly*, Vol. XXV, 2000.

② Kettl, Donald F., "Public Bureaucracy," in R. A. W. Rhodes, Sarah A. Binder and Bert A. Rockman (eds.), *The Oxford Handbook of Political Institutions*, Oxford: Oxford University Press, 2006, p. 378.

③ North, Douglass C., "A Transaction Cost Theory of Politics," *Journal of Theoretical Politics*, Vol. 2, No. 4, 1990; Williamson, Oliver E., "Public and Private Bureaucracies: A Transaction Cost Economics Perspective," *Journal of Law, Economics and Organization*, Vol. 15, No. 1, 1999.

④ Moe, Terry M., "Delegation, Control, and the Study of Public Bureaucracy," in Robert Gibbons & John Roberts (eds.), *Handbook of Organizational Economics*, Princeton: Princeton University Press, 2013, pp. 1148-1181.

⑤ Gulzar, Saad & Pasquale, Benjamin J., "Politicians, Bureaucrats, and Development: Evidence from India," *American Political Science Review*, Vol. 111, No. 1, 2017.

(二) 官僚与社会关系中的官僚自主性

代理人都有一定的自主性,他们所做的选择既反映了委托人的利益,也反映出他们自身利益和对公共利益的理解。官僚能够自主地行使公共权力,在某些情况下会以牺牲利益集团为代价追求自己的利益,但利益集团也并不是任人宰割的羔羊,而总是希望保护自己免受国家的侵扰。① 这也是关系维度中的官僚自主性常被忽视的另一面——利益集团和官僚机构之间的关系。

关注发展或欠发展的理论研究官僚自主性、嵌入式自主性和社会集团之间的关系,强调某种形式的中央信息协调机构(常被称为"领航机构")对工业发展的重要性。② 东亚国家和地区在不同程度上都把这种官僚机构的自主性转变为协调工业变革的能力。一般来说,国家的行政机构承担建立和维持这种机构的领导责任。③

而官僚机构协调工业变革的能力来源于官僚机构的隔绝能力,如果官僚机构无法独立于社会,即被社会"俘获"(capture),就不能构建出成熟的"发展型国家"(developmental state)。官僚的隔绝能力由三个方面构成:能从社会中招募经过培训的人员、以功绩为基础的招募程序以及减少政治家惯于分配工作以获取政治支持的庇护行为。"隔绝"不仅有助于官僚为执行发展任务获得充分的物质资源,还能够创造对官僚的充分激励,塑造官僚的个人目标与官僚机构目标的一致性,进而增强国家能力。

但是芭芭拉·格德斯(Barbara Geddes)也指出,隔绝于政治家的庇护型工作分配并不意味着与外界的彻底绝缘。外部环境的信息和资源依然能渗入官僚机

---

① Moe, Terry M., "Political Institutions: The Neglected Side of the Story," *Journal of Law, Economics, and Organization*, Vol. 6, Special Issue: [Papers from the Organization of Political Institutions Conference], 1990.

② Haggard, Stephen, *Pathways from the Periphery: The Politics of Growth in the Newly Industrializing Countries*, Ithaca: Cornell University Press, 1990; Wade, Robert, *Governing the Market: Economic Theory and the Role of Government in East Asian Industrialization*, Princeton: Princeton University Press, 1990.

③ 琳达·维斯、约翰·M. 霍布森:《国家和经济发展——一个比较及历史性的分析》,黄兆晖、廖志强译,黄玲校,吉林出版集团有限责任公司 2009 年版,第 6 页。

构,同时官僚机构能够像细胞一样保持组织的完整性而坚持自身的目标。① 换句话说,官僚机构可以与外部行动者建立联盟和合作互动关系,同时又能够限制外部参与者定义发展任务,确保官僚机构自身不被环境所驾驭和俘获。这其实就是埃文斯(Peter B. Evans)提出的"嵌入式自主性"(embedded autonomy),即埃文斯认为不仅要存在一个韦伯式意义上具有独立性(或者隔离性)且协调一致的官僚体制,还要使独立的官僚机构融入周围社会与私人部门保持密切联系的网络之中。② 前者可以保证官僚体制不被社会集团俘获,后者则可以保证官僚机构在面对不断变化的社会现实时具有准确和复杂的反应能力。

总体而言,官僚—政治家或官僚—社会关系维度上对官僚自主性的考察似乎都倾向于夸大官僚自主性的某一面向,也未能从完整的关系维度对官僚自主性所具有的可能意涵予以考察。横向的关系维度纵然是理解官僚自主性意涵的重要角度,但不应脱离官僚自主性变化、发展的历史脉络和背景。因此,官僚自主性还应被置于过程维度上予以历时分析和时段分析。

三、过程维度:国家发展进程中的官僚自主性

社会条件的变迁贯穿于整个历史之中,官僚的地位及其政治取向无疑也会受到影响。艾森斯塔德认为,官僚自主性的演进呈现出一个从低到高、顶峰之后又会衰落崩解的循环往复的特点。正是在官僚自主性趋于扩张的过程中,统治者或官僚机构内部的改革与变迁运动被激发出来,这又导致了官僚自主性的衰落。总体而言,根据艾森斯塔德的分析,官僚可能形成的政治取向类型有如下四种:服务取向(为统治者和主要阶层服务)、消极工具(成为统治者的消极工具,没有内

---

① Geddes, Barbara, "Building 'State' Autonomy in Brazil, 1930-1964," *Comparative Politics*, Vol. 22, No. 2, 1990.
② Evans, Peter B., "Predatory, Developmental, and Other Apparatuses: A Comparative Political Economy Perspective on the Third World State," *Sociological Forum*, Vol. 4, No. 4, 1989; Evans, Peter B., "The State as Problem and Solution: Predation, Embedded Autonomy, and Structural Change," in Stephan Haggard & Robert R. Kaufman (eds.), *The Politics of Economic Adjustment: International Constraints, Distributive Conflicts, and the State*, Princeton: Princeton University Press, 1992, pp. 139-181; Evans, Peter B., *Embedded Autonomy: States and Industrial Transformation*, Princeton: Princeton University Press, 1995, p. 12, pp. 150-151.

部自主性)、自我扩张取向(自我扩张取代服务)和服务与自我扩张相结合取向。①如图1:

官僚的政治取向	消极工具	服务取向	服务与自我扩张相结合	自我扩张
官僚自主性程度	低	较低	较高	高

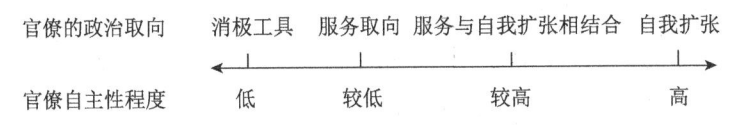

图1 官僚自主性与官僚的政治取向类型的关系

具体而言,将官僚自主性的来源和变化置于纵向的历史维度中,人们可以观察到官僚机构及其自主性在不同的国家发展时期所发挥的不同作用。美国19世纪末、20世纪初以来官僚自主性的产生、发展和变化提供了重要的分析案例。

由于立宪传统和政治文化因素,美国建国初不存在官僚制及其相关问题。但是到了19世纪末,工业迅速增长,市场分工不断强化,官僚机构分工也开始专业化;另外,美国1883年通过《彭德尔顿法》,改革政党分肥制的弊端,民选政治家对官僚的影响受到限制。20世纪20年代,美国的规制性官僚机构出现,产生自由裁量权问题。这也是美国国家构建早期阶段所面临的重要环境。

结果是,在一个未经革命性变迁就已建立起来的国家权力组织中,美国在1877—1920年间进行了大量制度创新,如文官行政管理的改革、军队重组和国家铁路管理的建立,美国国家行政组织实现系统性转型。② 斯科夫罗内克(Stephen Skowronek)认为,19世纪末、20世纪初的美国体制发展不仅仅是政府对外部问题采取适当对策的功能主义式渐进积累的结果,也受到危机、阶级冲突和经济迅速扩张的影响。作者将官僚自主性和国家行政管理能力的扩张联系起来,认为集中化的官僚机构的构建和行政创新的尝试是在经济、社会和国际事务剧变期间维持秩序的最佳方式,而官僚机构通过政府改革不断进行国家构建。

在这一阶段,美国的官僚机构锻造自身的自主性依赖于三个条件。首先,官僚机构有着独特的偏好、利益和意识形态,是不同于政治家的组织化利益集团。其次,官僚自主性赖于组织能力的发展,如创造新项目、解决问题、高效计划和管理项目以及惩罚腐败的能力。在这个过程中需要官僚企业家(bureaucratic entre-

---

① S. N. 艾森斯塔德:《帝国的政治体系》,阎步克译,贵州人民出版社1992年版,第278—302页。
② Skowronek, Stephen, *Building a New American State: The Expansion of National Administrative Capabilities, 1877-1920*, Cambridge: Cambridge University Press, 1982.

preneurs），他们可以组建广泛的联盟，推动其创新转变为法律。最后，官僚自主性以政治合法性为依据，拥有组织声誉，这种声誉嵌入政治和社会网络中，以减少对民选官员的依赖。官僚机构受诸多经济、社会和政治利益的影响，但不受任何利益的控制。① 卡朋特（Daniel P. Carpenter）重视官僚自主性基于组织声誉的合法性基础，是对片面强调官僚组织能力扩张文献的一种超越。

而到了 20 世纪 70 年代，美国政府部门规模的扩大，并不意味着官僚自主性的扩张，而是特殊利益集团太强，以至于俘获了官僚机构。威尔逊（James Q. Wilson）认为，所有的民主政权都倾向于将资源从私营部门转移到公共部门，并扩大政府部门的规模，特殊利益集团要求官僚机构庇护的更深层原因在于立法机关经常被特殊利益集团俘获。② 威尔逊将官僚机构置于政治语境之中，解释为什么官僚机构常呈现出繁文缛节和低效的特征。③

总体而言，基于过程视角的官僚自主性研究为关系维度中的官僚自主性提供了分析背景，在研究视角上也有诸多启发。具体而言，仅仅关注行政管理结构内部的变化，通常容易忽略结构的塑造过程与政治基础，而历史背景的研究提示我们要将官僚自主性和官僚机构的动态与普遍的社会、经济和政治过程联系在一起。任何国家和时代的官僚机构及其自主性都有着一定的语境根源（contextual roots），绝不能脱离于其植根的社会经济和政治情境去理解和分析。

福山的研究做了很好的示范。他将以官僚机构及其自主性为主的国家构建过程与民主化联系起来，关注不同国家政治家—官僚关系与官僚—社会关系变化的时代背景，总结出不同地区和国家构建的不同路径和类型。根据国家构建和民主化的先后次序划分出国家构建的类型学：第一，自主性的官僚机构先于民主化，以德国普鲁士模式为代表；第二，民主化先于国家构建，这种类型中又有着具体分化，一种是意大利/希腊的庇护政治模式，另一种则是英美的文官改革模式。④

---

① Carpenter, Daniel P., *The Forging of Bureaucratic Autonomy: Reputations, Networks, and Policy Innovation in Executive Agencies, 1862–1928*, Princeton: Princeton University Press, 2001, p. 14.
② Wilson, James Q., "The Rise of the Bureaucratic State," *The Public Interest*, Vol. 41, No. 10, 1975.
③ 詹姆斯·Q. 威尔逊：《美国官僚体制：政府机构的行为及其动因》，李国庆译，社会科学文献出版社 2019 年版。
④ 弗朗西斯·福山：《政治秩序与政治衰败：从工业革命到民主全球化》，毛俊杰译，广西师范大学出版社 2015 年版。

四、官僚自主性的影响：发达国家与发展中国家

人们对官僚自主性褒贬不一，但是毫无疑问，过多的官僚自主性有可能导致灾难，如官僚机构不受政治控制而自设议程或腐败等现象。那么，究竟该如何评价官僚自主性？对处于不同发展阶段的国家以及在特定国家的不同发展阶段中，官僚自主性有着不同的意义或影响。就发达国家与发展中国家而言，发达国家在经历资本主义发展，享受福利国家的红利后，产生了政府的持续扩张与财政紧张之间的矛盾，它们更关注克服官僚机构的"超载"（overload）问题；[①] 而发展中国家更关注官僚与社会之间的互动，如何最大限度地发挥官僚自主性以促进经济发展和提供社会福利是发展中国家更为紧迫和关键的任务。

（一）官僚自主性在发达国家的表现和影响

20世纪70年代，欧美发达国家经济出现严重"滞涨"现象，对官僚制的批评和质疑达到高潮。以公共选择学派为代表的新政治经济学用"理性人假设"解释官僚行为，官僚成为公共部门规模和预算膨胀的无可辩驳的始作俑者，官僚自主性表现为相对于政治家的行政官僚利用垄断信息使预算最大化，并导致立法机构几乎无力控制官僚机构。

公共选择理论的基本前提是政治家和官僚与市场中的自我利益最大化主体一样，在很大程度上具有自我利益驱动性。作为独立的个体，官僚会追求一系列复杂目标，如权力、收入、声望、安全，或对机构和国家的忠诚、工作自豪感和服务公众利益的愿望，并尽可能以效用最大化的方式行事。在此过程中，官僚为了争取组织生存、发展和履行职能，不断为争取自主性而努力；官僚自主性在官僚组织稳定之后，又演变成强烈的保守主义趋向而逐渐呈现衰败趋势。[②]

但是在现实政治中，官僚自主性并没有因为组织日趋稳定就逐渐收缩，反而呈现出不断扩张财政预算的倾向。尼斯坎南（W. A. Niskanen）认为问题的关键在于官僚机构关注预算最大化，追求扩大预算规模和官僚机构规模膨胀，因此没有

[①] 乔恩·皮埃尔、B. 盖伊·彼得斯：《治理、政治与国家》，唐贤兴、马婷译，唐贤兴校，格致出版社2019年版，第4—5页。
[②] 安东尼·唐斯：《官僚制内幕》，郭小聪等译，中国人民大学出版社2017年版，第2—24页。

追求效率的动机。官僚机构利用掌握的信息拥有压倒性的垄断权力，寻求更多资金和使用资金上的自主性；而政治家和政治机构寻求控制预算，并努力确保预算使用上的责任，因此预算过程就成了政治—官僚不断拉锯和互动的关键。①

官僚预算最大化的自主性在公共选择理论中被高估了。敦利威（P. Dunleavy）认为，官僚预算最大化假设的主要缺陷之一在于对所有官僚行为做了本质相同的解释，不能合理解释官僚机构目标和策略的变化。② 也有研究对公共选择理论的适用范围提出了质疑，认为公共选择研究几乎完全依赖于美国的经验，与当时美国所面临的时代问题紧密相关。③

官僚自主性在发达国家似乎成了需要矫治和克服的问题，研究者们主张政治家和政治机构（如立法机关及其相关委员会）通过监督、立法、预算、任命来控制官僚机构。④ 有研究指出，议会制和总统制的制度环境对于政治家是否赋予官僚自由裁量权具有重要影响，自由裁量权的衡量指标为采纳模糊法令或严格法令（vague/strict statutes），即法令越严格，越有细节性规定，官僚的自主性就越小；研究发现，总统制中采纳严格的细节性法令以限制官僚的自由裁量权比议会制中更常见。⑤

到了20世纪80年代和90年代，发达国家为了解决官僚机构及其自主性的问题，率先开始新公共管理改革。改革以"再造政府""摒弃官僚制"为口号，从新西兰等发达国家开始，迅速蔓延至发展中国家进而成为全球现象。在现实改革中，委托—代理理论被广泛应用，人们尝试用市场的方式解决官僚制存在的问题，创造效率和回应性激励，以解决政府的庞大规模和无效率，进而使政府变得更小、更有效和更具回应性。

---

① 威廉姆·A.尼斯坎南：《官僚制与公共经济学》，王浦劬等译，王浦劬校，中国青年出版社2004年版，第3—42页。
② 帕特里克·敦利威：《民主、官僚制与公共选择——政治科学中的经济学阐释》，张庆东译，徐湘林校，中国青年出版社2004年版，第165—273页。
③ 乔恩·皮埃尔、B.盖伊·彼得斯：《治理、政治与国家》，唐贤兴、马婷译，唐贤兴校，格致出版社2019年版，第4—5页。
④ 袁瑞军：《官僚自主性及其矫治——公共选择学派有关论点评介》，《经济与社会体制比较》1996年第6期。
⑤ Huber, John D. & Shipan, Charles R., *Deliberate Discretion? The Institutional Foundations of Bureaucratic Autonomy*, New York: Cambridge University Press, 2002.

(二) 官僚自主性在发展中国家的表现和影响

"二战"后,面临国家构建和发展要求的新兴民族国家的官僚,承载着"发展行政管理"(development administration)的任务,并因作为促进新国家政治发展和经济现代化的重要行为主体受到高度肯定。[①]

20世纪80年代和90年代,关注发展中国家经济腾飞的比较政治学者用"官僚自主性"解释亚洲经济的迅速崛起,并形成了较为完善的"发展型国家"理论:他们关注官僚在经济发展中的积极作用,认为一个高度技能化和精英化的自主性官僚机构是东亚国家经济增长的原因。

发展型国家的核心团体(高级政治家和官僚)有着一致连贯性和功绩基础特征。核心团体之间非正式网络对于连贯性非常关键,是功绩基础所不能提供的;而功绩基础择优录用标准有助于官僚保持自主性,减少了无能或被俘获的官僚。在这种背景下,政治家和官僚角色分离程度低,二者形成紧密的合作关系,共享着有着一致的发展目标的团体精神(esprit de corps),官僚机构被纳入支配性政党之中。可以说,有效的官僚制并不意味着官僚一定要获得相对于政治家的独立性,更为重要的一面是官僚相对于社会利益集团的关系。

官僚自主性是国家主导的发展(state-led development)的重要条件,而官僚自主性形式与国家经济干预和发展程度有着密切关系。有研究认为更多官僚自主性导致更多有效干预的假设过于简单,进而从官僚的职业路径角度研究官僚机构与经济发展的关系,提出商业集团对官僚职业路径影响越小,官僚越可能发展出追求国家主义导向的偏好,才能具有更大的官僚自主性。[②]

那么官僚自主性究竟是如何影响发展中国家经济增长的呢?埃文斯和劳赫(James E. Rauch)认为,以才能(教育和考试)为基础的招募和以可预测的、有回

[①] LaPalombara, Joseph (ed.), *Bureaucracy and Political Development*, Princeton: Princeton University Press, 1963;吉列尔莫·奥康奈:《现代化和官僚威权主义:南美政治研究》,王欢、申明民译,北京大学出版社2006年版,第62—79页。

[②] Schneider, Ben Ross, "The Career Connection: A Comparative Analysis of Bureaucratic Preferences and Insulation," *Comparative Politics*, Vol. 25, No. 3, 1993.

报的职业晋升为特征的官僚制与经济增长率呈正相关关系。① 他们指出，有效国家官僚制度的关键要素是高薪资、内部晋升和职业稳定性与基于才能的招聘，但这三个结构特征对官僚制绩效和经济发展的贡献性大小存有差别。其中，基于才能的择优录用对提高官僚机构绩效最重要，内部晋升与职业稳定性是次要的，但高薪资对官僚机构的绩效是否产生影响并不明朗。②

近期有研究重新审视了"官僚制促进经济增长"的假设，认为埃文斯和劳赫基于Large-N的跨国回归夸大了韦伯式官僚制与经济增长之间的关系，表明官僚制对经济增长的作用如果存在，那么其在"二战"前的作用不大，但在最近几十年更加明显。这一研究的贡献在于识别了韦伯式官僚制促进经济增长的三种可能机制：其一，韦伯式官僚制中依章办事和非人格化的特征有助于产权保护和契约执行；其二，韦伯式官僚制可能通过提升官员的能力，间接促进经济增长；其三，重申了埃文斯和劳赫的观点，即国家可以通过可信性承诺来减轻人身、经济和社会不安全感，并且将这种可信性置于任何经济计算的核心。③

这些研究都密切关注官僚制的韦伯式特征对于经济增长的积极作用，表明发展中国家促进经济发展的出路在于提高官僚制的"韦伯性"（Weberianness）。这种研究导向有着明显的局限性，它只关注经济绩效而忽视了经典政治理论中的合法性问题，倾向于强调国家构建中的组织能力建设维度，国家构建易被降级为一个狭隘的、非政治的、纯粹科学的、技术的和行政管理的过程。④ 因此，官僚的嵌入自主性和庇护主义关系对于提高公民对政府的信任和合法性信念、提供健康和教育等公共物品以及促进有效问责制的积极含义，值得进一步关注。⑤

---

① Evans, Peter B. & Rauch, James E., "Bureaucracy and Growth: A Cross-National Analysis of the Effects of 'Weberian' State Structures on Economic Growth," *American Sociological Review*, Vol. 64, 1999.
② Rauch, James E. & Evans, Peter B., "Bureaucratic Structure and Bureaucratic Performance in Less Developed Countries," *Journal of Public Economics*, Vol. 75, 2000.
③ Cornell, Agnes, Knutsen, Carl Henrik & Teorell, Jan, "Bureaucracy and Growth," *Comparative Political Studies*, Vol. 53, No. 14, 2020.
④ 弗朗西斯·福山：《政治秩序与政治衰败：从工业革命到民主全球化》，毛俊杰译，广西师范大学出版社2015年版；Lemay-Hébert, Nicolas, "Rethinking Weberian Approaches to Statebuilding," in David Chandler & Timothy D. Sisk (eds.), *The Routledge Handbook of International Statebuilding*, London: Routledge, 2013, pp. 3-14.
⑤ Pepinsky, Thomas B., Pierskalla, Jan H. & Sacks, Audrey, "Bureaucracy and Service Delivery," *Annual Review of Political Science*, Vol. 20, No. 1, 2017.

五、总结与展望

从官僚自主性的概念及其来源看,官僚自主性的属性同韦伯式官僚制要求的中立性一样,并不内含任何积极或消极属性。但是官僚自主性在具体的语境中则呈现出了不同的面孔,对发达国家和发展中国家的影响非常不同。这是发达国家和发展中国家所处的不同发展阶段决定的:在发展中国家,官僚自主性被赋予抵制社会俘获、谋求国家发展的隔绝能力;在发达国家,官僚自主性具有受官僚理性驱动、不受政治家控制的属性。

本文认为,在理解官僚自主性的关系维度中,以委托—代理模型为代表的官僚—政治家关系分析维度和以发展型国家为代表的官僚和社会关系维度,都过度夸大了官僚自主性的某一面向;前者只见树木不见森林,后者又只见森林不见树木。

基于理性人假设的官僚自主性理论因为关注原子化的理性个体,剥离了时空背景和历史脉络。具体而言,该理论将官僚个体视为平等自主的个人,而官僚政治现象是官僚个体自发选择的结果,剥离了官僚等级制结构中已存在的不平等的权力关系。[1]

他们运用理性选择和委托—代理模型去分析公共机构运行的"黑匣子",狭隘地将官僚政治看作内部管理问题,考察内部的实际运作机制,打开后看到的却是组织运行的"一地鸡毛"。这些研究和方法丢弃了现代政府最重要和有意义的方面:人们希望了解国家和官僚机构,而学者却告诉他们立法机关如何与官僚机构博弈;人们希望了解官僚自主性的政治基础,而学者却告诉他们无休无止的欲望、利益和交易成本。

关注发展的官僚自主性研究强调了官僚机构和社会集团的关系,关注国家层级的政策制定和协调,指出官僚自主性对经济发展和国家能力的积极作用,补充关系维度分析中的另一半,但这容易导向"更多即更好"(more is better)的扩张国家行政能力的功能主义国家构建路径。

---

[1] 河连燮:《制度分析:理论与争议》第2版,李秀峰、柴宝勇译,中国人民大学出版社2014年版,第47页。

只有将官僚自主性的关系维度置于过程维度的背景中，才能进一步明确官僚自主性作为分析工具的价值。本文提倡将关系维度中的官僚自主性置于过程分析之中，即对官僚机构及其自主性在国家构建和经济发展中的角色作历时性的和语境的分析，以更全面和综合性地理解官僚自主性的影响。

官僚自主性相关研究中，比较政治学者关注的官僚自主性问题大多为跨国比较，对一国内部官僚自主性的历时性变化关注不够，如在发展型国家倒退为"裙带资本主义"国家的过程中，官僚自主性如何受利益集团影响值得进一步关注。譬如，如何解决官僚机构有嵌入性而无自主性的难题，即官僚机构被利益集团"俘获"而导致的"嵌入式特殊主义"（embedded particularism）现象。[1]

因此，本文主张回到历史的脉络和情境中分析官僚机构变化的成因，将官僚机构及其自主性的变化置于国家构建的背景中进行分析，以更好地理解官僚自主性如何以及为何变化。在这种背景下，如何理解官僚机构及其自主性就显得格外具有现实意义和理论价值。

---

[1] 曼瑟·奥尔森：《国家的兴衰：经济增长、滞胀和社会僵化》，李增刚译，上海人民出版社2018年版；康灿雄：《裙带资本主义：韩国和菲律宾的腐败与发展》，李巍、石岩、王寅译，上海人民出版社2017年版；罗纳德·赫林：《嵌入式特殊主义：印度失败的发展型国家》，见禹贞恩编：《发展型国家》，曹海军译，吉林出版集团有限责任公司2008年版，第348—383页。

政治思想

Political Thought

国家祀礼中的先代帝王与孔子：周秦汉唐礼制中"先王—先师"分野的生成*

孙 明**

摘 要：本文从周秦汉唐对治道的理解出发，结合历史背景、思想言说与礼制构建，将先代帝王祭祀与孔子祭祀两套礼制合而观之。在两种国家祭礼的发展源流与礼制形态中，可以看到"道"从政教合一到狭义的"治""道"两分，对"道"的偶像的祭祀和意义寄托也随之发生制度化的历史变迁，在形格势禁的"分"的趋势下，"合"仍是治道的诉求。

关键词：先代帝王；孔子；祭祀；治道

Abstract: Starting from the understanding of governance in the Zhou, Qin, Han, and Tang dynasties, combined with historical background, ideological discourse, and the construction of ritual systems, this paper combines the two sets of ritual systems of the worship of the previous emperors and the worship of Confucius. In the development source and ritual system of the two national ceremonies, we can see that the "Tao" has changed from Caesaropapism to the narrow sense of "governance" and "Tao". The worship and meaning of the "Tao" idol has also changed institutionally. Under the trend of "separation", "integration" is still the demand of governance.

Key words: Previous emperors, Confucius, Sacrifice, Tao of governance

---

* 本文为北京大学公共治理研究所一般项目的资助成果。
** 孙明，北京大学政府管理学院助理教授，北京大学公共治理研究所研究员。

"凡一种偶像的成立，必有一种或数种学说伏在它的背后鼓吹。"历史上的帝王、师儒等一旦"有了道德和政治的联络"，就会有"抽象的意义"。① 帝王、圣人偶像及其国家礼制安排是理解古代中国治道的政治文化与制度路径，作为"鼓吹"力量的思想学说或明或暗与之迁转，庙堂与士林的治道考量于焉彰显。先代帝王祭祀是皇权与治道之礼仪化、形象化，先圣先师释奠是国家文教之最高崇礼，二者可以说是国家礼制系统中"道德和政治的联络"之尤为显著者。黄进兴②、高明士③、赵克生④、雷闻⑤、廖宜方等从断代、专题或通史的眼光，拓展了先代帝王和文庙孔圣祭礼的研究。而以黄进兴的祀孔礼、廖宜方的帝王祭礼研究为代表，都呈现出推崇形而上之道的倾向：黄进兴的系列著述强调孔子素王的崇高礼制地位；⑥ 廖宜方以祭祀先代帝王的地点为斯礼制度发展阶段的划分标准，⑦ 提出功、道、统的演进链条。⑧ 但是，基于对"道德功烈"之治道格局的复原，对孔子非王而为述道之圣的治道身份的澄清，我们可以感知到历史情形或更为复杂。

　　或许在治道的脉络上，能够进一步理解先代帝王与圣师祭祀的"抽象的意义"。这两套国家祀礼实有交集和深刻的内在关联，即对治道与传道者的确认。对帝王和孔子的祀礼安排，不仅是谱系的构建和礼遇的升降，更涉及如何看待"道"及其实践条件。只有依从古人对"道"的理解，以负载斯道的圣王与圣人身份、地位的考量为中心，将两套礼制合而观之，才能更好地理解圣人祀礼体系的变迁。本文尝试将历史背景、思想言说与礼制构建相结合，分别上溯此二祀典之初形，从礼制变迁与礼说阐释的若干细节入手，梗概其演进逻辑，观察政治与思想"偶像"之真义。

---

① 参见顾颉刚：《三皇考》，见《顾颉刚古史论文集》第2卷，中华书局2011年版，第27页。
② 黄进兴：《优入圣域：权力、信仰与正当性》，陕西师范大学出版社1998年版，第185页。
③ 高明士：《中国中古的教育与学礼》，台湾大学出版中心2005年版，第535页。
④ 赵克生：《明朝嘉靖时期国家祭礼改制》，社会科学文献出版社2006年版，第127页。
⑤ 雷闻：《郊庙之外：隋唐国家祭祀与宗教》，生活·读书·新知三联书店2009年版，第72页。
⑥ 对孔子及文庙祀典的讨论，参见黄进兴：《象征的扩张——孔庙祀典与帝国礼制》，见《儒教的圣域》，复旦大学出版社2020年版，第1页；《权力与信仰：孔庙祭祀制度的形成》，见《圣贤与圣徒》，北京大学出版社2005年版，第1页；《学术与信仰：论孔庙从祀制与儒家道统意识》，见《优入圣域：权力、信仰与正当性》，陕西师范大学出版社1998年版，第247页。
⑦ 廖宜方：《中国中古先代帝王祭祀的形成、演变与意涵——以其人选与地点为主轴的探讨》，《中研院历史语言研究所集刊》2016年9月第87本第3分。
⑧ 廖宜方：《王权的祭典：传统中国的帝王崇拜》，台湾大学出版中心2020年版，第18页。

一、先代帝王的国家祭礼

既有研究多以确凿严整性为先代帝王祭祀礼制形成时间的依据，认为其"直到七世纪才在国家典礼中正式登场"①。但实际上，中国的先代人主祭祀很可能发端于氏族时代，先代帝王祭祀礼制到西周已现身于祭祀体系之中，隐伏于帝王载籍与礼经传记之间，至汉代而形成确凿可信的典制与史实记载，这一重要转型，须从关于先代帝王的"道德和政治"的传说和学说中去探析。

（一）报功报德的先代帝王崇祀礼制与礼说

从先秦到汉代的先代帝王祭祀制度，因为文献年代与真伪的疑案，还不能确凿复原，但可自礼经和述及礼制的文献追溯，此亦为中古兴作斯礼之遵循，不略作梳理则或不明于后代制作之原。礼制经典文献至汉而备，本文亦不拟系年分疏，而采取以其为一大阶段的解读方式。② 其制略有三端，虽与祖宗崇拜有交集，但呈现出对政治及政权之非血缘的来源与所循之道的崇报：

一是"禘、郊、祖、宗"中的先代帝王与权力来源呈现。这是从氏族社会发展而来的、将祭天与祭祖结合的国家最高祭祀体系，即"祭祀以配食也"③，"祭（天）帝而必以其祖配"④。"尧崩之后，舜与其臣言，则曰'帝'。"⑤ "措之

---

① 廖宜方：《王权的祭典：传统中国的帝王崇拜》，台湾大学出版中心2020年版，第12页。
② 以《礼记》为例，孙希旦认为"《礼记》固多出于汉儒"。（《礼记集解》，中华书局1989年版，第1192页）王锷则断定，《礼记》之内容成于战国以前，但从单篇流传、传抄而行、版本不一，到编纂成书，是在西汉完成的。（《〈礼记〉成书考》，中华书局2007年版，第321页）编纂这一行为也意味着选择、认定与结构化。《礼记》等"三礼"在作为礼制经典的意义上，至汉代地位确立、内容确定而完备，似无疑义。阎步克认为周代礼乐制度是"原生礼制"，战国、汉唐先后对其进行了"初次建构"和"二次建构"。"同时在这一过程中，被建构出来的'古礼'，逐渐被汉以下各王朝有选择地采用了。今人所了解的'古礼'，就是在'初次建构'和'二次建构'中形成的。"（《君臣通用与如王之服：〈周礼〉六冕的结构生成》，见《秩级与服等》，陕西人民出版社2021年版，第229页）从礼经确立、礼制基本成形看，汉代是古礼复兴与建构的重要节点，可将周汉视为一个阶段，对周代礼制的还原和理解基本是通过汉人的注疏构建的，唐代的礼学研究与制礼作乐是在汉代的基础上进行的。
③ 《礼记正义》卷五十五《祭法第二十三》，浙江大学出版社2019年版，第1126页。
④ 黄以周：《礼书通故》，中华书局2007年版，第620页。
⑤ 顾炎武：《日知录》卷二《帝王名号》，见《日知录集释》（全校本），上海古籍出版社2006年版，第57页。

庙，立之主，曰'帝'。"(《礼记·曲礼下》)这套礼制体系的核心安排是以被选定的已逝人帝沟通天帝。关于"二帝三王"时代"禘郊祖宗"之礼的安排，《国语·鲁语上》，展禽介绍为：

> 有虞氏禘黄帝而祖颛顼，郊尧而宗舜。夏后氏禘黄帝而祖颛顼，郊鲧而宗禹。商人禘舜（案：徐元诰集解据韦昭注，改"舜"为"喾"）而祖契，郊冥而宗汤。周人禘喾而郊稷，祖文王而宗武王。

《礼记·祭法》则记为：

> 有虞氏禘黄帝而郊喾，祖颛顼而宗尧。夏后氏亦禘黄帝而郊鲧，祖颛顼而宗禹。殷人禘喾而郊冥，祖契而宗汤。周人禘喾而郊稷，祖文王而宗武王。

古史学者聚讼于两段记载之差异，这里不综述，笔者更关心其中相同或相近的内容：

其一是有虞氏的"禘郊祖宗"礼制体系中"尧"的身影。作为尧的受禅者，舜将尧及其世系上的先帝保留在本朝祭祀体系中，从摄政到执政的全过程都有体现。"舜受终于文祖"，在尧的文祖庙里受尧禅，开始摄位；"月正元日，舜格于文祖"，舜服尧丧毕，再次告于尧之文祖，建元、即政。① 所谓"于文祖"，即于尧之先帝配天的祭祀场合，故后儒多以为"犹明堂"。② 舜先维持以尧为天下主的郊祭，继而过渡到以己为君的郊祭，从而在表征天命的祀礼上彻底完成政权交接："维十有三祀，帝乃称王，而入唐郊犹以丹朱为尸。于时百执事咸昭然乃知王世不绝，烂然必自有继祖守宗庙之君。"(《尚书大传·虞夏传》)这确凿说明在当时观念中，尧是舜的前代帝王，舜为尧的政治继承人，丹朱而非舜才是尧系之后，如郑玄注："舜承尧，犹子承父。虽已改正、易乐，犹祭天于唐郊，以丹朱为尸。至十三年，天下既知已受尧位之意矣，将自正郊，而以丹朱为王者后，欲

---

① 《尚书正义》卷三，上海古籍出版社2007年版，第76、95页。
② 孙星衍：《尚书今古文注疏》卷一，中华书局1986年版，第35页。

天下昭然知之，然后为之，故称王也。"① 于是，舜构建本朝礼制崇祀系统，在"自正郊"的体系中仍给尧保留了位置。据《祭法》，大体来说，尧、舜皆以黄帝为祖之所自出故仍禘黄帝，舜在祖祀中尊奉己之世系祖颛顼，在郊祀中尊奉尧之世系祖喾，在宗祀中尊奉尧："舜承尧有天下，不能遂废尧祀，于是推喾以配天，而自以世系祖颛顼，而奉尧为宗，明天下之统之有由受也。"② 禹受舜禅，"受命于神宗"，即告于尧位："神宗者，尧也。"③ "受天下于人，必告于其人之所从受者。"④ 舜非尧子，其祭祀中涉及尧系者皆乃政治关联而非血缘之"宗"。"郊喾而宗尧"与"郊尧而宗舜"之不同，则如韦昭注中所言，系舜身后之变化，舜得祭，而仍保留尧之位置："舜受禅于尧，故郊尧。《礼·祭法》：'有虞氏郊喾而宗尧。'与此异者，舜在时则宗尧，舜崩而子孙宗舜，故郊尧也。"

其二是"周人禘喾而郊稷，祖文王而宗武王"，而帝喾为殷人之祖所自出。说明这种追奉前朝祖神的情况也发生在殷周之间。不同的是，周是在作为殷室诸侯时奉其祖神为己自所出的。周王室"接奉殷人的终极祖宗、至上神为自己的祖宗、至上神，这样殷周就变成同祖了"⑤。这是一种政治安排："殷先王是诸方国的保护神的观念在殷周之际深入人心。"⑥ 政治共同体从而达成，更具体地说："这些'帝'本来是不同族姓的宗神，互不混淆。""但是由于不同族姓的氏族可模拟血亲关系而加盟于较大的地域集团，有些'帝'同时又是不同族姓的'共祖'。""后一种'帝'名为各姓之祖，实际大概只是为长的那个氏族的祖先，在族姓上只与这个氏族保持一致。"⑦ 传统礼学视之为"尊尊"之义："圜丘祀昊天，不得以无功德之天子配，亦不得以有功德之诸侯配，故虞夏禘黄帝，殷周禘喾，皆配以有功德而为天子者，尊天也，亦尊天子也。周郊稷以亲亲，禘喾以尊尊，立制之善，非浅人所能测。"⑧ "功德"之义从而彰显。对于这种政治追奉逻辑，崔述亦以古礼向有之"功"的原则表出之，认为"皆主于祀有功"，"喾之

---

① 皮锡瑞：《尚书大传疏证》，中华书局2022年版，第59页。
② 郭嵩焘：《礼记质疑》卷二十三，见《郭嵩焘全集》第3册，岳麓书社2012年版，第562页。
③ 郭嵩焘：《礼记质疑》卷二十三，见《郭嵩焘全集》第3册，岳麓书社2012年版，第562页。
④ 蔡沉：《书集传》卷一，中华书局2018年版，第33页。
⑤ 何炳棣：《"天"与"天命"探原：古代史料甄别运用方法示例》，见《何炳棣思想制度史论》，中华书局2017年版，第98页。
⑥ 晁福林：《论殷代神权》，《中国社会科学》1990年第1期。
⑦ 李零：《考古发现与神话传说》，见《李零自选集》，广西师范大学出版社1998年版，第70页。
⑧ 黄以周：《礼书通故》，中华书局2007年版，第621页。

禘但以其有功故禘之耳，非以为始祖所自出之帝也"，点出了"报功"对于血缘乃至氏族关系的超越。①

崔述所言是在礼义研究脉络中得出的。"禘郊祖宗"诸礼并非血缘追思之礼，其义理逻辑是"大报本反始"。《礼记·郊特牲》有言社祭"所以报本反始也"，郊祭之义为："万物本乎天，人本乎祖，此所以配上帝。郊之祭也，大报本反始也。"孙希旦解释为："郊、社皆有报本反始之义，而郊之报本反始为尤大也。"② 报本反始之义不限于郊、社，是诸礼的本义之一："礼也者，反本循古，不忘其初者也。""礼也者，反其所自生。"（《礼记·礼器》）《礼记·祭法》有载圣王以功德而得祀于后世的国家祀礼基本原则："夫圣王之制祭祀也，法施于民则祀之，以死勤事则祀之，以劳定国则祀之，能御大灾则祀之，能捍大患则祀之。……（从厉山氏到周武王）此皆有功烈于民者也。"③ "此所言，自'武王'以上，农及后土，配食社、稷之人也，其余则皆四代之所禘、郊、宗、祖。孔疏以为并外神，非也。盖惟四亲庙不论功德，至于禘、郊、宗、祖，必其功德足以堪之，非子孙之所得而私也。"④ 郑玄认为，在"公天下"的五帝时代，报功报德是此礼的精义，亦即在祭天的礼仪中，同时表达了对先代圣王而非血缘祖先的崇报："有虞氏以上尚德，禘、郊、祖、宗配用有德者而已。自夏已下，稍用其姓代之。"⑤ 或如郭嵩焘所论："禹有天下而宗舜，犹舜之宗尧也。启以后之宗

---

① 崔述：《王政三大典考》卷二《经传禘祀通考》，见《崔东壁遗书》，上海古籍出版社2013年版，第507页。徐旭生认为存在不同于血统关系的氏族传承，天、帝、上帝是超氏族的神，配祭的是氏族神，禘礼所祭呈现了超氏族的神与氏族神的组合，所谓"其祖之所自出"，"所注意的就是我们的氏族出自某英雄的氏族罢了。虞夏商周人所禘的黄帝、舜、誉全属这一类的性质"。（《中国古史的传说时代》，广西师范大学出版社2003年版，第235、237页）三王时代已经进入超越氏族与地域集团的天下政治共同体阶段，周人所禘之誉乃商之始祖，彰显报殷主治理之功德以表臣服的政治关系。
② 孙希旦：《礼记集解》，中华书局1989年版，第694页。
③ 对于《礼记·祭法》此段内容，展禽有相近的表述："夫圣王之制祀也，法施于民则祀之，以死勤事则祀之，以劳定国则祀之，能御大灾则祀之，能捍大患则祀之。非是族也，不在祀典。""凡禘、郊、祖、宗、报，此五者，国之典祀也。加之以社稷、山川之神，皆有功烈于民者也。及前哲令德之人，所以为明质也。及天之三辰，民所以瞻仰也。及地之五行，所以生殖也。及九州名山川泽，所以出财用也。非是，不在祀典。"除了报功报德的原则，还列举历代帝王之功绩与祀礼安排的实例。值得注意的，一是从禹以德修鲧之功来看，功需成及物之德方为完善；二是幕、杼等因"帅"圣贤而得"报"，亦见祭礼中"报"的重要。（《国语·鲁语上》）
④ 孙希旦：《礼记集解》，中华书局1989年版，第1206页。
⑤ 《礼记正义》卷五十五《祭法第二十三》，浙江大学出版社2019年版，第1126页。

禹,则三代家天下者之法也。"①

所谓"功德",皆是就治理与政治而言。"禘郊祖宗"四个字或其礼义都与"源"有关,祀礼中认定"功德",表彰开物成务,也是确定崇祀者自身的权力来源,权源在于天命,也在于配天的先代帝王。"禘郊祖宗"的礼义首先重在功德,其次才是血缘,表明这是一套以权源追溯为主而与血缘相结合的祀典体系。徐旭生勾勒了随着人群范围扩大,祭祀对象从血统祖神、氏族神扩展到超氏族神、集团(东夷集团和华夏集团)神的进程,战国五行说起,进一步"作大综合,成整齐系统",遂有五帝之说。② 结合礼制发展成形的可能规律,这启发我们,至周代制礼作乐集大成的"禘郊祖宗"之祭,作为天下国家最核心的祭祀礼制,是以天帝为最高崇拜,配以随着治理共同体的扩大而先后登场并纳入祀礼的血统祖先神、氏族神、集团神以及"天下"范围的政治权源之神的组合祭礼,是层累形成的若干个系统的政治权威和正当性来源偶像的组合呈现。它不是在一个礼的场合中,而是在一套祭祀礼仪体系中组合完成的。展禽、《礼记》的作者们的重复叙述,说明这套最高祭祀体系为当时普遍的礼制认知,那么,其中的先代帝王元素就非常耐人寻味了,可以说,从氏族政治到天下政治的格局推扩,先代帝王祭祀是重要的象征环节和礼制表现。

在这套祭礼中,权源与治道崇祀的意义是合为一体的。五帝时代,因为血缘、族属与政权禅让之间错综复杂的关系,"禘郊祖宗"的祭统表现为以"德"为主的特征;三王以降,家传天下,"姓"的比重加大。但总而言之,以德为序:"祖,始也,言为道德之初始,故云'祖'也。宗,尊也,以有德可尊,故云'宗'。其夏后氏以下禘、郊、祖、宗,其义亦然。"③ "小德配寡,大德配众,亦礼之杀也。"④ 这个意义因为舜得位于尧之禅让而以尧祖配天而彰显,并影响及于后世:

> 舜受尧禅,其所祭者即尧之宗庙,盖受天下于人者之礼然也。《大禹谟》言"受命于神宗",神宗即尧也。舜受天下于尧,故以天下传禹必告于

---

① 郭嵩焘:《礼记质疑》卷二十三,见《郭嵩焘全集》第3册,岳麓书社2012年版,第562页。
② 徐旭生:《中国古史的传说时代》,广西师范大学出版社2003年版,第238—243页。
③ 《礼记正义》卷五十五《祭法第二十三》,浙江大学出版社2019年版,第1126页。
④ 《礼记正义》卷五十五《祭法第二十三》,浙江大学出版社2019年版,第1126页。

尧，情理之所宜然也。禹为颛顼之后，而受天下于舜，夏后氏禘黄帝而祖颛顼，所因于尧、舜而无变者也；郊鲧而宗禹，盖其后世子孙之所为也。当禹之时，盖郊尧而宗舜耳。①

"家天下"政治上的权源融于对祖源的追溯与崇报，这个意义尤其因为在"郊之报本反始为尤大"的郊礼中落实而愈加显著。"禘郊祖宗"之礼制体系正是在以天为大的祭礼中，安置对权源和血缘的报功。

禘郊祖宗之祭高悬"功德"的治道价值标准。"《五帝德》之五帝，实截此（《鲁语》）黄帝、颛顼、帝喾、尧、舜而成，黄帝、颛顼等所以禘郊不衰者，为大有功烈于民也。"② "报本反始"、报功报德是祭祀的起源之一。在"道德功烈"的格局中，"功""道""德"三者紧密相系共成一体。要在治道体系或者说是重在治理实践的治道语境中理解"功"及其与"道、德"的虽有高低之分但更彼此相连、相互证成、不可或缺的关系。于"功德"中"得道"，以"道"指引"功德"，而不局限于一时一事之功德，进而使得前代圣王超越了政权直接继承者的崇拜而延及后代。功德的标准为上古至西周的圣王获得后代国家崇祀所遵循。这一崇祀法则在唐代的先代帝王祭典论证中彰显。

政治既起于血缘关系，就在超越血缘乃至氏族之后仍保留着拟祖先的崇拜，当政治权力需要权源祭祀来增强正当性与权威时，这种广义的祖先崇拜就具有了重要的政治意义。先代帝王因"功德"而神化后，具有了超越的意义，治道之祖与祖先崇拜多有交集并相互促进。族属之祖、权源之祖、治道之祖等多条脉络交织于"禘郊祖宗"，先代帝王祀礼从而超越了血缘、氏族乃至地域集团的范畴，其维系政治共同体的意义超越了血缘、氏族、地域集团等小共同体的层次。

二是存祀之礼与"二王后"制度。舜、禹既受禅得天子位，"尧子丹朱，舜子商均，皆有疆土，以奉先祀。服其服，礼乐如之。以客见天子，天子弗臣，示不敢专也"。(《史记·五帝本纪》)殷、周革命立国，对先代帝王的祭祀未再见于在中央举行的国家之礼，但继续封国以"存先世之宗祀"，周武王"存五帝之后，封殷于宋，绍夏于杞，明著三统，示不独有"，"明告万世以取天下者无灭

---

① 孙希旦：《礼记集解》，中华书局1989年版，第1192页。
② 丁山：《古代神话与民族》，商务印书馆2005年版，第164页。

国之义也"。① 汉代延此制。《汉旧仪》载："祭三王、五帝、九皇、六十四民，皆古帝王，凡八十一姓。"苏舆认为："是所谓民者，汉时固列祀典也。"② 郑众云："四类，三皇（应作'王'）、五帝、九皇、六十四民咸祀之。"③ 亦可见此存祀制度。（关于"王、帝、皇、民"之号，详后。）先代存祀虽于封国举行，却是国家祭祀礼制的一部分，秦汉君主也会在巡狩时致祭。在王道时代，最重要的是"二王后"存祀："天子存二代之后，犹尊贤也。"（《礼记·郊特牲》）二王后"惟稽古崇德象贤，统承先王，修其礼物，作宾于王家，与国咸休，永世无穷"（《尚书·微子之命》）。在汉代，"二王后"成为三统五德之说的礼制支持与表现。其中蕴有鉴于前代，损益制度以通治道的理念："尊贤不过二代，以己之制礼，所视以为因革损益之宜者，不过此也。"④ 这也是董仲舒皇、帝、王运转位移之说的礼制基础。"二王后"的待遇制度在汉朝完全确立。武帝封周后，元帝、成帝求殷后。梅福认为其中也蕴含着"存人以自立"的道理，秦朝"绝三统，灭天道，是以身危子杀，厥孙不嗣"。（《汉书·梅福传》）立后守统、封地存祀，通三统的治道与一姓子嗣延绵的诉求相结合，祭祀先代帝王成为其中最为重要的礼仪标识。

存祀为了表彰先代之功德，范宣子与穆叔之问答可见：

> （范宣子）曰："古人有言曰，'死而不朽'，何谓也？"穆叔未对。宣子曰："昔匄之祖，自虞以上为陶唐氏，在夏为御龙氏，在商为豕韦氏，在周为唐杜氏，晋主夏盟为范氏，其是之谓乎！"穆叔曰："以豹所闻，此之谓世禄，非不朽也。鲁有先大夫曰臧文仲，既没，其言立，其是之谓乎！豹闻之：'太上有立德，其次有立功，其次有立言。'虽久不废，此之谓不朽。若

---

① 顾炎武：《日知录》卷二《武王伐纣》，见《日知录集释》（全校本），上海古籍出版社2006年版，第83页。
② 苏舆：《春秋繁露义证》卷七《三代改制质文第二十三》，中华书局1992年版，第202页。《史记·封禅书》记载秦制雍地有"九臣、十四臣"之庙，皮锡瑞认为"十四臣"系"六十四臣"之误，此即九皇之臣、六十四民之臣，蒙文通由此认为："是知九皇、六十四民，在秦本属庙，入汉亦为古之王者也。"（《古史甄微》，巴蜀书社2021年版，第7页）按此说，在秦汉时，似为中央祭礼，但尚无更多资料说明此意，故本文暂定为封国存祀。顾颉刚、刘起釪则认为《封禅书》中的"九臣、十四臣"系"天界之小神"（《尚书校释译论》，中华书局2005年版，第2180页)，该说并无确证。
③ 《周礼注疏》卷二十《春官宗伯第三》，上海古籍出版社2010年版，第698页。
④ 孙希旦：《礼记集解》，中华书局1989年版，第681页。

夫保姓受氏，以守宗祊，世不绝祀，无国无之。禄之大者，不可谓不朽。"

范宣子以世禄存祀为"不朽"，穆叔则强调"三不朽"的祭之义。孔颖达疏"立德"为"创制垂法，博施济众"，"立功"为"拯厄除难，功济于时"，"立言"为"言得其要，理足可传"。(《左传·襄公二十四年》)正说明了祭祀与存祀以报答"功""德"的重要性。更深一层则是存德。这些存祀的族姓、氏族都曾是有土有德者，他们因德衰而成为政治上的失败者，从《国语·郑语》对祝融、伯夷、伯翳之后荆芈、姜、嬴"皆不失祀而未有兴者，周衰其将至矣""唯荆实有昭德，若周衰，其必兴矣"的"代德"讨论可见，只要存祀涵养功德，仍有东山再起的可能。

三是五帝之祭。秦雍时祭四色帝，表征四方，刘邦发展为五色帝、五方帝。虽然对于此祭礼始自刘邦还是汉文帝尚有争议，但五帝之祭礼见于实际是在汉初则无疑。汉代祭五帝的记载始自高祖二年(前205)：

> 二年，东击项籍而还入关，问："故秦时上帝祠何帝也？"对曰："四帝，有白、青、黄、赤帝之祠。"高祖曰："吾闻天有五帝，而有四，何也？"莫知其说。于是高祖曰："吾知之矣，乃待我而具五也。"乃立黑帝祠，命曰北畤。有司进祠，上不亲往。(《史记·封禅书》)

> 汉兴，高祖曰"北畤待我而起"，亦自以为获水德之瑞。虽明习历及张苍等，咸以为然。是时天下初定，方纲纪大基。高后女主，皆未遑，故袭秦正朔服色。(《史记·历书》)

可见五帝祭的对象本为五色帝、五方帝，早有其说，但完整的祭祀礼制出现于汉高祖时，与德运相系。为了因应改正朔的政治背景，自汉文帝始，"五帝"进入郊祀礼。①

五色帝、五方帝与人帝对应，发源于对秦所处的地域政治氏族之初祖的崇祀："它是以嬴姓始祖少昊(白帝)为'上帝'，而以与嬴姓为旧好的风姓始祖太

---

① 参见田天：《秦汉国家祭祀史稿》，生活·读书·新知三联书店2015年版，第109页。

昊(青帝)次之，当地土著姬、姜二姓的始祖黄(黄帝)、炎(赤帝)二帝又次之，外加虞、夏之祖颛顼(黑帝)而构成。"①

同时亦有五人神或称五官的记载，始见于《左传》：

> 故有五行之官，是谓五官，实列受氏姓，封为上公，祀为贵神。社稷五祀，是尊是奉。木正曰句芒，火正曰祝融，金正曰蓐收，水正曰玄冥，土正曰后土。……少皞氏有四叔，曰重、曰该、曰修、曰熙，实能金、木及水。使重为句芒，该为蓐收，修及熙为玄冥，世不失职，遂济穷桑，此其三祀也。颛顼氏有子曰犁，为祝融；共工氏有子曰句龙，为后土，此其二祀也。后土为社；稷，田正也。有烈山氏之子曰柱为稷，自夏以上祀之。周弃亦为稷，自商以来祀之。(《昭公二十九年》)

可见系人间五官为神，这是在"帝"之下的"官"层面的天人相应。尊奉的标准也是功德。

早已有之的五色帝、感生说与汉代盛行的五行五德说相结合，逐渐演化成为一套人官佐人帝，与五色帝感生，与五帝星相应，履五行、五德之运的神秘理论。② 五帝、五神的祭祀体系，与《周礼·春官宗伯》中的"五祀"相应，郑玄认为"五祀"系"五官之神在四郊，四时迎五行之气于四郊，而祭五德之帝，亦食此神焉"。③ 据纬书构建了"以灵威仰等为五帝，以大皞等为人帝，以句芒等为人官"的"五(天)帝、五人帝、五人神"体系。④ 亦即：

> 礼东方以立春，谓苍精之帝，而大昊、句芒食焉。礼南方以立夏，谓赤精之帝，而炎帝、祝融食焉。礼西方以立秋，谓白精之帝，而少昊、蓐收食焉。礼北方以立冬，谓黑精之帝，而颛顼、玄冥食焉。⑤

---

① 李零：《考古发现与神话传说》，见《李零自选集》，广西师范大学出版社1998年版，第71页。
② 顾颉刚：《三皇考》，见《顾颉刚古史论文集》第2卷，中华书局2011年版，第108页；杨权：《新五德理论与两汉政治——"尧后火德"说考论》，中华书局2006年版，第348页。
③ 《周礼注疏》卷十九《春官宗伯第三》，上海古籍出版社2010年版，第657页。
④ 孙希旦：《礼记集解》，中华书局1989年版，第404页。
⑤ 《周礼注疏》卷二十《春官宗伯第三》，上海古籍出版社2010年版，第687页。

这是一套在时令（时间）、方位（空间）所表征的全格局的天地位序上均反映德运周流的礼仪体系，可以视之为德运的宇宙观，其核心意涵是人间君臣按照德运来运转政治秩序，五帝德运决定王道。

五人帝、五人神之祭亦见于明堂祭礼。汉武帝"始拜明堂如郊礼"（《史记·孝武本纪》）。但此制更有可能是经王莽制礼进而被东汉继承而常规化。"明堂是总祭五帝的场所这一说法在经学家之间达成共识，这也许是东汉礼制的反映。"① 郑玄认为"禘郊祖宗"之礼中的"祖、宗"所指即"祭五帝、五神于明堂"。《明堂月令》亦即后世所传之《礼记·月令》中"春曰'其帝大皞，其神句芒'"等四季五方祭礼亦此意。孔颖达解释为："'祖颛顼而宗尧'者，谓祭五天帝、五人帝及五人神于明堂，以颛顼及尧配之。"② 贾公彦认为，此礼制结构便体现在周公所作的周代明堂制度之中，即享五帝于明堂，以五人帝、五人神配天。"以其自外至者无主不止，故皆以人帝、人神为配也。"而以文王配之，亦即"严父配天"之义。③ 孔、贾之意，表明在"祭祀配食"的礼制结构中，上古五人帝、五人神配天于明堂享祭之后，后世之制礼者又思以当代祖宗配之，是配外又有配者。文王配天是其典型，"以颛顼及尧配之"是以释古礼为今制之据。

五德终始说是宇宙论在人间政治上的反映，五帝祭礼是其在以先代帝王配食祭天之礼中的表现。对于天人相应的五人帝、五人神祭礼，郑玄用以德运化的人间政治结构解释之，如注"其帝大皞，其神句芒"道："此苍精之君，木官之臣，自古以来著德立功者也。"五帝皆然。④ 孙希旦的理解颇得汉人之意。《周礼》"五帝"即大皞、炎帝、少皞、颛顼、黄帝，皆为天神，人帝与其天人相应，故取相同的名号："《周礼》五帝为天神，而五祀为地祇也。大皞在天，木德之帝，伏羲氏乘木德而王，其号亦曰大皞，祭木帝则以配食焉。句芒在地，木行之神，重为木正，而其官亦曰句芒，祭木神则以配食焉。"⑤ 这是一套人间世界的人帝、人官（死后为人神）与神秘世界的天神、地祇相应的祭祀体系，是以人间的政治结构反映天命的必然结果，配食是这种天人相应的关系在祀礼上的表现。我们从

---

① 金子修一：《古代中国与皇帝祭祀》，复旦大学出版社2017年版，第91页。
② 《礼记正义》卷五十五《祭法第二十三》，浙江大学出版社2019年版，第1126页。
③ 《周礼注疏》卷二十《春官宗伯第三》，上海古籍出版社2010年版，第688页。
④ 《礼记正义》卷二十一《月令第六》，浙江大学出版社2019年版，第388页。
⑤ 孙希旦：《礼记集解》，中华书局1989年版，第404页。

政治与治道之视角对诸家之说求同存异便可发现,《周礼》《月令》等反映了一以贯之的政治崇拜与治道祭祀体系,即人与天相应,不仅"法五行"①,且皆是"有所主、有所司"的治理结构,而其遵循之道则为五德运行的神秘的天道:"有帝而复有神者,盖四时之气运于天,而五行之质丽乎地,自其气之各有所主则为五帝,自其质之各有所司则为五神。"② 这个天道是由"帝、神"的结构来运行的,在人间也就反映为五人帝、五人神亦即五人官的配食祀礼。而以圣王贤相为治理的基本结构,是其在人间治道中的现实反映。或者反过来说,此崇祀结构为现实治理结构之神化的礼制表达。这是当时对于治道结构的普遍认识,所以王肃说经虽不持感生之说,但也认为"五天帝为五行之神,其祭配以五人帝、五人神",黄以周断此"与郑同义"之共识为"盖师说相传有自,王肃不敢尽改也",反映的就是治道认知之共识的约束。③

以人帝、人官配五色帝的祭礼,是郊祀与明堂祭礼的交集,源于在古礼经所载的周代礼制中,它们同属以祭天帝为中心的"禘郊祖宗"之祭礼体系。在汉代特别是王莽至东汉明帝之间按照儒家古代礼制确立的国家祭礼中,它们都是天帝之祭礼的组成部分。东汉时,每年正月祠南郊礼毕之后,依次进行北郊、明堂、高庙、世祖庙之祭,合称"五供"。④ 汉唐注疏学术传统中据《孝经》追溯的周代天帝(感生帝)祭礼为:"郊祀后稷以配天,配灵威仰也;宗祀文王于明堂以配上帝,谓泛配五帝也。"⑤ 而在祖宗与天帝之间,皆以先代人帝为中介,仍与"有虞氏禘黄帝而郊喾"的礼意一脉相承,即以权源来路之先代帝王配食祭天。可见感生说与同祖说不过是以黄帝为基准(中心点)的逻辑分岔。

上述以先代人帝作为本朝君主与神之间、祖宗与天帝之间亦即本朝政权与天之间的联结纽带的制度讨论,是在汉代以周礼为理想型进行整体创制的政治语境中形成的,故其不仅有学术意义,更具为汉立法、复古更化的"制作"意义。

(二)"皇、帝之道"与帝王庙的出现

北魏太和十六年(492)二月诏书:"夫崇圣祀德,远代之通典;秩□□□,中

---

① 《周礼注疏》卷四十九《冬官考工记下》,上海古籍出版社2010年版,第1665页。
② 孙希旦:《礼记集解》,中华书局1989年版,第404页。
③ 黄以周:《礼书通故》,中华书局2007年版,第611页。
④ 金子修一:《古代中国与皇帝祭祀》,复旦大学出版社2017年版,第78页。
⑤ 《毛诗正义》卷二十《商颂》,中华书局2009年版,第1350页。

古之近规。故三五至仁，唯德配享；夏殷私己，稍用其姓。"将"禘郊祖宗"祭祀体系之礼义再为申明。强调《礼记》之祭法："且法施于民，祀有明典，立功垂惠，祭有恒式。斯乃异代同途，奕世共轨。今远遵明令，宪章旧则，比于祀令，已为决之。"在封地存祀的遗规基础上，确定尧、舜、禹、周公四位圣王的祀典："帝尧树则天之功，兴巍巍之治，可祀于平阳。虞舜播太平之风，致无为之化，可祀于广宁。夏禹御洪水之灾，建天下之利，可祀于安邑。周文公制礼作乐，垂范万叶，可祀于洛阳。"祭礼由皇帝主祭，由地方"当界牧守，各随所近"摄行之。"这可能是《祭法》的原则第一次被明文纳入国家法典之中"①，是先代帝王祭祀礼仪制度化的重要文献，而周公已列其一，特有的功绩正是"制礼作乐"。值得注意的是孔子之祀，列于周公之后，成"凡在祀令者，其数有五"（《魏书·礼志一》）之规模。

魏孝文帝太和"始诏"将时王祭前代帝王从"皆因所至而祀"发展到"常典"，隋继续推进，"始定为常祀，祀用太牢，而唐因之"。② 隋代进一步确定了自尧至汉高祖的祭祀与配享制度，明君贤相的结构礼仪化：

> 祀先代王公：帝尧于平阳，以契配；帝舜于河东，咎繇配；夏禹于安邑，伯益配；殷汤于汾阴，伊尹配；文王、武王于沣渭之郊，周公、召公配；汉高帝于长陵，萧何配。各以一太牢而无乐。配者飨于庙庭。（《隋书·礼仪志二》）

唐代的先代帝王祭祀，延续了汉代以降已经完全神化了的五帝祭礼，于四郊、明堂"祀五帝，配以祖宗，及五帝、五官、五神等"③，并祭先代帝王于其肇迹之处。显庆二年（657），长孙无忌等议历代帝王祀礼，认为按照《礼记·祭法》，"唯此帝王，合与日月同例，常加祭享，义在报功，爰及隋世，并遵斯典"，因是庄重厘定祀典，讨论在圣王之外，与于祭祀之列的先代帝王之取舍："其汉高祖，祭法无文。但以前世及今，多行秦汉故事。始皇无道，所以弃之；

---

① 雷闻：《郊庙之外：隋唐国家祭祀与宗教》，生活·读书·新知三联书店2009年版，第74页。
② 丘濬语，秦蕙田：《五礼通考》卷一百一十六《祭先代帝王》，中华书局2020年版，第5384页。
③ 《唐会要》卷十上《亲迎气》，中华书局1960年版，第204页；《唐会要》卷十二《飨明堂议》，中华书局1960年版，第285页。

汉高典章,法垂于后。自隋以上,亦在祀例。"而"大唐稽古垂化,网罗前典,唯此一礼,咸秩未申,今新礼及令,无祭先代帝王之文",请"聿遵故实,修复礼文",在隋礼基础上将周文王、武王各自独立:"祭周文王于酆(以太公配);祭武王于镐(以周公、召公配)。"在这个制度框架内,将周公撤出释奠崇祀对象,"圣王""圣师"两系统由此在祀礼上分立。① 这也在《大唐开元礼》中延续。

对于前代人主的评价和统系,唐朝比汉朝面临更多困扰,基本格局是:"三皇五帝"趋于固定;对"三王"的选择更多,其中,周、汉明显居于主流地位,对魏晋以降不成一统的前代政权的负面评价更多,虽然意识形态主流以北朝为正统,但南朝正统论、径承汉统诸支流亦与之竞争。②

延续魏晋南北朝"五帝继三皇,三皇世所归""圣主受天命,应期则虞唐"③的基调,唐代君臣继续判别"皇王帝霸"而形成最为崇高的皇道、帝道与等而下之的王道、受到贬抑的霸道,治道内涵由此深化。唐初君臣议论治道,皆以三皇五帝为高,尤以"二帝三王"为有迹可考的效法对象,三代"后王"制度之治的实效受到重视。唐高宗问政道:"何者为王道、霸道?又孰为先后?"令狐德棻对:"王道任德,霸道任刑。自三王已上,皆行王道;唯秦任霸术,汉则杂而行之;魏、晋已下,王、霸俱失。如欲用之,王道为最,而行之为难。"君臣议论而归于"政道莫尚于无为。"以之为"古者为政""合于古道"之"要"。(《旧唐书·令狐德棻传》)可见对"王道"的认知受到道家的影响,亦有实行的考量。唐人亦对汉代治道总体上认可:"在唐宋时代,隐约存在着推崇三代与肯定汉唐的两种思想倾向;肯定汉唐的思考路线,在唐代,表现为肯定汉朝治道。"④ 汉代兼有"故事""垂法"之实效与"道":"前世及今,多行秦汉故事。始皇无道,所以弃之;汉高典章,法垂于后。"⑤ 在思想上,延续周、汉对"皇、帝、王"治道的阶序划分,将其与汉道组合在一起,作为崇拜对象:"道莫尊于

---

① 《唐会要》卷二十二《前代帝王》,中华书局1960年版,第429页;长孙无忌(许敬宗同议):《先代帝王及先圣先师议》,见《全唐文》卷一百三十六,上海古籍出版社1990年版,第606页。
② 刘浦江:《南北朝的历史遗产与隋唐时代的正统论》,见《正统与华夷:中国传统政治文化研究》,中华书局2017年版,第2页。
③ 无名氏:《齐鼙舞曲三首》之《明君辞》《圣主曲辞》,见逯钦立辑校:《先秦汉魏晋南北朝诗》,中华书局2017年版,第1509页。
④ 廖宜方:《唐代的历史记忆》,台湾大学出版中心2011年版,第260页;汪文学:《"唐承汉统"说的理论意义和实践意义》,《西南民族大学学报》(人文社科版)2004年第2期。
⑤ 《唐会要》卷二十二《前代帝王》,中华书局1960年版,第429页。

三皇，皇合符于奕叶；德莫高于五帝，帝展事于云亭；礼莫盛于三王，报功于岱甽；政莫隆于两汉，纪号于仙闾。"① 将"礼、政"区分为三王与两汉之别，同大于异，而斥去霸道，是王道价值愈加清晰的表现。这样的治道观逐渐驾于德运论之上，以之取舍剪裁王统之正："自黄帝至汉，并是五运真主。……魏、晋至于周、隋，咸非正统，五行之渗气也，故不可承之。"（《旧唐书·王勃传》）载初改元论说正统，指"自魏至隋，年将四百"但皆不能行王道，不得入三统之列：

  称皇僭帝，数十余家，莫不废王道而立私权，先诈力而后仁义，勋未逾于列国，德不惭于霸图。虽复时合诸侯，一匡区域：晋武践祚，茂烈多惭于水官；隋帝乘时，雄图不逮于秦氏。惟彼二君闰位，况区区者，岂宜当三统之数者乎？

表示要："逖听皇纲，幽求帝典，定王伯之真伪，洗生人之耳目。庶叶三推之美，光宣五帝之次。""以周、汉之后为二王，仍封舜、禹、成汤之裔为三恪。"②

  进入开天盛世之后，汉道也相形见绌，只有三代以前的圣王可以作为治道的典范。在开元十二年（724）闰十二月裴漼等请封东岳的奏疏中，以"三五"为"自古受天命、居大宝者"的起点，历数"尧舜禹汤之茂躅，轩后周文之懿范"，作为其对照的则是"自魏晋已降，迄至周隋，帝典阙而大道隐，王纲弛而旧章缺"，"物极而复，天祚我唐"，于是"绍殷周之统，接虞夏之风"。从中即可见其直追三王的治道崇拜与正统源流的认同。③ 在这"启新命""再受命，致太平"的特别重大之时刻，张说受诏撰写《封禅坛诵》，也认为："君莫道于陶唐舜禹，臣莫德于皋陶稷卨。"并再表钦羡比拟于羲轩氏之造皇图、唐虞氏之张帝道、三代之设王制。④

  "制礼作乐，事归元首，江南王俭，偏隅一臣，私撰仪注，多违古法。"（《隋

---

① 崔融：《为朝集使于思言等请封中岳表》，见《全唐文》卷二百一十七，上海古籍出版社1990年版，第968页。
② 《改元载初敕》，见《唐大诏令集》卷四，中华书局2008年版，第20页。
③ 《唐会要》卷八《郊议》，中华书局1960年版，第105页。
④ 《唐会要》卷八《郊议》，中华书局1960年版，第119页。

书·礼仪志三》）隋唐英武君主皆以"制礼作乐"为君王之权而且自期有所作为。① 唐玄宗不以本朝的贞观礼、显庆礼等为足，乃制作《唐六典》与《大唐开元礼》，这是继王莽制礼之后最系统、最大规模的一次制度更作。揆诸圣王制作之权的治道观念，此实乃今王以制作礼典成就圣王功德事业的实践，"用当代礼取代古礼"②，目标是"亘百代以旁通，立一王之定制"，已高过隋人"据前经，革兹俗弊"的追求。（《隋书·礼仪志三》）《唐六典》对标《周礼》的"论才审官之法"③："以令式象《周礼》六官为制。"（《新唐书·艺文志二》）如陈寅恪所言："唐玄宗欲依周礼太宰六典之文，成唐六官之典，以文饰太平。"④《大唐开元礼》对标《礼记》的"道德齐礼之方"。⑤ 唐人许其"立一王之定制"，宋人认为"成一王书，可为后世标准"⑥，公认这两部礼典系治定功成后对唐太宗时"圣人有作""超百王而独得"（《旧唐书·礼仪志七》）之姿态的实践，表明了唐玄宗要成为制礼作乐的新圣王的雄心。元和六年（811），御史中丞窦易直奏："其源太宗创之，高宗述之，玄宗纂之曰《开元礼》。后圣于是乎取则。"⑦《开元礼》的文本形成过程不啻为唐代君王制作从创始到集大成的缩影。

正是在这样的上继圣王、下开新礼的蓝图上，《大唐开元礼》构建了严整的

---

① 关于隋唐君主制礼，亦参见高明士：《中国中古礼律综论——法文化的定型》，商务印书馆2017年版，第223页。
② 吴丽娱：《营造盛世：〈大唐开元礼〉的撰作缘起》，《中国史研究》2005年第3期。
③ 吕温：《代郑相公请删定施行〈六典〉〈开元礼〉状》，见《全唐文》卷六百二十七，上海古籍出版社1990年版，第2802页。
④ 陈寅恪：《隋唐制度渊源略论稿 唐代政治史述论稿》，生活·读书·新知三联书店2015年版，第109页。吴丽娱对唐玄宗制礼作乐的圣王意识有进一步的体察和强调："《开元礼》不过是唐玄宗努力营造大唐盛世，以新代旧，以'今'化古的产物。""表现了唐国家礼仪完全不同于上古礼的时代特色。""作为同一时代的产物，《开元礼》和《唐六典》出发点同样，都是唐玄宗意欲与开元经济建设、物质成就相匹配的精神产品。它们的撰作是处在唐朝经济趋向富足，国家局势安定和唐朝礼制日趋成熟的所谓'开元盛世'。由于三《礼》是代表上古名王治政的完美制度和理想境界，《周礼》和《礼记》尤其是两汉以后历代统治者治国教民的不二纲绳，所以《开元礼》和《唐六典》也代表着唐玄宗意欲攀比古帝王，建立盛世礼典的最高追求。"（《营造盛世：〈大唐开元礼〉的撰作缘起》，《中国史研究》2005年第3期）吴文亦论述了礼制改撰背后的思想学术渊源问题，值得注意。唐玄宗制作礼典的原因和背景是多方面的，但从制作乃王朝太平治定与圣王功德之标志的治道观念角度来看，尤其能够明白其政治实践的意涵。
⑤ 吕温：《代郑相公请删定施行〈六典〉〈开元礼〉状》，见《全唐文》卷六百二十七，上海古籍出版社1990年版，第2802页。
⑥ 詹栻：《唐六典题志》，见《唐六典》，中华书局2014年版，第757页。
⑦ 《唐会要》卷五十七《〈尚书〉左右仆射》，中华书局1960年版，第992页。

三王、五帝祭祀："仲春之月，享先代帝王帝喾氏、帝尧氏（稷、契配）、帝舜氏（皋陶配）、夏禹（伯益配）、殷汤（伊尹配）、周文王（太公配）、周武王（周公、召公配）、汉高祖（萧何配）。"标示着于唐而言，与汉、周为三代，自汤上溯至喾为五帝。① 唐代最重要的先王崇祀创制是在中央构建了"三皇五帝以前帝王、三皇五帝、周文王、周武王、汉高祖"之更具有治道色彩的庙祀格局。天宝三年（744），在长安"置周文王庙，以同德十人，四时配享"。天宝六年（747），置三皇五帝庙，祀三皇"伏羲（勾芒配）、神农（祝融配）、轩辕（风后、力牧配）"，五帝"少昊（蓐收配）、颛顼（元冥配）、高辛（帝喾，稷、契配）、唐尧（羲仲、和叔配）、虞舜（夔龙配）"，以钦崇其"创物垂范，永言龟镜"，这与自汤上溯之德运的五帝并不相同。天宝七年（748），置三皇以前帝王庙，祀"天皇氏、地皇氏、人皇氏、有巢氏、燧人氏"，以表达"上古之君，存诸氏号，虽事先书契，而道著皇王，缅怀厥功"。② 天宝九年（750），"处士崔昌上《大唐五行应运历》，以王者五十代而一千年，请国家承周、汉，以周、隋为闰。十一月，敕：'唐承汉后，其周武王、汉高祖同置一庙并官吏'"（《旧唐书·礼仪志四》）。这是唐与汉、周为"三代"的治道认同的庙祀制度表现。此套在中央崇祀上古皇、帝的礼制，改变了汉代先王祭祀中年代愈远则祀礼层级愈低的格局。和他们相比，于各地方致祭的"自古受命之主，创业之君"则"虽道谢于往古，乃功施于生人"，高下立判。③ 雷闻认为：

> 这些新置祠庙的庙令官员为从六品下，不仅远远高于五岳四渎庙令的正九品上，甚至比负责郊祀、明堂的两京郊社署令和管理后土祭祀的汾祠署令（均为从七品下）也要高出不少，从品级的差别我们可以清楚看到唐玄宗对这些新置祠庙的重视。实际上，这些祠庙供奉的对象大多正是《开元礼》中原本规定享祭于地方的那些先代帝王。我们认为，京城置庙的方式与汉成帝以来郊庙礼制改革的方向——中央化和儒家化是一致的，而这又开明代在京

---

① 《大唐开元礼》卷一《神位》，台湾商务印书馆2008年影印文渊阁四库全书（第646册），第44页。后亦推广至更多的"受命之主，创业之君"，见《册府元龟》卷八十六《帝王部·赦宥第五》，凤凰出版社2006年版，第952页。
② 《唐会要》卷二十二《前代帝王》，中华书局1960年版，第430页。
③ 《册府元龟》卷八十六《帝王部·赦宥第五》，凤凰出版社2006年版，第952页。

师总置历代帝王庙之先声。①

笔者认同"中央化与儒家化"的总结,但如果注意到此礼相对于汉代祀礼更加突出治道、淡化德运,强化了对象征治道源头与理想型的圣王的认同——这是国家与儒家学者的共识,鉴于三统五德说亦属儒家,或许从人间治道相对于天道统驭的价值超越着眼更为准确。这套礼制中,"三皇五帝"及其"以前帝王"更加确定,落实到具体人物,同时以周、汉与本朝为"三王",治道与德运两个学说系统糅合,夏、商二代在其中失去了位置。皇帝在祭祀中对先代帝王称"子",这是"禘郊祖宗"之礼中族属之祖、权源之祖、治道之祖等多条脉络交织,而以拟血缘关系呈现,以及先王配享上帝、明堂严父配天之制的延续。② 廖宜方这样概括当代创制的"政治祖先"逻辑:"历代帝王当然不是他血缘上的祖先,不过李隆基大概认为过去的帝王堪称他的'政治祖先',统治权力的传承如同祖先与子孙的联结,所以他称'子'以示继承。"③ 此即稍为粗阔的解释。

从司礼博士认为"郑所谓告其帝者,即太昊等五人;告其神者,即重黎等五行官。虽并功施于民,列在祀典,无天子每月告朔之事"④ 来看,五人帝虽因配食天帝而神化,但仍是因"功施于民,列在祀典"而得祀的人帝。在人文化的发展趋势下,礼制中更加明确五人帝作为"人帝"的身份。贞元元年(785),归崇敬辩人君祭五人帝不应再自称"臣":"太昊五帝,人帝也,于国家即为前后之礼,无君臣之义。若于人帝而称臣,则于天帝复何称也?"颇可见此祀礼中五帝虽已神化,在古人心目中犹为"人帝":"议者或云,五人帝列于月令,分配五时,则五礼、五音、五祀、五虫、五臭、五谷皆备,以备其时之色数,非必别有尊崇也。"⑤ 唐德宗下诏调整五人帝祭礼。诏书从名实相副论礼之义,强调尊卑应合伦常:"郊祀之义,本于至诚。制礼定名,合从事实,使名实相副,则尊卑有伦。"五人帝是有"道"的人间圣王而配天,当代帝王应与之同位相待:"五方配帝,上古哲王,道济烝人,礼著明祀。论善计功,则朕德不类;统天御极,则

---

① 雷闻:《郊庙之外:隋唐国家祭祀与宗教》,生活·读书·新知三联书店2009年版,第83页。
② 《大唐开元礼》卷五十《有司享先代帝王》,台湾商务印书馆2008年影印文渊阁四库全书(第646册),第366页。
③ 廖宜方:《王权的祭典:传统中国的帝王崇拜》,台湾大学出版中心2020年版,第219页。
④ 《唐会要》卷十二《飨明堂议》,中华书局1960年版,第286页。
⑤ 《唐会要》卷十上《亲迎气》,中华书局1960年版,第211页。

朕位攸同。"衡诸此"大义",在祀礼中不再对之称臣:"于祝文称臣以祭,既无益于诚敬,徒有黩于等威。""自今以后,祀五方配帝祝文,并不须称臣。"①

受"魏晋禅代"而崇礼前朝的影响,"二王三恪"也在唐代礼制中据有重要地位,成为先代帝王的一种政治存在。经过正统取舍,政权所自的前代王朝并不与"三王"直接对应,不能列入三王之国家祀典,但通过"二王后"与"三恪"制度而保有存祀之地位。唐玄宗加封北魏元氏与二王后合成为"三恪"的规模,托古制交代了相对于汉制的调整:"自古帝王,建邦受命,必敬先代。周备礼文,既存三恪之位;汉从损益,惟立二王之后。自兹以降,且复因循,将广继绝之恩,式宏复古之道。"② 在明堂等典礼中,"二王后"地位崇高,等于公卿,高于其他文武官员。但对于孰为"二王后",存有不同意见。周、汉虽因治道崇拜而列为二代,但面临着"周汉浸远,不当为二王后"的质疑,时隔久远,不利于因应形势而损益治道。最有持续性的是隋、北周后裔作为"二王后",而又在治道上少可表彰之处,只具有追崇先代、笼络前朝人心的功利价值。③

二、孔子释奠礼的成立

汉唐时期,对孔子之"位"的反复辨析与措置,说明了对君师合一之圣王的尊崇,也表明了师儒圣人渐立体系,这可从孔庙与学校释奠礼制的发展来观察。对孔子的地位评价与礼制措置,主要围绕其与周公在学校祭祀礼仪中的位次进退而展开。在今人系道统于儒家、于孔子的历史"倒叙"中,相关研究采取了将"道"之轻重系于祀孔的进路,放大了孔子压抑周公的单线的祀典发展史。将圣人传道的思想评价还原置入礼制特别是学校这一场域的礼制框架中,将更有助于如实体察圣人与治道之关系。

(一)学校源流与"圣、师"演化

学校特别是中央的太学制度,源自明堂。关于在学校中祭祀圣贤与师者的释

---

① 《通典》卷四十三《礼三·郊天下》,中华书局2016年版,第1199页。
② 《唐会要》卷二十四《二王三恪》,中华书局1960年版,第462页。
③ 《通典》卷七十四《礼三十四·三恪二王后》,中华书局2016年版,第2025页。参见谢元鲁:《隋唐五代的特殊贵族——二王三恪》,《中国史研究》1994年第2期。

奠仪式，只有上溯明堂制度，体察其随治道规模的变迁而嬗蜕的特质，方可明其源流，辨其所以然。"明堂"固为一经学问题而多有建构的成分，但杨宽等前辈学者以及社会学、人类学、考古学的研究也提示今人，若持社会政治发展的视角，早期文明社会中当有类似明堂的空间，王朝国家时期的讨论并非捉影虚构，相关讨论或不妨以"明堂"为名。

名"明堂"者，"明政教之堂"①。明堂研究中，较少争议的是"明堂兼具政教功能"这一属性。② 明堂是"古之道术"的制度遗存，是治道运行的中枢空间。在治理尚未实现功能分化的早期国家，明堂是天子居所，也成为统合政教之所，在空间上聚合呈现当时整全的治道。如阮元所论："祀上帝则于是，祭先祖则于是，朝诸侯则于是，养老尊贤教国子则于是，飨射献俘馘则于是，治天文告朔则于是，抑且天子寝食恒于是，此古之明堂也。"其理想型是黄帝明堂之"合宫"定位。而以"明堂"总其名，是因为"明"的正当性与神圣性意义："《易》曰：'离也者明也，南方之卦也。圣人南面而听天下，乡明而治。'人君之位，莫正于此焉。故虽有五名，而主以明堂也。""政教之所由生，变化之所由来，明一统也，故言明堂，事之大，义之深也。"③《大戴礼记》也论述了明堂的神圣性，是天道降临人间的象征："明堂，天法也；礼度，德法也。所以御民之嗜欲好恶，以慎天法，以成德法也。"（《大戴礼记·盛德》）

对于明堂制度的"上古、中古之分"④，亦即路寝、圜丘、宗庙、朝廷等何时自明堂分出，本文不作考证分疏，从《诗》《礼记》等经典的记载来看，在周代，明堂仍然延续着作为治道综合空间的特征。蒙文通注意到："儒家之义，莫重于明堂。""儒家理想之政治，以明堂为最备。""凡儒者言禅让、言封建、言议政、言选举学校，莫不归本于明堂。"并论明堂祭祀与大学教育空间之一体："明堂、社、辟雍、大学，一也。大学在郊，明堂处也，兆五帝于四郊也。"⑤ 三代既政教合一而以治道为教学之内容，其学习场所便非专门空间，而是与明堂这样的综

---

① 《周礼注疏》卷四十九《冬官考工记下》，上海古籍出版社2010年版，第1667页。
② 杨儒宾：《道家与古之道术》，新竹清华大学出版社2019年版，第121页。
③ 蔡邕：《明堂月令论》，见《蔡邕集编年校注》，河北教育出版社2002年版，第518页。
④ 阮元：《明堂论》，见《揅经室集》，中华书局1993年版，第57页。
⑤ 蒙文通：《儒家政治思想之发展》，见《儒学五论》，巴蜀书社2021年版，第70页。但他据《汉书·艺文志》"墨家者流，盖出于清庙之守，养三老五更，是以兼爱，选士大射，是以上贤"一句，认为汉儒重明堂乃"本墨家以为说"，却是难以落实的。

合的、神圣的治道空间一体。明堂研究中对祀五帝、严父配天的相关讨论较多，此礼背后，实为对五天帝、五人帝所象征的源自天道的治道传统的信仰与传承，如蔡邕、阮元所见，这是一个治道的空间载体。郑玄亦由此释之："成我所用明子之法度者，乃尽明堂之德。明堂者，祀五帝太皞之属，为用其法度也。周公制礼六典，就其法度而损益用之。"可与前揭《盛德》篇之"天法—德法"说互证。① 此崇拜天帝人帝、庋藏治法册典之所，自然是培养卿大夫的理想场所。明堂与辟雍、大学的紧密关系如蔡邕所论："异名而同事，其实一也。""事通文合。"② 项安世以辟雍为本位强调其空间具有明堂的功能，亦可见此意："(周)天子之学谓之辟雍，班朝、布令、享帝、右祖则以为明堂，同律、候气、治历、考详则以为灵台。"③ 马端临赞同蔡邕的观点，认为"盖古者明堂、辟雍共为一所"，可见此观念根深蒂固，后世据经典复明堂，一般也与辟雍结合。④ 其中的制度逻辑，杨宽曾以辟雍、大学为本位，指出其是西周沿袭氏族社会的制度，供贵族成员集体行礼、集会、聚餐、练武、奏乐的场所，这些内容特别是乐和射等，本身也是贵族子弟重要的学习内容，于是"贵族子弟要学习成人的社会生活方式和必要的知识、技能，这里是最好的实习地方"，从而"兼有礼堂、会议室、俱乐部、运动场和学校的性质，实际上就是当时贵族公共活动的场所"。⑤ 如果以明堂为本位，更易于理解这个从"公共活动场所"分化出"学校"的制度演化逻辑。

学治合一是政教合一的具体经验："学成治就，此殷、周之所以长有道也。"(《大戴礼记·保傅》)与明堂的政教合体属性配套，在明堂中教与学的师儒、学生也都是政教一体的。君师以及广泛意义上的官师都是合一的："自颛顼以来，为民师而命以民事。"(《汉书·百官公卿表上》)在作君作师、政教合一的体制下，教师就是从官员中来的。教师是亦官亦师的，学生是学而为官的。周代大司

---

① 参见孙星衍：《尚书今古文注疏》，中华书局1986年版，第415、416页。
② 蔡邕：《明堂月令论》，见《蔡邕集编年校注》，河北教育出版社2002年版，第518、520页。宗庙已迁出，但仍在明堂中保留了祭祖配天的礼仪。
③ 项安世：《枝江县新学记》，见马端临：《文献通考》卷四十《学校考一》，中华书局2011年版，第1175页。
④ 《文献通考》卷四十《学校考一》，中华书局2011年版，第1182页。
⑤ 杨宽：《我国古代大学的特点及其起源》，见《古史新探》，上海人民出版社2016年版，第206、211页。

乐"掌成均之法，以治建国之学政，而合国之子弟焉。凡有道者、有德者，使教焉，死则以为乐祖，祭于瞽宗"。郑注："国之子弟，公卿大夫之子弟，当学者谓之国子。""道，多才艺者。德，能躬行者。"① 乡大夫："正月之吉，受教法于司徒，退而颁之于其乡吏，使各以教其所治，以考其德行，察其道艺。"（《周礼·地官司徒》）"能为师然后能为长，能为长然后能为君。故师也者，所以学为君也。"（《礼记·学记》）照此思路，就比较容易理解何以"食三老五更于大学"是"所以教诸侯之弟"。这是因为周代的乡饮酒礼仍有氏族社会以来的本义，不仅是尊老的仪式，还是咨询、商量国家大事的制度安排。"三老五更"是贵族长老一样的重要人物，与议国事。养三老五更于大学，方便诸侯子弟学习国是决策。②

"天子入太学祭先圣，则齿尝为师者弗臣，所以见敬学与尊师也。"（《吕氏春秋·尊师》）按礼制，学习须释奠先圣先师，释奠礼与治道崇拜之祭祀便必有关系。《礼记·文王世子》载："凡学，春，官释奠于其先师，秋冬亦如之。凡始立学者，必释奠于先圣先师。"如是，则"先圣"地位必高于"先师"："立学为重，故及先圣；常奠为轻，故惟祭先师。"③ 且从"齿尝为师者，弗臣"来看，与"先圣"比，"尝为师者"的真实身份正是"臣"，故于礼制中隆高其待遇强调不以其为臣。郑玄界定"先圣"与"先师"云："先圣，周公若孔子"；师则"《周礼》曰：'凡有道者、有德者，使教焉。死则以为乐祖，祭于瞽宗。'此之谓先师之类也。若汉，《礼》有高堂生，《乐》有制氏，《诗》有毛公，《书》有伏生，亿可以为之也"。④ "后儒言释奠者本《礼记》，言先师者本郑氏《注》。"⑤ 但郑玄实是以汉代之分化的圣人观注释周代之"先圣"，故以"周孔"并称，"'若'是不定之辞"。"'亿'是发语之声，言此等之人，后世亦可为先师也。疑而不定，故发声为亿。"⑥ 以汉代专门之经师注释周礼之"先师"，"以专门训诂为尽得圣

---

① 《周礼注疏》卷二十五《春官宗伯下》，上海古籍出版社2010年版，第832页。
② 杨宽：《我国古代大学的特点及其起源》，见《古史新探》，上海人民出版社2016年版，第207页；《"乡饮酒礼"与"飨礼"新探》，见《古史新探》，上海人民出版社2016年版，第298页。
③ 《礼记正义》卷二十八《文王世子第八》，浙江大学出版社2019年版，第545页。
④ 《礼记正义》卷二十八《文王世子第八》，浙江大学出版社2019年版，第544页。
⑤ 《文献通考》卷四十三《学校考四》，中华书局2011年版，第1259页。
⑥ 《礼记正义》卷二十八《文王世子第八》，浙江大学出版社2019年版，第544、545页。

道之传"①。这是受圣人从行道、述道合一的圣王扩大到包括单行的述道圣人，述道中进而又区分出"作"与"述"的观念影响，改造"圣、师"概念的结果。"有道者、有德者"从行道而兼述道之官师转变为述道中低于制义之圣的经师了。从释奠及明堂礼制演化来看，其解说之中实有未安之处：从作为治道空间载体的明堂中的祭祀发展而来的学校释奠，必与治道崇拜的圣王和官师有不可分的关系，而孔子的位置只能在这个格局中逐渐产生。马端临所考论则颇合古制："夫圣，作之者也；师，述之者也。"②截至周代，历代圣王之师皆为当时之贤臣，亦可见师本来是政教合一的。"有道者、有德者"，说的是王官而施教于学校，释奠祭祀的对象也是这样的教师。我们来看周代的师儒记载："以九两系邦国之民。……（牧、长、宗、主、吏、友、薮之政教体系）三曰师，以贤得民。四曰儒，以道得民。"（《周礼·天官冢宰》）"师"都是政教合一的贤士大夫。汉代也是按照政教合一的身份要求来构建"三老"制度的："汉直以一公为三老，用大夫为五更。"（《汉书·礼乐志》注）"养三老、五更，先吉日，司徒上太傅若讲师故三公人名，用其德行年耆高者，三公一人为三老，次卿一人为五更。"（《后汉书·显宗孝明帝纪》注引《续汉志》）③关于原初的师者身份与学校祭祀之礼制安排，亦即斯礼之义与所以然，蔡邕引用今佚《礼记·太学志》等文献为我们提供了关键信息，亦为《后汉书·祭祀志中》之注所采用：

  《令》曰："仲夏之月，令祀百辟卿士之有德于民者。"《礼记·太学志》曰："礼，士大夫学于圣人、善人，祭于明堂，其无位者祭于太学。"《礼记·昭穆篇》曰："祀先贤于西学，所以教诸侯之德也。"即所以显行国礼之处也。太学，明堂之东序也，皆在明堂、辟雍之内。④

《文献通考》引《礼书》进一步介绍："祭先圣先师焉，即祀先贤于西学也，祀先贤于西学，则祭于瞽宗也。"作为明堂建筑群的组成部分，"周之学，成均居中，

---

① 《文献通考》卷四十三《学校考四》，中华书局2011年版，第1259页。
② 《文献通考》卷四十三《学校考四》，中华书局2011年版，第1259页。
③ 《后汉书·礼仪志上》及注亦有相似的记载。卢植《礼记》注曰："选三公老者为三老，卿大夫中之老者为五更，亦参五之也。"郑玄注《礼记·文王世子》认为三老五更："皆年老更事致仕者也。"见《后汉书》卷九十四《礼仪志上》，中华书局1965年版，第3108—3109页。
④ 蔡邕：《明堂月令论》，见《蔡邕集编年校注》，河北教育出版社2002年版，第520页。

其左东序,其右瞽宗,此大学也","成均颁学政,右学祀乐祖,东序养老更",这是基本的结构与功能安排。① 可见政教合一是明堂及学校空间中的基本体制,学校祀礼是其体现,凡所谓"圣"即学圣王之道于此而祭之,与明堂配天之祭礼合;所谓"师"即有德有位的贤士大夫养于此、教于此、祀于此。报功报德以彰治道的礼义笼罩着明堂的所有祭礼,举行祭典的空间降序排列依次为明堂、西学、太学,只有于明堂、西学"无位者"才祭于太学。周初圣、师何所指?刘彝认为在周立四代之学的体制下,四代圣王即是学校中的先圣:"虞庠则以舜为先圣,夏学则以禹为先圣,殷学则以汤为先圣,东胶则以文王为先圣。"其辅佐贤相则为先师:"各取当时左右四圣成其德业者为之先师,以配享焉。""此天子立学之法也。"② 魏了翁也认为当时必是君臣圣师而非"经各立师"的制度安排:"古者民以君为师,仁鄙、寿夭,君实司之,而臣则辅相人君以师表万民者也。自孔子以前,曰圣曰贤,有道有德,则未有不生都显位,没祭大烝者,此非诸生所得祠也。"③

这就是君师一体的王官学体制下的有位、有道、有德的圣师群体。"有道者、有德者"和"有位者"是一体的。这些圣贤道德盛大、制作相关而为圣为师,但首先都是有位之人,因其有位,方能德惠于世,而足以成为世家子弟治道学习崇拜的偶像。依周制世世以天子礼乐祀周公的鲁国太庙,其制等于周都中的明堂。"鲁禘祀周公于太庙明堂,犹周宗祀文王于清庙明堂也。""皆所以昭文王、周公之德,以示子孙也。"④ 可见在政教一体的治道传承的场域中,周公虽不若四代圣王早立释奠之上,但之于孔子还是有礼制上的优越的,这与汉代周在孔前的"周孔"并称也是一致的。

清人孙希旦也对圣、师身份问题再三致意。对于《礼记·文王世子》"凡学,春,官释奠于其先师,秋冬亦如之",他认为所谓"先师",不能忽略"古之贤臣明于其业者"是"先代之先师"的身份:

---

① 《文献通考》卷四十《学校考一》,中华书局2011年版,第1168页。关于虞、夏、商、周历代形成的辟雍、成均以至右学、西学,东序、东胶等名目,笔者同意"今百家所记参错不同者无他,皆即周制杂指而互言之也"(项安世:《松滋县学记》,见《文献通考》卷四十《学校考一》,中华书局2011年版,第1168页)的看法,故不作详细的考辨与分疏。
② 刘彝语,见《文献通考》卷四十三《学校考四》,中华书局2011年版,第1246页。
③ 魏了翁语,见《文献通考》卷四十三《学校考四》,中华书局2011年版,第1246页。
④ 蔡邕:《明堂月令论》,见《蔡邕集编年校注》,河北教育出版社2002年版,第518—519页。

曰"于其先师"者，弦诵也，《礼》也，《书》也，其先师不同也。学以《诗》《书》《礼》《乐》为教，而以古之贤臣明于其业者为先师。若《礼》有伯夷，《乐》有后夔，《祭义》所谓"祀先贤于西学"，是也。此先代之先师也。其有道德而为学之大司成者，死则亦祭之，以为先师，《大司乐》所谓"乐祖"是也。此当代之先师也。下文"始立学，释奠"，但为先代之先师；此三时释奠，兼有当代之先师也。夏不释奠者，弦诵相成，无二师也。

对于"凡始立学者，必释奠于先圣先师，及行事，必以币"：

> 愚谓作者之谓圣，述者之谓明。制作礼乐以教后世者，先圣也，若尧、舜、禹、汤、文、武、周公是也。承先圣之所作以教于大学者，先师也，若伯夷、后夔是也。立学礼重，故祭及先圣；四时常奠礼轻，故惟祭先师。①

其所见与刘彝、魏了翁等一致，亦可视为马端临"作者为圣、述者为师"的展开论说。"先圣"与作者、制作行道之圣王对应，"先师"与述者、辅相圣王之贤士大夫对应，古礼制中的圣、师皆为政教合一之政治家，概无疑义。

究其实，受"圣人"概念从行道、述道合一的圣王扩大到述道之圣，述道中又区分作者与述者的分化的影响，东汉之郑玄乃将释奠的"先圣"从周公及以上的圣王推广到"周公若孔子"两位集大成的圣人，将"先师"从"有道者、有德者"的官师合一之士大夫转变为述道中的低于制义之圣的经师。

（二）周、孔之判与孔子释奠礼的成立

阎步克认为汉唐存在一个"古礼复兴运动"，《周礼》是这一运动的重要思想资源。但不宜一概视为单向的"古礼复兴"，而是"宗经""复古"与"尊君""实用"两种倾向并存、交织、竞争。② 从释奠礼来看，基于对古礼的不同理解和阐释，对"故事"的因革损益，呈现出治道裂变嬗蜕背景下古礼与今制交织的制度变迁过程。

---

① 孙希旦：《礼记集解》，中华书局1989年版，第560页。
② 阎步克：《中古"古礼复兴运动"——以〈周礼〉六冕制度为例》，见《秩级与服等》，陕西人民出版社2021年版，第214页。

汉武帝匡复古制,"祖立明堂、辟雍"①,而开中古此礼见于实物之端。明堂与辟雍合为一所,是极具象征性的最高政治礼仪场所;同时,立五经博士、兴太学为专门的教育场所。②东汉时,明堂、辟雍与太学继续分设:光武帝起太学博士舍;明帝兴建明堂、辟雍,"宗祀光武皇帝于明堂,养三老、五更于辟雍"③。时人卢植论今制不合于古:"明堂即太庙也。天子太庙,上可以望气,故谓之灵台;中可以序昭穆,故谓之太庙;圆之以水,似辟,故谓之辟雍。古法皆同一处,近世殊异,分为三耳。"④实际上针对的是礼仪场所明堂、辟雍等与教育机构大学分设。马端临于此感慨:"如蔡邕之说,则古者明堂、辟雍、太学、太庙合为一所,以朝、以祭、以教、以飨、以射,皆于其地。东汉时辟雍以为天子养老、大射行礼之所,大学以为博士弟子授业之所,析为二处,与古异。要之太学与辟雍固不可析为二处,养老、大射其与传道授业亦岂二事哉。"实际情况是,"明帝时辟雍始成,欲毁太学,太尉赵熹以为太学、辟雍皆宜兼存,故并传"。可见在观念世界中,辟雍与太学仍应为一体,而现实中则因为种种原因而析分。但此时的结果是辟雍与明堂合,与太学分,不具备教育功能。从西汉末王莽到东汉明帝,是根据古礼经所载周代礼制建立两汉礼制的时期。⑤但受现实形势与条件限制,古制是经损益而呈现于当代的。学校机构与作为治道最高象征而尤为大政大祀所出之地的明堂分开,是已然之局。⑥

周代以前的明堂是治道统合的空间载体,具有浓重的礼乐政治意涵,成均、辟雍、太学等教育机构的教习内容是在这个治道场域中进行的,在作为其组成空间的瞽宗、西学进行的释奠,对象也是以圣王君师为主的。由此析出的后世之太学等则治道统合的意涵相对淡化,主要作为专门的教育、学习机构与空间而存在了。脱离了治道一体之结构后,专门机构的功能与象征意义趋于单纯化,这是社会分化的一般规律。在"其无位者祭于太学"之前的,是明堂祭祀的圣王、贤

---

① 兒宽语,见《文献通考》卷四十《学校考一》,中华书局2011年版,第1181页。
② 《文献通考》卷四十《学校考一》,中华书局2011年版,第1182页;《文献通考》卷四十三《学校考四》,中华书局2011年版,第1252页。
③ 《文献通考》卷四十《学校考一》,中华书局2011年版,第1182页。
④ 《毛诗正义》卷十六《大雅·灵台》,中华书局2009年版,第1129页。
⑤ 渡边信一郎:《中国古代的王权与天下秩序》(增订本),徐冲译,上海人民出版社2021年版,第119页。
⑥ 《文献通考》卷四十《学校考一》,中华书局2011年版,第1187、1189页。

臣。而太学祭祀的,则在这个序列中处于末位,是述道的角色,自不待言。虽然孔子有作《春秋》当万世法、素王为汉立制之比拟,孔子整理的儒家经典成为太学的学习内容,但孔子毕竟无位,对其在治道中的位置终有疑义,而对其述圣王之道而集大成明于后世却达成共识。后世释奠礼兴于太学,上述情况为祀孔提供了历史传统的依据:可祀,但位在周公之后。这与思想和学术中"周孔"的位次也是一致的。

"武帝兴太学,而独未闻释奠之礼。"① 东汉的实际情况是:"明帝永平二年三月,上始帅群臣躬养三老、五更于辟雍。行大射之礼。郡、县、道行乡饮酒于学校,皆祀圣师周公、孔子,牲以犬。于是七郊礼乐三雍之义备矣。"(《后汉书·礼仪志上》)汉明帝释奠"周孔"、乡饮酒等一系列礼制建设,是王莽以降据周礼兴作今制的表现。我们无从知悉当时周、孔何为圣、何为师抑或同为圣师。郑玄注中所言"先圣,周公若孔子",或即为此种现状之反映。② 当为孔子庙请常置守庙卒史时,依据是"故事,辟雍礼未行,祠先圣师。侍祠者孔子子孙、太宰、太祝令各一人,皆备爵"等等,亦可见孔子已入辟雍释奠先圣师之列。③ 而朱浮有言:"博士之官,为天下宗师,使孔圣之言传而不绝。"孔子虽为"圣",地位仍近于述道的"师者",是圣人分化之后的述道之圣,其首要身份和角色是师者。④

"孔庙,尤其从祀制,方之其他古代祭礼,例如郊祭、社稷,实属晚起。"⑤ "汉世虽立学,斯礼无闻。"(《晋书·礼志上》)两汉释奠制度化程度低,制度遗存不足,为建构师化制度留下空间。"明帝行乡饮于学校,祀圣师周公、孔子,初似未知所以独崇宣圣之意。"⑥ 孔子与圣王分祀而在学校中"独崇宣圣"的礼制在魏晋以降逐渐定型。至唐显庆时,释奠礼方与先代帝王祭礼正式列入国家

---

① 《文献通考》卷四十三《学校考四》,中华书局2011年版,第1252页。
② 《礼记正义》卷二十八《文王世子第八》,浙江大学出版社2019年版,第544页。
③ 《永兴元年乙瑛置守庙百石卒史碑》,见骆承烈汇编:《石头上的儒家文献——曲阜碑文录》上册,齐鲁书社2001年版,第11页。
④ 《文献通考》卷四十《学校考一》,中华书局2011年版,第1184页。
⑤ 黄进兴:《学术与信仰:论孔庙从祀制与儒家道统意识》,见《优入圣域:权力、信仰与正当性》,陕西师范大学出版社1998年版,第253页。
⑥ 徐氏语,见《文献通考》卷四十三《学校考四》,中华书局2011年版,第1252页。

"中祀"之典。①

汉代,孔子入国家祀典,是从作为"殷后"存祀取得突破的。"素王"非王的地位,在孔子继殷祀的讨论中有充分的反映。梅福建言汉帝以孔子存殷祀,"孔子故殷后也,虽不正统,封其子孙以为殷后,礼亦宜之"。当时已奉孔子为圣人,但"仲尼之庙不出阙里,孔氏子孙不免编户,以圣人而歆匹夫之祀,非皇天之意也"。可见孔子祀典的位阶实同"匹夫",故其庙礼与子孙待遇均不高。梅福正是要通过"封孔子之世以为殷后"而成汉之三统格局,为汉得嗣,为孔子在圣人、素王之上再行增光祀典:"今陛下诚能据仲尼之素功,以封其子孙,则国家必获其福,又陛下之名与天亡极。何者?追圣人素功,封其子孙,未有法也,后圣必以为则。不灭之名,可不勉哉!"(《汉书·梅福传》)"未有法也"而创"则"是困难的,梅福的建议未被采纳。直至"绥和元年,立二王后,推迹古文,以《左氏》《谷梁》《世本》《礼记》相明,遂下诏封孔子世为殷绍嘉公"②。可见孔子的礼制地位确实是靠"明著三统,示不独有"的意识形态和"殷之后"的身份才确立的,这仍是时王之位的决定性作用的结果。

三国时,曹魏文帝在封孔子后人为宗圣侯、以邑百户奉孔子祀的诏令中,描述了一个虽不得位但继圣述作而存道的孔子形象:

> 昔仲尼资大圣之才,怀帝王之器,当衰周之末,无受命之运,在鲁、卫之朝,教化乎洙、泗之上,凄凄焉,遑遑焉,欲屈己以存道,贬身以救世。于时王公终莫能用之,乃退考五代之礼,修素王之事,因鲁史而制《春秋》,就太师而正《雅》《颂》,俾千载之后,莫不宗其文以述作,仰其圣以成谋,咨!可谓命世之大圣,亿载之师表者也。遭天下大乱,百祀堕坏,旧居之庙,毁而不修,褒成之后,绝而莫继,阙里不闻讲颂之声,四时不睹蒸尝之位,斯岂所谓崇礼报功,盛德百世必祀者哉!(《三国志·魏书·文帝纪》)

这是一个以"师表"为身份的"大圣"形象,而非制作之圣王,其本位仍是"受命之运"。背后,是述道之圣,而非行道之圣的治道身份划分。

---

① 雷闻:《郊庙之外:隋唐国家祭祀与宗教》,生活·读书·新知三联书店2009年版,第10页;朱溢:《事邦国之神祇:唐至北宋吉礼变迁研究》,上海古籍出版社2020年版,第61页。
② 《文献通考》卷四十三《学校考四》,中华书局2011年版,第1251页。

曹魏齐王芳依次讲通《论语》《尚书》《礼记》，而使太常于辟雍祭孔。两晋亦然，幼君、太子讲通一经后，释奠孔子。① 讲通孔子整理之经典特别是像《论语》这样的孔子语录，以孔子为主的释奠安排自合常理。"因不能溯知正始二年以前释奠礼的详情，故后世以魏及晋之释奠故事为释奠礼之典范。"自此以后，"魏晋南北朝各代朝廷，均于天子或皇太子加元服前后举行释奠礼，而释奠礼之前必讲经于学"。讲经、释奠、元服，"为魏晋皇家一系列之成人礼"。②

释奠礼主要是祀孔，这是孔子述作的儒家经典成为治道主要学习内容在祭祀礼仪上的表现，并不意味着周公在道统中的地位下降。曹魏明帝时曾有关于祀礼中周、孔地位的讨论：

> 鲁相上言："汉旧立孔子庙，褒成侯岁时奉祠，辟雍行礼，必祭先师，王家出谷，春秋祭祀。今宗圣侯奉嗣，未有命祭之礼，宜给牲牢，长吏奉祀，尊为贵神。"制三府议，博士傅祗以《春秋》传言立在祀典，则孔子是也。宗圣适足继绝世，章盛德耳。至于显立言，崇明德，则宜如鲁相所上。（崔）林议以为"宗圣侯亦以王命祀，不为未有命也。周武王封黄帝、尧、舜之后，及立三恪，禹、汤之世，不列于时，复特命他官祭也。今周公已上，达于三皇，忽焉不祀，而其礼经亦存其言。今独祀孔子者，以世近故也。以大夫之后，特受无疆之祀，礼过古帝，义逾汤、武，可谓崇明报德矣，无复重祀于非族也。"（《三国志·魏书·崔林传》）

崔林的话提示今人仍须于前文所述"皇、帝、二王三恪"的国家祀礼体制及指导其运行的时序、德位原则观念中看待祀孔，这套五德终始、运转位移的原则指挥下的先代帝王祭祀礼制虽然也在变迁重整之中，但其有关制度和观念毕竟是先行而有权威的，对无位的孔子则尚须更大程度地构建新礼，而孔子释奠礼的构建势必受到先代帝王祀礼的影响。"忽焉不祀"应与《左传·文公五年》"皋陶、庭坚不祀忽诸"之意同。按照礼经和与德运配套的礼制，帝王运转位移，越往前祀

---

① 朱溢：《事邦国之神祇：唐至北宋吉礼变迁研究》，上海古籍出版社 2020 年版，第 268 页；郭永吉：《帝王学礼：自汉至隋皇帝与皇太子经学教育礼制研究》，"中央"大学出版中心、远流出版公司 2019 年版，第 168 页。

② 古胜隆一：《汉唐注疏写本研究》，社会科学文献出版社 2021 年版，第 117、120 页。

礼等级越低，至曹魏时已有"今周公已上，达于三皇，忽焉不祀"的观念。祀孔子并非因对其尊崇超过周公及其他圣王，在德位观念中他仍然只是"大夫之后"，"今独祀孔子者，以世近故也"，竟至"礼过古帝，义逾汤、武"，圣王不能得祀，是世远而不祀的礼制所限。这是圣王祭典之礼义与礼制新旧嬗蜕之际的表现，深受五德终始影响的圣王祀礼体系已经限制了对"世远"愈著的圣王们的报功报德。裴松之不以为然，强调孔子集大成的地位："周监二代，斯文为盛。然于六经之道，未能及其精致。加以圣贤不兴，旷年五百，道化陵夷，宪章殆灭，若使时无孔门，则周典几乎息矣。夫能光明先王之道，以成万世之功，齐天地之无穷，等日月之久照，岂不有逾于群圣哉？"这是抬高孔子明道之于周公周道以至王道的莫大之功。他认为"遗风"应胜过时间的流逝："虽妙极则同，万圣犹一，然淳薄异时，质文殊用，或当时则荣，没则已焉，是以遗风所被，实有深浅。若乃经纬天人，立言垂制，百王莫之能违，彝伦资之以立，诚一人而已耳。"批评崔林"曾无史迁洞想之诚，梅真慷慨之志，而守其蓬心以塞明义，可谓多见其不知量也"。(《三国志·魏书·崔林传》裴注)实则崔林所守的正是国家祭典中的礼制规则，背后是对孔子的地位的主流认知。毋宁说，裴松之表达的是儒者"夫子贤于尧舜"的尊崇主张，崔林所守的则是孔子不得位这一具有意识形态色彩的主流观念。晋时，"范坚书问冯怀曰：'汉氏以来，释奠先师唯仲尼不及公旦，何也？'冯答曰：'若如来谈，亦当宪章尧、舜、文、武，岂惟周旦乎？'"(《太平御览》卷五百三十五《礼仪部十四·释奠》)这同样是在礼制语境中讨论尊崇方式问题，而非思想观念中推崇孔子过于圣王。崔林之议表示了对孔子处下位而得重祀的节制之意，这是对师者之祀的礼制规范过程。礼皆有其节，节制的基本要求不会因为孔子为师即忽略。

圣孔师颜之礼，仍是在纲常的位阶逻辑中斟酌。晋人张凭提议"拜孔揖颜"，值得注意的是以"圣、师"对应于"君、臣"的古义来规范孔、颜师弟之伦：

> 不拜颜子者，按学堂旧有圣贤之象，既备礼尽敬，奉尼父以为师，而未详颜子拜揖之仪。臣以：圣者，君道也；师者，贤臣道也。若乃尧、舜、禹于君位，则稷、契与我并为臣矣。师玄风于洙、泗，则颜子吾同门也。夫大贤恭己，既揖让于君德；回也如愚，岂越分于人师哉！是以王圣佐贤，而君

臣之义著；拜孔揖颜，而师资之分同矣。①

这既将孔子定于师位，又完全是在以"圣师"所自出的君臣之道来推求孔、颜师弟礼仪之分，可见据以建构礼制的，仍是熟悉而为根本的王纲臣道。

孔子为"师"，在祀礼上便不应以"臣"待之，但如何待之，并无确定制度可循。对于孔子祀礼的等级，国家反复与圣王和时王比拟轻重，力图调适得宜，从中传达出来的本位意识，仍是"位"的有无与高低。晋武帝泰始三年（267）改封孔子后人为"奉圣亭侯"，太学释奠孔子如正始礼。东晋讨论祭孔礼，"陆纳、车胤谓宣尼庙宜依亭侯之爵，范宁欲依周公之庙，用王者仪，范宣谓当其为师则不臣之，释奠日，备帝王礼乐"。对于这一讨论，南齐尚书令王俭认为："车、陆失于过轻，二范伤于太重。""中朝以来，释菜礼废，今之所行，释奠而已。金石俎豆，皆无明文。方之七庙则轻，比之五礼则重。"对于喻希所持"若至王者自设礼乐，则肆赏于至敬之所；若欲嘉美先师，则所况非备"的观点，王俭认为"寻其此说，守附情理"，也就是不能"肆赏"。元嘉立学，裴松之"议应舞六佾，以郊乐未具，故权奏登歌"。王俭认为"故事可依"。结果是"皇朝屈尊弘教，待以师资，引同上公，即事惟允"，"今金石已备，宜设轩县之乐，六佾之舞，牺牢器用，悉依上公"。仍是在教育"师资"的角色上推崇孔子，同时定格于"上公"。② 孔子的政治位次接近周公，这就引出唐代孔子祭祀与周公的位次进退。

既为太子及贵族子弟学习长成之所，国子学与释奠礼设于宫禁之内的中省，也就顺理成章。东晋"穆帝、孝武并权以中堂为太学"（《晋书·礼志上》）。晋穆帝讲《孝经》后亲释奠于中书省之中堂（《晋书·穆帝纪》）。北魏明元帝改国子学为中书学，隶中书省，中书博士的职能不限于教学而且被赋予多种政治功能，具有"政教合一"的古制色彩。孝文帝"太和中，改中书学为国子学，建明堂辟雍，尊三老五更，又开皇子之学"（《魏书·儒林传》）。胡三省认为此举系"从晋制也"，恢复为专门的教育机构。③ 但地点仍在中书省，于是而有"凡在祀

---

① 《文献通考》卷四十三《学校考四》，中华书局2011年版，第1255页。
② 《文献通考》卷四十三《学校考四》，中华书局2011年版，第1254页。
③ 严耀中：《北魏中书学及其政治作用》，见《中国魏晋南北朝史学会第二届学术讨论会论文集》，齐鲁书社1991年版，第136页。

令者，其数有五"之一的孔子庙祭："其宣尼之庙，已于中省，当别敕有司。""癸丑，（孝文）帝临宣文堂，引仪曹尚书刘昶、鸿胪卿游明根、行仪曹事李韶，授策孔子，崇文圣之谥。于是昶等就庙行事。既而，帝斋中书省，亲拜祭（孔子）于庙。"（《魏书·礼志一》）由此可见曹芳制度的影响，习儒经、拜孔子，成为治道修习路径遵循的常制。中书省的空间属性说明了这一定位。

深深打上皇家教育印记的释奠，其基调与内容可从今传诸家《皇太子释奠诗》窥见一斑。南朝宋颜延年《皇太子释奠会作诗》，从"国尚师位，家崇儒门。禀道毓德，讲艺立言"讲起，端正师道礼制，而学习的则主要是圣王治道："永瞻先觉，顾惟后昆。大人长物，继天接圣。"学古修习储君之德："伊昔周储，聿光往记。思皇世哲，体元作嗣。资此凤知，降从经志。遹彼前文，规周矩值。"化用《尚书大传》中"圣人与圣也，犹规之相周，矩之相袭"一语，表明这确乎是一套以"伦周伍汉"为原则的以教养太子成长为中心的释奠礼制。① 从南朝齐四首《皇太子释奠诗》来看，"皇、帝、王"之古代治道仍是主要学习追求，释奠礼乐传达了治道延续、政教合一的空间感。在王思远的诗作中，一方面，治道之源"葳蕤四代，昭晰三王"，"帝则昭天，皇图轶古。乃圣乃神，重规叠矩"。另一方面，它是学习圣王留下的典籍："龙图升曜，龟籍流芳。""横经若林，负书被宇。"其目的无非"崇道让齿，业大德盛"，"降情肃币，盥圣荐贤"。② 阮彦诗则有治道史的意味：

> 惟帝御宇，惟圣裁荃。云官眇载，凤纪逖传。于皇作后，缵武乘天。地契斯彰，震符迺宣。五帝继作，三王代新。教蔼隆周，轨灭荒秦。兴之用博，替之斯堙。敬业贻训，务于成均。③

从南朝梁何胤《皇太子释奠诗》来看，释奠场域中也仍是尊崇三五以降之圣王的，他们秉承天命、制作礼乐、经典兴教，从王官师儒述道演进至书、史、诗、易

---

① 颜延年：《皇太子释奠会作诗》，见萧统编，李善注：《文选》，上海古籍出版社2019年版，第983页。
② 王思远：《皇太子释奠诗》，见逯钦立辑校：《先秦汉魏晋南北朝诗》，中华书局2017年版，第1460页。
③ 阮彦：《皇太子释奠诗》，逯钦立辑校：《先秦汉魏晋南北朝诗》，中华书局2017年版，第1461页。另两首分别是王僧令《皇太子释奠会诗》（第1462页）、袁浮丘《皇太子释奠诗》（第1463页）。

之学：

> 灵象既分，神皇握枢。其降曰命，有书有图。化彰礼乐，教兴典谟。五经赉序，七纬重敷。保氏述艺，乐正莫师。良玉缘琢，务德由谘。雅沿俗化，风移运迟。道不云远，否终则夷。……敷奥折文，悦书敦史。六诗开滞，三易机理。光耀程辉，华翻丽起。尊圣明贤，释兹敬祀。①

梁武帝萧衍有诗云："少时学周孔，弱冠穷六经。"② 正是自少学习儒家治道而形塑"周孔"观念的表征。

修习孔子作述的六经及《论语》《孝经》，为孔子祀典地位升高提供了条件。虽然孔子居于太学的圣人之位，且有圣孔师颜的格局，周公呈淡出之势，但这实为统一的治道分裂的反映与象征，太学与学校成为专门之教育机构，明道之圣人孔子实为师尊，其虽圣而不过是师中之圣、述道之圣，并非制作的圣王。夫子所述、学校传习之道，仍是三五以降之治道，"周孔"乃此道中两位身份不同的集大成之圣人，教育机构曾设于中省这样的政治空间，同时，以圣王为本的礼制框架也仍在，所以孔子祀典又受到相当的规约。

"汉魏以来，取舍各异。颜回、孔子，互作先师；宣父、周公，迭为先圣。求其节文，递有得失。"③ 学者指出，从西魏、北周到隋代，关陇集团建立的政权在释奠礼上经历了从独尊周公到周、孔并重（以周公为先圣、孔子为先师）的变迁，"象征着关陇文化与中原文化的交融"④。本文认为，这固然或有关陇集团这一特定政治文化的影响，但圣周师孔亦仍是在自东周以来周、孔思想地位与释奠礼制发展的链条之上，符合当时思想发展的阶段性特征，不必全以关陇集团之文化取向来解释。隋唐释奠制度始终在调适之中。至唐初，对以周公为代表的圣王和述圣的孔子，究竟何者当祀，采取何种名号与祭礼等级为宜，迭有升降。唐高祖武德二年（619），定周公与孔子并为"道著生民"的"二圣"，于国子学分

---

① 何胤：《皇太子释奠诗》，见逯钦立辑校：《先秦汉魏晋南北朝诗》，中华书局2017年版，第1806页。
② 萧衍：《会三教诗》，见逯钦立辑校：《先秦汉魏晋南北朝诗》，中华书局2017年版，第1531页。
③ 《唐会要》卷三十五《褒崇先圣》，中华书局1960年版，第636页。
④ 史睿：《北周后期至唐初礼制的变迁与学术文化的统一》，见《唐研究》第3卷，北京大学出版社1997年版，第169页。

别立庙,四时致祭。"盛德必祀,义在方册;达人命世,流庆后昆。"所谓"达人"与"命世",似各指周、孔而言。表彰周公,以其制作为主:"爰始姬旦,主翊周邦,创设礼经,大明典宪,启生民之耳目,穷法度之本源。"而其"化起二南,业隆八百,丰功茂德,冠于终古"。可见是王道的最后一位圣王。于孔子,则以其教育为主:"粤若宣尼,天资浚哲,四科之教,历代不刊,三千之徒,风流无歇。"教育实为述道:"综理遗文,弘宣旧制。"武德七年(624),诏太学释奠以周公为先圣,孔子配享。贞观二年(628),尚书左仆射房玄龄等认为周公、孔子"俱称圣人",但"庠序置奠,本缘夫子",自晋、宋、梁、陈至隋,皆以孔子为先圣、颜回为先师,建议参照前朝"故事"之例,"停祭周公,升孔子为先圣",诏从之。① 这并不表示孔子重于周公、取消周公圣人之名号,而只是就治道传承之侧重而言,政在周公而学在孔子。在找不到汉以前的礼制依据的情况下,唐臣采取了自正始作古的截断众流的态度,依曹魏正始以来的故事,于礼制而言,在学校场合以祭孔为宜。并为二圣的认识渐居主流,孔颖达也认为郑玄云"先圣,周公若孔子者",系"以周公、孔子皆为先圣,近周公处祭周公,近孔子处祭孔子,故云'若'。'若'是不定之辞"。② 但从更大的治道与意识形态视野来看,周公乃完整的治道之象征,孔子则是传述发明此完整之治道的师者之圣,在社会政治身份上仍是治道分裂而不完的无奈之下的圣人。周、孔孰为学校之圣,仍是未定之数。唐高宗永徽年间,文庙又"改用周公为先圣,遂黜孔子为先师"。

到显庆二年(657),国家通盘考虑历代帝王与学校圣师,学校祭礼终于成为专业化教育的象征,孔子在释奠中的圣人地位方才底定,这也是孔子作为述道制义的师道之圣在礼制上的确定。长孙无忌、许敬宗等认为根据《礼记》及郑玄注,先圣与先师都有礼制依据,区别在于:"据礼为定,昭然自别。圣则非周即孔,师则偏善一经。"贞观末年圣旨"依《礼记》之明文,酌康成之奥说,正孔子为先圣,加众儒为先师,永垂制于后昆,革往代之纰缪",永徽新令则"不详制旨,辄事刊改,遂违明诏"。但长孙无忌等的意思并不是升高孔子、压抑周公,此奏议乃为通盘规划先代帝王与先圣先师之祭礼而起,行文在先代帝王祭礼论议之

---

① 《唐会要》卷三十五《褒崇先圣》,中华书局1960年版,第635页。
② 《礼记正义》卷二十八《文王世子第八》,浙江大学出版社2019年版,第545页。

后，基于周、孔之圣王与圣人的位差，各予妥当的礼制安排，不可有违礼义，才是主旨所在。唯此方能厘定两个祭典，各得其宜且不交集重合："成王幼年，周公践极，制礼作乐，功比帝王，所以禹、汤、文、武、成王、周公为六君子（《礼记·礼运》：'禹、汤、文、武、成王、周公，由此其选也。此六君子者。'），又说明王孝道，乃述周公严配。"周公制作之功等于帝王，且依周制亦应享受圣王祀典，不可降格以待："此即姬旦鸿业，合同王者祀之，儒官就享，实贬其功。"应"仍依别礼，配享武王"。而孔子则是无位之圣人，是于述道中创作的圣人，固为师者，然亦不可去"圣"号而仅以先师待之："仲尼生衰周之末，拯文丧之弊，祖述尧舜，宪章文武，宏圣教于六经，阐儒风于千世。故孟轲称'生民以来，一人而已'。自汉以降，奕叶封侯，崇奉其圣，迄于今日，胡可降兹上哲，俯入先师？"周公与孔子根据是否曾经得位而有治功，各予其宜，合乎礼便"于义为允"，否则同置于学校释奠场合之中争高下，则于礼、于义皆违。①

如上节交代的，帝王祀礼也在同时定型之中，周公被纳入这一得位行道的祀礼体系之中。所谓"合同王者祀之"，"（周公）仍依别礼，配享武王"而不"享儒官、贬其功"，由此可解。不离礼制自身格局而论礼制之发展，方可跳出张大道统而悬以推论礼制变迁之认知。

孔子更明确为师儒之圣，与司马迁笼罩在孔子作《春秋》可与圣王比拟的神圣化叙事模式中不同，司马贞《索隐》认定了师道圣人的形象，从此为入"世家"的依据："教化之主，吾之师也。为帝王之仪表，示人伦之准的。自子思以下，代有哲人。继世象贤，诚可仰同列国。"由此强调"前史既定，吾无间然"。复言"教化"之于"位"的比拟："孔子非有诸侯之位，而亦称'系家'者，以是圣人为教化之主，又代有贤哲，故称'系家'焉。"张守节《正义》也只引用司马迁称颂其"学者宗之，六艺折中"的学术地位为据："孔子无侯伯之位，而称'世家'者，太史公以孔子布衣传十余世，学者宗之，自天子王侯，中国言六艺者宗于夫子，可谓至圣，故为世家。"②都是在其无位的前提下论说"圣"的身份。

---

① 《唐会要》卷三十五《褒崇先圣》，中华书局1960年版，第636页。
② 《史记》卷四十七《孔子世家》之"索隐""正义"，中华书局2014年版，第2309页。

在这种礼制规范的情况下,将周公归入制作的圣王,将孔子归入学校释奠崇祀,是顺理成章的。值得注意的是,学者研究显示,唐前期,"释奠礼仪的功能发生了转折性的变化,从(自曹魏起)佐证皇太子或幼帝知识、人格的养成变为呈现儒家学术传统",到晚唐,释奠礼"政治性格减弱"的转型基本完成。① 如果我们把这一转型与释奠礼中同时发生的孔子被确定为先圣、周公淡出的另一转变结合起来看,就会看得更加清楚:释奠礼功能的变化与崇祀对象的变化互为因果。但立足道肇于圣王的观念,帝王特别是圣王始终与道统相系,道源于君师合一的圣王,也仍有待这样的圣王出世,孔子与儒家、经师则仅具有述道制义之师者的残缺身份,其在释奠礼制中的地位确立只是作为师儒圣人的礼制定分,并不宜将此"统分"之势解读为治统与道统在崇祀上的分野。所谓"长孙氏对周公绩业的陈述,清楚地反映了儒者对'治''道'分疏"。"可见治统、道统泾渭分明,周公不纳入道统祭祀,已渐成共识。"② 皆是以现代学术中构建出来的"道统""治统"概念推论时人的排斥与竞争观念,仅从文庙祭祀礼制之"进孔子、退周公"而论圣王与圣贤之地位,却既不以礼制观时人选择之由,亦不详审时人对周、孔的评语,更不归依于源自圣王治理之"道"的本义,故全不足以观察在当时涵纳政治、经义、礼制等要素的思想全局中,在周、孔位差之固有的时代观念中,时人纳周、孔于合礼、合义的礼制系统颇费思量之曲折。这实是有位而制作行道整全与无位而述道明道成圣之分。孔子跻于圣人之列尚需反复讨论,儒生独肩道统,固亦无何有之事。道出于一,在于圣王,道与"位"始终保有内在的关联。开元二十七年(739)诏书有言:"宏我王化,在乎师儒能发明此道,启迪含灵,则生民以来,未有如夫子者也。"诏孔子称"先圣",可谥曰"文宣王",为孔子封王,其像改为南面坐,孔门弟子亦自此始封公侯。而诏书中对其生不得位仍表遗憾,从而在以王权提升其在时王之制中的位置的同时,也再次确认了孔子无位而为师儒先圣的角色:"呜呼!楚王莫封,鲁公不用,俾夫大圣,

---

① 朱溢:《事邦国之神祇:唐至北宋吉礼变迁研究》,上海古籍出版社 2020 年版,第 61、270、271 页。
② 黄进兴:《权力与信仰:孔庙祭祀制度的形成》,见《圣贤与圣徒》,北京大学出版社 2005 年版,第 41 页。高明士也认为唐代庙学制认定孔子为先圣,标志着道统于下的看法的法制化,周公离开庙学,背景是治统与道统两分。(《隋唐庙学制度的成立与道统的关系》,《台大历史学报》1982 年总第 9 期)高明士、黄进兴对孔子标识道统的认识皆自钱穆、余英时等而来,所持的是现代思想与学术视野下的"道统"概念。

才列陪臣，栖遑旅舍，固可叹矣。"① 孔子祀典的确定，是以"宏王化"为前提，以"师儒""发明此道"为角色定位的，而非制作行道，后日韩愈"原道"之若干论断，实已涵于其中，可见其为时代意见，而不限于君王与庙堂。

虽然祭帝王与祭孔都有在地方执行的层面，但性质与位阶并不相同。"岳镇海渎、先代帝王等祭祀是朝廷层面的祭祀，是以皇帝为主体的，只不过祭祀地点分布在各地，所以由所在州的官府代替皇帝举行祭祀。而州县释奠礼仪的性质是地方性的官方祭祀，主体是刺史、县令。"在祝文上即分别表现为："子开元神武皇帝某谨遣具官姓名敢昭告于"先代帝王；"子刺史具位/子县令具官姓名敢昭告于"孔子。② 在祭品上则"若诸州祭岳、镇、海、渎、先代帝王，以太牢；州、县释奠于孔宣父及祭社稷，以少牢"③。可以说，经典所载周代天子治道祭典，在唐代得到了一定程度的再建。

孔子为师儒之圣祀于学官，学校事业便重于神道设教，祀孔的意义侧重授业传道而非崇德报功，这又是与古来有之的单纯立祀之义的不同之处。由孔子的师儒之圣而非制作之圣的角色，方能理解夔州刺史刘禹锡认为州县在无力兴办学校的情况下费资崇祀孔子，是"以非礼之祀媚之，儒者所宜疾"。他据《礼记》之古制，认为释奠止于中央非及天下，故州县春秋祭孔子庙则"其礼不应古，甚非孔子意"，其潜台词实为学校重于祀孔。④ 后世欧阳修发明此义尤无余蕴：

> 荀卿子曰："仲尼，圣人之不得势者也。"然使其得势，则为尧、舜矣。不幸无时而没，特以学者之故，享弟子春秋之礼。而后之人不推所谓释奠者，徒见官为立祠而州县莫不祭之，则以为夫子之尊，由此为盛。甚者，乃谓生虽不得位，而没有所享，以为夫子荣，谓有德之报，虽尧、舜莫若。何其谬论者欤！

可见宋人仍然强调孔子作为学者与师者的角色，释奠礼的意义不在于表彰尊崇从

---

① 《唐会要》卷三十五《褒崇先圣》，中华书局1960年版，第637页。关于孔子封号之演进过程，参见黄进兴：《道统与治统之间：从明嘉靖九年（1530）孔庙改制论皇权与祭祀礼仪》，见《优入圣域：权力、信仰与正当性》，陕西师范大学出版社1998年版，第147页。
② 朱溢：《事邦国之神祇：唐至北宋吉礼变迁研究》，上海古籍出版社2020年版，第279页。
③ 《唐六典》卷四，中华书局2014年版，第128页。
④ 刘禹锡论，见《文献通考》卷四十三《学校考四》，中华书局2011年版，第1264页。

而弥补"生不得位"的遗憾,与尧舜圣王祀典在覆盖范围上比高低也是庸俗之见,而只是述道群体内部的传承;"后之学者莫不宗焉,故天下皆尊以为先圣,而后世无以易。"① 马端临也认为祀孔必与学校结合方有意义:"古者入学则释奠于先圣、先师,明圣贤当祠之于学也。"虽然在财力有限的情况下"姑葺文庙,俾不废夫子之祠,所谓犹贤乎已",但这并非释奠孔子的本意:"圣贤在天之灵,固非如释、老二氏与典祀百神之以惊动祸福、炫耀愚俗为神,而欲崇大其祠宇也,庙祀虽设而学校不修,果何益哉!"②

从《礼记》及经注中区分明堂有位与无位的释奠制度文本,结合东汉明帝释奠周、孔来看,汉代在观念与仪式上延续政教合一的观念,明确周、孔圣人,郑玄"先圣,周公若孔子"之语仍以周公为首,可为其说明。但其并没有得以制度化,更没有成为后代遵循的定制。从曹魏齐王芳开始,释奠师者化,孔子作为经典教育的祖师接受祭祀,影响后世深远;但以圣王为观念本位的"周孔"观念延续,北魏就采取了尧、舜、禹、周、孔五者并在祀令的礼制。从北魏孝文帝混同行道与述道的圣人崇拜、唐初的"周孔"圣师之反复来看,"周孔"之制还有很大影响。但唐代构建释奠制、历代帝王祭祀制,周公最终归入历代帝王祭祀行列,孔子成为述道师儒之祖,圣王、圣师分离。治道二分,君师二分。最终在礼制上确认:周公是最后一位圣王,孔子是第一位无位的圣人。这又进一步影响了学术和思想的认识。

三、结语:治道的偶像与统系

本文缕述周秦汉唐之先代帝王祭礼变迁,及此礼与孔子释奠之礼在中古的构建,目的在于观察治道及其偶像在礼制中的表达方式。反过来说,因为礼制是相对稳定、凝固而且富有实践与社会意涵的观念呈现,这也可见圣王与师儒圣人在思想观念和政治表达中相对稳定的内容,新礼制是在这个基础上创生的,并与之保持着深层次的关联。

道从圣王制作、君圣臣师的统合治道一路发展下来,形格势禁,渐在现实中

---

① 欧阳修:《襄州谷城县夫子庙记》,见《欧阳修诗文集校笺》,洪本健校笺,上海古籍出版社2009年版,第1010页。
② 《文献通考》卷四十三《学校考四》,中华书局2011年版,第1270页。

分化为行道与述道两条脉络。两脉叠相交织而道由以传，师者述道的地位上升，体现在礼制上就是先代帝王祀礼和孔子释奠礼的日渐分化成形。先代帝王祭祀和孔子释奠这两个礼制是互动生成的，要理解其一的"所以然"，都要与另一个的发展变化结合起来看，才能比较接近真实情况。了解礼制祭法的体系和细节，深思其背后的祭义规定和考量，复将其置于这个礼制分化成形的过程中去看当时具体的讨论和真实的观念，才能看到对先代帝王和孔子的地位措置。如果仅依某个细节便断论孰高孰低，便不免"断章取义"之嫌。

只有在"圣""师"以及"制作"等观念分化而又保持其本来内涵的变迁特性基础上，才能明白释奠礼制中孔子地位的调适与定格。"大圣师表"正是对孔子开启的由述道而传道的儒家道统身份的恰当标识。这是从礼制上确认治道通过行道与述道两轨来传承的过程。高明士认为唐代贞观礼确定孔圣地位及从祀配享等仪节，是孔子及儒家学统的制度化，可谓于此历史转折有见。但由此认为这是道统与治统分离的结果，是《礼记》"欲由教育树立道统，进而以道统优于治统"之设计的实现，"古来主张所谓的道统高于治统说，在制度上始取得立脚之地"，则不免由错解"圣""师"等概念，而误入视"道统"与"治统"为两分的现代解说格局。①

祭先代帝王和释奠孔子之礼的特点是中古的生成性和过程感，与礼制制作相伴随。汉唐时每次大的礼制改作，帝王与周、孔祀礼都列于其中。在这个不断塑形的过程化的礼制生成，而非祭有定礼的语境中，治道的断续问题是贯穿其中的思想观念线索。秦汉以降，尽管皇帝中不乏英武作圣者，但总的来说已经没有公认的尧舜再世的圣王，与之相伴随的是孔子为祖师的儒家以述道自居并得到认可。但是，对治理和道的理解仍然是整全的。圣王不再的情况下，如何统合这种"分"的局面，表达整全之治道，乃至重新阐释和构建中国本有之治道，就势必会成为庙堂和儒林都不得不面对的问题。在佛家东来，二氏之学影响日盛的情况下，重整儒家信奉的王道正统，使其成为足以抗衡二氏学说的渊源有自、内外整全的自足治道，成为时代召唤。

---

① 高明士：《中国中古的教育与学礼》，台湾大学出版中心2005年版，第542、556、558、560、640页。高明士的基本出发点是论述中古至唐朝为止的教育"努力实践相对性的发展"，即"在既有专制政体之下，推展教育可发展的空间"。（自序，第ⅱ页）这与其持治统、道统两分论具有一致性。

同源异术:张慰慈与张忠绂的政治学谱系及其主权学说论辩[*]

申晚营[**]

摘 要:从知识迁移史的方面出发,重塑留学生在海外的"学术网络",构成了留学内史具体研究的一种基本思路。通过发掘爱荷华大学与约翰斯·霍普金斯大学所藏留学档案,可以清晰钩沉出张慰慈与和张忠绂在美求学时的政治学学科知识生成轨迹,从而对他们在1930年的主权学说论争进行追本溯源的解读。两人的焦点问题是应该倡导多元还是一元主权说,双方虽然代表了不同的学术流派,但接续的都是整个西方政治学界的学术传统。考察这场学术交锋,一方面须将之置入当时世界政治学发展脉络下审视,另一方面要关注不同历史时段归国留学生对中国政治现状和前景的不同反思。

关键词:留学内史;张慰慈;张忠绂;主权学说;知识迁移史

Abstract: From the perspective of knowledge transfer history, reshaping the overseas students' "academic network" constitutes a basic idea for the specific study of the internal history of studying abroad. By exploring the archives of the University of Iowa and Johns Hopkins University, we can clearly understand the track of the genera-

---

[*] 本文写作过程中曾得到以下诸位先生、女士或机构提供的各种帮助:Diana Bachman(Bentley Historical Library, University of Michigan), Pusey Library of Harvard University, James Stimpert (Sheridan Libraries of Johns Hopkins University), Denise Anderson (University of Iowa Libraries),以及Zach Lundquist(中文名:黄浩)先生,特此致谢。

[**] 申晚营,北京外国语大学博士,枣庄学院政治与社会发展学院讲师,主要研究方向为中国近现代史、中国留学史。

tion of political discipline knowledge of Chang Tso-Shuen and Chang Chung-fu when they were studying in the United States, so that we can trace back to the origin of their debate on sovereignty theory in 1930. The focus of the two is whether they should advocate the theory of pluralism or monism of sovereignty. Although they represent different academic schools, they continue the academic tradition of the entire Western political science community. To investigate this academic confrontation, on the one hand, we should put it into the context of the development of world politics at that time, and on the other hand, we should pay attention to the different reflections of returned students on China's political status and prospects in different historical periods.

Key words: Internal history of studying abroad, Chang Tso-Shuen, Chang Chung-fu, Sovereignty theory, History of knowledge transfer

1930年2月，学成归国刚半年的张忠绂在《大公报·政治副刊》上发表文章《主权之研究》，借以批判留美前辈学人张慰慈的代表作《政治学大纲》(第十一章国家的主权)中的观点。① 有关此事，现有学术论著均未涉足。这场学术交际活动不仅牵及两人的主权认识论，还关联到他们的学术方法论、学术交往、师承关系、学科知识基础等各方面内容。② 换言之，对该事件的研究，需要"构建大范围跨国区域"③，探究异域空间对他们的影响，以及该影响"回流"中国后的意义。

---

① 张忠绂在《迷惘集》中提到，1930 年初他和东北大学原同事邱昌渭、张锐"曾在天津益世报办过一政治学副刊。在那个副刊上，我曾经作文，评论我当学生时即已闻名的政治学家张慰慈所作的政治学大纲一书，并指出书中的矛盾"。但该回忆有误，张忠绂错把《大公报》写作《益世报》。他确实在《益世报》上办过"政治副刊"，但也在《大公报》上办过"政治副刊"。其中关联是：1930 年 1 月 7 日，张忠绂等三人创办《大公报·政治副刊》，至 1930 年 5 月 13 日出版终刊，共出版 10 期。5 月之后，由于张氏等人工作变动，"政治副刊"转战平台，天津《益世报》发行，1930 年 5 月 27 日出版第 1 期，至 1930 年 12 月 8 日出版终刊，共计 16 期。10 期的《大公报·政治副刊》中，张氏只发表了一篇文章——《主权之研究》(第 3 期,1930 年 2 月 4 日第 13 版)；16 期《益世报·政治副刊》中，张忠绂共发表了 10 篇文章，且全部是远东国际关系主题。所以，《迷惘集》里提到的针对张慰慈《政治学大纲》一书所作的文章，实际指的是《大公报·政治副刊》中的《主权之研究》一文。参见张忠绂：《迷惘集》，见沈云龙主编：《近代中国史料丛刊续编》第 53 辑，台湾文海出版社 1978 年版，第 98 页。
② 李宗楼、吴汉全等：《中国现代政治学史上的张慰慈》，安徽师范大学出版社 2018 年版，第 5 页。
③ 塞巴斯蒂安·康拉德：《全球史是什么》，杜宪兵译，中信出版社 2018 年版，第 100 页。

一、张慰慈的政治学知识体系建构与学术谱系

张忠绂与张慰慈同为赴美留学生，他们的政治学知识体系皆是在海外留学期间生成的。从留学史研究范式而言，观照留学内容上的"外部研究"（留学之前和之后的阶段、留学制度等）的同时，注重"内部研究"（海外留学活动的全程性研究），将真正接续他们在留学之前与之后知识谱系上的断裂，进而搭建并还原出就两人有关主权问题讨论进行平行比较的平台与历史语境。

（一）张慰慈留美时的爱荷华大学政治学系

张慰慈（Chang Tso-Shuen，1893—1976）于 1912 年赴美，五年的留学生涯（1913—1917）全部在位于美国中西部的爱荷华大学（University of Iowa）度过：1913 年注册，在文学院政治学系下学习；1914 年 7 月获学士学位后升入研究生院，主修政治学；1915 年获硕士学位后继续攻读博士学位；1917 年夏获博士学位后回国，旋即执教北京大学。

在爱荷华大学，张慰慈能够系统接受政治学学科各领域的专业训练。该校政治学系 1913—1917 年开设的课程统计见表 1：

表 1　1913—1917 年爱荷华大学政治学系课程开设一览表

课程代码、名称	课程简介	任课教师
3. 政治学导论（Introduction to Political Science）	政治学与社会科学研究概论，包括人类起源和进化、人类进步的基本规律以及政治和社会制度的起源和发展等	香博（B. F. Shambaugh）
4. 现代政府论（Modern Government）	英国、法国、德国和瑞士等国的现代政府所体现的政治学要素的研究。比较法	
110. 宪法学（Constitutional Law）	对美国成文宪法和司法判决中体现的政府性质、原则和权力的考察。将阅读和讨论宪法中的主要案例	
201，202. 比较政府学（Comparative National Governments）	对世界主要国家政府的比较研究	
203. 行政学（Administration）	对法国、德国、英国和美国行政管理的比较研究	

续表

课程代码、名称	课程简介	任课教师
206. 美国政治思想（American Political Ideas）	美国思想家的政治思想研究，如亚历山大·汉密尔顿（Alexander Hamilton）、托马斯·杰斐逊（Thomas Jefferson）、约翰·C. 卡尔霍恩（John C. Calhoun）和丹尼尔·韦伯斯特（Daniel Webster）	香博
207, 208. 政治学研究（Research in Political Science）	准备读研的学生可以选定政治学专题研究	
IV. 政治学与爱荷华史（Research; Political Science and Iowa History）	为准备从事研究生工作的学生概述政治学和爱荷华州历史方面的知识。预约上课	
V. 研究方法论（Methods of Research）	关于研究方法、专著编写和手稿编辑的研讨会。对从事政治学和爱荷华州历史研究的研究生开放	
109. 法理学（Jurisprudence）	对法律的性质、定义、分类和划分的研究，包括罗马民法和英国普通法的历史和基本原则研究	香博；雅各布·范德泽（Jacob Van Der Zee）
5. 英国政府论（The Government of England）	对英国宪法的发展和性质的研究，包括对当代英国政治和问题的思考	雅各布·范德泽
120. 普通法（The Common Law）	探讨英美的法和法理学的性质，并追溯英美普通法制度的历史发展。将关注英美的法律改革运动	
1. 美国政府论（American Government）	对美国政府在国家、州和地方各级的组织和实际运作的初步研究。讲座、课本和图书馆读物。新生必选课	雅各布·范德泽、弗兰克·E. 霍勒克（Frank E. Horack）
101. 政党研究（Political Parties）	主要研究美国政党制度的起源、原则、组织、职能和活动	弗兰克·E. 霍勒克
102. 市政研究（Municipal Government）	市政建设和市政问题的一般性研究，以美国为主，兼谈与欧洲经验的一些比较	
107, 108. 妇女的政治和法律地位研究（Political and Legal Status of Women）	对"妇女权利"或"女权主义"运动的总体调查，特别是对美国妇女的法律权利和政治地位的研究。第二学期，本课程将讨论这个国家和其他国家妇女面临的更重要的政治、政治经济和政治社会问题；也有议事会议的规则和惯例	

续表

课程代码、名称	课程简介	任课教师
111. 国际法（International Law）	对国际法的性质、来源和制裁的研究。上课方式：讲座、说明性案例、指定阅读材料和报告	弗兰克·E. 霍勒克
112. 美国外交（American Diplomacy）	对美国条约关系的研究，对国际法原则的适用，以及对美国外交政策的总体考虑，包括通过外交渠道推进和平运动	
122. 市政管理（Municipal Administration）	对美国市政管理原则和方法的研究	
205. 政治哲学（Political Philosophy）	从亚里士多德到斯宾塞的政治哲学研究	
119. 南美洲共和国研究（South American Republics）	本课程包括对南美洲各共和国的起源、政治制度和当前前景的研究，特别是它们与美利坚合众国的关系	
103，104. 现代立法（Contemporary Legislation）	对一些更重要的当代政治、政治经济和政治社会问题的实践研究，这些问题目前正在通过立法寻求解决方案	奥迪斯·K. 巴顿（Odis K. Patton）
105. 议会法律和惯例（Parliamentary Law and Practice）	通过使用手册和实际实践工作，对学生进行审议机构规则和实践方面的培训。对爱荷华州大会和美国国会的程序给予了一些关注	
106. 县乡政府研究（County and Township Government）	美国地方政府和行政的起源和演变研究。重点将放在爱荷华州县和乡镇政府的组织和实际工作上	
113. 国际政治学（World Politics）	对欧洲、加拿大、墨西哥、南美和南非主要政治潮流的研究，包括对世界联盟、爱尔兰自治、门罗主义、国际和平和裁军等问题的思考	苏丁德拉·博斯（Sudhindra Bose）
114. 殖民地政府研究（Colonial Government）	对菲律宾、夏威夷、运河区、波多黎各和古巴等的政府、教育和商业问题的研究	
115，116. 东方政治与文明（Oriental Politics and Civilization）	对东方文明的全面考察，特别是关于日本、中国和印度觉醒过程中的政治、社会、经济和宗教因素，包括对东方和美国之间政治关系的考察	

续表

课程代码、名称	课程简介	任课教师
123,124. 政治学文献阅读（Reading in Political Science）	为了满足学生的个性化需求，本课程将提供特殊的阅读参考	香博；弗兰克·E. 霍勒克；雅各布·范德泽；苏丁德拉·博斯；奥迪斯·K. 巴顿
7(8). 爱荷华州历史与政府（Iowa History and Government）	对爱荷华州历史、人口、资源和机构的初步研究。讲座、教科书和图书馆阅读	约翰·埃利·布里格斯（John Ely Briggs）
117. 爱荷华州历史导论（Introduction to Iowa History）	对爱荷华州早期历史的研究，涉及西进运动、主权和从属管辖权、印第安部落、第一批白人定居点以及爱荷华领土的组织	丹·E. 克拉克（Dan E. Clark）
118. 爱荷华州历史与政治（Iowa History and Politics）	对爱荷华州从1838年至今的历史、政府和政治的研究	
209,210. 爱荷华州历史研究（Research in Iowa History）	对爱荷华州历史中特定主题的研究，开放给可能准备从事高级研究生工作的学生修读	
125,126. 爱荷华州历史阅读（Reading in Iowa History）	概述特殊的阅读内容，以满足学生的个人需求	香博；丹·E. 克拉克

资料来源：*General Catalog Collection 1914-1915; 1915-1917*, Special Collections & University Archives, RG01.0008.001. TN: 24004。本表依据第119、220—223、241—245、284—285页整理而成。

政治学系创办于1900年，主任一职长期由该系创始人香博（1871—1940）教授充任。香博，爱荷华州克林顿郡人，1888—1892年就读于爱荷华大学，起初研究希腊史，后转向爱荷华州地方史。1893—1895年在宾夕法尼亚大学深造，主修政治学。1895年3月博士毕业前夕收到爱荷华大学的教职邀请，被聘为"政治学和历史学研究员"（fellow in Political Science and History）[①]。1895年4月前往德国游历，1896年1月返回到爱荷华大学执教，1900年该校院系调整后成为政治学系主任，截至1916年，他一直是政治学系唯一的教授。香博的政治学

[①] Concord, Rebecca, *Benjamin Shambaugh and the Intellectual Foundations of Public History*, Iowa City: University of Iowa Press, 2002, p. 42.

研究方法属于历史比较法一脉，即主张重视"历史比较分析，致力于研究国与国之间的制度比较和制度与制度之间的比较，并从各国制度的历史变迁中提炼出普遍化法则"，该学派名言就是"历史是过去的政治，政治是现在的历史"。① 他使用"应用历史"（applied history）一词统摄历史比较法的研究理念，认为将"应用历史"用到爱荷华州和地方历史的研究上，最完美不过。②

1913年张慰慈到爱荷华大学注册留学时，政治学系师资队伍已扩展至7人：香博教授、弗兰克·E.霍勒克副教授（1916年晋升教授）、雅各布·范德泽博士、丹·E.克拉克、苏丁德拉·博斯（印度裔）博士、奥迪斯·K.巴顿和约翰·埃利·布里格斯，授有政治哲学、法学、政治思想史、国际关系、市政学、爱荷华地方史等领域课程。③ 教师群体里，除博斯博士外，其余5人都是香博的学生。故此，爱荷华政治学系，实际形成了一个由香博领头的擅长美国地方史志与政治制度研究（包括市政研究）的政治学学术团体。

依照政治学系规定，"高等学位候选人应就其研究工作与系主任协商。获得高等学位的课程可以是政治学或爱荷华州历史。任何一个方向的研究都将根据学生的需求进行指导"④。1914年，张慰慈要选题作硕士论文。此时，正值香博带领系内师生为《美国政府百科全书》（*Cyclopedia of American Government*）编撰词条，释义市政学词汇。⑤ 加之，市政研究本身就是该系优势学科，受这些因素的影响，张慰慈选择了市政主题作论文（题目是"美国市政府的自治宪章制度"

---

① 孙关宏、胡雨春、任军锋主编：《政治学概论》，复旦大学出版社2003年版，第21页。
② Concord, Rebecca, *Benjamin Shambaugh and the Intellectual Foundations of Public History*, Iowa City: University of Iowa Press, 2002, p. 34.
③ 回国后的张慰慈，著有《英国选举制度史》（商务印书馆1923年版）、《政治学大纲》（商务印书馆1923年版）、《政治概论》（商务印书馆1924年版）、《市政制度》（东亚图书馆1925年版）、《政治制度浅说》（神州国光出版社1930年版）、《宪法》（商务印书馆1933年版）等书，译有《妇女论》（神州国光社1930年版）、《现代民治政体》（商务印书馆1931年版）等书。对照表1，张慰慈回国后的学术研究领域，基本与他在美留学期间修读的课程一脉相承。一些译著，或是摘录自他的硕、博士学位论文，如《市政制度》《美国城市自治的约章制度》（《新青年》1920年第7卷第2期）等，或是脱胎于他所选修课程的课堂讲义，如《妇女论》《政治概论》《政治制度浅说》《政治学大纲》等。
④ *General Catalog Collection 1914-1915; 1915-1917*, Special Collections & University Archives, RG01.0008.001. TN: 24004, p. 119.
⑤ Concord, Rebecca, *Benjamin Shambaugh and the Intellectual Foundations of Public History*, Iowa City: University of Iowa Press, 2002, pp. 222-225.

[Home Rule Charter System of American Municipal Government]①)。

社会活动方面,1915 年张慰慈加入爱荷华州世界主义俱乐部(Cosmopolitan Club)。世界主义俱乐部,也称国际学生联合组织(International Student Unity)。19 世纪末世界主义运动由欧洲传播到美国,受到了在美求学的外国留学生的追捧。1903 年后美国各地效仿意大利的国际大学生联盟的组织形式,建立了世界主义俱乐部。爱荷华州世界主义俱乐部成立于 1908 年,总部设在爱荷华大学,宗旨是促进国际学生之间的交流,加入者多为爱荷华本地学生和外国留学生。②

图 1 1915 年张慰慈与爱荷华州世界主义俱乐部成员合影

注:从上到下,第一排左二为张慰慈,第五排右四为政治学系老师苏丁德拉·博斯。
照片来源:University of Iowa Hawkeye Yearbook, 1915, Hawkeye Yearbook Collection, RG02.0010, Student Publications, Inc., p. 326。

(二) 张慰慈知识体系建构里的韦罗璧 (W. W. Willoughby) 因素

张慰慈的代表作,非《政治学大纲》(1923 年初版)莫属。关于这本书,张慰慈在序言里写道:"这一本书的稿子原来就是国立北京大学政治学这一门功课的讲义。"③ 1947 年杨幼炯曾对该书溯源:"北京大学丛书中有张慰慈所著《政治学

---

① Theses and Dissertations, Presented in the Graduate College of the State University of Iowa, 1900 - 1950, State of university of Iowa libraries, 1952, p. 250.
② Organizations and Clubs Vertical Files, Special Collections & University Archives, University of Iowa Library, Folder: Cosmopolitan Club, RG01.0015.002 TN: 24000.
③ 张慰慈:《政治学大纲》,商务印书馆 1923 年初版/1925 年三版,序,第 1 页。

大纲》为我国销路最广之政治学著作。此书以 R. G. Gettell：*Introduction to Political Science*（按：中文译本《政治学》①）为蓝本。"②

基特尔（R. G. Gettell，1881—1949），又译为葛退尔、吉达尔、格特尔等，美国政治学家。早年曾供职于三一学院（Trinity College in Hartford）、阿默斯特学院（Amherst College）。1923年搬到伯克利，接任加利福尼亚大学政治学系主任。③

20世纪20年代，中国政治学尚处早期发展阶段，学人们编译国外学者政治学著述充作上课讲义或者出版的现象屡见不鲜，实乃常态。张慰慈之所以青睐《政治学》，是因为该书本就是他在爱荷华大学留学时的上课教科书：首先，《政治学》是基特尔为美国高校大学生编写的一部政治学教材，④它自1910年出版以来风靡全美，为多所高校引为教学教材。其次，爱荷华大学政治学系7位教师擅长市政学或爱荷华史研究，却无一人写有政治学通论性著作。结合表1，诸如香博教授的"政治学导论"（Introduction to Political Science）等课程就需要引入他者著述。最后，从自序《政治学大纲》的渊源可知，张慰慈1917年初执教北京大学时就已知晓《政治学》。也就是说，他对后者的了解始于在美留学期间。综上而言，张慰慈在爱荷华大学读书时曾修读了基特尔的这本书。

基特尔集彼时美国政治学界学术名家研究之长，其中尤重吸收韦罗璧的思想。韦罗璧（1867—1945），约翰斯·霍普金斯大学政治学系主任，创建美国政治学科的第一代政治学人，1912—1913年间任美国政治学会主席，为19世纪末、

---

① *Introduction to Political Science*, Boston：Ginn & Co., 1910. 除为张慰慈倚之编著《政治学大纲》外，还被孙一中翻译成《政治学》（上中下）一书，1933年由上海大东书局刊行。
② 杨幼炯：《当代中国政治学》，上海胜利出版公司1947年版，第42页。
③ 基特尔是民国学人比较熟悉的政治学者，他的著作在当时国内颇具影响。据孙寒冰称："就我所知道的，已有许多大学采用他的教本。"（张泽贤：《五十浦东人的民国版本》下卷，上海远东出版社2017年版，第514页。）北京大学《政治学原理》课程参考书便包括有基特尔的 *Reading in Political Science* 与 *Theory of the State*。（王向民：《民国政治与民国政治学——以1930年代为中心》，复旦大学，博士学位论文，2005年，第58页）此外，他的 *History of Political Science*（New York：The Century Company, 1924）一书则被翻译成多个版本。陆国香·冯和法翻译原书的第15—31章，名之为"近代政治思想史"，1930年10月由上海黎明书局刊行；李圣越译有全本，名之为"政治思想史大纲"，1930年5月由上海启智书局刊行；戴克光翻译全书，名之为"政治思想史"，1930年由上海神州国光社刊行，1931年再版，1933年三版。
④ 基特尔：《政治学》，孙一中译，大东书局1933年版，原序，第2页。

20 世纪初政治学界"祭酒"式人物。① 韦氏是英国奥斯丁分析法学学派在美国的代表,他定义主权为国家的最高意志(the supreme will of the state),并"批评社会契约说,以为除非在国家法律之下,权力是不能存在的。他视国家为一种法律人格,自有其本身的种种权力和种种义务。他拥护绝对的不可分的主权观念,并把主权赋之一切表示国家意志的机关"②。

《政治学》一书最能体现韦氏思想的地方有两处:一、开篇引述了韦氏的政治学四分类法,即 1. Historical Political Science—the origin and development of political forms; 2. Political Theory—a philosophic study of the fundamental concepts of the state; 3. Descriptive Political Science—an analysis and description of existing political forms; 4. Applied Political Science—the principles that should control the administration of political affairs, the proper province and functions of government。③ 韦氏以之为纲目,架构为书框架结构,统领全文

图 2 韦罗璧签名照

注:照片中英文为 Very Sincerely Yours. W. W. Willoughby。特别感谢 Zach Lundquist(中文名:黄浩)先生辨别照片中的英文。

照片来源: https://www. google. com. hk/search? q = w. w. willoughby &newwindow = 1&source = lnms&tbm = isch&sa = X&ved = 2ahUKEwiNxLj O38f0AhWRJjQIHaudCiQQ_ AUoAno-ECA EQBA&biw = 1366&bih = 625 # imgrc = rZHqxeTzDy-tiM。

---

① 韦罗璧有个双胞胎兄弟韦罗贝(W. F. Willoughby, 1867—1960),后者也是一位出色的政治学家,在 1914 年(早于韦罗璧)到达中国,担任袁世凯政府宪法顾问。张忠绂在约翰斯·霍普金斯大学的第一学年(1927—1928 年秋季学期),韦罗贝担任公共行政原论(Principles of Public Administration)课程讲师。韦罗璧的本、硕、博时光都是在约翰斯·霍普金斯大学度过,从 1885 年直至 1891 年获得博士学位(论文题目为"美国最高法院:历史及其对宪政制度的影响"[The Supreme Court of the United States: Its History and Influence on Our Constitutional System])。1891—1893 年间跟随其父在华盛顿区做见习律师,1893 年回母校执教,其后创立政治学系。1895 年出版 The Nature of the State,并凭借此书跻身美国一流政治学者之列,1924、1930 年又出版了 The Fundamental Concepts of Public Law 和 The Ethical Basis of Political Authority,完成政治哲学"三部曲"。1920 年起开始指导中国留学生,到 1932 年卸任政治系主任时一共带出了 13 位博士,分别是鲍明钤、谢保樵、曾友豪、魏良声、伍朝光、林纯元、张忠绂、张凤祯、梁朝威、赵锡麟、张沅长、徐国懋、王镜澄。
② 雷蒙德·G. 葛退尔:《近代政治思想史》,陆国香、冯和法译,河南人民出版社 2016 年版,第 209 页。
③ 参见 Willoughby, W. W., *The Nature of the State*, New York: Macmillan & Co., 1896, pp. 4-5; Gettell, R. G., *Introduction to Political Science*, Boston: Ginn & Co., 1910, p. 4。

书写逻辑。二、论及主权时(第十一章 国家的主权),有关主权之性质(the nature of sovereignty)及其之所在(the location of sovereignty)问题的讨论,基本辑录于韦氏 The Nature of the State 一书第九章"The Power of the State: Sovereignty"中,以阐发他的一元主权观念。①

由之而言,韦氏的政治学思想,经由基特尔的《政治学》一书实际参与进张慰慈在美留学期间的知识体系建构过程。最明显的是,回国后张慰慈以《政治学》为蓝本编译《政治学大纲》时,沿袭了前书的框架结构,并将韦氏的政治学四分类分别译作:"(甲)说明国家性质是怎样的,组织是怎样的——叙述的政治学。(乙)历叙国家如何发生,如何进化——历史的政治学。(丙)研究政治中普通的根本观念,和原理原则——纯理的政治学。(丁)讨论现在的国家应该怎样组织,怎样管理——实用的政治学。"②

(三)《政治学大纲》(1923年初版)中张慰慈的主权认识论

对比《政治学》与《政治学大纲》可以发现,张慰慈在美接受一元主权学说的训练,回国之后却是推崇多元主权学说,且极力批判一元说。这一转变的政治学大背景是"一战"结束后多元主权学说在全世界范围内的流行与传播。张慰慈批判一元主权学说纯粹是一种"悬(玄)想","如果照实际的政治说,这种理论实在是没有根据的";③ 认为主权并不是神圣不可侵犯的最高权力,④ 它既不是"绝对的东西",也不是国家的特质(独占性),更不是不可分的:⑤

> 主权既然不是国家特有的东西,那么我们现在除掉列举某种事项(如外交国防国税币制宣战媾和等事项)归中央主权支配外,其余一切保留的权力都应该由地方主权支配。中央和地方冲突,毛病在权限分不分,不在主权单一不单一。如果一省做一省主权以内应做的事项,一国做一国主权以内应做的事项,推广起来……各尽各的职责,不是一个顶好的分工协作的社

---

① 基特尔:《政治学》,孙一中译,大东书局1933年版,第144—147页。
② 张慰慈:《政治学大纲》,商务印书馆1923年初版/1925年三版,第5页。
③ 张慰慈:《政治学大纲》,商务印书馆1923年初版/1925年三版,第179页。
④ 张慰慈:《政治学大纲》,商务印书馆1923年初版/1925年三版,第179页。
⑤ 张慰慈:《政治学大纲》,商务印书馆1923年初版/1925年三版,第184—185页。

会吗?①

上述结论里,张慰慈提出主权要分立,"一省做一省主权以内的事情"。从当时中国国情来看,这一主张明显有为兴起的"联省自治"运动作政治学理背书的心思,是一种基于现实需要考虑的提议。现实需要以及其本身学术视线重视地方②(表1中爱荷华州史课程与市政研究)的特性,明乎此便很容易理解,缘何在多元主权学说大行其道之后张慰慈会倾向于它。

张慰慈阐发的主要是拉斯基的多元主权思想,时间上是在1917年他学成归国之后。西方政治学史上,整个19世纪都是一元主权学说的世纪,社会有机体、法律的国家论、公共意志说以及社会主义说等促成统一的国家主权说以横行政治学界。③ 到20世纪初,一些从否认国家至高无上地位出发反对国家主权说的学者形成明确的多元论观点。法国学者狄骥(Léon Duguit,1859—1928)和英国学者拉斯基(Harold J. Laski,1893—1950)是该学说的主要代表人物。狄骥将法国学者涂尔干(Émile Durkheim,1858—1917)等人的社会学方法引入法学研究领域,开创了"公共服务学派",并在《公法的变迁》(Les Transformations Du Droit Public,1913)一书中阐发了明确的多元主权观。拉斯基1914年牛津大学毕业后去往加拿大麦基尔大学担任历史学讲师,教学之余翻译了狄骥的《公法的变迁》,接续了后者的思考。拉斯基继承"狄骥的着重社会连带性和主权受法律的限制等的法律学说"④,将实验哲学和实证社会学汇聚一处,借以批判绝对主权理论。1917—1924年间,拉斯基"作为一个典型的政治多元主义者出现于欧美政治学界",他指出一元的主权概念有两个根本性的错误:第一,这种至高无上的主权实际上是根本没有的;第二,它在伦理上也是站不住的(按:从这两点也可以看出张慰慈

---

① 张慰慈:《政治学大纲》,商务印书馆1923年初版/1925年三版,第186页。
② 一元主权与地方自治冲突。1919年张奚若在《主权论沿革》一文中介绍狄骥与拉斯基的多元主权思想时表示:"主权论,历史上中央集权制下之政论也。今日地方自治制,日见发展。国家主权说,与之到处冲突。妨害社会进化,良非浅鲜。"张奚若:《主权论沿革》,《政治学报(上海1919)》1919年第1卷第1期。
③ 雷蒙德·G. 葛退尔:《近代政治思想史》,陆国香、冯和法译,河南人民出版社2016年版,第383—384页。
④ 雷蒙德·G. 葛退尔:《近代政治思想史》,陆国香、冯和法译,河南人民出版社2016年版,第392页。

接续拉斯基的思想逻辑以批判一元说)。①

最早接触拉斯基等的思想的中国学人是在美留学生。1919年,时在哥伦比亚大学修读政治学的张奚若著《主权论沿革》②,提及国内学人对主权的认识:"主权论在西洋政论上占一特殊地位。其影响于古今政治思想及政治改革者亦最大。凡读西文政论书籍者,当不以此言为谬。近年来中国政治革新,学者多研究西洋政治学理。惟于政治学上最关重要而且最饶趣味之主权论,则问之者殊寡。今特作是篇,冀引起学者研求学理之兴趣。"③ 直到1922年,张慰慈才撰文专论多元主权论,称:"现今政治哲学方面最重要的争点就是主权论。主权论的学说共有两种:一元说的和多元说的主权论。……主张多元说的主权论的还将要推法国的狄格(Diguit)和英国的拉斯基(Laski)两个人。"他认为,主权论的发展趋势就是"从一元的主权论到多元的主权论"。④ 故言之,张慰慈在《政治学大纲》中批判一元主权学说也是本着事物发展进化的眼光看待问题,从一元论到多元论主张的变化发生在1917—1922年之间。

二、张忠绂的学术谱系与主权认识论

之所以特意强调张慰慈知识体系建构过程中的韦罗璧因素,是因为韦氏恰好为张忠绂读博时(1927—1929)的导师,两人一定程度上可以说是"师出同源"。张忠绂曾称,韦氏是政治哲学、美国宪法与远东政治学的权威。⑤ 从时间、空间交互关系上看,张忠绂早在入读约翰斯·霍普金斯大学之前就已闻韦氏之名。1915—1923年张忠绂在北京清华学校读书时,韦氏也恰在中国活动,是颇具影响力的在华外国人。除却接替古德诺(Goodnow,1859—1939)担任中华民国总统府顾问(1916—1917)外,韦氏还以中国政府顾问身份参加过巴黎和会(1919)、

---

① 俞可平:《拉斯基国家思想演变初探》,《厦门大学学报》(哲学社会科学版)1985年第3期。
② 张奚若(1889—1973),1913年赴美国哥伦比亚大学学习,1917年获得学士学位,1919年获政治学硕士学位。1919年张奚若在美国读书时撰写了《主权论沿革》一文,将之寄回国内后由他的夫人,时在上海读书的杨景任女士经办,发表在《政治学报(上海1919)》第1期。
③ 张奚若:《主权论沿革》,《政治学报(上海1919)》1919年第1卷第1期。
④ 张慰慈:《多元的主权论》,《努力周报》1922年9月10日第4版。
⑤ 惠劳倍:《日本的罪状》,沈錡译,正中书局1941年版,第7页。

华盛顿会议(1922)等,并兼中国驻美大使馆顾问。他曾和美国驻华公使芮恩施①等一道筹办中国社会政治学会,常与中国以及各国在华学者讨论中国政治问题。② 1922年,为表彰韦氏在华盛顿会议期间所作的贡献,中华民国总统府特令授予他一等嘉禾章。③ 1924—1925年张忠绂在美国密歇根大学读书时,韦氏的学生哈特(James Samuel Hart, 1896—1959)是张忠绂的"美国政府学"(American Government)课程的授课老师。④

约翰斯·霍普金斯大学档案中并无张忠绂选课、上课的正式记录。张忠绂称:"到霍布金斯注册时,我的学分原已超过念博士学位所要求的规定。但为作论文,我需要到华盛顿去用国会图书馆。韦罗伯教授向我说,任何学校都有住校至少一年规定,你虽然足够学分,但至少仍需在本校住半年,旁听几门课,等到寒假再去华盛顿开始作论文罢。"⑤

表2 1927—1928学年秋季学期约翰斯·霍普金斯大学政治学系课程表

课程	课程简介	任课教师
比较宪法学(Comparative Constitutional Law)	讨论宪政原则,并对现代政府制度进行分析和比较 1927—1928学年上学期,每周两小时	韦罗壁教授
伦理政治理论(Ethical Political Theory)	讨论政治权威的伦理基础、合法程度以及行使政治权威应遵循的原则 1927—1928学年上学期,每周两小时	韦罗壁教授

---

① 芮恩施(Paul Samuel Reinsch, 1869—1923),美国学者、外交官。1898—1913年任美国威斯康星大学政治学教授,1913—1919年出任美国驻华公使,1919年辞职后受聘为北洋政府法律顾问,1923年因突发脑溢血病逝于上海。

② 芮恩施:《一个美国外交官使华记》,李抱宏、盛震溯译,北京文化艺术出版社2010年版,第211页。另,韦氏关于中国政治问题的部分看法可见韦罗璧、韦罗贝:《中华宪法平议》,万兆芝译,上海中华书局1919年版。

③ 嘉禾章,中华民国政府勋赏体系奖章之一种,设于1912年7月,共分九等(一等最高),授予那些有勋劳于国家或有功绩于学问、事业的人,授予等级按授予对象的功勋大小及职位高低酌定。韦氏授章令参见《大总统令:兰辛韦罗璧均给予一等大绶嘉禾章 韦罗贝邬尔锐英格束均予三等嘉禾章此令》,《政府公报》1922年第2215号。

④ Catalogue of the University of Michigan 1924-1925, Ann Arbor: The University of Michigan Press, 1925, pp. 401-404.

⑤ 张忠绂:《迷惘集》,见沈云龙主编:《近代中国史料丛刊续编》第53辑,台湾文海出版社1978年版,第53页。

续表

课程	课程简介	任课教师
公共行政官员法（The Law of Public Administrative Officers）	采用案例教学法 1927—1928学年全年，每周两小时	古德诺校长
公共行政原论（Principles of Public Administration）	审查在政府行政部门，尤其是美国的组织和运作中应遵循的原则 1927—1928学年全年，每周一小时	韦罗贝教授
法律冲突的逻辑和法律基础（The Logical and Legal Basis of the Conflict of Laws）	采用研讨课方法 1927—1928学年全年，每周两小时	库克（W. W. Cook）教授
美国外交史（American Diplomacy）	美国从建国到现在的外交政策概览 1927—1928学年上学期，每周两小时	拉塔内（Latané）教授

资料来源：*The Johns Hopkins University Circular: Faculty of Philosophy 1925-1926, with Announcements of Courses for 1926-1927*, The Johns Hopkins Published, 1926, pp.71-73；*The Johns Hopkins University Circular: Faculty of Philosophy 1926-1927, with Announcements of Courses for 1927-1928*, The Johns Hopkins Published, 1927, pp.63-65。

有关政治学系开设的课程，哈特回忆称："1919—1921 年，当时我还是该系的研究生，韦罗壁教授每周做两次讲座，并定期举办一次研讨课（seminary），而古德诺校长则通过案例系统，教授两个小时的宪法或行政法课程，导师的双胞胎兄弟韦罗贝博士每周从布鲁金斯学会（Brookings Institution）来一次，提供一些本科指导并进行研究生讲座。这些都是政治学系研究生的主要课程。"[①]

由于是旁听，很难判断张忠绂具体上了哪几门课程，但就其学术追求和导师影响力两方面来看，韦氏的"比较宪法学""伦理政治理论"和拉塔内的"美国外交史"等应会受到张氏的青睐。其中，"伦理政治理论"讲义后被韦氏整理成《政治权威的伦理基础》（*The Ethical Basis of Political Authority*, New York：The Macmillan Company, 1930）一书，构成了他的政治哲学"三部曲"，书中韦氏多处引用了 *The Nature of the State* 和 *The Fundamental Concepts of Public Law* 中的内容，重申了其一贯的政治主张。这门课程给张忠绂最大的收获就是他可以深刻了解韦氏30余年来的政治思想。

---

① Hart, James, "Westel Woodbury Willoughby (1867-1945)," *The American Political Science Review*, Vol.39, No.3, 1945.

在《政治权威的伦理基础》一书中，韦氏用了四章篇幅驳斥多元学说（political pluralism），先后批判了狄骥、克拉勃（Hugo Krabbe，1857—1936）与拉斯基的政治主张。① 韦氏称：有些学者虽口称主权问题是法学家的专有领域，实际上却用伦理理论来定义解释它。主权的所在最终表现在立法上，法律于国家万能。② "如果这种不愿意断言国家法律万能性的想法只是在未经训练的人头脑中发现的，那么就不值得再详细讨论这一点，但是，我们发现这一点竟会存在于杰出学者甚至法学家的著作中。"③ 在韦氏看来，主权与国家的地位是不可撼动的。韦氏不遗余力地批判多元学说使得他和拉斯基的关系非常糟糕。拉斯基曾在韦氏 *The Fundamental Concepts of Public Law*（New York：The Macmillan Company, 1924）一书的书评中坦言道：韦罗璧明确地将他的名字与异端邪说（heresies）并列一起，而他则视韦氏为站在战争另一端（on the other side of the battle）的对手。④

尚不清楚韦氏对多元主权论的敌视于张忠绂影响有多深，但从《主权之研究》一文来看，他抱持一元主权说，并明显是在接续韦氏的政治哲学思想基础上谈论主权问题的。首先，文章开篇从"法律与政邦高下的问题"的角度探究主权的起源：

> 在政治哲学上面有一个很重要的问题，很重要的争执。这个很重要的问题，就是法律与政邦高下的问题。有的人以为法律与政邦高，法律的权威，在政邦之上。有的人以为政邦比法律高，政邦的威权，在法律之上。
>
> ……………
>
> 法律既是政邦制定的，政邦既是高于法律，则政邦自不受法律的限制。政邦的最高意志也不受法律的限制。这种最高的意志的命令就是法律。法律就是表现这种最高的意志的工具。这种最高的意志是只有一个的；否则不成

---

① Willoughby, W. W., *The Ethical Basis of Political Authority*, New York：The Macmillan Company, 1930, pp. 380-427.
② Willoughby, W. W., *The Ethical Basis of Political Authority*, New York：The Macmillan Company, 1930, p. 381.
③ Willoughby, W. W., *The Ethical Basis of Political Authority*, New York：The Macmillan Company, 1930, p. 384.
④ Laski, Harold J., "Review：The Fundamental Concepts of Public Law," *Political Science Quarterly*, Vol. 40, No. 4, 1925.

为最高的了。这个最高的意志,就是近世学者所谓的主权。①

强调法的地位及法与国家(政邦)的关系,并认为"命令就是法律"的观点,表明张忠绂遵循的是奥斯丁分析法学学派的传统阐释。奥斯丁(John Austin,1790—1859),19世纪英国分析法学的首创者,现代英国法理学之父,曾在德国历史法学派的著名代表萨维尼(F. C. von Savigny)的门下学习法律,后又求教于边沁、詹姆斯·密尔等,其学术思想主要渊源于霍布斯与边沁。1826年奥斯丁担任伦敦大学教授,主讲法理学,创立分析法学学派,故称之奥斯丁分析法学学派。"奥斯丁的学说差不多是建筑在他的法律性质论的基础上面;他对于法律下了一个概括的定义说:法律是'优越者对于劣弱者所发施的命令'(command given by a superior to an inferior)"②,这也就是所谓的"法律命令说"。前已述及,韦氏是英国奥斯丁分析法学学派在美国的代表。可以想见,张忠绂的分析法学理路当受到了韦氏的影响。

其次,文章主体部分通过对主权之性质(the nature of sovereignty)问题的讨论,张忠绂给出了多元论者批判一元主权学说的五种理由。③ 同韦氏一样,张忠绂也认为多元论者没有从法律的观念出发阐释主权,并认为这是张慰慈批判一元学说的根源。由之在反驳多元论者(拉斯基、张慰慈等)对一元学说的"误解"时,韦氏讽刺多元学说是以伦理立证,张忠绂则用类似的话语挖苦主张多元学说的人"大多根据于事实的立场":

> 批评单元主权说的学者,以为政团的意志,不是政邦领土内最高的意

---

① 张忠绂:《主权之研究》,《大公报·政治副刊》第3期,1930年2月4日第13版。
② 迦纳:《政治科学与政府 绪论 国家论》,孙寒冰译,东方出版社2014年版,第235页。
③ 张慰慈《政治学大纲》批判一元主权学说的观点表征在政治哲学学理上,具体有二:一是主权的非绝对性,或言之为主权并不是神圣不可侵犯的最高的权力;二是主权的非唯一性(主权非为国家所特有)。这两个观点也是多元主权学说的主要论点。多元主权学说的特点在于重视国家内部的各种团体的地位,认为国家并不是至高无上的,法律高于国家。国家的根本特性,与其说是主权,则毋宁说是公共事务。主权既不是绝对的,也不是不可分的,主权必须为公共团体分有,非国家所独有。与之相对,视主权为国家专属的国家主权则成了一元主权学说。多元主权学说攻击并否定国家对于国内团体的超然关系,实际上从根本消解了一元主权学说的立论基石,后者也就成了一种"玄想学说"。从一元主权学说来看,张慰慈提到的上述两个观点论及主权之性质的问题。从法的观念入手讨论主权之性质的问题成为张忠绂文章的逻辑起点。

志。政邦的领土内,并没有一个唯一的,万有的,无限制的,最高的主权。更谈不到这个主权有永久的,不可授与的,不可分的,各种特质。主张这种反对派学说的人,就是多元说的学者。而这派学说就是多元说。主张这派学说的人,大多根据于事实的立场。①

再次,在结论处涉及主权的性质之无限制性问题时,张忠绂提到他对国际公法的认识:"严格的讲国际公法,在今日尚未成为法律。政邦之所以不敢完全违背国际公法者,并不是怕受法庭的惩罚,而是怕违背国际间的道德而受舆论的指责。"② 韦氏也有相同表述:"严格地来说,所谓的国际'权利',根本不存在。"(International 'rights', strictly speaking, do not exist.)③其背后的政治学理逻辑是:由于国家具有至高无上的地位与绝对的、不可分的主权,加之法律源于命令,因此便不会有超越国家的存在以法的形式规范国家的行为,一国对国际法以及国际合约是否服从完全依凭本国的意志。这一认识引渡到国际关系领域,即演绎出国际无政府状态观念,它构成了张忠绂研判国际局势的一个基本前提。

最后,张忠绂延续了分析法学学派"着重明晰的定义以及名词的精细区别"④ 的分析传统,在解说主权的主体 state 时,将之翻译成"政邦",而非像张慰慈那般将之译为"国家"。在《主权之研究》一文中,全篇未见有"国家"字样。也就是说,关于 state 的政治学理解,两人是完全不一样的。

1929 年,李璜曾就 state 的翻译向张慰慈提出异议:"普通政治学的著者(如张慰慈先生等)便译'那逊'(nation)为民族,译'斯达特'(state)为国家。我以为译'斯达特'为国家不大妥,因为这样称呼,则部落时代的政治社会也得成为国家,殊不类也。故我译为'政治社会或政邦','那逊'为国家。"⑤ 为解释 state 一词的内涵,李璜特附一图(图 3)⑥于文后:

---

① 张忠绂:《主权之研究》,《大公报·政治副刊》第 3 期,1930 年 2 月 4 日第 13 版。
② 张忠绂:《主权之研究》,《大公报·政治副刊》第 3 期,1930 年 2 月 4 日第 13 版。
③ Willoughby, W. W., *The Nature of the State*, New York: Macmillan & Co., 1896, p. 203.
④ 雷蒙德·G. 葛退尔:《近代政治思想史》,陆国香、冯和法译,河南人民出版社 2016 年版,第 177 页。
⑤ 李璜:《国家存在论》,上海中国书局 1929 年版,序。
⑥ 李璜:《国家存在论》,上海中国书局 1929 年版,序。

```
                         ┌─ clan    克朗（按：氏族）
                         ├─ tribu   部落
 state  政治社会或译政邦 ─┼─ cite    市府
                         ├─ empire  帝国
                         └─ nation  国家
```

图 3 state 一词的内涵

依照韦氏的理论，政治上有组织（political organized）的人的集合构成一个政治体（body politic，张忠绂称之为"政团"），缺乏政治性的同一群体构成仅仅是一个具有共同经济和社会利益的一般性组织。政治体是社会体（social body）加上政治组织（political organization）的集合。[①] 当一个政治体为追求某些一般利益，或所谓的政治利益，并由一个受委托行使其控制权的执法官（magistracy）管理时，它就呈现出一种政治形式，即 state。进一步而言，在整个人类社会中，只要有任何一个团体享有最高权力（any community of men a supreme authority）并对个人和群体组织的社会行为进行控制，而该团体本身不受他们监管的话，即存在一个 state。[②] 故而 state 的存在只需满足三个基本要素：(1) 一个社会性团结的群体（a community of people socially united）；(2) 一个一般称为政府（termed a government）的政治机构（political machinery），其由一批称为执行官（termed a magistracy）的人们管理；(3) 一套书面或非书面的规则或格言，决定公共权力的范围及其行使方式。[③] 可以说，"state 的存在几乎是一种普遍现象。在任何地方，任何时候，我们都会发现，人们一旦开始社会生活，就会屈服于公共当局的控制，通过一个称为政府的组织行使权力"[④]。state 是普遍意义上的 body politic，兼具社会性和政治性，clan、tribu、cite 等皆可被视作 state。因此，将 state 翻译成具有特定指向的"国家"，显然将该词的多元内涵狭隘化了。

需要说明的是，张慰慈虽将 state 翻译作"国家"，但其所意欲阐发的是一个现代性概念，而非传统中国里的"王朝"。"至今，中国人仍把 state 称为'国家'，并没有觉得这有什么不妥。在西方语境中，把作为私领域的'家'和

---

① Willoughby, W. W., *The Nature of the State*, New York: Macmillan & Co., 1896, p. 2.
② Willoughby, W. W., *The Nature of the State*, New York: Macmillan & Co., 1896, p. 3.
③ Willoughby, W. W., *The Nature of the State*, New York: Macmillan & Co., 1896, p. 4.
④ Willoughby, W. W., *The Nature of the State*, New York: Macmillan & Co., 1896, p. 14.

'国'连用来表达 state,是不可思议的。"① state 之所以被译作"国家"且为中国人普遍接受,或言张慰慈之所以作如此翻译,在于"在语言学的背后,隐藏着中国文化对 state 的独特定义"②。

"主权问题是政治学研究中最重要的课题","一切法的正当性(validity)源自它,一切国际关系取决于它"。③ 这也是为什么张忠绂专挑张慰慈书中的主权相关章节来与之商榷。1930 年 4 月,张慰慈的《政治学大纲》再版,主权相关章节内容被大幅删减。该版篇幅上不抵先前版本的五分之一,不再讨论不同流派的主权观,内容上也仅论及主权产生的历史背景。在再版书中,张慰慈强调了两点:第一,"主权这名词的定义也同国家的定义一样,几乎人各不同";第二,"关于这种种学理上的争论,我们可以不必讨论,我们只想从历史的事实上说明这主权论为什么发生的,以后又怎样变更的……思想学说并没有绝对的好不好问题,只有适宜与不适宜当时环境的需要问题"。④ 从内容上看,此时张慰慈放弃了多元主权论,转而着重阐释孙中山的政治思想。以上种种似有回复张忠绂就此结束之意,同时也表明此际张慰慈确有资政之意,⑤ 强调地方主权的多元主权学说显然与欲实现国家统一、建立中央集权的南京国民政府的政治意愿背道而驰。之后这场论争也就不了了之了。

张慰慈与张忠绂皆受韦氏政治思想熏陶,回国之后两人在主权论——政治学最重要的课题上,何以会大相径庭呢?其原委多半仍须从多元主权学说兴起的社会现实入手。基特尔论及多元论产生的原理曾提到,"多元论是利益冲突与忠顺冲突的时期自然发生的一种观点","一元论是政治制度稳定时期的一种观点……多元论是新的情形不满于固有的法律范畴的一种观点,因为在这时候,固有的法律范畴对于新情形下所产生的各种冲突,不能有适当的和公认的解决的办法。必得经过一番协商和整理,新的法律范畴才得成立,互相冲突的利益才得调和,多元论便是代表这种新旧交替时代的协商和整理的结果"。全球视野下两种学说争锋的现实基础是:"就国内情形而言,各国还没有把他们的政府与法律,

---

① 金观涛:《观念史研究:中国现代重要政治术语的形成》,法律出版社 2010 年,第 229 页。
② 金观涛:《观念史研究:中国现代重要政治术语的形成》,法律出版社 2010 年,第 229 页。
③ Willoughby, W. W., *The Nature of the State*, New York: Macmillan & Co., 1896, pp. 184-185.
④ 张慰慈:《政治学大纲》,商务印书馆 1930 年版,第 190 页。
⑤ 李源编:《中国近代思想家文库·张慰慈卷》,中国人民大学出版社 2015 年版,导言,第 4 页。

和其国内实际的势力及权力的来源相适合；就国际的情形而言，则现在的世界制度的基础，明明是建筑在紊乱的无政府状态之上，而不是法律之上。"① 张慰慈与张忠绂留学和归国前后的中国局势恰好相反：对张慰慈而言，去时民国肇始，归来军阀割据；于张忠绂而言，去时军阀乱政，归来中国一统。这种新旧交替反差，造就了他们不同历史语境中的不同政治取向。

三、二张之辩与时代精神

把视角从研究对象转为聚焦于研究主体，亦即从知识论的内容转向研究者本身来看，二张之辩的学术张力不只局限于他们的学说，更重要的还有其学术源流、历史文化背景，以及两人在特定历史阶段的情境和心态，这背后彰显的是民国时期社会政治和人文学术演变的一个缩影。②

张忠绂与张慰慈的学术交锋，实际是两代政治学人——从北洋政府时期到国民政府时期——在接续了美国政治学传统的背景下，于中国政治学学科初创之际，针对不同历史语境下如何建构现代民族国家等问题进行的一场学理对话。20世纪上半叶中国政治学史上，学者们曾就"开明专制""联省自治""无政府主义""民主与独裁"等实际政治问题展开论争，未就譬如主权学说等纯粹的政治学理或政治哲学问题展开深入讨论。之所以如此，盖因以彼时的中国国情来看，解决紧迫的实际政治优先于纯粹政治学理的讨论。这种大的趋势，映照与影响了两人相似的命运归宿。1930年之后张慰慈弃学从政，同时间张忠绂也一头埋入中国外交与远东国际关系这一实际政治研究之中，并在1937年全面抗战爆发之后弃学从政。

虽在主权认识论上持不同观点，但张慰慈与张忠绂接续的都是整个西方政治学界的学术传统。两人归国之后的这场学术交锋的更深层次内容，首先，呈现出近代西学东渐大潮下现代政治学学科知识在中国的传播过程。其次，两人皆有基于现实需要摄取外来文化的动机，"无一例外地伴随着对其自身必要性的思想上

---

① 雷蒙德·G. 葛退尔：《近代政治思想史》，陆国香、冯和法译，河南人民出版社2016年版，第403—405页。
② 李雪涛：《重构德国汉学史的新尝试——自序》，见《德国汉学研究史稿》上册，学苑出版社2022年，第IX页。

的觉悟"①。张慰慈倡导多元主权论,意图为彼时"联省自治"运动提供政治学理自不必赘言,张忠绂以国际无政府状态为前提研究国际关系的政治学理依据即演绎自一元主权论。张忠绂本人在回忆录《迷惘集》中常以作为研究"实际政治"②的学者自居,这与韦氏的教诲有关:"他经常建议他的学生采取'问题化'的方式对待政府。"(He used to constantly to advise his students to take the "problem" approach to government.)③

---

① 家永三郎:《外来文化摄取史论》,靳丛林等译,大象出版社2017年版,第304页。
② 1934年张忠绂在介绍美国布鲁金斯行政研究社时表达了他对"实际政治"的基本理解:"聚各国之有识者于一堂,以讨论现时之一切国际政治与实际经济问题,即此已为甚有价值之贡献。"对应"实际经济","现时之一切国际政治"即是"实际政治"。参见张忠绂:《布鲁金斯行政研究社——介绍美国一个著名的研究实际政治与实际经济的组织》,《行政效率》1934年第1期。
③ Hart, James, "Westel Woodbury Willoughby (1867-1945)," *The American Political Science Review*, Vol. 39, No. 3, 1945.

研究方法

Research Method

从量化到计算：计算政治学的研究方法与边界[*]

严 洁 李钦帅 牛冠捷[**]

摘 要：近年来，有关计算政治学的研究方法、研究逻辑、概念体系和学科边界的讨论一直持续。本文聚焦于计算政治学的研究方法和边界，提出并讨论了政治计算、社会模拟以及互联网实验三种研究方法的分析思路、优势与局限。其中，政治计算在数据量与数据维度方面更具优势；社会模拟对于复杂系统具有更高的适配性；互联网实验是验证因果关系的有力手段，但这些研究方法也会受到数据和模型限制。当前阶段，计算政治学在方法论、研究主题以及伦理等三个方面也具有明显的边界：作为一种政治学方法论，它依托于政治学理论而存在，不适合于政治哲学问题、战略性问题以及个别事件的研究，社会伦理也为计算政治学者对数理结果的解读和应用划定了边界。

关键词：计算政治学；大数据；政治计算；社会模拟；实验

Abstract: In recent years, political scientists have been heatedly discussing the research methods, logic, concepts, and application boundaries of computational political science. In this paper, we focus on the research methods and application boundaries of computational political science. We come up with and discuss advantages and

---

[*] 本文受国家社会科学基金项目"计算社会科学背景下的政治学研究方法变革研究"（19BZZ010）的资助。

[**] 严洁，北京大学政府管理学院副教授、博士生导师，北京大学国家治理研究院研究员，北京大学公共治理研究所副所长；李钦帅、牛冠捷，北京大学政府管理学院博士研究生。

disadvantages of three main analytical methods of computational politics: political computation, social simulation, and Internet-based experiment. We argue that political computation has advantages in data volume and dimension; social simulation is more compatible with complex systems; Internet-based experiment is a powerful way to verify causality. However, these analytical methods can be constrained by data and models. The application boundaries of computational politics methods can be delineated by methodology, research topic, and ethics. As a political science methodology, computational political science must be based on solid political theories. Furthermore, computational political science is not a suitable methodology for research questions in political philosophy, grant strategy, and isolated incidents. Moreover, social ethics also circumscribe how political scientists interpret and apply mathematical results.

Key words: Computational political science, Big data, Political computation, Social simulation, Experiment

21 世纪以来，信息与网络技术的迅速发展引发了数据信息的空前爆炸，人类搜集和分析数据的能力得以飞跃。① 科学研究的发展始终与科技进步紧密联系，② 大数据的发展在学术研究领域推动了研究方法的创新，开辟了新的研究议题，催生了新的科学研究范式③和新兴交叉学科的诞生。2009 年发表的《计算社会科学》("Computational Social Science")一文指出计算社会科学正在悄然兴起，人们将前所未有地自动收集和利用海量数据，扩展社会科学研究的深度和广度。④ 2012 年，《计算社会科学宣言》("Manifesto of Computational Social Science")全景式地说明了计算社会科学的发展现状及其未来前景，⑤ 计算社会科学的兴起也带动了

---

① Hilbert, M. & López, P., "The World's Technological Capacity to Store, Communicate, and Compute Information," *Science*, Vol. 332, No. 6025, 2011.
② Mayer-Schönberger, V. & Cukier, K., *Big Data: A Revolution that Will Transform How We Live, Work, and Think*, Boston: Houghton Mifflin Harcourt, 2013.
③ Tansley, S. & Tolle, K. M., *The Fourth Paradigm: Data-Intensive Scientific Discovery*, Redmond: Microsoft Research, 2009.
④ Lazer, D., Pentland, A. & Adamic, L. et al., "Computational Social Science," *Science*, Vol. 323, No. 5915, 2009.
⑤ Conte, R., Gilbert, N. & Bonelli, G. et al., "Manifesto of Computational Social Science," *The European Physical Journal Special Topics*, Vol. 214, 2012.

计算社会学①、计算经济学②、计算教育学③等研究领域的稳步发展。在政治学领域，无论作为新的研究议题，还是研究方法，大数据都对政治科学的理论与方法更新产生了重大影响，为政治学的发展提供了新的路径。④

关于大数据技术对于政治学研究方法的深度影响，一方面，大数据技术革新了政治学研究中的传统分析模式。传统的政治学研究方法，如规范研究、比较历史分析、案例研究、抽样调查、实验与准实验法等在政治学研究中发挥了重要作用，这些方法在发现和理解政治现象、政治行为、政治过程以及探究深层次的政治心理方面承担了重要角色。随着互联网技术的突飞猛进，数据挖掘、机器学习、云计算等方法的出现带动了政治学研究方法的新突破，诸如文本分析（含主题模型、情感分析、语义分析等）、决策树等方法被广泛应用于政治学研究。研究者从海量数据中获取人类政治行为和互动的基本信息，可以从传统的"理论驱动型"研究拓展到"数据驱动型"研究，相比抽样调查法和实验法来说更加关注各种相关关系，引导人们更加关注事物或现象究竟"是什么""将要发展成什么"，研究者可以从基本事实出发，而不是先从理论假设出发来探求人类社会发展规律。这将改变近百年来政治学研究的思维习惯，并且将定量研究广泛引入各种政治现象和政治过程的解析之中，使研究对象更加精准、明确，从而厘清关系，预测现象或事物的发展趋势。另一方面，大数据方法将终结定量与定性分析

---

① 邱泽奇：《数字社会与计算社会学的演进》，《江苏社会科学》2022年第1期；胡安宁、陈滔、李东雨：《从定量社会学到计算社会学：传统进路与新兴议》，《西安交通大学学报》（社会科学版）2022年第1期。
② 熊航、鞠聪、李律成等：《计算经济学的学科属性、研究方法体系与典型研究领域》，《经济评论》2022年第3期。
③ 贾维辰、彭俊、任英杰：《计算教育学国内发展现状分析与未来展望——基于语言模型和自然语言生成技术》，《远程教育杂志》2021年第3期。
④ Monroe, B. L., "The Five Vs of Big Data Political Science Introduction to the Virtual Issue on Big Data in Political Science Political Analysis," *Political Analysis*, Vol. 21, No. V5, 2013; King, G., "Preface: Big Data Is not about the Data," in R. Michael Alvarez(ed.), *Computational Social Science: Discovery and Prediction*, New York: Cambridge University Press, 2016, pp. vii-x；唐文方：《大数据与小数据：社会科学研究方法的探讨》，《中山大学学报》（社会科学版）2015年第6期；孟天广、郭凤林：《大数据政治学：新信息时代的政治现象及其探析路径》，《国外理论动态》2015年第1期；张小劲、孟天广：《论计算社会科学的缘起、发展与创新范式》，《理论探索》2017年第6期。

方法的分野,① 利用量化技术分析大规模的定性数据,同时运用定性方法来展现和阐释定量分析的结果。② 海量的数据规模和全新的数据集特征使得定量研究与定性研究在数据获得与分析方法方面逐步趋于一致,这在某种程度上重新定义了定量研究与定性研究之间的关系。③

现有研究对计算政治学进行了一定的讨论,但仍存在许多不足。第一,计算政治学的研究方法尚不清晰。计算政治学领域尚处于快速发展阶段,计算方法的不断更新和应用,可能会对传统政治学研究方法产生影响和挑战。计算政治学所使用的数据和技术较为复杂,需要从多个学科领域融合知识。目前计算政治学所涉及的数据来源广泛,包括社交媒体、搜索引擎、调查数据等,所使用的技术手段包括文本挖掘、机器学习、网络分析等,需要跨学科的知识融合,建立适用于政治学的方法论和理论框架,并且由于计算政治学领域的多样性和跨学科性,不同研究者和学者往往会采用不同的理论和方法来解决问题。这种多元性使得计算政治学的研究方法缺乏一致性和普遍性。第二,现有研究缺乏对大数据分析方法与传统政治学研究方法的系统整合。目前对于计算政治学的理解停留在"数据量"上的改变,而忽视了其"分析方法"上的变革,往往使用传统分析方法对海量数据进行嵌套,较少将大数据方法和传统政治学研究方法进行系统整合。第三,相关研究主要从整个社会科学领域的视角进行,鲜有专门聚焦于政治科学的研究。社会科学各学科的研究范式和研究方法虽有许多共同之处,但各学科之间的方法差异也不容忽视,因此,在计算社会科学背景下聚焦于政治学研究领域,探析计算政治学的研究逻辑和学科边界非常必要。

一、计算政治学的起源

计算社会科学是在 20 世纪 50 年代和 60 年代的计算机革命中诞生的,正式宣告计算社会科学诞生的标志是拉泽(D. Lazer)等学者 2009 年在《科学》(Sci-

---

① King, G., Keohane, R. O. & Verba, S., *Designing Social Inquiry: Scientific Inference in Qualitative Research*, Princeton: Princeton University Press, 2021;孟天广、郭凤林:《大数据政治学:新信息时代的政治现象及其探析路径》,《国外理论动态》2015 年第 1 期。
② 唐皇凤、谢德胜:《大数据时代中国政治学的机遇与挑战》,《社会科学文摘》2016 年第 2 期。
③ 陈云松、吴青熹、黄超:《大数据何以重构社会科学》,《新疆师范大学学报》(哲学社会科学版)2015 年第 3 期。

ence)上发表的《计算社会科学》一文。这篇文章提出了计算社会科学的概念,并强调了计算机科学和社会科学相结合的潜力,指出了计算社会科学的重要性和挑战。① 计算社会科学起源于计算机科学和数学领域,最初主要是利用计算机和数学方法来解决社会科学研究中的一些方法论问题,尤其是在社会网络分析中,学者们使用计算机来模拟社会系统和个体行为,并且提出了一些关于社会网络和社会结构的基本理论。② 2009 年以后,计算社会科学的研究越来越受到关注,机器学习、数据挖掘等技术的应用,以及计算模拟、社会计算等方法的发展,都为计算社会科学的研究提供了新的途径,并且涌现了大量的计算社会科学研究成果。

一般认为,计算社会科学是一种跨学科的方法,利用计算机科学来研究社会中各类个体与群体的现象和问题。③ 也有学者认为,计算社会科学是研究人类行为和社会现象的计算模型与仿真的领域,通过使用计算机程序来模拟社会系统中的个体和群体行为。④ 按此理解和界定计算社会科学,它主要由"计算+社会科学"两部分组成,旨在将计算机科学和社会科学相结合:一方面,计算社会科学的发展离不开大数据和机器学习技术的发展,计算机和网络技术的应用可以让社会科学家更快速、更准确地收集、处理和分析社会数据,从而更好地理解和解释社会现象,帮助政策制定者和实践者做出更明智的决策;另一方面,计算机和网络技术还可以应用于许多社会科学领域,如经济学、社会学、政治学等,由此产生计算经济学、计算社会学以及计算政治学等。

在社会科学各学科中,政治学是较早应用大数据方法的学科之一,例如,加里·金(Gary King)早在 2011 年就探讨了大数据时代对政治学研究带来的挑战以及学者该如何应对这些挑战。⑤ 中国政治学研究中也较早应用大数据方法,并且近些年的文章数量超过了社会科学领域的平均水平(图1)。

---

① Lazer, D., Pentland, A. & Adamic, L. et al., "Computational Social Science," *Science*, Vol. 323, No. 5915, 2009.
② Watts, D. J., "A Twenty-First Century Science," *Nature*, Vol. 445, No. 7127, 2007.
③ Cioffi-Revilla, Claudio, *Introduction to Computational Social Science: Principles and Applications*, 2nd, Cham: Springer International Publishing AG, 2017, p. 2.
④ Gilbert, N. & Troitzsch, K., *Simulation for the Social Scientist*, London: McGraw-Hill Education, 2005.
⑤ King, G., "Ensuring the Data-Rich Future of the Social Sciences," *Science*, Vol. 331, No. 6018, 2011.

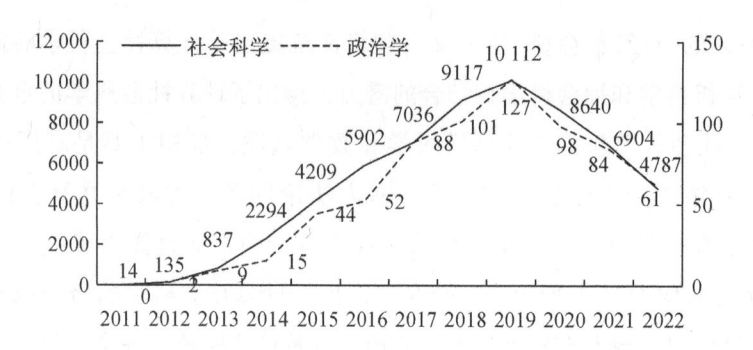

图 1 以"大数据"为关键词的中国社会科学与政治学文献发表趋势

注：主纵坐标轴表示以"大数据"为关键词的中国社会科学领域文献发表量，次纵坐标轴表示以"大数据"为关键词的中国政治学的文献发表量。文献检索平台：知网；检索关键词：大数据；文献分类目录：社会科学、中国政治与国际政治。
图片来源：作者自制。

该现象与政治学学科特征紧密关联。政治学研究的对象包括政治制度、政治过程、政治行为等，这些现象的数据往往具有高度的复杂性和多样性，需要通过大数据技术进行处理和分析。例如，社会网络分析被广泛应用于政治学研究中，可以用来分析政治行为者之间的关系、政治组织结构。在美国大选中，政治学家们可以基于选民行为和意见的数据，利用机器学习算法对选民进行分类，分析选民群体的行为和倾向，从而预测选举结果。除此之外，政治学家们还可以应用大数据技术研究政策效果、政治角色和权力分配等问题。

"计算政治学"（computational political science）一词最早于 2010 年出现在宾夕法尼亚州立大学信息科学与技术学院的一篇硕士论文中，在该篇论文中，作者引用马萨诸塞大学阿默斯特分校政治学系对计算政治学的定义——计算政治学不但包含了对互联网、传感器、通信、电子媒体或数据库等计算机产生数据的分析，而且包含使用计算形式编程语言对典型政治现象的描述和分析。[①] 这一概念借鉴了计算社会科学和其他分支学科的界定。计算政治学的定义和范畴正在不断发展和演变。有些学者将其定义为政治科学和计算机科学的交叉学科，注重技

---

① Zhu, L., *Political Opinion Identification, Mining and Retrieval*, Master thesis, The Pennsylvania State University, 2010.

和方法的研究;① 有些学者则将其视为一种方法论,强调数据和模型的运用;② 还有一些学者强调了计算政治学在政治学中的实用性,将计算政治学视为政治学的一个分支,强调其研究对象是政治现象。③ 总体而言,从一般意义上理解,在大数据基础上所诞生的计算政治学是一门运用计算社会科学研究方法对政治现象进行量化、模型化分析的学科。它通过对政治学研究的分析范式进行重新建构,推动了政治学的学科发展方向转变。

计算政治学最早在中文文献中出现是在2017年,国内学者杨阳、林鸿飞、杨亮等在《大数据时代的计算政治学研究》一文中沿用了上述概念界定,对计算政治学的主要研究问题、机遇与挑战进行了概述。④ 然而,目前政治学界尚未形成使用"计算政治学"这一用语的学术共识;部分研究者虽然对已有成果进行了简要的总结与评述,⑤ 但尚未有著述对计算政治学的进展进行系统总结。

从学科发展历程的角度而言,计算政治学的出现与定量政治科学存在着深厚的渊源。19世纪下半叶,社会科学专业化、分离化进程加快,政治学成为一个独立的学科。20世纪30年代以来,基于对历史研究法、法理研究法、制度研究法等传统研究法的不满,行为主义研究方法逐渐兴起,主张通过对政治个体行为的观察、统计、分析来获得对政治现象的解释,强调运用经验的、量化的、科学主义的方法来研究政治现象。⑥ 在行为主义革命的推动下,社会科学研究范式发生转型。到20世纪六七十年代,政治学研究方法在方法论、程序、技术方面积

---

① King, G., Keohane, R. O. & Verba, S., *Designing Social Inquiry: Scientific Inference in Qualitative Research*, Princeton: Princeton University Press, 2021; Jackman, S., *Bayesian Analysis for the Social Sciences*, New York: John Wiley & Sons, 2009.
② Shepsle, K. A. & Bonchek, M. S., *Analyzing Politics: Rationality, Behavior, and Institutions*, New York: Norton & Company, 1997, p. 308.
③ Druckman, J. N. & Lupia, A., "Preference Change in Competitive Political Environments," *Annual Review of Political Science*, Vol. 19, 2016; Green, D. P. & Gerber, A. S., "Voter Mobilization, Experimentation, and Translational Social Science," *Perspectives on Politics*, Vol. 14, No. 3, 2016.
④ 杨阳、林鸿飞、杨亮等:《大数据时代的计算政治学研究》,《中文信息学报》2017年第3期。
⑤ 孟天广、郭凤林:《大数据政治学:新信息时代的政治现象及其探析路径》,《国外理论动态》2015年第1期。
⑥ 胡宗山:《政治学研究方法》,华中师范大学出版社2007年版。

累了大量的讨论，形成了一套系统性论说。① 定量分析的方法得到了研究者的不断肯定，并在 21 世纪演变成大数据的计算分析，为计算政治学的出现奠定了坚实的方法论与技术基础。②

二、计算政治学的研究范式

传统政治学研究范式采用"本质主义"的研究方法，主要利用形式逻辑的演绎和推理不断地提出问题和解决问题，追寻政治学本质的"元问题"，从而实现"定性"研究类别的系统构建。这种分析范式基于文本空间的形式逻辑特征，即通过命题和论证，探究政治学运行的基本原理，构建逻辑严密的政治学研究理论体系。③ 在这种研究范式中，政治学家主要使用文本分析和案例研究等方法来解释政治现象，通过研究经典政治学文献和国际政治实践，推导出一些政治学的基本概念、原则和理论，进而运用这些理论来解释具体的政治现象，如政治制度、政治行为和政治决策等。拉斯韦尔（Harold Lasswell）是政治学文本分析方法的先驱之一，他在《政治心理学》（*Psychopathology of Politics*）一书中，通过对政治领袖演讲和政策文件的分析，提出了"谁说了什么，在什么情况下，以及结果是什么"④ 这一政治传播模型，成为政治学研究中的重要框架。施密特（Carl Schmitt）是法理学派的代表人物，他在对政治的本质和国家的本质进行研究时，通过对历史事件和政治实践的深入分析，来揭示政治现象的本质和规律。⑤

传统政治学研究方法的优点在于能够提供广泛的历史和理论背景，为政治学研究提供坚实的基础。然而，传统政治学研究范式的缺点也很明显，主要体现在两个方面：一是研究对象有限，只能对一些具体的案例进行深入研究；二是侧重静态分析，局限于文本和符号的分析，难以应对当代复杂、快速而又多变的政治

---

① 艾尔·巴比：《社会研究方法》，邱泽奇译，华夏出版社 2009 年版；约翰·克雷斯威尔：《混合方法研究导论》，李敏谊译，格致出版社 2015 年版；加里·格尔茨、詹姆斯·马奥尼：《两种传承：社会科学中的定性与定量研究》，刘军译，格致出版社 2016 年版；左才：《政治学研究方法的权衡与发展》，复旦大学出版社 2017 年版。

② King, G., "Preface: Big Data Is not about the Data," in R. Michael Alvarez (ed.), *Computational Social Science: Discovery and Prediction*, New York: Cambridge University Press, 2016, pp. vii-x.

③ 褚尔康：《计算政治学理论范式演进的基本逻辑》，《晋阳学刊》2021 年第 4 期。

④ Lasswell, H. D., *Psychopathology and Politics*, Chicago: University of Chicago Press, 1960.

⑤ Schmitt, C., *Roman Catholicism and Political Form*, Westport: Greenwood Publishing Group, 1996.

现象，容易出现理论与实际脱节的情况。传统政治学研究范式在20世纪50年代到60年代时达到了高峰，但在70年代之后，随着新的研究方法和范式的出现，传统政治学研究范式逐渐失去了绝对优势。

进入信息时代，政治学研究呈现出信息手段不断渗透的新趋势，计算政治学更侧重基于动态运行的"机制主义"视角，通过收集和分析来自多种数据源的政治数据，如政治演讲、媒体报道、社交媒体、选举结果、政府文件等，从而实现对政治现象的多角度观察和分析。该研究范式的重点在于利用大数据、机器学习、自然语言处理等技术，使用数据挖掘、网络分析、文本分析等方法，从海量的数据中发现政治现象的规律性、趋势性和关联性，以及进行政策制定和预测。加里·金等学者关于中国政府网络治理的研究[1]展现了数据驱动型研究的基本逻辑和步骤。金提出，计算政治学的研究过程可以分为三个阶段：数据准备、统计分析和解释。[2]

相较于传统政治学以个案为基础的深度研究，计算政治学则使用大数据、机器学习和人工智能等技术来研究政治现象，倾向于广度研究和数据驱动的研究方法，提升和改进了传统政治学研究的不足。

一是大规模数据处理。计算政治学可以处理大规模、高维度、多源头的政治数据，从而实现对政治现象的整体把握和全局分析，同时还可以避免样本量过小和可重复性差的问题，因此计算政治学能够实时监测政治行为的变化和趋势，及时掌握政治局势。而传统政治学则往往需要较长时间的研究和分析才能得出结论。

二是多来源跨层次分析。计算政治学可以收集和分析来自多种数据源的政治数据，从个体、组织、社区到全球层面，分析政治行为的多个方面，进行多层次分析。传统政治学则受限于文本和案例，主要关注政治行为的社会、历史和文化背景，较难进行多层次分析。

三是模式识别准确。计算政治学可以运用各种机器学习算法，如分类、聚类、回归等，对政治数据进行模式识别和预测，从而提高政治现象的准确性和预

---

[1] King, G., Pan, J. & Roberts, M. E., "How Censorship in China Allows Government Criticism but Silences Collective Expression," *American Political Science Review*, Vol. 107, No. 2, 2013.
[2] King, G., "Ensuring the Data-Rich Future of the Social Sciences," *Science*, Vol. 331, No. 6018, 2011.

测能力。传统政治学则主要关注理论和概念的分析,其结论较难进行精确的量化预测。

四是交叉验证。计算政治学可以通过交叉验证和模型比较等方法,对模型的准确性和稳健性进行验证,从而提高政治现象的研究可信度。

传统政治学和计算政治学研究范式的主要异同点见表1。总的来说,计算政治学相对于传统政治学具有更高的数据驱动性、多层次分析能力、实证分析能力和实时监测能力,能够更加精确和及时地理解与预测政治现象。大数据的出现并不意味着政治学中的"假设—建模—检验"科研模式已经过时,研究者仍然需要关注理论的构建和验证,选择合适的模型和方法进行数据分析,并将分析结果进行解释和说明。计算政治学研究中理论和数据相互依存,呈现出一种双向驱动的过程。

表1 传统政治学和计算政治学研究范式的主要异同点

	传统政治学	计算政治学
研究方法	以定性研究为主,如案例研究、文献分析等	不再区分定量与定性,以计算方法为主,如数据挖掘、模拟仿真等
数据来源	主要依赖人工收集的小样本数据	主要依赖大数据,如网络数据、传感器数据、社交媒体数据等
研究对象	政治体制、政治哲学、政治思想、政治文化、政治行为等	政治体制、政治行为、政治过程、政治传播等
研究范式	以案例研究、比较研究为主	以数据挖掘、建模为主
理论基础	政治科学理论	政治科学及其交叉学科理论

资料来源:作者自制。

三、计算政治学的研究方法

(一) 政治计算

1. 分析思路:理论与数据双向驱动

社会科学处于数据密集时代,可供研究的信息资源空前丰富,这不仅是因为大量新数据的出现,也是因为传统信息资料的数字化,这些都为对政治进行"计算"提供了基础。政治计算是一种利用计算机和大数据分析技术进行政治研究和分析的方法。政治计算的主要分析工具包括计算机编程、数据挖掘、人工智能、网络分析、机器学习、统计学等。这些工具能够帮助研究者处理大量数据,构建复杂的模型,进行预测和模拟实验,并通过可视化等方式展示研究结果,进而深入理解政治现象背后的本质规律。《政治及有关模型》(Politics and Related Models)一书强调了利用数学模型进行政治学研究的意义,并介绍了近20个经典的政治模型。[①] 政治模型作为一种对现实世界的简化和近似认知方法,也逐渐广泛应用于政治学研究中。[②] 总的来说,基于政治学的"可计算性"分析的理论渊源涵盖了结构主义、计算机模拟、数学模型等多个领域,学者们通过将这些理论和方法应用于政治学研究,逐渐形成了计算政治学这一学科领域。

相对于传统量化研究,政治计算具有巨大优势,虽然它们都利用数据来研究政治现象,但政治计算能够通过使用计算机和自动化工具来分析复杂数据集和文本,从而在大量信息中发现难以预测的模式和关系。相比之下,传统的量化研究方法只能处理较为简单的数据类型和小规模的数据集,并且需要在研究设计阶段假设变量之间的关系,并通过统计方法来验证这些假设。此外,政治计算可以处理更复杂的数据和非结构化数据,如政治演讲、新闻报道、社交媒体上的帖子等。这些非结构化数据在传统的量化研究中难以处理,但是通过政治计算方法可以有效地挖掘其中的信息。

总之,大数据技术赋能政治计算处理更为复杂和庞大的数据集,并且能够在数据中发现更为微妙和复杂的关系。这使得政治计算成为研究政治和社会现象的强有力的工具。

2. 政治计算的局限

政治计算的优势来源于处理大规模数据的能力,但其也受制于大数据的特点。

一是数据的质量问题。政治计算中的大数据质量主要体现在三个方面:真实性、代表性和普遍适用性。真实性指的是数据准确可信,且被重复获取时具有稳

---

① Brams, S. J., Lucas, W. F. & Straffin, P. D., *Political and Related Models*, Heidelberg: Springer-Verlag, 1983.
② King, G., Keohane, R. O. & Verba, S., *Designing Social Inquiry: Scientific Inference in Qualitative Research*, Princeton: Princeton University Press, 2021.

定性；代表性指的是数据能够准确反映所研究的政治课题；普遍适用性指的是数据在一定程度上具有推广到其他情境或群体的能力。大数据质量的优劣直接关系到政治计算研究的可靠性和有效性。学者马修·萨尔加尼克（Matthew Salganik）总结了大数据的十大特点，指出其中三个（海量性、持久性、非响应性）通常对社会研究有益，但另外七个（不完整性、获取困难、不具代表性、漂移、算法干扰、脏数据、敏感性）则会对社会研究造成不利影响。① 在政治计算中，使用的数据通常来自各种来源，如政府公开数据、民意调查、新闻报道、社交媒体等。然而，这些数据往往存在一些质量问题从而导致政治计算的结果产生误差。政治计算中的数据质量问题可能导致模型的精度降低，从而影响结果的可靠性。此外，政治计算需要大量的数据支持，但是有些数据可能难以获取，比如一些政治决策的幕后交易等。数据来源的可靠性、数据采集和处理的方法、数据存储和传输的问题被广泛认为是影响数据质量的重要因素。除了数据本身的客观缺陷外，算法数据的收集和分析可能受到社会偏见、样本选择偏差和算法本身的偏见等因素影响，进而引起数据质量问题。②

二是模型限制问题。首先，人类的行为和决策往往受到众多复杂因素的影响，包括认知、情感、社会环境等，这些因素很难被简单的模型所捕捉；其次，政治计算的模型是基于过去的数据和假设构建的，无法完全准确地预测未来发展趋势。因此，政治计算的结果需要经过研究者合理的解读与验证，才能形成研究结论。

政治计算模型往往只能处理数量化的数据，而对于一些定性的政治问题，如意识形态、文化差异等，政治计算模型可能无法完全解释和预测。例如，小约瑟夫·奈（Joseph S. Nye, Jr.）的"软实力"研究指出，国家的软实力是指其文化、价值观、道德标准等非军事手段对外影响的能力，而这些因素很难被量化。③ 因此，在研究国际关系时，政治计算模型可能无法充分考虑到这些非数量化的因素对国际政治的影响。

---

① 马修·萨尔加尼克：《计算社会学：数据时代的社会研究》，赵红梅、赵婷译，中信出版社 2019 年版，第 115—116 页。
② Gerdon, F., Bach, R. L. & Kern, C. et al., "Social Impacts of Algorithmic Decision-Making: A Research Agenda for the Social Sciences," *Big Data & Society*, Vol. 9, No. 1, 2022.
③ Nye, Jr., Joseph S., *Soft Power: The Means to Success in World Politics*, New York: Public Affairs, 2004.

政治计算模型也可能受到理论偏见和数据选择偏差的影响。研究者可能基于某些理论或观点构建模型，并选择符合自己观点的数据来支持模型，而忽略了其他数据和观点。例如，在研究美国选民投票行为时，部分学者可能认为党派认同是最重要的决定因素，因此他们的模型可能只考虑党派因素，而忽略经济因素、种族因素等其他因素的影响。在研究全球化时，部分学者可能认为全球化会导致文化冲突，因此他们的模型可能只考虑文化因素，这样就可能导致模型的局限性和偏见性。

此外，政治计算模型往往只是对现实政治问题的简化和抽象，而现实政治问题往往非常复杂和多元化，政治计算模型往往只能提供部分答案，而不能完全解决政治问题。

三是常态偏差问题（normalcy bias）。常态偏差问题指的是一种认知偏差，即人们倾向于认为未来的情况会像过去一样，忽略了新情况的可能性。[①] 常态偏差问题产生的原因主要有两个：一是历史数据的限制，政治计算模型建立的过程中，往往需要依据历史数据进行训练和优化，因此模型的预测结果也往往是基于历史数据的，这可能导致模型在未来的预测中存在常态偏差，即偏向于历史常态而无法完全预测新情况的发生。例如，在对美国总统选举进行预测时，如果只依据过去几十年的选举数据，可能会忽略当前社会面临的新问题和新挑战，如新兴技术的应用和社交媒体的影响等，从而导致预测结果的偏差。二是人类天生的心理认知偏差。人类天生倾向于接受与记忆那些符合自己经验和想象的信息，而忽视那些与自己经验和想象不符的信息。这就是所谓的认知偏差，也就是人们在思考问题时出现的错误或偏斜。因此，当人们预测未来时，往往会倾向于认为未来会和过去一样，而忽略新情况的可能性。因此对于政治学家来说，常态偏差问题使得模型的预测结果偏向于历史常态，很难预测未来的事件。

（二）社会模拟

1. 分析思路：复杂系统的科学还原

社会模拟是一种利用计算机技术来模拟人类社会行为和互动的方法，社会模

---

① Drabek, T. E., *Human System Responses to Disaster: An Inventory of Sociological Findings*, New York: Springer Science & Business Media, 2012.

拟可以将各种因素、行为和互动模拟为一个模型，并对其进行实验，以观察不同变量的影响，从而预测社会的未来发展和评估不同政策的影响。

学者们对社会模拟的定义和内涵有不同的看法。在研究主题上，一些学者认为社会模拟研究的重点是人类社会系统的特征和动态，目的在于建立一个能够反映现实社会复杂性的模型，包括个体之间的互动、资源分配、信任、合作等行为。通过对模型进行实验和调整，可以更好地理解社会系统的特征和动态。① 另一些学者则关注个体决策的心理和认知机制，以及这些决策如何形成整体的社会现象。通过模拟不同的决策和策略，可以了解个体决策的心理和认知机制，进而预测社会的未来走向。② 在方法上，社会模拟的方法可以是基于智能体的模型，着重于描述个体的认知和决策过程；③ 也可以是基于代理人的模型，更加注重描述个体之间的互动和影响。④

社会模拟的基本思想将人类社会看作一个由个体行为和互动所组成的系统，并建立一个模型来模拟这个系统。这个模型通常包括一组假设和规则，描述个体之间的互动、资源分配、信息传递和行为决策等。这些规则和假设可以基于现实世界的观察和数据，也可以基于理论模型和模拟实验。

社会模拟在政治学领域的起源可以追溯到20世纪60年代。例如，阿贝尔森（R. P. Abelson）和伯恩斯坦（A. Bernstein）在1963年发表的论文中就运用计算机

---

① Axelrod, R., *The Complexity of Cooperation: Agent-Based Models of Competition and Collaboration*, Princeton: Princeton University Press, 1997; Mason, W. & Watts, D. J., "Financial Incentives and the 'Performance of Crowds'," *Proceedings of the ACM SIGKDD Workshop on Human Computation*, 2009.
② Schelling, T. C., "Economics, or the Art of Self-Management," *The American Economic Review*, Vol. 68, No. 2, 1978; Holland, A. S., "Inflation and Uncertainty: Tests for Temporal Ordering," *Journal of Money, Credit and Banking*, Vol. 27, No. 3, 1995.
③ Bonabeau, E., "Agent-Based Modeling: Methods and Techniques for Simulating Human Systems," *Proceedings of the National Academy of Sciences*, 2002; Epstein, J. M. & Axtell, R., *Growing Artificial Societies: Social Science from the Bottom Up*, Cambridge: MIT Press, 1996.
④ Wooldridge, M., *An Introduction to Multiagent Systems*, New York: John Wiley & Sons, 2009; Macy, M. W. & Willer, R., "From Factors to Actors: Computational Sociology and Agent-Based Modeling," *Annual Review of Sociology*, Vol. 28, No. 1, 2002; Gilbert, N., "Research, Theory and Method," *Researching Social Life*, Vol. 2, 2008; Epstein, J. M., "Agent-Based Computational Models and Generative Social Science," *Complexity*, Vol. 4, No. 5, 1999.

构建了一个模拟社区公投民意变化的动态模型。① 然而这些早期的模拟程序往往只涉及很少的变量，因此受到了一些批评。随着计算机技术的不断发展和计算能力的提高，社会模拟也变得更加复杂和精细。例如，弗吉尼亚理工大学生物复杂性研究所为政府开发了"国家规划情景1"（NPS1）模拟。② 该模拟可以用于测试应对灾害的效果，评估灾害造成的损害程度。这种研究无法以真实实验的形式进行，只能依靠计算机模拟。在模拟中，模型设置了约 730 000 个受试者，可以等同于受影响地区的真实人口，并考虑了性别、年龄和职业等因素，模拟环境的仿真度非常高，借助地理信息系统，再现了模拟区域内的所有建筑物和各种设施。此外，该模型还设置了一套行为规则，每个主体在面对突发灾难时可能会有不同的行为模式，并随着时间的推移感知灾难的程度和具体情况做出决策和采取行动。③

目前，在政治学中的社会模拟主要有三类分析模型：代理人模型、系统动力学模型、智能体模型（表2）。代理人模型主要模拟个体之间的互动和影响，用于模拟选举、社会分化、冲突和协调等问题。例如，摩亚（I. Moya）等利用代理人模型进行模拟，研究了恐怖袭击如何影响2004年的西班牙大选。④ 系统动力学模型应用主要集中在政策分析和政策制定方面，克劳迪娅·肯弗特（Claudia Kemfert）使用模型来研究气候政策制定的复杂性和不确定性，以及政策干预的效果。⑤ 智能体模型关注个体决策和行为的过程，适合研究国际关系、选举和政策协商等问题，阿克塞尔罗德（R. Axelrod）使用智能体模型来研究社会运动如何形成和维持，以及不同的策略对社会运动的影响。⑥

---

① Abelson, R. P. & Bernstein, A., "A Computer Simulation Model of Community Referendum Controversies," *Public Opinion Quarterly*, Vol. 27, No. 1, 1963.
② Waldrop, M. M., "Free Agents," *Science*, 2018, https://www.science.org/doi/full/10.1126/science.360.6385.144.
③ 米切尔·沃尔德罗普：《灾难模拟：基于主体的模型》，蔡立英编译，《世界科学》2018年第6期。
④ Moya, I., Chica, M. & Saez-Lozano, J. L. et al., "An Agent-Based Model for Understanding the Influence of the 11-M Terrorist Attacks on the 2004 Spanish Elections," *Knowledge-Based Systems*, Vol. 123, 2017.
⑤ Kemfert, Claudia, "Induced Technological Change in a Multi-Regional, Multi-Sectoral, Integrated Assessment Model (WIAGEM): Impact Assessment of Climate Policy Strategies," *Ecological Economics*, Vol. 54, No. 2-3, 2005.
⑥ Axelrod, R., *The Complexity of Cooperation: Agent-Based Models of Competition and Collaboration*, Princeton: Princeton University Press, 1997.

表2　计算政治学中社会模拟的三种主要模型

	代理人模型	系统动力学模型	智能体模型
定义	基于个体行为的模拟	系统性质模型	模拟人工智能的模型
特点	个体具有独立思考和行动能力	将系统看作整体，关注因果关系和反馈机制	考虑个体之间的相互作用
应用	模拟选举、社会分化、冲突和协调等	政策分析和政策制定等	国际关系、选举和政策协商等
重点	强调个体的决策和行为对系统整体的影响	关注系统内部因果关系和反馈机制的变化	强调智能体间的交互和自我组织能力
局限	对个体行为建模可能存在偏差和误差	忽略个体行为和差异，难以考虑不确定性	系统结构的要求高，对实时性要求较高

资料来源：作者自制。

2. 社会模拟的局限

社会模拟通常是基于现有数据和假设进行建模，这使得模型很可能是不完全的，从而影响结果的准确性。

一是数据和参数可靠性。社会模拟的精度和可靠性极其依赖所使用的数据和模型的准确性，如果输入的数据有误或者模型本身有缺陷，那么最终的模拟结果也会有误。然而，政治学中的数据通常是非常复杂的：政治学家需要收集各种社会、政治和经济数据来支持他们的分析，但是这些数据可能是不准确的、过时的或有偏差的；社会模拟需要使用大量的数据来构建模型，但是这些数据可能并不容易获取。例如，一些政府机构可能不愿意公开其敏感数据，而社会科学家也可能无法准确地收集到某些数据。即使数据可以获取，其准确性也可能存在问题，如有错误、缺失或者被篡改，这些都会影响模型的准确性和可靠性。另外，数据处理可能需要进行大量的预处理、清洗和格式化，而这些过程本身可能存在错误，也可能导致数据的偏差。

此外，参数选择的不确定性可能会影响模型的准确性，社会模拟需要设定很多参数和假设，但这些参数和假设通常基于研究者的主观判断或过去的经验，其选择的不确定性可能会影响模型的准确性。

二是模型的简化和抽象。在社会模拟中，模型的简化和抽象是一种常见的方法，因为这有助于模拟复杂的社会现象，并使其变得更易于理解和操纵。但是，这种简化和抽象可能会导致一些关键的因素被忽略，从而影响模型的准确性和预测能力。卡斯特尔(M. Castells)等发现社会模拟可能忽略了人类的情感和主观性,从而无法完全准确地模拟人类行为。[①] 例如,在研究社会流行病传播时,模型通常假定人们之间的交互是随机的,并且不考虑人们之间的社会联系和人际关系的影响。这种简化和抽象可能导致模型无法准确地预测真实世界中的传播情况,因为社交网络和人们的行为模式可能会对疾病传播产生重大影响。

同时,模型的简化和抽象也可能忽略了不同变量之间的相互作用。政治现象通常呈现出多层次、多维度、多参与者的特点,受多种因素影响,而这些因素之间存在着复杂的相互作用关系。例如,在研究政策变化对经济的影响时,模型可能只考虑了政策变化对特定变量的影响,而没有考虑不同变量之间的复杂相互作用。这种简化和抽象可能导致模型无法准确地预测政策变化的实际影响。

三是模型的可解释性。社会模拟的目的之一是进行预测,但是社会系统的不确定性和复杂性意味着预测的精度通常很低,其中主要是时间和空间尺度的限制。[②] 社会模拟通常涉及许多因素,人口、经济、政治、文化等,而这些因素在时间和空间上的变化是非常复杂和多样化的。在进行社会模拟时,研究者需要设定特定的时间和空间尺度来模拟。例如,在研究政策变化对经济的影响时,研究者可能只关注特定国家和特定时间段内的经济数据,而忽略了不同国家之间的经济联系和全球经济环境的变化,这种限制可能会导致模拟结果仅适用于特定的国家和时间段,而难以进行跨国和跨时段的应用。此外,模型的结果可能会被政治或利益驱动的解释所影响,而不是纯粹基于模型的分析,建模者的偏见将影响结果的客观性和可信度。

四是成本高昂难以广泛推行。社会模拟需要大量的计算资源来支持,特别是在模拟复杂系统时,需要运行数小时甚至数天。但是大规模分布式多智能体仿真需要较高的算力成本和强大的计算资源的支持。例如,前文所提到的"国家规划情景1"每次初始运行需要一个由500个微处理器组成的计算集群进行一天半的计算。因此,研究者必须在模拟效果与经济成本之间做出权衡,这无疑很大程度上制约了这种研究方法在政治学领域的推广。

---

① Castells, M. & Blackwell, C., "The Information Age: Economy, Society and Culture. Volume 1. The Rise of the Network Society," *Environment and Planning B: Planning and Design*, Vol. 25, 1998.
② Lazer, D., Pentland, A. & Adamic, L. et al., "Computational Social Science," *Science*, Vol. 323, No. 5915, 2009.

(三) 互联网实验

1. 分析思路：在网络信息流中施加干预

与实验方法相结合的计算方法，将使社会科学在理论、经验事实和研究之间建立更良好的连接。[①] 互联网实验是指利用互联网技术和在线平台进行实验研究的方法。虽然学者们对互联网实验的界定略有不同，但一般认为其包括两种形式：在线调查实验和在线随机干预实验。在线调查实验是通过在在线平台上发放调查问卷，在调查问卷内搭载实验干预的方式进行研究；在线随机干预实验则是通过在线平台上的交互式任务进行干预和研究。

相比于社会模拟，互联网实验在实验环境、实验对象和实验方式等方面存在明显的区别，具有一些独特的优势。互联网实验是在在线平台上进行的，而社会模拟则是在实验室、场地或者其他现实环境中进行的。互联网实验的受试者通常是来自不同地区、不同文化和不同背景的互联网用户，而社会模拟的受试者通常来自一个地区、一个群体或者一个特定的社会环境。互联网实验通过在线调查或者交互式任务进行，而社会模拟通过实验室实验或者现场观察进行。

互联网实验相对于传统的社会模拟，具有成本低、招募受试者范围广、实验条件控制更为容易、实验时间和规模更加灵活等优势。这些优势使得互联网实验在政治学领域的应用越来越广泛，并为政治学研究提供了更多的可能性。

早期互联网实验研究最早可以追溯到 1995 年，韦尔奇（Welch）和克兰茨（Krantz）合作进行了一项心理学听觉实验，这是第一次将互联网与实验方法相结合。两年后，克兰茨及其同事进行了一项名为"女性吸引力影响因素"的研究，被视为第一项真正的互联网实验。他们在实验室和互联网上分别使用相同的实验方案进行了实施，并最终发现两种方法在研究结论上高度相似。这一结果证明了互联网实验作为一种研究方法的可行性。[②] 此后，这一方法由心理学向政治学以及其他社会科学领域扩展。

政治学中比较负有盛名的一项互联网实验是邦德（R. M. Bond）等人与 Face-

---

① Conte, R., Gilbert, N. & Bonelli, G. et al., "Manifesto of Computational Social Science," *The European Physical Journal Special Topics*, Vol. 214, 2012.
② 郝龙：《互联网社会科学实验：方法创新与价值评价》，《中南大学学报》（社会科学版）2020 年第 6 期。

book 合作，在 2010 年美国国会选举期间进行的一项有 6100 万被试者（18 岁以上 Facebook 用户）参加的实验，研究主题是信息传播与政治动员之间的关系。实验采用随机化分组的形式，对比实验组和对照组的结果后发现，社会信息直接影响了数百万人的政治自我表达、信息寻求和现实投票行为。此外，这些信息不仅影响了收到这些信息的用户，还影响了用户的朋友和朋友的朋友。[①]

早期政治学领域的互联网实验主要集中在投票和民主决策方面。例如，研究者使用互联网平台模拟在线选举和公投，以了解选民的决策行为和思考过程。随着时间的推移，互联网实验的应用范围逐渐扩大到其他领域，如社会认知、社交网络、国际关系等。互联网实验的使用也逐渐变得更加复杂和技术化，包括使用云计算、人工智能和虚拟现实等技术。也有学者利用微博平台设计开展实验，探究了"热搜"机制对网民新闻消费行为的影响，通过对比"热搜"机制被屏蔽前后的用户参与度数据，发现热搜话题会增加热点新闻的用户参与度，从而拉大热点新闻与非热点新闻间的关注度差距；与此同时，用户对热点新闻的关注度增加往往在小众新闻媒体上更为明显，因此"热搜"机制缩小了主流媒体与小众媒体间的关注度差距。[②] 胡萨尔（F. Huszár）等学者与推特平台合作开展了一项包含数百万推特活跃用户的长期大型随机试验，用来研究社交媒体的个性化算法推送是否对特定的政治团体更加有利。他们考察了来自七个国家的主要政党的民选议员所发布的推特，通过对比有个性化算法推送用户与无个性化算法推送用户所收到的推送信息，发现了右翼政客在六个国家都享有比左翼政客更高的个性化算法推送优先级；另外，他们还发现在美国亲右翼的新闻信息源更容易获得个性化算法的推送。[③]

此外，互联网实验分析的一种思路是在网络信息流中施加干预，通过对比干预组和对照组的数据，研究干预对用户行为和心理的影响。研究者可以通过对社交媒体、在线游戏、搜索引擎等平台的干预来观察用户行为和心理的变化，如推送不同类型的信息，改变信息的排列方式，修改游戏规则，等等。通过对干预组

---

① Bond, R. M., Fariss, C. J. & Jones, J. J. et al., "A 61-Million-Person Experiment in Social Influence and Political Mobilization," *Nature*, Vol. 489, No. 7415, 2012.
② Yang, T., Peng, Y., "The Importance of Trending Topics in the Gatekeeping of Social Media News Engagement: A Natural Experiment on Weibo," *Communication Research*, Vol. 49, No. 7, 2022.
③ Huszár, F., Ktena, S. I. & O'Brien, C. et al., "Algorithmic Amplification of Politics on Twitter," *Proceedings of the National Academy of Sciences*, Vol. 119, No. 1, 2022.

和对照组的数据进行比较,可以发现干预对用户行为和心理的影响,进而得出相关结论。有政治学者将同一实验分别在互联网与线下实验室开展并对比结果,以验证其结论的稳健性。例如,魁克(K. Quek)设计了一套博弈实验用以考察沉没成本在国际关系中作为一种"昂贵信号"(costly signal)的逻辑运行机制。他发现作为一种"昂贵信号"的沉没成本在信号发出者与接收者两端分别存在着不同的逻辑机制。他将这个实验分别在线上实验平台 Amazon Mechanical Turk (AMT)和线下实验室 MIT Behavioral Research Laboratory 开展并对比了实验结果,进而验证了其理论结果的稳健性。①

2. 互联网实验的局限

互联网实验相对于传统社会模拟实验具有许多优点,如成本低廉、操作简便、样本规模大等等,但也存在一些局限和不足。

一是样本选择可能存在偏差。一方面,网络素材的代表性可能有限,因为互联网上的信息来源、参与者和内容都是有限的,不可能覆盖到所有人和所有情况。另一方面,由于互联网使用的技术和工具,互联网实验往往会吸引特定群体的参与者,如年轻人、技术专业人士和网民,这些参与者的特点和行为可能与一般人群有所不同,导致实验结果可能不具有普遍性。

二是很难控制受试者的外部干扰变量。相比于实验室环境,互联网实验可能会受到受试者的自我选择偏差和外部环境干扰的影响,这些干扰变量可能会导致实验结果的不准确性和误差。例如,受试者可能在与他人沟通时受到他人观点的影响,或者在接收信息时受到周围环境的影响。并且互联网实验中的受试者可能会有自我选择偏差,即只有特定类型的人才愿意参加实验。这些偏差可能导致实验结果的不准确性和误差。② 此外,互联网实验的受试者通常分布在不同的地理位置,他们的社会文化背景、生活方式和环境等因素也会对实验结果产生影响。

三是可能面临伦理和隐私方面的问题。在涉及敏感信息或个人隐私的研究中,研究者必须保证受试者的隐私和安全,遵循伦理准则,否则可能会引起不良

---

① Quek, K., "Are Costly Signals More Credible? Evidence of Sender-Receiver Gaps," *The Journal of Politics*, Vol. 78, No. 3, 2016.
② Kraut, R., Olson, J. & Banaji, M. et al., "Psychological Research Online: Report of Board of Scientific Affairs' Advisory Group on the Conduct of Research on the Internet," *American Psychologist*, Vol. 59, No. 2, 2004.

的社会影响。同时互联网实验可能面临技术和数据处理方面的问题。在数据收集和分析过程中，可能会发生技术故障、数据泄露、数据丢失等问题，这可能导致受试者的行为受到实验环境的影响，导致实验结果的不确定性和失真。

因此，在进行互联网实验时，研究者需要充分考虑这些局限和不足，采取措施来降低误差并提高实验结果的可靠性。

（四）计算政治学三种研究方法的优势对比

在应用计算政治学方法时，学者们往往会根据数据的可获得性、研究问题与方法的适配性、自身方法论背景以及经费等方面选择最合适的计算政治学方法。

一是政治计算在数据量与数据维度方面更具优势。在大数据技术的支持下，政治计算能够实现海量信息的获取以及多种变量的共同分析，这方面优于互联网实验和社会模拟。从数据量的角度来说，互联网实验所能获取的数据量往往受样本容量等因素的限制；社会模拟虽然可以对庞大数据进行运营，但这些数据往往是根据建模参数生成的虚拟数据而非来源于现实的实证数据。从数据维度的角度来说，在实验中每一对实验组和对照组只能探究一个变量的影响，探究多个变量的作用则需要增加相应数量的实验组；而社会模拟虽然可以对复杂系统进行建模，但所能考察的维度往往受模型逻辑以及计算机算力的限制。此外，依托于大数据的政治计算无须对原始数据的生成进行人为干预，进而最大程度地避免了研究行为对数据的污染。在社会模拟中，各项初始参数往往是人为设置的，其中不免掺杂了研究者的主观意志；在互联网实验中，主试者偏差和受试者偏差往往也很难完全避免。

二是社会模拟对于复杂系统具有更高的适配性。不同于政治计算和互联网实验对现实系统的简化主义逻辑，社会模拟允许主体、要素以及系统之间的交互性与异质性。这种对复杂关系的高兼容性使得社会模拟系统与现实世界中的系统更为相像。此外，不同于另外两种方法受时间或空间的限制，社会模拟还能利用计算机算力在模型中对时空进行压缩，从而使对时空跨度巨大的课题进行理论预测成为可能。上述两点使得社会模拟成为比其他两种方法更为优秀的预测工具。

三是互联网实验是验证因果关系的有力手段。政治计算与社会模拟虽然在纳入多元变量分析时有显著优势，但有时却难以分离出某个独立的解释变量与因变量的因果关系。互联网实验在样本代表性、环境仿真度、可重复性、外在效度等方面都优于传统实验,这就使得互联网实验在因果关系推导上相对于其他计算政治学方法的优势更为明显。

三种计算政治学研究方法各有优势与不足。因此,在用计算政治学研究方法考察某一课题时,研究者应本着"扬长避短,取长补短"的原则,有针对性地选择不同方法解答同一课题的不同问题。具体来说,政治计算在厘清不同变量间相关关系的方面有着独特优势,可以用其来回答"是什么"的问题,即研究课题所呈现出的表征是怎样的,有哪些明显的趋势和规律,这些趋势和规律是否与预期相符。在一系列典型相关关系被发现的基础上,研究者可继续回答"为什么"的问题,也就是探究这些相关关系背后的因果机制。互联网实验无疑是回答这一问题的最优解。研究者可利用互联网实验在因果关系推导上的优势,根据假设逐一验证可能存在的因果机制,从而勾勒出隐藏在相关关系表征背后的逻辑链条。在此基础上,社会模拟可以通过建模将诸多已被验证的因果机制整合到一个复杂的仿真系统内,然后通过修改相关参数来回答"如果……就会怎样"的问题,即探究各个因果机制在不同环境设定下如何在微观层面相互影响并导致不同的宏观结果,从而根据现有知识对可能发生的各种结果进行预测。

通过策略性地使用计算政治学方法对上述三个问题进行回答,研究者可以对所研究的课题建立一套"驳杂—简化—深化—预测"的研究范式。首先,研究者在现实世界浩如烟海的信息流中对富有研究价值的趋势与规律进行定位、捕捉和清理,这是一个由驳杂到简化的过程;其次,萃取和精炼出现象背后的因果逻辑机制,这是一个由简化到深化的过程;最后,将已被论证的种种逻辑机制进行有机整合并重新置于复杂的系统之中,用以对社会生态做出合理预测,从而完成由深化到复盘和预测的过程。随着整个过程的完成,我们对于研究课题的认知便完成了由"杂乱无章"到"精密严格"的重构。

四、计算政治学研究方法的边界

(一) 方法论上的边界

首先,计算政治学作为一种政治学方法论,依托政治学理论而存在,需要政治学理论的支撑。政治学理论对计算政治学边界的划定主要体现在内涵和外延两个方面：从内涵上看，本文中所讨论的研究方法，只有在应用于政治学理论检验或拓展时才能被定义为计算政治学方法论，否则就只能被称为计算/模拟/实验工具；从外延上看，在计算政治学研究中基于政治学研究对象的复杂性和显性特征，通常要采用理论与数据双驱动型的研究方式。政治学理论对计算政治学边界的划定是建构性和基础性的。

其次，数据是计算政治学赖以运作的基础，能否获取足量且质量上乘的数据是划定计算政治学边界的另一要素。没有大数据就没有计算政治学，没有合格的数据就没有合格的计算政治学。不合格数据对计算政治学的应用限制可以分三种情况讨论。第一，获取的数据既不足量也不准确。典型例子是涉密数据。各国政府会对一些被认为不适宜向大众披露的数据进行保密处理，而这会使特定数据的获取成本变得极大。公共领域可能会有一些披露的涉密数据，但这些数据不仅真伪难辨，也往往是对一个庞大数据整体的少量截取，很难保证数据的完整性。在这种情况下，计算政治学通常难以施展。第二，获取的数据足量却不准确。有些政治学概念难以被准确测量，例如，领导人风格、政治文化传统等概念都因其本身的多维度性而难以被准确测量。在这种情况下，除非研究者能找到合适的代理变量，否则很难有效使用计算政治学的方法。第三，获取的数据准确却不足量。例如，在研究课题"不同儒家文化模式如何影响国家经济发展"时，研究者会遇到样本容量过小的问题。因为儒家文化只在中国、日本、韩国、越南等少数几个东亚和东南亚国家盛行，无法为计算政治学的使用提供足量的样本。在这种情况下，其他研究方法如比较案例分析，相较于计算政治学方法是更好的选择。

最后，计算政治学方法在应用于预测时对数据量和仿真模型精度有较高的要求，这勾勒出计算政治学方法的另一条边界。相较于传统政治学研究方法，计算政治学方法的一大突出优势就是可以基于现有数据与仿真模型对未来做出一定程度的预测。然而，这种预测的成功率并不总是令人满意的。影响预测成功率的主要有两点。第一，预测需要极其庞大的数据量作为支撑。政治计算中的预测需要大量变量和大量样本，以便尽可能涵盖影响预测结果的变量，以及贴合总体的人口统计学特征；社会模拟中的预测需要大量案例以及有实证依据的初始参数，以便机器学习的过程中有足够的信息可供计算机训练。第二，预测需要极其精准的模型。这不仅意味着研究者对模型的建构方式要尽量贴合现实逻辑，也意味着对于变量的把控要极其精确——不仅要尽可能加入每一个会对结果造成实质影响的变量，还要尽可能剔除与预测无关的变量。在政治学研究领域，研究者在进行预测时常常并不能确定自己是否已经拥有了足够多的数据量和足够精确的模型，因为并不存在一个判定此类问题的"黄金法则"。即使在预测成功的案例中，由于政治过程有很多黑箱，我们也不能确定现实的运行逻辑是否与预测模型的逻辑相同。总而言之，计算政治学研究方法虽然可以对未来做出预测，但数据搜集与建模的难度也随着预测准确率的上升而升高。当用以支撑预测的变量、数据量或者建模仿真的参数不充分时，建议在计算政治学的边界内寻找其他可研究的议题，过界预测有可能造成较大危害。

（二）研究主题上的边界

首先，计算政治学不适用于政治哲学等规范性理论课题的研究。诸如"什么是正义""公平和效率哪个更重要""人权是否高于一切""人应不应该为国牺牲"等问题是计算政治学方法所无法解决的。这是因为计算政治学方法本质上是一种基于经验的实证主义方法论，而规范性理论往往是先验的，计算政治学和规范性理论研究之间有着一条明确的边界。

其次，计算政治学不适合于研究战略性问题。战略性问题更多的是关于社会动态的分析，而这些问题的答案往往不仅仅依赖于数据的搜集和分析，还需要对历史、制度和文化等方面进行深入的分析和理解。计算政治学方法的运行逻辑建立在将大量数据抽象化和数字化的基础上，这不可避免地会使原始数据所携带的某些信息丢失，进而让数据产生一定程度的失真。对于战略性问题，计算政治学的分析工具可能会因为缺乏深入的历史、制度和文化的分析而出现局限性，导致分析结果的偏差。

最后，计算政治学不适用于针对个别事件或现象的研究。计算政治学所研究的现象通常具有一定程度的普遍性和重复性，研究结果通常也要求具备一定程度的外部效度。比如"经济发展会促进民主化进程吗？""国际组织如何平息国际冲突？"这两个课题所研究的都是时有发生的现象，研究结果也能用来解释未来可能发生的相同性质的事件。而"日军偷袭珍珠港的决策过程是怎样的？"这类研究课题并不具有普遍性和重复性。这些课题致力于对特定事件进行还原或做出解释，所以并不要求外部效度。因此，此类针对个别事件或现象的研究也框定了计算政治学的一条边界。

(三) 伦理上的边界

首先，获取数据时可能会引发伦理问题。有些大数据涉及个人隐私权。从数据量的角度来看，在"万物互联"的当下，每天都有海量信息被生产出来，但学者们在运用海量信息时几乎不可能对其中的每一条数据都做出细致的甄别，用以判定自己所使用的数据是否涉及他人隐私。从数据的生产方式来说，随着各式各样新的信息制造和传播方式被发明出来，划分隐私与公共之间的界限也变得越来越模糊。而针对一个领域的法律法规的发展往往落后于这个领域本身的发展，这一点在技术更新迭代相对较快的信息科技领域尤为突出，隐私权相关的法律规范的更新速度远远跟不上信息技术发展的速度。计算政治学在数据获取过程中所引发的伦理担忧在一定程度上划定了其应用范围。

其次，数据的分析过程中也可能存在伦理问题。这里主要涉及的并非广义上的社会伦理问题，而是更偏向于学术伦理的范畴。在数据分析过程中，有的研究者可能会对数据和计算模型进行有意识的操纵，比如只选择部分数据使用、增加或减少变量、调整模型等，以获得想要的数理计算结果。这种行为是不恰当的，这不仅会使研究结果失真，也会将学术研究的逻辑本末倒置——学术研究的目的是突破主观认知的桎梏从而发现客观世界的真实规律，而不是选择性地利用客观世界的信息来为主观认知佐证。当然，这不是说研究者不能调整自己的数据和计算模型，而是说这种调整应该以增强研究的效度为目的，而非以获得某个特定的数理结果为目的。

最后，进行结果分析时可能会引发伦理争议。在计算政治学中，"计算"是为"政治学"服务的。政治学者对数据的计算分析本质上是为了从数理分析结果出发，推导出具有政治学学术意义的结论，从而拓宽人类认知的边界，推动人类社会的发展。然而，需要注意的是，"计算"的部分往往只涉及数理运算，但"政治学"的部分则可能涉及研究者的价值判断。因此，当研究者尝试从中性的数理运算结果推导出有价值判断属性的研究结论时，就可能会引发伦理争议。例如，我们在统计层面考察了宗教与暴力活动的相关关系后，能不能断言某个宗教比其他宗教更加危险？当使用计算政治学方法得出的数理结果在逻辑上支持研究者做出某个价值判断性质的假设时，研究者还应当思考他所做出的论断是否在伦理上是不合适的，是否会对人类社会的发展造成负面影响。如果答案是肯定的，那么即使这项研究从计算政治学方法论的角度出发是成立的，也不应被鼓励。因此，社会伦理为计算政治学研究者对数理结果的解读也划定了明确的边界。

不过，纵使计算政治学存在边界，但是在实际使用中，计算政治学可以为传统政治学提供更加严密和精确的证据，从而帮助研究者验证或推翻传统政治学的假说。甚至计算政治学可以扩展政治学的研究范围，帮助研究者发现传统政治学所无法触及的政治现象，如在社交媒体上的政治讨论或政治网络的研究。

因此，传统政治学和计算政治学可以结合起来，共同探索政治现象的本质和规律。例如，在研究选民投票行为时，可以结合传统政治学对选民心理、政治意识等方面的研究与计算政治学对选民数据的分析，以全面理解选民投票行为的动机和规律。这种结合方式可以提高政治科学研究的精度和深度，拓展政治学研究的视野。

五、结论与余论

综上所述，计算政治学方法为政治学研究带来了深刻的影响，不仅在传统政治现象分析方面提供了创新工具，而且在挖掘信息政治、网络政治等新政治现象方面也开辟了新的方法和理论视角。计算政治学方法不仅丰富了政治学学科内涵和方法论体系，还深刻地拓宽了政治学学科的边界和社会价值。政治计算、社会模拟、互联网实验等方法跨越互联网、社交网络、信息流和语义学等领域，实现了跨学科研究，拓宽了政治学学科的范围。与此同时，计算政治学方法与互联网、可视化技术的无缝衔接，可以实现政治学研究成果的实时、直观、大众化传播，使政治知识得到社会积累，加强政治学研究对现实政治的直接影响。随着计算政治学方法的广泛应用，计算政治学的学科内涵、方法论体系、学科边界将逐渐清晰，有望成为一个与比较政治学类似的以方法论命名的二级学科，从而推动政治学研究不断前进。

将现有的计算政治学方法应用于政治学研究也面临着几个重要的挑战，厘清这些挑战将有助于我们深入理解计算政治学的本质及其发展趋势。

第一，数据获取和处理的挑战。虽然大数据方法可以收集和处理大量的数据，但是数据质量和可靠性依然是一个关键问题。一些政治学家指出，数据的质量和准确性比数据量更重要,① 因此计算政治学研究者需要花费大量的时间和精力来收集、清洗和处理数据,以确保数据的可靠性和准确性。此外,研究者还需要应对不同数据来源和数据形态的挑战,这需要他们具备跨学科的知识和技能。

第二,方法论和理论框架的挑战。政治学研究者需要注意避免"数据泛滥"的问题,即使用大量数据却没有明确的研究问题或理论框架。政治学研究者需要理解和应用各种新的方法和技术,同时还需要寻找和构建适用于这些方法和技术的理论框架,以确保研究结果的可解释性和可靠性。

第三,可解释性和推广性的挑战。计算政治学方法往往能够提供大量的数据和信息,但是如何从中提炼出有意义的结论,并将其推广到实际政治问题中,仍然是一个挑战。政治学研究者需要通过数据分析和理论构建,将大数据方法应用到实际政治问题中,以取得实际成果。

---

① King, G., "Ensuring the Data-Rich Future of the Social Sciences," *Science*, Vol. 331, No. 6018, 2011.

中美跨文明政治交流的五重障碍：
浅谈"预设网""参照物"与"推理法"的作用

张善若*

摘 要：生命世界是一群人由文化继承而获得的"知识储备"，是一张"由预设构成的、巨大的、无法计算的网"。当一个新"情况"在交流过程中出现时，我们需要到自己的生命世界中调动事实、常模和经验(facts, norms and experiences)作为参照系，并使用已经被预设为合情、合理、合适的推理法将参照系所构成的"过去"与新情况所展现的"现在"联系起来，对其进行诠释，从而完成交流行为。"跨文明交流"，即是"跨理性交流"。跨文明交流的根本困难在于，大洋这一边的听话者与大洋那一边的说话者，生命世界不重合，参照系不共享，推理法不共情。由此，"生命世界，身陷孤岛""腾空飞起，四面临渊""临渊垂钓，渊中无鱼""身临其境，心临奇峰""中国印象，西方制造"这五重障碍重峦叠嶂，连绵起伏，构成中美交流中难以逾越的鸿沟。

关键词：生命世界；跨文明交流；参照系；推理法；预设网；政治理性

Abstract: Drawing on recent theoretical development on language, reasoning, and argumentation in Western philosophy and social sciences, this article investigates and theorizes five sets of "epistemological barriers" in cross-civilizational communication between China and the United States/the West. I argue that, as they endeavor to interpret and understand Chinese political phenomena, the inability of Western readers/

---

* 张善若,美国加州理工州立大学政治学系教授。

audiences to draw on the "validating references" and "rationalizing inferences" that are routinely used in the Chinese political "lifeworld" creates barriers in political communication between China and the U.S./the West. In a particular political civilization, "political rationality" is a conception that is constructed and reconstructed in an evolutionary process where political thinkers and writers distill "historical lessons" from its history and conceptualize them in such a way as to advance the survival and prosperity of this very civilization. Cross-civilizational communication is thus "cross-rationality" communication.

Key words: Lifeworld, Cross-Civilizational communication, Reference, Inference, Web of suppositions, Political rationality

在2022年7月28日与美国总统拜登的会谈中，习近平主席强调："从战略竞争的视角看待和定义中美关系，把中国视为最主要对手和最严峻的长期挑战，是对中美关系的误判和中国发展的误读，会对两国人民和国际社会产生误导。"[①] 然而我们对美国政界、学界和媒体关于中国政治的讨论与报道稍作了解便会认识到，美国政治话语并不一定认为他们在"误读""误判""误解"中国。过去几十年的全球化进程和传媒产业与技术的发展，使中国与西方的语言能力、知识积累和媒体传播能力都获得高速发展。在这样的条件下，为什么美国对中国的"误解"不断？身处西方视域的学习者，在认知、理解、解释关于东方和中国的知识时，过程究竟如何？困难到底有哪些？

本文将中美交流看作一个跨文明"交流事件"（communicative event），借助近代西方诠释学、逻辑学和语言哲学的相关理论，对其基本状态进行解析。第一部分对本文的关键概念——预设网、参照物/系和推理法——进行定义、解释，在诠释学框架下描述它们在学习和交流过程中所起到的作用。本文认为，在日常的交流过程中，当我们面对一个需要解释的"新情况"时，我们需要到自己的生命世界中调动事实、常模和经验作为参照系，并使用已经被预设为合情、合理、合适的推理法，将参照系所构成的"过去"与新情况所展现的"现在"联系起来，对其进行诠释，从而完成交流行为。一个特定的政治文明，由于其历史

---

① 《习近平同美国总统拜登通电话》，https://www.gov.cn/xinwen/2022-07/28/content_5703304.htm。

发展轨迹不同,它通过政治语言在政治思想和政治思考中所定义的"理性"是不同的。如中国政治文明将"政治稳定"作为政治思想和政治语言"有道理"的根本前提,不为这个目标服务的说法和论点很容易被当作"无稽之谈"。而美国政治文明对"秩序"的知识和态度则截然不同,发展出一套反秩序、反传统、反权威的政治思想和话语。预设网、参照系和推理法与政治理性的设定及其在日常政治交流中的施行密切相关。以此为基础,我进一步讨论在中美跨文明交流中,"美"对"中"实现深度理解的过程中所面临的五重障碍——"生命世界,身陷孤岛""腾空飞起,四面临渊""临渊垂钓,渊中无鱼""身临其境,心临奇峰""中国印象,西方制造",并具体讨论每一重障碍中的预设网、参照物和推理法的作用及复杂性。在结论部分我简单讨论知识论、方法论、理论和实证研究在发展与完善这一研究领域的过程中的密不可分的联系,并提出从"生命世界般的中国知识"视角出发,进行跨文明交流研究的几个发展思路。

一、生命世界:预设网和参照系

多年前,我对我的博导——一位世界知名的美国学者——说,我因为在赶写一篇文章,着急、上火,所以牙疼。导师向我表达同情,但也同时强调,他无论如何不会相信写文章的紧张和口腔病变而引起的牙疼之间会有什么因果关系。在西方医学里,"紧张"和"牙疼"之间的关系还没有被证明,也许永远也不会被证明。但是有中国生活经历的人都知道,"上火"是中国日常经验中一个有历史有文化、有意义有效果的概念;通过反复观察、长期积累而发现的现象甲与现象乙之间的关联关系,在中医和中国文化的思维方式中是有效有用的。然而当我试图与一个西方人去交流这部分"中国经历"时,我的"脑海"的这一部分似乎被切掉了。看着对方空空如也的眼神,试图交流的我如同面临断崖。而我导师作为交流的另一方,无论如何努力去调动自己的"生命世界",也无法找到能够给"上火"与"牙疼"之类的事情提供参考的知识积累和自身经历。我的这一席话,也让他瞬间四面临渊,不知该如何是好。

按照哈贝马斯的说法,在这样一个交流行为(communicative act)中,参与者们需要在各自的脑海里调动由"事实"(facts,是交流者与客观世界之间的关系)、"常模"(norms,是交流者与社会世界之间的关系)和"经验"(experience,是交流者与自己主观世界的关系)这三方面而共同构成的"参考系统"(reference system),给交流内容赋予意义。只有在交流参与者各自的参考系统之间的"重叠"足够大时,他们才可能对这个交流行为的主题、意图、方向、计划等达成共识,这个交流行为才可能获得成功。而这些事实、常模和经验,都是交流者的"生命世界"的主要内容。

生命世界是诠释学中发展已久的概念,哈贝马斯借助舒茨(A. Schutz)和卢克曼(T. Luckmann)的阐释,将生命世界描绘为一个"由预设构成的、巨大的、无法计算的网"①。在本文中,我将"预设网"(web of presuppositions)这个概念抽取出来,与参照系、推理法并提,进一步解释生命世界这三个构成部分对交流行为及跨文明交流所产生的影响。舒茨和卢克曼认为,生命世界是一群人由文化继承而获得的"知识储备"(stock of knowledge),而这些知识是一个文明在其历史进程中,以具体经历为基础所构成、积淀下来的。人,作为"经历的主体"(experiencing subjects),不光从文化中继承这些知识,更要把其中的相关内容"插入"到他们一项项具体的生命经历中。所以,人们对于眼下的经历的理解和把握,是通过调动生命世界中的知识而协助完成的。②

当我跟导师说我因为紧张而牙疼并期待获取同情时,一个新"情况"(situation)便出现了。这句话是否能够被对方知晓和认同,我通过这句话想要实现的效果是否能够获得对方的配合,要看这句话与对方的"预设网"中已经被预先设定(established a prior)的合理的事实、合适的请求、合情的愿望之间,是否能够建立有意义的关系。③ 交流参与者在他的生命世界中能够调动的,用来对新情况进行定义、塑造、给予意义的知识和理解、习惯,就是本文说的"参照系"。文化如同空气,是一种透明的、不假思索又无处不在的存在。由预设构成的生命

---

① Habermas, Jurgen, *The Theory of Communicative Action, Vol. 2, Reason and the Rationalization of Society*, translated by Thomas McCarthy, Boston: Beacon Press, 1981, p. 131.
② Schutz, A. & Luckmann, T., *The Structures of the Lifeworld*, Evanston: Northwesten University Press, 1973, pp. 99-100,转引自 Habermas, Jurgen, *The Theory of Communicative Action, Vol. 2, Reason and the Rationalization of Society*, translated by Thomas McCarthy, Boston: Beacon Press, 1981, p. 128。
③ Habermas, Jurgen, *The Theory of Communicative Action, Vol. 2, Reason and the Rationalization of Society*, translated by Thomas McCarthy, Boston: Beacon Press, 1981, p. 131.

世界也是一样：哈贝马斯说，生命世界有着"直觉性的即时感"（intuitively present），是"熟悉的、透明的"（familiar and transparent），生活在其中的人，对它是不予置疑的。①

哈贝马斯对"生命世界"这一概念的发展更多地聚焦在其与"参照系"相关的方面，却忽视"推理法"（inferencing methods）的作用。一个交流者，面临一个新情况时，到自己的生命世界中调动事实、常模和经验，但无论如何调动、调动多少，也都是"过去时"。要将既有知识与眼下需要被解释、被学习的新情况建立有意义、有用处的联系，他需要动用一定的推理和论证方式。一般认为，推理（inferencing）是在证据（evidence）和说理（reasoning）的基础上获得结论的过程。在一个特定的政治文化、政治文明中，什么样的论证方法和说理方式是合适、合理、有用的，什么样的论证可以被看作是"理性"的，也通常由预设网直接限定。

二、推理法与政治理性

我们如何将生命世界中预设好的理性，与眼下的新情况建立联系？本文讨论两种典型情况：横向论证和纵向论证。我着急时牙疼，于是想起大家常说的"着急会上火，上火会牙疼"的知识、周围人上火牙疼时通常会吃一些"下火"的食物的行为常模，以及我自己以前有过的类似经历。我将这个参照系平行地从"以前"挪到"现在"，这就是"横向论证"（parallel reasoning），有时也称为"比喻性论证"。这样的论证方式，不追求上升认识的抽象高度，而讲求推理的效率和实用性，美国学者乔治·莱考夫（George Lakoff）和马克·约翰逊（Mark Johnson）在《我们赖以生存的隐喻》（Metaphors We Live By）②一书中就此进行了讨论。他们指出，人类的"认知活动大部分是以比喻的方式进行的"③。在现实生活的认知过程中，人们的认知单位是由几样相互关联的状态或事情而组成的"经

---

① Habermas, Jurgen, *The Theory of Communicative Action, Vol. 2, Reason and the Rationalization of Society*, translated by Thomas McCarthy, Boston: Beacon Press, 1981, p.131.
② Lakoff, George & Johnson, Mark, *Metaphors We Live By*, Chicago: Chicago University Press, 2003 [1980].
③ Lakoff, George & Johnson, Mark, *Metaphors We Live By*, Chicago: Chicago University Press, 2003 [1980], pp.3-4.

历形态"(experiential gestalts)。通过比喻,人们经由对一件事的认知结构去"经历另一件事"。具体来讲,通过 B 来认识 A,就是将 B 这个经历形态的不同组成部分及它们之间的结构和关系,投射(superimpose)到 A 这个经历形态上,① 通过在 A 与 B 之间建立这些经历形态中各个成分的洽合关系(coherence),透过 B 的结构来认识 A。生命世界中被认可的"道理"就这样自然而然地,在"比喻"的过程中被转移、嫁接到了新情况上,预设网中认可的那一种"理性"也自然而然地成为剖析、论证新情况的思路。

相较而言,归纳法一类的论证和思考方式属于"纵向论证":将新情况与一个更大的类型(category)建立联系,调动预设网中对这一类情况的既有知识来解释新情况。例如,"亚里士多德是人,人都要死,所以亚里士多德也会死"。美国逻辑学家斯蒂芬·图尔敏(Stephen Toulmin)指出,在逻辑学传统中,由"小前提、大前提、'所以'结论"(minor premiss, major premiss, so conclusion)所构成的三段论一直被认定为"理性论证"(rational argument)的基本模式。② 图尔敏问,"所以"一词究竟代表了什么样的推理过程? 包含在其中的思考、辨析、论证过程究竟是什么样的? 他认为"所以"一词所起到的作用,依赖于含纳在论证过程中的"保证"(warrant)、"支撑"(backing)等不同的论证成分。保证、支撑都各司其职,不宜被混称为"大的"或者"小的"前提。如,"哈里生于百慕大。所以,哈里是英国公民"这一论证中的"保证",就是"在英国殖民地出生的人是英国公民"这样的一个被普遍接受的法律事实。因为被广泛接受,所以没有必要明确说出。图尔敏将"保证"定义为连接论据(data)和结论(claim)的"桥",是一套"规则、原则、推理执照(inference-licences)"③,其作用在于显示"从这样的数据为起点,到这样的结论为终点,在这两者之间所进行的跨越,是合理的、合适的(an appropriate and legitimate one)"④。

---

① Lakoff, George & Johnson, Mark, *Metaphors We Live By*, Chicago: Chicago University Press, 2003 [1980], p. 81.
② Lakoff, George & Johnson, Mark, *Metaphors We Live By*, Chicago: Chicago University Press, 2003 [1980], p. 89.
③ Lakoff, George & Johnson, Mark, *Metaphors We Live By*, Chicago: Chicago University Press, 2003 [1980], p. 89.
④ Toulmin Stephen, *The Use of Argument*, Cambridge: Cambridge University Press, 2003 [1958], p. 91.

这样的保证如何使一个具体的论证过程看上去合理合法？图尔敏指出，是通过"将眼下这个具体的论证过程代回到已经被预设为合适、合理、合法（legitimate）的一个更大的论证过程的类型中"①。这里的"预设"（pre-supposed）一词，就是我们一直在讨论的生命世界中预设网的"预设"（presupposition）。在现代法治社会中，法律明文规定就是被预设为合理合法、因而被广为接受的一类论证类型。关于"哈里在百慕大出生"和"哈里的国籍"之间的关系的论证就属于这一类型，关于哈里国籍的这个具体论证从而获得了被预设的合法性。图尔敏认为，如果保证的内容广为人知，则大可不用明确说出。但当保证受到质疑时，论证者则需提供进一步的"支撑"。如果说保证的作用在于"允许一种关系产生和存在"（a permissible relationship），那么支撑的特点和功能在于对这种关系提供事实基础。如关于哈里的论证中，保证能够在"在英属殖民地出生"和"英国公民"之间建立一种关系，而支撑是从资料室、图书馆查找到的相关法律条文中，能够将这种关系的正负、强弱具体落实的一套事实。

从"支撑是事实"出发，图尔敏进一步发展了他的理论：在不同的论证场域（如社会学、生物学、统计学等）中，保证作为"桥"的作用是一样的，而在"桥"下起"支撑"作用的事实的类型是不同的。比如，对"彼得是瑞典人，由于瑞典人很少信天主教，所以彼得不太会是天主教徒"进行支撑的，是"瑞典总人口只有2%信天主教"这样的统计事实；对"鲸鱼是哺乳动物"进行支撑的，是对鲸鱼生理特征进行观察，并将结果同生物学知识相对照而得出的事实。这些"事实"，有的是数出来的，如"2%的瑞典人信天主教"；有的是看出来的，如"鲸鱼是哺乳动物"。

图尔敏作为一个逻辑学家的探索到此为止。在本文中我针对法律和政治论证这样一种"论证类型"，进一步探索其中的"事实"的来源。表面上看，法律事实就是白纸黑字的一通书写。但是，为什么白纸上有"这样的"黑字？是谁，为了什么原因，将现实的"这一部分"抽取出来、书写下来，并将其定义为"法律事实"？在政治发展的历史长河中，政治思想家们通过对政治经历进行反复提炼，再用政治经验对其进行来回检验，从而书写出对当下政治现实能产生有

---

① Toulmin Stephen, *The Use of Argument*, Cambridge: Cambridge University Press, 2003 [1958], p. 92.

效回应的，对此种政治文明的长期生存发展能产生积极维护的行政方式、文化价值观、行为常模、认知方向。他们通过书写，将这些流动不定的认识、做法和习惯变为固定的文字表述，再通过国家和社会范围的宣传与教化，促使人们将其看作"事实"。比如，"英国殖民地出生的人具有英国公民身份"这个法律事实，是如何从无到有，被提案、讨论、通过而成为法律事实的？这背后应该存在一系列政治动因，如：（我在这里只是猜测）公民身份可以增强人们对英帝国的政治忠诚和归顺意愿，使他们更主动地响应国家在征兵、征税等方面的需求。因此，政治论证中的"所以"，在根本上来源并依托于一套由事实、常模和经验共同构成的、有利于现有政治体制生存和发展的共识。

三、"文史哲过程"：政治理性的源起论

亨廷顿指出，最初使用"文明"这个概念的是法国学者，他们用这个概念来描述"定居的、城市化的、有文字的"人类社会。① 文明是文字塑造出来的，文字是文明的载体，哈贝马斯也指出，生命世界是"由语言而结构的"(linguistically structured)。无论是民间的口耳相传，还是官方的书卷册目，"文"都是政治文明对内教化和对外传播的主要媒介。因此，对生命世界进行书写的叙述者的视角和观点，对生命世界起到直接的塑造作用。② 这些书写者，为什么要将某些政治思考方式"写"为"理性"的，而将与其不同的"写"为"非理性"的？哈贝马斯给出了一部分答案：知识，作为生命世界的一部分，其核心作用在于维持和发展生命世界。在继承舒茨和卢克曼学说的基础上，哈贝马斯强调，生命世界的维持是由三个相互支撑的自我持续(self-sustaining)过程共同完成的。③ 首先，"生命世界的文化再生要保证生活中涌现的新情况与已经吸纳入文化传承中的既

---

① Huntington, Samuel P., *The Clash of Civilizations: Remaking of World Order*, New York: Touchstone, 1996, p. 40.
② Habermas, Jurgen, *The Theory of Communicative Action, Vol. 2, Reason and the Rationalization of Society*, translated by Thomas McCarthy, Boston: Beacon Press, 1981, pp. 135-136.
③ 哈贝马斯基本赞同舒茨和卢克曼对生命世界的运用，但是也指出，将生命世界完全视作一个事先设置好的文化系统，在理论层面，无法顾及个人在交流、理解过程中所发挥的主观能动性，也无法很好地解释生命世界如何在发展中自我更新。哈贝马斯在这方面的理论贡献，在于将个体和社会加入了理论框架。

有情况,在语言层面上保持勾连。这样,在日常生活中,传统与现实在知识上才能保持连贯性和契合性"。其次,生命世界通过日常的交流行为实现社会整合。社会行为者的交流行为,一方面要能够实现相互理解的目的,以达成交流行为所预期的目标;另一方面这些交流与互动也要能让参与者们进一步发展、确认和延续他们在自己社会中的地位与身份。最后,"生命世界成员的社会化(socialization)过程……给一代接一代的人们赋予一定的认识和能力,让他们能够(在生命世界给他们规范的常模和价值观的范围内)行动,这样,个人的经历与集体的历史记忆之间的和谐关系也能得到保持"。哈贝马斯从强调"经历"的现象学、强调"生存"的存在主义、强调"继承"的诠释学而发展出来这样的知识论并不出人意料。经过海德格尔和伽达默尔发展的现代诠释学认为,"求知者"(knower)对文本的理解永远是被他们"前理解"中的"先把握"活动所规定的,而前理解正是历史"传承物"所塑造成形的。同时,研究者也并非实证主义认为的、与研究对象保持距离的客观中立的观察者,而是历史和政治经历的"事中人",在自己具体的生命经历中与被研究事件形成"经验关系"(experiential relation to things)。

将哈贝马斯和图尔敏的理论带入跨文化比较研究中,我们更清晰地发现,在一个特定的政治文明中,通过被预设为合理合法的推理法而推出来的"理",能够给生命世界带来新鲜的生命力和合法性。推理法就好像是使生命持续运转的要害器官、驱动赛车狂奔的发动机、让花朵绽放的阳光。合理合法的推理法之所以被预设为合理合法,正是因为它们将现有的政治制度和秩序进行合理化、合法化并给予保护。也因此,生命世界的成员在使用这些推理法时还获得一种正义感:我们这样的"理"才是"理",你们那样的"理"不是"理"。一个政治文明中的政治理性,为这个政治体制的生存和发展而服务;一个政治文明中的知识,展现的是一套浓缩版的独特的政治经历。[①]

在中国悠远、浩瀚的政治文本实践中进一步观察和分析,我们会发现中国政治理性形成的"文史哲过程"。在中国古老的职业官僚体制中,作为儒家学者的官员,一方面用儒家知识和理论指导政治实践,另一方面又从自己的政治经验出

[①] 中国政治文化中的理性在政治文本实践中的应用,见 Zhang, Shanruo, "Threading, Stitching, and Weaving: An Exploration of Referencing and Inferencing Processes in Cross-Civilizational Communication," *Ethical Perspectives*,即将出版。

发，通过对儒家经典的讨论，提出自己的政治思想。简单来说，儒家知识分子用"文"对历史事件发展进行捕捉、记录、讨论，形成"史"；通过对"史"的讨论和分析推出政治思想，即"哲"；而"载道"作为"文"的使命，又赋予"文"以隐喻性、批判性、规诫性、和谐性等一系列功能和特点。这样的"文"，又被用来对"史"进行下一波捕捉。我认为"文史哲"作为一个概念，是对中国政治文化、政治文明发生过程的高度概括。正是这一套"文法"，以其独到的修辞手法、论证方式、话语策略，建构了中国政治文明生命世界中的预设网、参照系和推理法，政治理性在此滚滚文潮中不断演化、发展。从宏观、历史层面上看，儒家传统中的"民心""德政"等价值观，就是在"文史哲过程"中"生成"的。在其漫长的发展演化过程中，这些意义、价值观逐步稳定下来，为被这一政治文化意义系统所"笼罩"的行为者、思考者，提供了一套"既有"的意义和理性，让他们可以将新发生的政治话语和现象"带回"到这个意义系统中，由此获得意义。正是这样的诠释过程，将传统和理性都自然而然地融会贯通在中国政治知识的创造中。直到今天，学者们对中国政治文化和思想中如天命、民本等主要命题，仍然自然而然地将它们重置于其自身发展的历史、政治、文化背景中进行理解和诠释；同时关注这些概念的现实政治意义，试图从中国视野出发，以中国政治思想为工具来解释近现代中国政治社会发展的成功与失败。

因为中国政治文明比西方提前三千年进入了"文为人用"的"现代"，生命世界"主动"地、有意识地通过语言的运用而自我延续、自我巩固这一特点，在中国政治文本、政治文化中也更加突出。中国的"文治"，通过"写"来"治"，既是传统，也是理想。其中浓缩了中国文人对"文为人用"的信心，对"文"的长久深远的政治和社会影响的认识，以及对"文"的教化和昭示能力的深刻思考与积极实践。孔子改《春秋》便"尽小污"而"藏大恶"以求政治稳定。春秋笔法经过后世"大一统"的洗礼，发展成为一套促进良政善治、和而不同的政治文法。① 美国政治文明的历史经历和知识提炼塑造了截然不同的"写法"。如亨廷顿总结，在美国大部分的历史中，美国的自我定义在于"与欧洲相异"：美国是充满自由、平等、机会和未来的国度，而欧洲则代表着压迫、阶级冲突、

---

① 详见张善若：《中国政治思想的"文史哲"建构：以〈春秋〉三传〈隐公〉为对象的话语分析》，《文史哲》，即将出版。

等级和落后。① 这样的"政治理性",在美国历史早期适应它追求独立的需求,在 20 世纪以后帮助它树立独立的政治和外交形象。冷战以来,这一套知识和话语更成为美国在全世界范围扩大和巩固自己软硬实力的有力工具。在美国的国内政治中,与权力针锋相对、推崇言论自由、提倡信息透明的一套批判性文法,其底色是推翻英国殖民统治的政治经历,浓缩的是深入骨髓的对权力的不信任,最终目的是使得保证个人自由的政治形态得以衍生发展下去。

四、中美"跨理性交流"的五重障碍

在交流行为中,生命世界中的参照系为其内容、目的等提供有效性(validating references),推理法则为其论证过程提供合法合理性(rationalizing inferences)。从这个方面而言,中美的"跨文明交流"实质上是"跨理性交流"。从政治文明发展的主轴和轨迹来看,中国的主旋律是"大一统",欧洲的主轴是皇权、教会与贵族之间的博弈,而美国政治的发展轨迹则是反传统、反"一统"的权力制衡。围绕和呼应这些主题的经验,通过思考和总结而形成知识,并被绵延不断地叙述和记录成百上千年,各自生命世界中的"有效的"参照物和"理性的"推理法也截然不同。相比之下,西方与中国相互了解和学习的时间仅仅几百年。而且在这段时间里,西方势力通过殖民霸权直线上升,中国因内忧外患、救国强民而无力顾及上层建筑。在当今世界范围的政治知识、政治话语环境中,西方处于强势地位,西式的理性常被赋予不言自明、不证自明的正当性,与其不同的想法和做法也不言而喻、无须证明地失去正当性。更应当认识到的是,当中国面向美国进行政治交流时,我们的"对手"深深嵌入于西方的生命世界,他们能够调动的是在这种知识环境和政治状况下发展出的关于中国政治的知识。他们既有的西式理性和关于中国的"截断式"的知识,使得中美跨文明交流中常出现以下五重障碍。

第一重:生命世界,身陷孤岛。

生命世界如"天网恢恢"而无所不包,我们对它的接受是无条件、无质疑

---

① Huntington, Samuel P., *The Clash of Civilizations: Remaking of World Order*, New York: Touchstone, 1996, p. 46.

的,发生在其中的每一个交流事件都起到巩固文化继承、强化社会整合的作用。哈贝马斯强调,每一个具体的交流情况都只唤醒我们对生命世界中一小部分现实的觉知。这样的认识构成一个有限的、"临时的现实"(contingent reality)来帮助我们完成眼下的交流行为。即使我们有时对生命世界中的一部分会有些质疑,但这却无法撼动我们对整个生命世界的"天真的信任"(naive trust)。交流实践对生命世界不断的、完全的、无法替代的依赖,与"一切都可不同"性的挑战是不兼容的。因而,生命世界,"不可置疑,只可崩塌"①。生命世界的"不可超越",好比如来佛的五指山,孙悟空再有本事却也是跳不出去的。

这一点我在面向美国大学生教授中国政治的经历中感受深刻。每次教中国政治,我首先需要花几个星期来给学生建构一个"教室里的中国生命世界":儒家传统、差序格局、百年国耻、中国共产党的诞生、集体主义文化等等。学生迈入教室就进入这个生命世界,同时将他们的美国理解"悬置"起来。在这样的知识结构和交流环境中,中国政治一切都讲得通。然而他们一出教室就重新跨入美国生命世界的河流中,中国的生命世界立刻崩塌。他们在教室里学到的知识,能够帮助他们理解和解释一些关于中国的个别事实,也促使他们思考美国的中国知识的局限和偏执。然而这些局部的、书面的知识,无法撼动紧紧将他们包围的、活生生的美国生命世界。

第二重:腾空飞起,四面临渊。

当今世界的全球通信网络、影视技术和互联网,使得跨文明传播无所不在。在这样的交流环境中,跨文明交流的核心载体是"文本":发生在中国的政治事件,身处美国的人无法亲自体验;此事要传播到美国,必须得有人将其时间、地点、人物、事件用文字描述出来,将此文本传输到美国,美国的报纸、电台、电视台及各社交媒体又依据自己的需求对此文本进行删减、勾画,进行下一轮传播。在此过程中,一个具体的文本对这件事写什么、不写什么、怎么写,要通过记者编辑的选择和裁夺、新闻节目主持人抑阳顿挫的加工以及读者观众通过各种形式的反馈和讨论。这件事,最后在美国被认识成什么样,是在这样的过程中由这些交流行为者们共同塑造的。这样的交流过程将一个政治事件从它自身的

---

① Habermas, Jurgen, *The Theory of Communicative Action*, Vol. 2, *Reason and the Rationalization of Society*, translated by Thomas McCarthy, Boston: Beacon Press, 1981, p. 132.

文化、语言土壤中连根拔起,穿越时空,并被放入一个全然不同的生命世界中,一个截然不同的政治理性中所发生的事件,在这里被解读、被讨论、被评价。

这样的"距离化过程"(distanciation)是保罗·利科(Paul Ricoeur)关于文本和话语的理论思考的一个主要方向。利科指出,在以口语为媒介的直接交流中,听者与说者的关系相对稳定,这个关系在听者对说者的理解方面起着关键作用。但是当被说出的话以文字形式固定下来、传播出去,听者与说者的既有关系完全消失,使这些话语脱离了它们的历史和社会背景。现代崇尚民主平等的文化也让人们普遍认为,只要能识字的人都有权力来解读这些文本的意义。从本文的理论视角看,在口语交流中,听说双方共处于一个生命世界中,所调动的参照和推理系统有相当大的重合,因而具备交流成功的基础。而依托书面文本进行的跨文明交流则完全脱离了这个参照系统,其依托的"共享的现实"也不复存在。① 因此,现代全球通信网络看上去可以让人们如同坐上飞毯一样腾空而起,瞬时进入另一个国家、社会和文化,了解情况甚至参与讨论。然而,深想一层,我们认识到,这样的交流方式也使人们彻底脱离了自己的生命世界和意义系统,高高在上却四处临渊。忽然间,一切都不知该从何谈起。

第三重:临渊垂钓,渊中无鱼。

在西方的听者,听到这些关于中国政治的说法后,会到自己的生命世界中寻找有用的参照物和推理法。然而他们找不到合适的中国材料,能找到的只有西方教育、媒体、社会在过去几十年生产出的定义中国、描绘中国的内容。这种由生命世界缺失造成的"缺氧性"理解是中美交流的主要症结之一。我用贝淡宁(Daniel A. Bell)与汪沛的新书②做简单说明。该书的主要论点是:政治、社会、文化中的等级制度,因为自然,所以正常,而且可以起到促进平等的作用。作者用荀子记载的"乡村饮酒"的例子——在村里的节日庆典上,年长的人与年幼的人同饮一杯酒——来展示在中国文明中,"和谐"和"等级制"在理想与现实

---

① 见利科的编者、译者约翰·汤姆森(John B. Thompson)对利科在这方面的思想的总结,尤其是第三和第四点。Ricoeur, Paul, *Hermeneutics and the Human Sciences*, edited, translated and introduced by John B. Thompson, Cambridge: Cambridge University Press, 2016 [1981]. pp. xxiv-xxv.
② Bell, Daniel A. & Wang, Pei, *Just Hierarchy: Why Social Hierarchies Matter in China and the Rest of the World*, Princeton: Princeton University Press, 2020.

两个层面上同时存在。我读了这个例子,脑中浮现出小时候在外婆家吃饭的场景:全家二十来口人聚在一起,多么热闹;虽然第一碗面永远端给外公,而这样的"等级制"却自然而然且充满温情。但是没有这种生活经历的西方人,特别是历史上(相对来说)没有经历过长期的、严格等级制度的美国人,能够唤醒什么样的参照物,演习什么样的推理法?当下西方民主政治的左翼和右翼都以追求平等、打破等级为基本诉求。任何关于"和谐的等级制度"的观点和倡导,都会立刻引起深深的怀疑。由于这个文化不鼓励人们用"和谐等级"的概念来观察和思考世界,因此,无论是在自己每天亲身经历的政治交往中,还是在被报纸电视"媒体化"(mediated)的政治"现实"里,人们都很难找到可以用来验证这个概念的事情。相反,在这样的文化中,人们能够调动的很有可能是关于"不和谐等级"的例子和知识,比如天主教会依靠等级制度几十年来隐瞒欺凌幼男的丑陋行径,少数族裔在"民主公平"的旗帜下受到长期不平等待遇,等等。在上文关于中医的例子里,我导师对中医进行一番搜索后,找到的是一些西方文化对于东方"神秘主义"的既有看法以及西方自己的关于"迷信"的各种想法和做法。

在中国政治文明中,"大一统"不仅是意识形态,而且是深入人心的知识:中国政治历史中有大量的经历与知识被用来讨论、展示和证明大一统的重要性,如"合久必分、分久必合""没有规矩不成方圆"等,都是家喻户晓的说法。美国文化可以说是生性多疑的,对"统""合"之类的概念会本能地产生怀疑、反对甚至反感。原因也很简单:如果天天强调守规矩,英殖民者就推不翻,美国也就不会诞生。在中国改革开放初期我们常听到一句话:"改革开放的春风吹遍祖国大地。"这句话温暖动人,为改革开放的快速发展进行合法性和合理性论证。它调动了中国文化的预设网中对温暖明媚的促使万物生长的"春风"的形象、对"有国才有家"的集体主义的认识以及对政府广施仁政的期待。因此,改革开放的"春风"应该"吹遍"祖国大地,因为这是一件大好事。然而在美国政治文明中,"吹遍"就不一定是好事了,"祖国大地"这个概念恐怕也要遭到质疑。美国文化对这个现象的直觉反应会是:"谁允许你吹遍了?谁让你吹遍了?"大部分美国人了解、学习中国知识,就好像一个人临渊钓鱼,但是这个池里不但没鱼且只有螃蟹,所以他们对鱼的认识,也只能是根据螃蟹的模样而想象出来的。

第四重：身临其境，心临奇峰。

正如"真善美"与"假恶丑"这两个词所展现的，知识、道德与美感是不可分割的。威廉·瑞迪（William Reddy）研究了情感（emotion）在法国大革命的酝酿和爆发过程中的作用，并且对情感的政治作用进行了精密扎实的理论构建。他将情感定义为"一组松散连接的思维材料（thought material），由不同的符号构成，有目标性，以图式（schema）的形式存在，一旦被激活，很容易会超越理性注意力（attention）的管控能力，且无法在短时间内被转化（translated）为行动或语言表达"[1]。瑞迪还指出，每一个政治体制都有属于自己的"情感体制"（emotional regime），为在这个政治文化中生活的个人在情感的抒发、表达和反应等方面提供规范性引导。由于情感是有目标性的，当几个重要的情感目标相互冲突时，当事人就会经受"情感折磨"（emotional suffering）[2]。在这种情况下，情感体制会对此时此刻"应有"的情感感受和情感反应做出指导。[3]

在中国政治生命世界千百年的发展过程中，政治思想家们通过"文捕捉史、史论推哲、哲塑造文"这一轮一轮的记录和叙述，编织了一个庞大强劲的情感体制。在这里，情感经历依托于中国人所共享的政治和文化身份，是具有重大意义和巨大力量的历史和文化符号。在抗击疫情期间，"白衣执甲"一词，仅用四个字就描绘出勇敢无私的医护工作者照顾和保护病人的动人场面。"最美逆行"四个字，将全国的医护工作者在武汉疫情最严重的时候，为救国救民而逆水行舟的壮阔局面勾画出来。引自《诗经》的"岂曰无衣？与子同袍"八个字将历史上无数类似的经历浓缩于其中：生死与共的中国人，将自己的最后一层衣衫献出来作为共同的防御，把自己的最后一滴水、一口饭拿出来作为共同的供给。从小学唱国歌的现代中国人，哪一个听了"万众一心"一词心中能没有暖流？这些生动的语言，排演出一场场具有历史纵深、特定意义和巨大力量的"政治戏剧"；而剧场，如亚里士多德所讲，正是通过一套特定的剧情结构来调动人们心底深处真善美交织的正义感。通过这样的情感经历，读者们共同进入了一个"政治剧

---

[1] Reddy, William, *The Navigation of Feeling: A Framework for the History of Emotions*, Cambridge: Cambridge University Press, 2001, p. 94.

[2] Reddy, William, *The Navigation of Feeling: A Framework for the History of Emotions*, Cambridge: Cambridge University Press, 2001, p. 123.

[3] Reddy, William, *The Navigation of Feeling: A Framework for the History of Emotions*, Cambridge: Cambridge University Press, 2001, p. 132.

场"：他们成为其中的一员，获得一种特定的身份，自觉自愿地扮演着各自的角色。

现代媒体制造出的生动逼真的传播效果，现代新闻业所写出的即时的、同步的、充满确定性和自信的新闻报道，都会使身处美国生命世界的读者有"身临其境"的感觉。如前文所述，作为生命世界自我延续的一部分，在"美国制造"的关于中国的新闻和教育会不停地顺着美国的参照系和推理法来解释中国现象，这样的解释因此而成为美国听众能听到、看到的唯一解释。在这样的信息和知识环境中，美国建立在反集权反压迫、追求民主与自由基础上的自我身份认知，不可避免地将中国式的治理方式和中国政治文化的基本形态，放在了对立面，而"距离化"这一跨文明交流、跨时空交流、跨政治理性交流的内核过程，被"眼见为实"的幻影掩盖了。美国观众在新闻中看到的栩栩如生的"事实"、在访谈中听到的打动心扉的经历，实际上是记者、编辑、制片人为迎合他们的视角所特意选取、塑造的。然而这种亲眼所见、亲耳所闻的个人经历，使他们对在此过程中促生成形的对中国的认识深信不疑。

更重要的是，现代媒体传播在观众心中激活的，是知识和事实层面的认知、价值观与意识形态的唤醒以及同情、愤怒、怨恨等情感反应相互刺激、相互交织的一种复杂的心理活动。这种心理状态使读者和观众有一种"心临奇峰"的感觉：我亲自"上去"了，我亲眼看见了，我的感受是最正确、最不可动摇的。瑞迪指出，对个人来说，什么样的情形引发什么样的情感以及应该如何反应，是由这个社会和文化中的"情感体制"所引导的。同时，情感发生时，在短时间内又很难甚至无法被翻译成可表达的语言。也许正是情感的这种"不可表达""难以表达"的特性，使人们容易被锁入自己的情感经历。那一刻的感受，因为我"无法说出口"，所以别人"永远无法完全了解"，因此"没有人比我更知道这一刻的真实"。在这种情感性认知中，你的"无法了解"强化了我的感受的"真实"。因而，我认为，情感体验的公众性和私人性同时塑造、锁定了这种"确信无疑"的感受。

第五重：中国印象，西方制造。

西方知识和媒体体系，一方面缺乏对中国生命世界的直观和直接的了解，同时又主观意识浓烈、知识制造能力强大，这些因素共同塑造了"西式的中国生命世界"的基本形态。因此，从中国视角看，中国在西方视域和知识中常常被

"自然而然"地构建为"他者",并且在这样被异化的位置上被分析、被解释,甚至被刻意扭曲、脸谱化、妖魔化。以这种方式呈现出的"中国",进一步呼应和巩固从西方视角出发理解中国政治的既有知识。这一套知识围绕着这样几个关键词:共产主义即是自由民主的反义词,与美国和西方是"永久性的殊死的搏斗",联想冷战;威权主义,充满贬义,联想冷战的苏联;民族主义也极端危险,联想纳粹德国。然而了解中国政治生命世界的人会明白,中国政治远远比这些标签庞大复杂,其中大部分的预设、文化和历史参照物、合理合法的推理法,发源、发展于中国儒家传统和大一统的政治历程,并与中国近代百年国耻的鲜血淋漓的记忆、救亡图存的深刻教训直接相关。媒体业和学术界在此种"中国知识,西方制造"的过程中所起到的作用不可低估。

罗杰·福勒(Roger Fowler)[①]在对媒体语言的研究中指出,新闻并非自然生成,而是被"制造"(newsmaking)出来的。一个事件的文化因素,如与读者的现有文化的相关性、距离感以及是否能够引起共鸣等,在很大程度上决定它是否有新闻价值。福勒由此认为新闻业是强化"民族中心主义"(ethnocentrism)的工具之一:每天的新闻都在制造巩固一个具有共性、共识的"我们"。同时,这样的倾向和做法也制造分裂:不同政治立场的"对方"越来越多地被描绘成"他们",为了巩固"我们"内部的团结,新闻业对"他们"的刻画也越来越不留情面。在中美或其他形态的跨文明交流中,写作者有时为了迎合读者的口味、思维方式和政治倾向而刻意挑选"此文明"中的参照物去说明"彼文明"中的现象,这个情况就更加严重了。

实证政治学的研究方式在不经意间也起到了推波助澜的作用。迈克尔·弗雷泽(Michael Frazer)2020年在《美国政治学评论》(*American Political Science Review*)上发表文章,将占社会科学主流地位的"因果解释"(causal explanation)与崛起中的"释义性社会科学"(Interpretive Social Science)所推崇的"释义性解释"(interpretive explanation)进行比较,并讨论这两种知识制造方式是否允许和鼓励学习者对政治学的研究对象通过学习而产生尊重(respect)。他认为,相较而言,释义性社会科学的知识论和方法论能够凸显分析与解释中的"主体叙事",

---

① Fowler, Roger, *Language in the News: Discourse and Ideology in the Press*, London: Routledge, 1991.

让政治学的研究对象不再是一个数据点，而能够发声、说话，像故事的主人公一样来解释自己行为背后的价值观和利益动因。在弗雷泽看来，这两个研究范式的根本区别，在于他们各自认可和使用的解释的来源：因果解释重于可观察到的（外在）特征（如性别、社会经济状态、教育程度、宗教信仰等），而释义性解释则擅长发掘那些无法被直接观察到的、需要政治行为者主动阐释的内在思考和论理过程，如价值观、自我利益认知以及受这两者驱动的意图（intention）。

弗雷泽用在选举研究中被广为接受的研究方式做说明。在现在普遍使用的研究范式中，无法被研究假设、既有理论解释的选举方式，通常被作为"异常值"（outliers）搁置在一边，成为"未解释"（unexplained）或者"无法解释"的现象。一个人如果投票的方向跟与他教育、种族、宗教等背景相似的人不同，在"因果解释"的范式中就变成了这种"现有理论无法解释"的选民。然而你如果问这些选民为什么这样投票，他们大多能讲出自己选举行为背后的原因。弗雷泽指出："与其他自然物种不同，人类做事都有一定的目的性……这种目的性可以被解释，虽然这种解释不是[我们现在通常追求的]①因果解释。我们在日常生活中对这种[释义性]解释非常熟悉。如果有人问我们为什么投某一个人的票，我们通常不会追溯到父母对我们的早年教育使我们具有了'权威性人格'，这种人格又使我们支持权威性候选人。我们会用自己从主观出发所使用的投票原因来解释。比如我们的种族、性别、宗教如何塑造了我们的价值观和利益，在此基础上，我们觉得投某一个候选人的票是自然而然的、正确的做法。"② 这样，释义性解释提供的是有意义的叙述（meaningful narrative），通俗来讲就是"讲故事"："我们向别人解释自己时，通常会将我们自己作为主人公，围绕着我们的信仰、动机和价值观讲一个故事。"③

基本来说，中国政治在西方社会科学的主流研究中就处于这样一个"无法/未能被现有理论解释"的尴尬地位。我们若顺着哈贝马斯的思路，会将政治知识看作生命世界自我延续、自我发展的工具之一；顺着"文史哲"理论的思路，

---

① 方括号里的内容是我通过对上下文的理解而添加的解释，以便读者更准确地理解引文的意思。下同。

② Frazer, Michael, "Respect for Subjects in the Ethics of Causal and Interpretive Social Explanation," *American Political Science Review*, Vol. 114, No. 4, 2020.

③ Frazer, Michael, "Respect for Subjects in the Ethics of Causal and Interpretive Social Explanation," *American Political Science Review*, Vol. 114, No. 4, 2020.

会认识到西方政治理论来自西方文明的政治历史中的实践、记录、经验总结和理论提炼。中国政治生命世界的发展轨迹与西方不同，在此过程中政治思考者们遇到的问题不同，想出的办法不同，经验记录和理论提炼也自然不同。现代中国政治现象在现代西方政治学中无法得到有效的、充分的解释，也属正常现象。然而西方又需要对中国进行解释，而且这种需求越来越迫切。在缺少对中国生命世界的理解的前提下对中国进行的解释，往往就使中国变成了西方政治的"反面"。西方的"因为有民主制度，所以有公民社会"这样的理论框架和理解方向，应用在对中国政治的解释中，基本就演变成了"因为中国不是（西方式的）民主制度，所以没有（西方式的）公民社会"。而中国的乡土社会、差序格局中内生的自我联络、自我组织、自我赋权的各种机制，在西方关于中国的知识中要么被忽视，要么被赋予西方视角的解释和评价。这种"因为不是这样，所有没有这些"的解释方式，是一种用西方政治生命世界中的参照物和推理法为想象起点、理论原点和分析终点而构建出来的"中国印象"。这样的知识，从中国角度看来，其构建奇特扭曲，其印象也似是而非。

这样的知识制造状态恐怕也并非中国专属。当前社会科学研究主流，尤其是定量分析，对变量相关性的强弱予以充分关注，而对人们在日常政治生活中进行认知、思考、讨论、交流、决策、行为的主观叙事，则缺乏有效的分析工具。这样的学问使得非西方世界的国家、文化、民族、宗教，都"道理"隐，"行为"存，整体"失语"。长此以往，这样的知识将滋长过于简单化的政治常识，且无力纠正这样误国误民的常识。如美国总统拜登直言相告："世界上有两种国家：有价值观（价值在这里指正面积极价值，如正义）的民主国家和没有价值观的非民主国家。"① 这种说法，拿到西方语境之外，只能贻笑大方。若说这种政治现象是美国政治科学界的直接后果，则不免打击面太大，冤枉了大批一生勤恳做学问的学者，而且也无视美国社会科学学术繁花似锦、博大精深的场面。但是美国泱泱知识大国，政治常识却如此简单粗暴，政治学知识的整体状况似乎也难以彻底摆脱干系。

---

① "Remarks by President Biden in Press Conference," www.whitehouse.gov/briefing-room/speeches-remarks/2021/06/13/remarks-by-president-biden-in-press-conference-2/.

五、生命世界般的中国知识

生命世界是一群人由文化继承而获得的"知识储备",是一张"由预设构成的、巨大的、无法计算的网"。当一个新"情况"在交流过程中出现,我们需要到自己的生命世界中调动事实、常模和经验作为参照系,并使用已经被预设为合情、合理、合适的推理法将参照系所构成的"过去"与新情况所展现的"现在"联系起来,对其进行诠释,从而完成交流行为。中美跨文明交流的根本困难在于,大洋这一边的听话者与大洋那一边的说话者,生命世界不重合,参照系不共享,推理法不共情。由此,"生命世界,身陷孤岛""腾空飞起,四面临渊""临渊垂钓,渊中无鱼""身临其境,心临奇峰""中国印象,西方制造"这五重障碍重峦叠嶂,连绵起伏,构成中美交流中难以逾越的鸿沟。

在以上五重困境中,我们不仅看到身处西方生命世界的人们在学习中国知识、了解中国情况、洞悉中国式解释等方面的困难,也看到在这样的知识基础和诠释环境中创造出来的中国知识的潜在问题。实证研究的不同方向和方法,根本上都是某一种知识论和方法论的应用端。因此,无论是理论研究还是实证研究,在理论、方法论、知识论这三方面的思考和实践应该是紧密结合、密切互补的。顺着诠释学、哈贝马斯交流理性理论所指的方向,本文提出,政治知识是一个政治文明的生命世界的重要构成部分,如果生命世界是按照"自我繁衍、自我强化"的逻辑而发展的,这两个"自我"就是政治知识的主要功能。因此,西方政治学所制造的知识,尤其是围绕着美国式民主以及近些年发展起来的"民主"与"非民主"的两极化政治知识和话语,都应当放在美国政治生命世界自我需求的框架中来认识。

一切的知识起源于分类。当政治理论在根本上把政府、政体、政治形态定性、定型在"民主"与"非民主"的二元化框架中,实证研究便在这一两级化的理论空间中展开。即使存在不完全与这种两极化分类的知识所契合的观点和发现,如前文所说,在大的生命世界性的知识环境中,也只能构成"临时的现实",发出"临时的疑问",无法撼动整个知识状态。如果西方政治学知识大体来说是这样的形态,在其中发展出的中国知识的地位、形态与发展方向就需要在这样的背景中认识;这样的知识创造形态是否能够合法、合情、合理地认识中国政治，也需要在这样的认识中讨论。中国研究、中国经验、中国模式，在缘起于西方工业革命所带来的经济、政治和社会变化的实证社会科学研究中，应该起到什么作用，能够起到什么作用，也需要通过进一步细致的研究来寻找具体、确切的答案。

要改善这样的知识状况，我们需要将中国政治放在它自己的生命世界中进行解释。这样的知识范式，宜称为"生命世界般的中国知识"。这一套研究的基本路径是，通过理论和实证研究，将中国政治思考和政治交流中用到的参照系、推理法、预设网以及由它们构成的生命世界展示出来，从而对中国政治的价值观与利益结构进行更深一步的释义性解释。用弗雷泽的话来说，就是让中国政治的价值观和思考方式成为中国政治叙事的主人公，用在中国政治历史文化发展过程中自然而然形成的分类、概念和论证方式，来解释中国的政治制度、程序、经历和行为，来描画中国生命世界中的理论愿景和政治理想。

政治思考是通过语言进行、通过语言交流、通过语言传播的，而对语言进行分析的根本方法是文本分析，那么，文本分析则是创建生命世界般的中国知识的核心方法之一。中国政治文本、文法的特点，扎根于中国长达三千年的"文治"——也就是"用文字进行治理"——的政治语言实践。以此为出发点，对欧洲近百年来发展起来的文本分析方法进行创造性发展，提高文本分析方法的效力、敏锐度、精确度，在"古、今、中、西"的框架中对中国政治的发展方式和方向做出解释，是这一套研究在方法论方向上的基本道路。

更具体地讲，从中国视角出发对中美跨文明政治交流的研究，可以从以下几个问题着手进行。第一，中国政治话语、政治文体中常用的预设网、参照物和推理法有哪些？第二，当下中美交流中典型的"中国故事"有哪几类？当它们在西方被解读时，解读者所采用的参照物是哪些，推理法又是怎样的，基本解读结果如何？第三，将中国本土和西方解读的参照物与推理法进行对比和分析：在哪些方面有重合？在哪些方面见分歧？第四，进一步探究为什么会出现这样的分歧：不同的"故事主题"中的分歧和障碍是否不同？各自又属于上文讨论的五种障碍中的哪一种？

本文的核心问题是：在对另一政治形态所赖以生存的生命世界缺乏知识与经历的情况下，政治交流、理解、诠释过程中有哪些障碍和困难？本文从中美之间的误读、误判、误解入手，讨论预设网、参照系和推理法在跨文明交流中的作用。中美、中西交流有一定的特殊性。中国作为"远东"的"大国",对西方而言,恐怕是世界上最遥远的角落。与非洲、美洲、澳洲、中东、南亚、东南亚甚至韩国、日本等地区与国家相比,欧美几百年的殖民历程对中国在文字文化、价值观、思维方式等方面的深层影响是最小的。也就是说,在全世界范围内,中国是西方殖民魔爪未能深深落脚的地方。中国与西方的"异",西方对中国了解的"少",皆从此出。本文主要针对"中"对"美"的交流。那么,"美"对"中"的交流情况又如何?我认为这五重障碍的基本原理仍然适用,不过,近几十年来,中国对美国知识的态度与美国对中国知识的态度截然不同。如果说美对中可称为"排斥性"研究,中对美则是"融合性学习","取其精华,去其糟粕",积极求知,加以利用。所以正如大家通常认为的那样,中国对美国的了解,要多于、高于美国对中国的了解。而这样的了解是否能够让中国的思考者更容易地将美国知识放入美国的生命世界中进行诠释,需要专门研究才能有所认识。愿本文提出的思路、观点和问题能够抛砖引玉,进一步推动跨文明、跨文化政治传播在理论、方法论、知识论和实证方面的研究。

公共组织如何创造知识：
野中郁次郎跨域研究的要点及其中国意义[*]

宋 磊 祝若琰[**]

摘 要：公共组织的知识创造过程正在成为公共管理领域的重要研究议题。实际上，几乎所有相关研究都直接或间接地受到为知识创造论奠定了基础的野中郁次郎的影响。值得指出的是，野中郁次郎的知识创造论由企业知识创造论与公共组织知识创造论构成。但是，援引野中郁次郎的相关研究忽视了他的企业知识创造论和公共组织知识创造论的联系，并未注意到他近年来提出的关于企业知识创造论的跨域应用的理论构想或所谓公共组织知识创造论。本文梳理野中郁次郎的企业知识创造论与公共组织知识创造论的内在关联，介绍野中郁次郎的公共组织知识创造论的要点，讨论公共组织知识创造论的拓展方向及其中国意义。

关键词：公共组织；知识创造；工业行政；中国实践

Abstract: The process of knowledge creation within public organizations has emerged as a prominent research area in the field of public management. Ikujiro Nonaka, an eminent pioneer in the domain of knowledge creation, has exerted a significant influence on a wide range of relevant research, both directly and indirectly. Notably,

---

[*] 本文的写作受到清华大学中国现代国有企业研究院以及北京大学公共治理研究所工业行政与产业政策研究项目的支持。

[**] 宋磊，北京大学国家治理研究院研究员，北京大学政府管理学院教授；祝若琰，北京大学政府管理学院博士研究生。

Nonaka's comprehensive framework comprises the knowledge creation theory of companies and the knowledge creation theory of public organizations. Regrettably, scholars referencing Nonaka's work have often overlooked the interconnection between these two theories and have paid scant attention to his theoretical concept of cross-field application, specifically the knowledge creation theory of public organizations advanced in recent years. This study examines the relationship between Nonaka's theories of knowledge creation of companies and public organizations, introduces the main ideas of his knowledge creation theory of public organizations, and explores its prospective avenues of research and implications for China.

Key words: Public organizations, Knowledge creation, Industrial public administration, Chinese practice

一、引 言

在包括公共行政学在内的广义的公共管理学的发展过程之中,一直存在跨越学科边界的双向学术交流。一方面,广义的公共管理学的发展推动了其他学科的进步;另一方面,其他社会科学的研究思路也促进了广义的公共管理学的发展。埃莉诺·奥斯特罗姆(Elinor Ostrom)等人关于公共池塘资源的研究对于经济学的影响是前者的代表,[1] 企业战略管理理论对于马克·摩尔(Mark H. Moore)等人倡导的公共组织战略管理理论的影响则是后者的典型。[2]

近年来,由野中郁次郎开创,在企业管理学界特别是企业战略管理学界享有盛誉的企业知识创造论开始进入广义的公共管理学领域,一些中国学者直接或间

---

[1] Ostrom, Elinor, *Governing the Commons: The Evolution of Institutions for Collective Action*, Cambridge: Cambridge University Press, 1990.

[2] 在摩尔的分析框架之中,定位与创新占据重要地位,而定位与创新是企业战略管理理论的关键词,参见 Moore, Mark H., *Creating Public Value: Strategic Management in Government*, Cambridge: Harvard University Press, 1995, pp. 9, 14–15。

接地借鉴了他的研究思路或关键范畴来分析中国的行政实践。① 应该说，对于企业知识创造论的跨域应用拓展了公共管理学者的研究视野，具有积极意义。但是，在进行这种应用的时候，以下问题值得注意。

第一，野中郁次郎的企业知识创造论具有较长的发展历程，与同一时期国际学术界关于日本企业竞争力的研究具有内在联系。全面地把握这种联系有助于深入理解企业知识创造论的来源、实质以及拓展方向。但是，在笔者的阅读范围之内，直接或间接地援引了野中郁次郎研究的中国学者较少注意国际学术界的相关研究与企业知识创造论的联系。

第二，进入21世纪之后，特别是近年来，野中郁次郎在多部著作之中倡导将作为企业战略管理理论的企业知识创造论应用到关于公共组织的政策或战略的研究之中，提出了关于企业知识创造论的跨域应用的整体思路或所谓公共组织知识创造论。② 因此，在讨论公共组织的知识创造问题的时候，这些跨域著作值得高度重视。遗憾的是，将企业知识创造论直接或间接地应用到公共组织研究的中国学者并未论及这些跨域著作。

本文在回顾企业知识创造论的主要内容以及这一理论与相关研究的联系的基

---

① 夏书章：《公共管理与知识管理》，《中国行政管理》2002年第9期；赵辉、彭洁、石立特：《政府决策研究中的隐性知识获取与共享》，《科技进步与对策》2009年第5期；姜连香、王军霞：《知识管理在北京生产力中心的应用案例分析》，《科技进步与对策》2009年第7期；林志刚、陈诚：《政策知识管理：政策工具研究的新进展》，《科学学与科学技术管理》2009年第7期；姜南、朱国华：《城市公共部门知识管理实证研究》，《上海管理科学》2011年第2期；杨煜、胡汉辉、费钟琳：《知识视角的政府流程再造实践研究》，《情报杂志》2011年第4期；王礼鑫：《政策知识生产：知识属性、过程特征与主要模式》，《行政论坛》2020年第1期；王礼鑫、冯猛：《地方政府创新中政策企业家知识创造的一个分析模型——以K市公益基金招投标改革为例》，《公共行政评论》2020年第1期；孙晓冬、宋磊：《生产主义的产业政策观的工业行政意义：沟通林毅夫区域与路风空间》，《人文杂志》2022年第5期；姜子莹、封凯栋：《经济发展变迁中的国家工业理解能力》，《学术月刊》2022年第6期。

② 野中郁次郎在其代表作的开篇部分指明，竞争优势的一个重要来源是知识。同时，他认为，战略的本质在于开发、获取、创造、积累和利用知识，参见 Nonaka, Ikujiro & Takeuchi, Hirotaka, *The Knowledge-Creating Company: How Japanese Companies Create the Dynamics of Innovation*, New York: Oxford University Press, 1995, pp. 227-228. 我们知道，企业战略管理理论的要点在于研究竞争优势的源泉，而知识是竞争优势的重要来源，参见 Drucker, P., *Post-Capitalist Society*, London: Routledge, 1993, p. 183. 同时，对于他的研究给予高度评价的主要是企业战略理论领域的权威学者，参见 Teece, David J., "Forward: From the Management of R&D to Knowledge Management," in Ikujiro Nonaka, Ryoko Toyama & Toru Hirata (eds.), *Managing Flow: A Process Theory of the Knowledge-Based Firm*, London: Palgrave Macmillan, 2008, p. ix. 在上述意义上，企业知识创造论本质上是以认识论为基础的企业战略管理理论。

础上,围绕公共组织如何创造知识这一核心问题,总结野中郁次郎关于企业知识创造论的跨域应用,即公共组织知识创造论的要点及其拓展方向,讨论公共组织知识创造论的中国意义。

二、企业知识创造论的起源与内容

回顾企业知识创造论的起源与内容,不但是理解野中郁次郎的跨域研究的前提,而且是发展他的跨域研究的基础。

在富士电机公司的各种工作岗位服务多年之后,野中郁次郎进入加州大学伯克利分校,师从当时的营销学权威学者弗朗西斯科·尼科西亚(Francesco Nicosia)以及著名社会学家亚瑟·史汀奇康(Arthur Stinchcombe)等攻读博士学位。在导师们的影响下,这一时期的野中郁次郎主要从信息处理的角度研究组织理论。[①] 这种研究取向意味着他的相关研究受到了赫伯特·西蒙(Herbert Simon)——当时的信息处理领域的主要理论家——的影响。但是,在后来的回想录之中,野中郁次郎指出,他在求学时期已经逐渐意识到西蒙对于信息与知识的关系、主体能动性的意义等问题的处理有机械化、简单化之嫌。[②]

20世纪80年代之后,野中郁次郎开始更多地关注日本企业的产品开发过程。其中,产品开发实践之中的知识生产机制问题成为他的研究重点。[③] 也正是在这种研究之中,他开始正式告别西蒙式的信息处理理论以及对于事实前提与价值前提的两分法。在这一时期的经验研究之中,他注意到,信息不等于知识,个体的信念、经验以及个体与组织的关系在知识创造过程之中具有重要地位,企业并不

[①] 野中郁次郎:《組織と市場》,千倉書房1974年版。
[②] 野中郁次郎:《私と経営学1:ハーバード・A・サイモン》,《三菱総研倶楽部》2008年第1期,转引自徐方启:《野中郁次郎の知識創造理論の形成と発展》,《商経論叢》2012年第59期。与西蒙的研究思路的诀别以及对于迈克尔·波兰尼(Michael Polanyi)的知识论的接纳是企业知识创造论的出发点。但是,这里存在一个有趣的问题。众所周知,西蒙是跨越多个学科的大家,波兰尼的研究也跨越了自然科学、科学哲学和经济学等多个学科,参见 Polanyi, Michael, *Full Employment and Free Trade*, Cambridge: Cambridge University Press, 1945。同时,本文讨论的野中郁次郎近年来所进行的尝试也是跨域研究。在这个意义上,西蒙与波兰尼的研究风格或许以意会知(tacit knowing,企业知识创造论的关键词)的形式启发了野中郁次郎的这些研究。
[③] Takeuchi, Hirotaka & Nonaka, Ikujiro, "The New New Product Development Game," *Harvard Business Review*, Vol. 64, No. 1, 1986;竹内弘高ほか:《企業の自己革新:カウスと創造のマネジメント》,中央公論社1986年版。

是简单的信息处理机器,而是有机体。① 野中郁次郎为知识创造/管理理论奠定基础的名著《创造知识的企业:日本企业的创新动力》②就是在这些经验研究的基础上形成的。

企业知识创造论的核心部分,即所谓 SECI 模型,源自他从认识论和本体论的角度对于产品开发以及企业管理活动的观察。在认识论的层面,包括产品开发在内的企业管理活动涉及波兰尼关于明文知(显性知)与意会知(隐性知)的区分;在本体论的层面,包括产品开发在内的企业管理活动涉及个体与组织的关系。③在他看来,两种知识在个体以及群体层面的形成与转化——个体将明文知转化为意会知(内部化,internalization),不同个体对于意会知的共享(共同化,socialization),不同个体共享的意会知转化为明文知(外部化,externalization),不同的明文知形成体系(连接化,combination)——构成了企业的知识创造活动。在这样的过程之中,具有意会知性质的操作知与共感知以及具有明文知特征的概念知与体系知被分别创造出来。

企业知识创造论一经提出,迅速被国际学术界接受。这种局面的出现,主要有两个原因。第一,野中郁次郎成功地将波兰尼关于意会知的开创性论述与他本人关于产品开发过程的深入观察结合起来。具体来说,他意识到波兰尼关于知识的分类深刻地契合了东方的认识论,并依据波兰尼的论述令人信服地解释了日本

---

① 在这一阶段,他往往用确信(confirmation)来指代知识(knowledge)。实际上,这种表达方式也延续到了《创造知识的企业》。比如,在该书之中,他将知识定义为"关于真善美的信念的动态化社会确信过程",参见 Nonaka, Ikujiro & Takeuchi, Hirotaka, *The Knowledge-Creating Company: How Japanese Companies Create the Dynamics of Innovation*, New York: Oxford University Press, 1995, p.58。对于知识的这种定义方式的难解之处或许在于将知识与过程联系起来。但是,这种定义方式与波兰尼关于知识的理解,特别是关于意会知的理解是一致的:两者都将知识理解为过程。野中郁次郎的知识创造论的认识论基础是对于事实—价值两分法或将知识等同于信息的研究思路的批评。因此,他的知识创造论不是信息处理理论。做出这种判断的目的并非否定信息处理理论的意义,而是意在说明一般意义上的信息处理理论或工程管理意义上的知识管理理论不是理解知识创造论的合适入口。在这个意义上,部分援引了野中郁次郎的研究思路或关键用语的研究者违背了他的原意。
② Nonaka, Ikujiro & Takeuchi, Hirotaka, *The Knowledge-Creating Company: How Japanese Companies Create the Dynamics of Innovation*, New York: Oxford University Press, 1995.
③ 野中郁次郎并非机械地应用波兰尼的研究。波兰尼的研究从未涉及企业的生产过程,而企业的生产过程是重要的经济社会活动。同时,波兰尼的研究主要关注个体,并不重视个体与群体的关系,参见张一兵:《神会波兰尼:意会认知与构境》,上海人民出版社 2021 年版,前言第 7—9 页,第 4 页。因此,野中郁次郎在上述两个方面实质性地扩展了波兰尼的研究。

企业的产品开发实践的特点,进一步地,他的经验研究以让读者可以"顿悟"的方式展示意会知的具体形式及其重要性,而意会知在企业知识创造论中处于核心地位。① 因此,在日本企业表现出强大竞争力的当时,理解了意会知在包括产品开发在内的企业管理行为之中的重要性后,接受他的理论几乎就成为一个自然而然的结果。考虑到公共管理学科的研究者往往并不关注企业层面的管理活动、产品开发过程中的意会知确实是一个不易理解的范畴,在这里,我们简要介绍他的一项著名案例研究中与意会知相关的关键部分。② 在《创造知识的企业》中,松下公司开发家庭用全自动面包烘烤机的案例被用来展示企业创造知识的三次循环过程。在这里,我们仅关注这个过程中与意会知相关的部分。

在第一次知识循环中,产品开发团队首先将"(使用方法)轻松与(产品内涵)丰富"(easy and rich)确定为产品概念,进一步地,团队成员将这一产品概念细化为只需在前天晚上准备配料并设定时间,机器就可以自动揉面、发酵并在第二天早上烤好面包。在这样的产品概念之下,样机被开发出来。但是,由于揉面工序存在问题,面包的品质一般。于是,产品开发进入第二次知识循环。在这一阶段,团队成员直接向著名面包师学艺并将其揉面过程抽象为扭曲与拉伸,进一步地,通过调节烘烤机机械部分的形状、参数以及运动方式来模仿面包师揉面过程中的扭曲与拉伸动作。通过这样的努力,面包的品质明显提高。然而,新样机成本过高。于是,产品开发进入第三次知识循环。在这一阶段,问题的要点是如何降低用于防止添加了酵母的面团过度发酵的冷却器的成本。在发现调整配料的添加顺序可以在保证质量的前提下控制冷却器的成本之后,这一问题得以解决。③

在上述三次知识循环中都存在意会知:关于"轻松与丰富"的产品概念;关于揉面诀窍的理解;关于配料添加顺序的认识。这些意会知在知识循环中都处

---

① 野中郁次郎多次强调波兰尼的知识论与东方的认识论具有亲和性。在这一问题上,他与中国哲学家的相关理解具有共同点,参见张一兵:《神会波兰尼:意会认知与构境》,上海人民出版社 2021 年版,第 14 页。

② 我国学者的一项案例研究中的一个不被重视的细节,同样很好地说明了什么是企业管理行为中的意会知。21 世纪初期,在宝钢开发汽车用外钢板的过程中,如何保证产品表面的光洁度成为关键问题。经过长期尝试后,有人发现,在最后开轧前把轧机辊子和准备开包的钢卷两端用刷子刷一下,就会明显改善光洁度。参见路风、张宏音、王铁民:《寻求加入 WTO 后中国企业竞争力的源泉——对宝钢在汽车板市场赢得竞争优势过程的分析》,《管理世界》2002 年第 3 期。

③ Nonaka, Ikujiro & Takeuchi, Hirotaka, *The Knowledge-Creating Company: How Japanese Companies Create the Dynamics of Innovation*, New York: Oxford University Press, 1995, pp. 100-109.

于启动循环的位置。

第二，企业知识创造论之所以迅速被国际学术界接受，在于这一理论的早期版本实际上是有关为何日本企业在20世纪80年代表现出强大竞争力的社会科学理论体系的一个关键组成部分。日本企业在这一时期表现出的竞争力难以用当时的主流社会科学理论进行解释。面对这一研究机遇，国际学术界持续地进行了多领域理论创新。这些理论创新的最大公约数可以概括为不同主体之间的密切合作带来了竞争力。在这个公约数缺乏认识论基础的情况下，与认识论具有内在联系的企业知识创造论适时地填补了这一空白。

在 SECI 模型中，内部化、共同化、外部化、连接化分别推动了操作知、共感知、概念知与体系知的出现。在这样的过程中，基于行动的学习、场所(Ba)的创造、持续的对话以及知识的结合是上述新知识形式得以出现的前提。其中，野中郁次郎对于创造知识的场所的重要性给予了特别的关注。值得指出的是，所谓场所，并非仅为物理性的场所，而是更多地基于物理性场所的场所性(context in-motion/time-space nexus)。同时，相对于自上而下与自下而上的传统管理方式，他论证了从中层到上层再到下层的中上下式管理模式(middle-up-down)更适于知识创造。

三、公共组织知识创造论的要点

野中郁次郎在21世纪初期意识到企业与公共组织在知识创造领域可以共享基本规律。① 随后，在日本政府面对如何有效地创造政策知识的挑战的背景下，

---

① Nonaka, Ikujiro & J. Teece, David, "Research Directions for Knowledge Management," in Ikujiro Nonaka & David J. Teece (eds.), *Managing Industrial Knowledge: Creation, Transfer and Utilization*, London: Sage, 2001, pp. 334-335. 在20世纪90年代中期，野中郁次郎的企业知识创造论已经涉及政府。但是,在这一时期的研究中，政府主要被视为企业的信息与知识来源之一，并不是知识创造的主体，参见 Nonaka, Ikujiro & Takeuchi, Hirotaka, *The Knowledge-Creating Company: How Japanese Companies Create the Dynamics of Innovation*, New York: Oxford University Press, 1995, pp. 3, 5, 224. 一般来说，知识管理领域的研究传统可以区分为(赫伯特·西蒙长期任教的)卡内基梅隆大学传统和(野中郁次郎长期服务的)一桥大学传统，参考 Chen, Jin, "Outlook on Knowledge Management: The Origin and Basic Framework of Knowledge Management," in Jin Chen & Ikujiro Nonaka (eds.), *Routledge Companion to Knowledge Management*, London: Routledge, 2022, pp. 4-7. 与此相关，关于公共组织知识创造问题和狭义的知识管理问题的研究也分别与这样两个研究传统密切相关。相对来说,在知识创造方面,野中郁次郎的影响更大。有学 (转下页)

他在《知识国家论序说：政策制定过程的新范式》（以下简称《知识国家论序说》）中正式阐述了公共组织知识创造论。相关论述的要点有二：第一，从知识创造的角度对于政策制定过程的本质给予了新的解释；第二，正面回应了公共组织如何创造知识这一问题。总的来看，他试图围绕以上两个要点来构筑一个政策制定过程研究的新纲领。

首先，如图1所示，他以地方政府的政策实践为例，指出所谓政策形成是在特定情境（context）下集结具有不同价值观的主体所拥有的知识，超越组织的界限来创造新知识的过程。① 其次，他在明确反对西蒙式研究思路——区分决策过程中的事实判断和价值判断，将研究焦点集中到事实判断之上——的基础上，依托企业知识创造论的基本框架来论述公共组织如何创造知识。

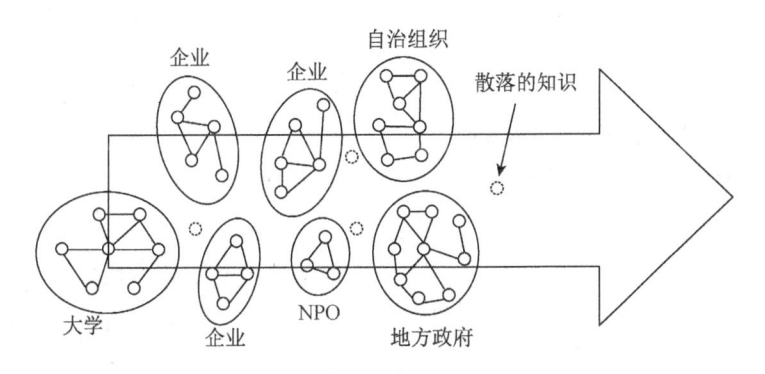

图1 知识集群与知识创造

资料来源：野中郁次郎、大串正树：《知識国家の構想. 野中郁次郎ほか. 知識国家論序説：新たな政策策定過程パラダイム》，東洋経済新報社2003年版，第25页。

在公共组织知识创造论中，对于西蒙式研究思路的批判占据关键位置：创造性的政策制定过程的要点在于超越事实判断与价值判断的二元对立，通过辩证法式的综合，即从正（thesis）至反（antithesis）到合（synthesis）的过程，在更高的次元

（接上页）者认为,关于公共组织知识管理的现阶段研究,存在持续关注这一研究主题的学者较少、研究主题分散等问题,参见 Massaro, Maurizio, Dumay, John & Garlatti, Andrea, "Public Sector Knowledge Management: A Structured Literature Review," *Journal of Knowledge Management*, Vol. 19, No. 3, 2015。实际上,上述观点的出现,与野中郁次郎的部分相关研究以日文发表,较少受到关注有关。

① 野中郁次郎ほか：《知識国家論序説:新たな政策策定過程パラダイム》,東洋経済新報社2003年版,第XXX页。

上创造知识。① 接下来，他将企业知识创造论的主要内容直接应用到关于中央政府和地方政府的政策制定的讨论之中。在他看来，如图2所示，政策制定过程中同样存在多样的场所，对于政策制定来说至关重要的知识大多存在于多样化的甚至具有利益冲突的主体之中，如何通过这些场所来统合多样化主体所拥有的知识并创造新的知识是成功制定政策的关键。② 在这样的过程中，政府、企业、社会组织之间形成交流网络，政策制定所必需的知识被"社会性地"创造出来。③

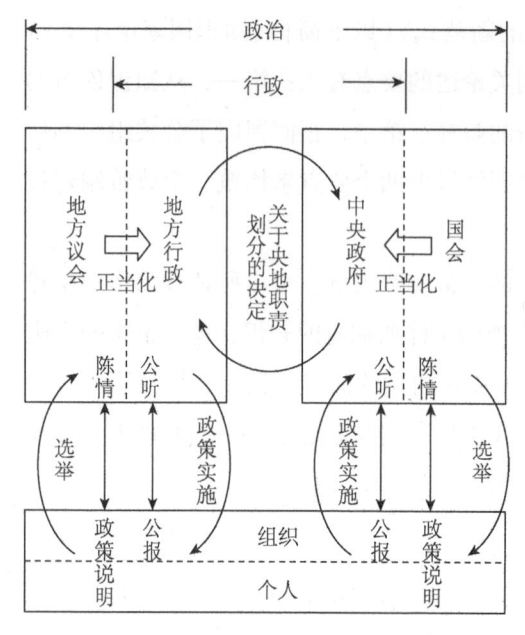

图2 政策过程中的场所与互动

注：上图试图对于政策过程中的场所进行总体上的展示。其中，与政策制定相关的场所存在于中央与地方政府、各级民意机构、各种组织和个人之间。

资料来源：野中郁次郎、大串正樹：《知識国家の構想．野中郁次郎ほか．知識国家論序説：新たな政策策定過程パラダイム》，東洋経済新報社2003年版，第27頁。

《知识国家论序说》是野中郁次郎主编的论文集。在执笔绪论与第一章之外，他指导青年研究者依据其理论构想讨论了与政府匿名留言板、成熟经济体的经济政策制定、开放型组织、公共部门的革新、NPO法的立法过程、核电政策等具体政策议题相关的知识创造问题。

在《知识国家论序说》出版之后，野中郁次郎继续推动关于公共组织知识创造问题的经验研究。2018年，他领导的跨国研究团队关于东南亚和日

---

① 野中郁次郎、大串正樹：《知識国家の構想．野中郁次郎ほか．知識国家論序説：新たな政策策定過程パラダイム》，東洋経済新報社2003年版，第8—9頁。
② 关注野中郁次郎的知识创造论的中国学者大多高度重视他关于场所的重要性的论述。但是，值得注意的是，包括日本在内的多国政策实践之中的听证会、审议会等场所往往流于形式。因此，如何超越形式化的安排，构建可以实质性地促进知识创造的场所是问题的关键。参见野中郁次郎、大串正樹：《知識国家の構想．野中郁次郎ほか．知識国家論序説：新たな政策策定過程パラダイム》，東洋経済新報社2003年版，第16—20頁。
③ 野中郁次郎、大串正樹：《知識国家の構想．野中郁次郎ほか．知識国家論序説：新たな政策策定過程パラダイム》，東洋経済新報社2003年版，第26—27頁。

本的地方政府与社区如何创造知识的两本英文著作同时出版。① 如果说《知识国家论序说》主要是关于公共组织知识创造论的原理性或概论性解说,那么两本英文著作则更为直接地聚焦公共组织如何具体地创造知识这一关键问题。②

在为两本英文著作撰写的序言中,野中郁次郎再次重申了企业知识创造论适用于政府和社会组织的观点。在复述企业知识创造论的要点之后,他为《知识国家论序说》展示的公共组织知识创造论的研究构想增加了以下内容。

第一,或许意识到《知识国家论序说》与公共管理学界的对话并不充分,所以在两本英文著作中,他强化了相关对话。在这一过程中,野中郁次郎以借用对于新公共管理理论持批评态度的部分公共管理学者的论述方式,③ 发展了关于企业战略管理理论与公共组织战略管理理论的对比。他认为,强调量化管理、财务指标和关键绩效指标(KPI)的新公共管理理论(NPM)实际上与包括科学导向、尽可能地排除主观因素影响、以定位为中心的企业战略管理理论④在内的社会科学理论存在内在联系,正是这种联系导致公共部门出现了过度推崇科学分析、强调规划和服从的倾向,而这些倾向降低了新公共管理运动的实际效果。⑤ 由于野中

---

① Nishihara, Ayano Hirose, Matsunaga, Masaei & Nonaka, Ikujiro et al. (eds.), *Knowledge Creation in Public Administrations: Innovative Government in Southeast Asia And Japan*, London: Palgrave Macmillan, 2018; Nishihara, Ayano Hirose, Matsunaga, Masaei & Nonaka, Ikujiro et al. (eds.), *Knowledge Creation in Community Development: Institutional Change in Southeast Asia and Japan*, London: Palgrave Macmillan, 2018.

② 两本英文著作的书名明显地模仿了野中郁次郎关于企业知识创造问题的代表作的书名。野中郁次郎对于这样两本著作的重视程度由此可见一斑。

③ Hood, Christopher, "A public management for all seasons?" *Public Administration*, Vol. 69, No. 1, 1991; Dunleavy, Patrick, Margetts, Helen & Bastow, Simon et al., "New Public Management Is Dead—Long Live Digital-Era Governance," *Journal of Public Administration Research and Theory*, Vol. 16, No. 3, 2006.

④ Porter, Michael E., *Competitive Advantage*, New York: The Free Press, 1985.

⑤ 野中郁次郎之所以在两本英文著作中多次论及波特的研究,主要是因为波特的研究并不止步于企业战略管理理论,而是延伸到了地区与国家的发展战略以及企业与社会关系的战略管理等研究领域,参见 Porter, Michael E., *The Competitive Advantage of Nations*, New York: The Free Press, 1990; Porter, Michael E. & R. Kramer, Mark, "Strategy and Society: The Link Between Corporate Social Responsibility and Competitive Advantage," *Harvard Business Review*, Vol. 84, No. 12, 2006; Porter, Michael E. & R. Kramer, Mark, "The Big Idea: Creating Shared Value," *Harvard Business Review*, Vol. 89, No. 1-2, 2011。由于他倡导的公共组织知识创造论也是作为企业战略管理理论的企业知识创造论的跨域延伸,所以,与波特的跨域研究进行对比,有助于凸显他的跨域研究的合理性。

郁次郎一贯通过与迈克尔·波特（Michael E. Porter）的定位理论的对比来确立企业知识创造论的理论位置，① 所以，他对于以波特的定位理论为理论来源之一的新公共管理理论的批评，意在将他的公共组织知识创造论融入公共组织战略管理理论以及一般意义上的公共管理理论。②

第二，在两本英文著作中，野中郁次郎借用亚里士多德的用语，将公共组织管理者所具有的知识中不能表述为明文知和意会知的部分概括为明智（phronesis，实践知），强化了关于明智的论述。具体来说，他将明智细分为设定目标、观察现实、创造场所、讲述本质、发挥政治引领作用、培养（下级或相关者的）明智六项内容，将明智理解为推动明文知与意会知互动的动力，认为三者呈现三位一体的关系。③ 在这样的过程中，公共组织管理者在知识创造中的作用更为明确地表现出来。在企业知识创造论中，管理者特别是中层管理者的作用主要体现为推动明文知和意会知的融合与转化，但是，野中郁次郎关于企业管理者在知识创造过程中的作用的讨论较为分散。同时，与企业相比，行政体系具有更为明显的韦

---

① Nonaka, Ikujiro & Takeuchi, Hirotaka, *The Knowledge-Creating Company: How Japanese Companies Create the Dynamics of Innovation*, New York: Oxford University Press, 1995, pp. 5, 41-49, 64, 127.

② 出于类似的研究思路，野中郁次郎对于 PDCA（公共组织常用的管理工具之一）与 SECI 模型（知识创造论的核心分析工具）进行了对比。在他看来，两者具有以下区别。第一，PDCA 是纯理论的、演绎式的分析工具（armchair theory），排斥了普通组织成员或利益相关者的参与。第二，PDCA 具有明显的至上而下的痕迹，而 SECI 模型则与中层管理者的作用联系在一起。进一步地，他指出，对于公共组织来说，重要的并非在两者之间进行选择，而是如何结合两者，参见 Nonaka, Ikujiro, Yokomichi, Kiyotaka & Nishihara, Ayano Hirose, "Unleashing the Knowledge Potential of the Community for Co-Creation of Values in Society," in Ayano Hirose Nishihara, Masaei Matsunaga & Ikujiro Nonaka et al. (eds.), *Knowledge Creation in Community Development: Institutional Change in Southeast Asia and Japan*, London: Palgrave Macmillan, 2018, pp. 205-206。显然，存在于这种比较的背后同样是将知识创造论融入公共管理文献的努力。

③ Nonaka, Ikujiro, Kodama, Mitsuru & Nishihara, Ayano Hirose et al., "Dynamic Fractal Organizations for Promoting Knowledge-Based Transformation—A New Paradigm for Organizational Theory," *European Management Journal*, Vol. 32, No. 1, 2014; Nonaka, Ikujiro, Yokomichi, Kiyotaka & Nishihara, Ayano Hirose, "Unleashing the Knowledge Potential of the Community for Co-Creation of Values in Society," in Ayano Hirose Nishihara, Masaei Matsunaga & Ikujiro Nonaka et al. (eds.), *Knowledge Creation in Community Development: Institutional Change in Southeast Asia and Japan*, London: Palgrave Macmillan, 2018. 野中郁次郎对于明智或实践知的早期论述主要以企业为对象，参见 Nonaka, Ikujiro & Toyama, Ryoko, "Strategic Management as Distributed Practical Wisdom (Phronesis)," *Industrial and Corporate Change*, Vol. 16, No. 3, 2007。

伯式组织特征,政府知识与企业知识的性质并不完全相同。① 因此,管理者在公共组织知识创造中的地位更为重要,也更为复杂。在这个意义上,关于管理者的明智或实践知的具体分类细化了我们对管理者在知识创造过程中的推动作用的理解。

第三,由于野中郁次郎曾经借助几何学中的分形理论描述在知识创造领域表现优秀的企业的组织特征,② 所以,他试图在两本英文著作中以类似的思路来刻画在知识创造领域表现突出的公共组织的组织特征。在数学意义上,所谓分形指"组成部分与物体整体之间的相似性"③。野中郁次郎等人认为,在知识创造方面表现优秀的组织本质上由"以场所为中心的多层级网络"构成。这种组织形态的特征之所以可以概括为分形,是因为场所既是组织整体的核心,也是构成组织的组成部分的核心;这种组织之所以在知识创造领域表现优秀,是因为知识创造活动或明文知、意会知与明智或实践知的三位一体化既发生在组织整体的层面,也发生在组织的组成部分或分支机构层面。④ 换言之,具有分形特征的组织形态保证了同一管理原则在构成组织的各部分中都可以得到贯彻。由于对组织形态与知识创造活动的关系的分析是在原理的意义上进行的,所以,这种分析既适用于企业内组织形态与企业间的关系,也适用于公共组织或公共组织与其他组织的关系。⑤ 正是出于这样的考虑,野中郁次郎认为,在知识创造领域表现优秀的政府或社会组织应该具有多层级的、以场所为核心、可以推动知识创造活动的分形组织形态。进一步地,公共组织的领导者应该在社区、地区和国家等各个层次创建

---

① 王礼鑫、莫勇波:《基于知识视角的政策制定基本问题探析》,《中国行政管理》2017 年第 6 期。
② Nonaka, Ikujiro, Kodama, Mitsuru & Nishihara, Ayano Hirose et al., "Dynamic Fractal Organizations for Promoting Knowledge-Based Transformation—A New Paradigm for Organizational Theory," *European Management Journal*, Vol. 32, No. 1, 2014.
③ Mandelbrot, Benoit, "How Long Is the Coast of Britain? Statistical Self-Similarity and Fractional Dimension," *Science*, Vol. 156, No. 3775, 1967.
④ Nonaka, Ikujiro, Kodama, Mitsuru & Nishihara, Ayano Hirose et al., "Dynamic Fractal Organizations for Promoting Knowledge-Based Transformation—A New Paradigm for Organizational Theory," *European Management Journal*, Vol. 32, No. 1, 2014.
⑤ Nonaka, Ikujiro, Kodama, Mitsuru & Nishihara, Ayano Hirose et al., "Dynamic Fractal Organizations for Promoting Knowledge-Based Transformation—A New Paradigm for Organizational Theory," *European Management Journal*, Vol. 32, No. 1, 2014.

具有相似形态的分形组织,确立自律分散型的领导力体系。①

两本英文著作中的经验研究涉及近年来东南亚国家和日本公共组织的政策/战略实践。这些研究基本上遵循了野中郁次郎的研究思路,其中一些研究较好地验证了他的研究方案的可行性。②

考虑到知识在管理过程中的重要性以及知识创造论已经在企业管理领域产生的影响,野中郁次郎将知识创造论扩展到公共管理领域的尝试具有重要意义。特别值得提及的是,知识创造论以波兰尼关于意会知的研究为基础,而波兰尼关于知识的分类具有明显的突破性,接近库恩(Thomas Kuhn)意义上的范式变迁。③ 在这个意义上,野中郁次郎把最早倡导将知识创造论引入公共组织研究的《知识国家论序说》的副标题确定为"政策制定过程的新范式",具有一定的学理依据和经验研究支撑。

四、公共组织知识创造论的问题与拓展

综上所述,野中郁次郎在与公共管理文献进行对话的基础上,以着重强调公共组织管理者的明智或实践知对于明文知与意会知的双向转化的推动作用的方式,提出了一个将企业知识创造论转化为公共组织知识创造论的研究方案,回应了公共组织如何创造知识这一重大问题。从更好地应用、拓展他的研究方案的角

---

① 野中郁次郎、大串正樹:《知識国家の構想. 野中郁次郎ほか. 知識国家論序説:新たな政策策定過程パラダイム》,東洋経済新報社 2003 年版,第 31 頁;Nonaka, Ikujiro, Yokomichi, Kiyotaka & Nishihara, Ayano Hirose, "Unleashing the Knowledge Potential of the Community for Co-Creation of Values in Society," in Ayano Hirose Nishihara, Masaei Matsunaga & Ikujiro Nonaka et al. (eds.), *Knowledge Creation in Community Development: Institutional Change in Southeast Asia and Japan*, London: Palgrave Macmillan, 2018, pp. 216-218.

② Takei, Takeji, "Case Study 3: Tono Style Community Development," in Ayano Hirose Nishihara, Masaei Matsunaga & Ikujiro Nonaka et al. (eds.), *Knowledge Creation in Public Administrations: Innovative Government in Southeast Asia and Japan*, London: Palgram Macmillan, 2018; Thuy, Tran Thi Thanh & Tam, Nguyen Thi Thanh, "Case Study 5: Thinking Big for the Common Good: A Case Study of the Household Block-Grant Initiative in Agricultural Management in Vietnam," in Ayano Hirose Nishihara, Masaei Matsunaga & Ikujiro Nonaka et al. (eds.), *Knowledge Creation in Public Administrations: Innovative Government in Southeast Asia and Japan*, London: Palgram Macmillan, 2018; Nishihara, Ayano Hirose, "Social Innovation by a Leaf-Selling Business: Irodori in Kamikatsu Town," in Ayano Hirose Nishihara, Masaei Matsunaga & Ikujiro Nonaka et al. (eds.), *Knowledge Creation in Community Development: Institutional Change In Southeast Asia And Japan*, London: Palgrave Macmillan, 2018.

③ 张一兵:《神会波兰尼:意会认知与构境》,上海人民出版社 2021 年版,第 33—34 页。

度来说，我们可以发现，他的研究方案至少存在以下三个在逻辑上紧密相关的问题：如何与公共管理领域的文献进行更为充分的对话；如何直观地展示公共组织中意会知的具体形式以及意会知与明文知的双向转化过程；如何协调信息以处理理论与知识创造论的关系。

首先，与公共管理领域的文献进行更为充分的对话是公共管理学界理解、接受公共组织知识创造论的前提。野中郁次郎开启了与公共管理学界的对话。但是，这种对话主要以新公共管理领域的文献为对象。正如上文介绍的那样，野中郁次郎将与西蒙式管理理论的诀别作为知识创造论的起点，并将知识创造论与新公共管理理论对置。这种研究取向意味着他的公共组织知识创造论实际上与更为广泛的公共管理文献具有内在联系。

第一，将企业管理领域的理论应用到公共管理领域，必然涉及可以概括为"政企同一性问题"的长期争论。实际上，任何进行跨越企业与公共组织边界的跨域尝试都必然面对"企业与公共组织的管理行为在所有不重要的方面都是相同的"[1]这一著名论断，以及从这个论断中引申出来的重要命题——两者在所有重要方面都是不同的。提及上述问题，并非意在否定公共组织知识创造论以及大量进行了跨域应用的类似研究的可能性与必要性。笔者认为，回应这一问题的要点在于从何种角度来理解企业与公共组织的异同。实际上，公共组织研究者对于这一问题已经给出了示例。[2] 企业与公共组织确实存在不同。但是，这种不同主要是属性意义上的，而两者都在组织的意义上具有共同点。因此，在将企业知识创造论应用到公共组织时，在明确企业与公共组织的共同点的同时，注意公共组织的属性对于其知识创造过程的影响可以在相当程度上避免跨域应用所可能带来的问题。对于熟稔辩证法的野中郁次郎来说，这本来并非难事。[3] 第二，野中郁次郎对于西蒙式管理理论以及新公共管理的批评完全可以与行政学领域的研究传统

---

[1] 格雷厄姆·奥尔森：《公共事业和私营企业管理：它们在所有不重要的方面是否基本上是相同的》，彭和平、竹立家等编译，中共中央党校出版社1997年版。

[2] Moore, Mark H., *Creating Public Value: Strategic Management In Government*, Cambridge: Harvard University Press, 1995.

[3] 实际上，野中郁次郎对于管理者的明智或实践知的重视意味着他已经意识到了企业与公共组织在权力结构方面的不同。如果两者是完全相同的，那么对于管理者的明智或实践知进行强调的必要性就不大了。

连接起来。一方面，野中郁次郎对于西蒙的批评实际上与西蒙—瓦尔多之争①中的瓦尔多(Dwight Waldo)的立场有相似之处；另一方面，他对于新公共管理理论的批评与新公共服务理论②的相关论述存在共同点。因此，他应该将其理论与瓦尔多的研究以及新公共服务理论联系起来。③ 第三，公共组织知识创造论可以与哈罗德·拉斯韦尔(Harold Lasswell)的政策知识论联系起来。政策科学的创始人之一拉斯韦尔认为，政策研究涉及政策过程的知识(knowledge of policy process)与政策过程中的知识(knowledge in policy process)。④ 显然，拉斯韦尔的论述与野中郁次郎的研究方案具有潜在的联系。⑤ 值得指出的是，拉斯韦尔的政策知识论对于知识的创造与转化着墨不多，而知识的创造与转化是野中郁次郎的知识创造论的要点。因此，对接两个理论，不但有助于公共管理学界接受公共组织知识创造论，而且有益于拉斯韦尔的政策知识论的发展。

其次，聚焦工业行政领域的知识创造过程，有助于直观地展示公共组织中的意会知的具体形式以及公共组织知识创造论的解释能力。与关于企业知识创造的经验研究相比，野中郁次郎指导的关于公共组织知识创造的经验研究的完成程度相对较低。这种局面的出现有两个原因。第一，企业知识创造论的成功与野中郁次郎等人对于企业中意会知的具体形式及其作用机制的细致揭示密切相关，但是，野中郁次郎等人对于公共组织中意会知的具体形式的讨论并不充分。纵观两本英文案例集收录的研究，可以发现，尽管这些案例研究程度不同地涉及了意会

---

① 颜昌武、刘云东：《西蒙—瓦尔多之争：回顾与评论》，《公共行政评论》2008年第2期。
② 罗伯特·登哈特、珍妮·登哈特：《新公共服务：服务，而不是掌舵》，丁煌译，中国人民大学出版社2010年版。
③ 在公共组织战略管理领域，也存在与行政学之中的西蒙—瓦尔多之争类似的争论，参见 Moore, Mark H., *Creating Public Value: Strategic Management In Government*, Cambridge: Harvard University Press, 1995；保罗·纳特、罗伯特·巴可夫：《公共和第三部门组织的战略管理》，陈振明等译，中国人民大学出版社2001年版。这种争论的构图与野中郁次郎的公共组织知识创造论和新公共管理理论之间的张力具有相似性。
④ Lasswell, Harold, "The Emerging Conception of the Policy Sciences," *Policy Sciences*, Vol. 1, No. 1, 1970.
⑤ 当然，兼具政治学家身份的拉斯韦尔是政治精英研究的领军学者之一。因此，在将两者的研究联系起来的时候，如何调和精英导向的拉斯韦尔和更重视普通个体的野中郁次郎是一个不能忽视的问题。但是，如果拉长分析的时间段，可以发现，存在调和两位学者的研究思路的空间。实际上，拉斯韦尔将民主主义视为政策科学的要点，参见 Lasswell, Harold, "The Policy Orientation," in D. Lerner & Harold Lasswell (eds.), *The Policy Sciences*, Stanford: Stanford University Press, 1951。野中郁次郎近年来在论及公共组织的知识创造时，也开始重视决策者的作用。

知,但相关讨论并未都让读者有"顿悟"之感。在论及企业的知识创造问题时,野中郁次郎曾经指出,关于意会知,可以分别从技术和认识两个维度进行说明:在技术维度上,意会知可以概括为诀窍;在认知维度上,意会知与心理图式、心智模型、信念以及知觉有关。① 但是,他所指导的关于政府或公共组织的案例研究并非都在这样两个维度上对意会知进行了充分、具体的说明。② 第二,这些案例研究涉及的不是野中郁次郎最为擅长的研究领域。企业知识创造论以关于企业产品研发的经验研究为基础。因此,在将这一理论应用于公共组织的时候,野中郁次郎等人的研究积累最易于发挥优势的领域显然应该是企业管理与工业领域的公共行政的交汇点——近年来,部分研究者将这一交汇点称为工业行政。③ 用上文提及的拉斯韦尔的术语来表达,工业行政涉及行政知识(政策过程的知识)和工业知识(政策过程之中的知识),成功的政策实践以两种知识的结合为前提。野中郁次郎强调,政策形成是跨越组织界限的知识创造过程。这里所说的组织界限显然既包括政策机构之间的界限,也包括政策机构和政策对象之间的界限。在这样的界定方式之下,当我们聚焦工业行政时,他所说的知识创造就会更为自然地与拉斯韦尔意义上的行政知识和工业知识联系起来:企业知识创造论在相当程度上讨论的就是拉斯韦尔所说的工业知识的创造过程,公共组织知识创造论涉及的大体上就是拉斯韦尔所说的行政知识的创造过程。④

---

① Nonaka, Ikujiro & Takeuchi, Hirotaka, *The Knowledge-Creating Company: How Japanese Companies Create the Dynamics of Innovation*, New York: Oxford University Press, 1995, p. 8. 波兰尼通过辅助觉识和焦点觉识来理解意会知。野中郁次郎在认知维度上对于意会知的描述即源自波兰尼。
② 在笔者的阅读范围之内,以下案例比较直观地展示了什么是公共组织成员所具有的意会知。在发展中国家的林业管理实践中,参加型森林管理政策,即拥有所有权或使用权的居民参与管理的情况比较常见。在这一政策中,如何确定具体树木的所有权是基层森林管理官员的重要工作内容。在处理具体争议时,官方发布的地图本来应该是主要依据。但是,由于在测量方面存在困难,对争议地区的界限的认定往往需要依靠基层官员对于该地森林的种植和利用历史、周围土地的使用情况以及当地社会关系的认识与理解。这种认识与理解即是行政现场的意会知。参见梱本步美:《地図をめぐる知の交流:フィリピンの参加型森林政策を事例として》,《環境社会学研究》2013年第19期。
③ 关于中国学者推动的工业行政研究的综述,参见宋磊、孙晓冬:《中国工业行政研究析论》,《国家现代化建设研究》2022年第3期。
④ 尽管并未使用工业行政这一术语,但是野中郁次郎主编的《知识国家论序说》中最为成熟的研究之一实际上是以工业行政问题为主题的,参见山内康英:《ポスト開発主義の政策決定と社会的知識マネジメント》,见野中郁次郎ほか:《知識国家論序説:新たな政策策定過程パラダイム》,東洋経済新報社2003年版。拉斯韦尔的政策知识论的一个问题是关于两种知识的连接或转化机制的讨论并不充分。野中郁次郎的公共组织知识创造论包含了如何将企业的知识与政府的知识连接起来的研究思路,而这一思路有助于发展拉斯韦尔的政策知识论。

波兰尼的知识论是野中郁次郎倡导的企业知识创造论和公共组织知识创造论的共同理论基础。但是，波兰尼的相关研究不是野中郁次郎研究的唯一理论来源。或许，正如援用哈耶克（Friedrich Hayek）的经济知识论助推了企业知识创造论的形成，[1] 参考拉斯韦尔的政策知识论也可以促进公共组织知识创造论的发展。

最后，协调信息处理理论与知识创造论的关系，有助于细化公共组织知识创造论的分析工具。正如企业战略管理理论以及公共组织战略管理理论的不同流派之间的对立并不是绝对的，野中郁次郎的知识创造论与西蒙式信息处理理论之间的紧张关系也并非完全不可调和。[2] 野中郁次郎的原创性在于发掘了意会知在管理过程中的关键作用，并刻画了意会知与明文知之间的转化机制。但是，他的理论体系的确立难以脱离对于明文知的表述，而西蒙式的信息处理理论对于表述明文知具有重要意义。需要注意的是，尽管明文知确实可以通过文字、数据来表述，但是这并不意味着对于明文知的描述和理解是简单的。相反，对于明文知的描述和理解需要以清晰的分析框架为基础。实际上，产品建构理论———一种可以刻画、展示关于产品研发过程之中的明文知的管理学理论——即以西蒙的相关理论为基础，对于理解工业知识的结构和逻辑具有重要意义。[3] 需要提及的是，我们在第二节曾经说明，野中郁次郎的企业知识创造论之所以被国际学术界接受，一个重要原因是这一理论与当时国际学术界关于日本企业的多项高质量研究契合，而国际学术界的这些研究的核心内容在知识论层面可以用产品建构理论来表达。[4] 因此，吸收西蒙式信息处理理论中的部分分析技术，借助产品建构理论来细致分析工业行政领域的知识创造问题，不但有助于进一步完善企业知识创造

---

[1] Nonaka, Ikujiro & Takeuchi, Hirotaka, *The Knowledge-Creating Company: How Japanese Companies Create the Dynamics of Innovation*, New York: Oxford University Press, 1995, pp. 32-34.

[2] 企业战略管理理论中存在分别重视定位选择与能力构筑的不同流派，但在实践中，任何企业都需要将定位选择与能力构筑结合起来。类似地，公共组织战略管理理论内部存在分别重视规范与规划的不同流派，但是，这样两个流派正在呈现融合的趋势。

[3] Ulrich, Karl, "The Role of Product Architecture in the Manufacturing Firm," *Research Policy*, Vol. 24, No. 3, 1995.

[4] Fujimoto, Takahiro, *The Evolution of a Manufacturing System at Toyota*, Oxford: Oxford University Press, 1999.

论，而且可以细化公共组织知识创造论的分析工具。①

如果说强化与公共管理学文献的对话有助于公共管理学界理解、接受公共组织知识创造论，那么聚焦工业行政研究、吸收西蒙式信息处理理论的部分分析工具有益于强化公共组织知识创造论的解释力，更好地回应公共组织如何创造知识这一重要问题。

五、公共组织知识创造论的中国意义

在野中郁次郎的相关研究出现之前，公共管理学界对于公共组织的知识创造问题的关注相对来说比较分散。因此，有理由认为，他倡导的公共组织知识创造论具有积极意义。这一尝试不但为理解政策过程提供了新视角，而且为完善治理机制——具有不同类型的知识的多样化主体之间的关系——提供了认识论途径。

我们认为，对于中国学术界来说，野中郁次郎的公共组织知识创造论至少在以下方面具有启示意义。

首先，野中郁次郎的相关研究的发展历程有助于中国学术界从关于中国行政实践的研究中抽象出一般性理论。以中国行政实践为对象的研究的根本目的之一是依托这些实践来构筑一般性理论，而如何完成从特殊性实践到一般性理论的转换这一重大问题并未得到完全解决。具体来说，关于中国行政实践，中国学术界推进了大量具有原创性的研究。但是，这些研究尚未完全上升到一般性理论的程度。关于这一问题，野中郁次郎的相关研究的发展历程具有参考价值。本文的讨论表明，企业知识创造论与公共组织知识创造论得以完成的关键在于将企业和公共组织的管理实践与具有普遍性的哲学原理结合起来。因此，中国学术界能否将关于中国实践的观察与基础理论联系起来，是影响相关研究能否上升为一般理论的要点。关于这一问题，知识创造论的发展历程具有参考价值。

其次，与上一个问题相关，由于公共组织知识创造论具有坚实的认识论基础，所以，我们可以借助这一理论，将中国学术界涉及中国行政实践中知识创造问题的一些研究整合起来。具体来说，中国学者关于政策企业家、政府创新、政

---

① 与野中郁次郎的公共组织知识创造论具有内在联系的新公共服务理论，也同样存在缺乏具体分析工具的问题。因此，改造新公共管理理论，从中吸取具体的分析工具，是发展新公共服务理论的一个途径。

策制定的很多研究在本质上都涉及知识创造问题。尽管中国学术界已经认识到知识在政策制定过程中的重要性,① 但是,基于知识视角的相关理论并未完成。② 引入公共组织知识创造论,有助于我们整合相关研究,在更为抽象的层次上更好地理解中国行政主体知识创造活动的规律。

再次,公共组织知识创造论能够为完善治理机制、实现治理现代化提供认识论途径。如何完善治理机制、实现治理现代化是中国学术界尚未解决的重大研究课题。完善治理机制、实现治理现代化的本质可以理解为如何协调相关主体的关系。值得注意的是,在本文的语境之下,这里所说的主体是具有不同类型的知识的多样化主体,而公共组织知识创造论的主要研究议题之一就是具有不同类型的知识的复数主体如何共同创造新的知识。在这个意义上,公共组织知识创造论对于中国学术界将关于公共组织的知识创造活动的研究连接起来具有参考价值。

最后,包括日本、韩国和中国在内的东亚经济体在工业行政领域具有丰富的实践。对于日本学者来说,如何依据公共组织知识创造论来解读高度成长期的日本在工业行政领域的知识创造实践是尚未完成的研究任务。同样地,对于韩国学者来说,将知识创造论引入关于韩国的工业行政实践的尝试③并未取得明显进展。类似地,对于中国学者来说,如何在完善、发展公共组织知识创造论的基础上,从知识创造的角度系统地解读中国的工业行政行为是具有发展潜力的研究领域。值得注意的是,由于日韩已经完成了赶超进程,因而两国学术界的研究重点已经不再是赶超阶段工业行政领域的知识创造。相反,由于中国正处于赶超进程的关键阶段,所以工业行政领域的知识创造正在成为中国学术界的研究重点。更为重要的是,日韩工业行政领域的知识创造过程与中国的相关过程存在不同。第一,在日韩的工业行政实践中,地方政府的作用相对较小;而在中国的工业行政实践中,地方政府的作用相对较大。第二,日韩的赶超进程是在全球化程度较低、外企主要发挥间接作用的背景之下展开的,而中国的赶超进程是在全球化程

---

① 林志刚、陈诚:《政策知识管理:政策工具研究的新进展》,《科学学与科学技术管理》2009年第7期;王礼鑫:《政策知识生产:知识属性、过程特征与主要模式》,《行政论坛》2020年第1期;王礼鑫、冯猛:《地方政府创新中政策企业家知识创造的一个分析模型——以K市公益基金招投标改革为例》,《公共行政评论》2020年第1期。

② 王礼鑫:《政策知识生产:知识属性、过程特征与主要模式》,《行政论坛》2020年第1期。

③ Kim, Linsu, *Imitation to Innovation: The Dynamics of Korea's Technological Learning*, Cambridge: Harvard Business School Press, 1997.

度较高、外企的作用更为直接的背景之下进行的。因此，与日韩相比，中国工业行政领域的知识创造涉及更多的主体。第三，日韩的赶超进程的国际环境比较友好，并未经历方向性的政策调整；相反，中国的赶超进程的国际环境相对复杂，正在经历方向性的政策调整。因此，中国工业行政领域的知识创造过程更为复杂。对于中国研究者来说，上述不同既是挑战，也是深化相关研究的机遇。值得指出的是，关注中国公共组织的知识创造问题的部分研究者在产业发展领域具有一定的研究积累，有可能在这一领域取得进展。

学科对话

Dialogue between Disciplines

中国政治发展与权力政治学：
对话北京大学李景鹏教授

樊小川　蒋馨尔　孙宁浩*

编者按：来自清华大学、北京大学等海内外高校，有志于从事政治学研究的青年学子，发起组建了"政治学评介"这一公益性、学术性公众号，旨在传播有品质的政治学研究成果，分享有价值的学术信息，组织有意义的研究活动，为繁荣和推动中国政治学的学科发展贡献自己的绵薄之力。公众号自运营以来，已经在中国政治学研究领域产生了一定影响力。在清华大学政治学系杨雪冬教授的倡导和推动下，公众号开辟了"学术春秋（学人专访）"专栏，将以访谈的方式，邀请前辈学人分享他们的学术人生，以多角度展现当代中国政治学的发展历程和政治学的学术魅力。2022年，来自"政治学评介"的樊小川、蒋馨尔和孙宁浩三位同学（以下简称"政治学评介"）曾有幸深入访谈学界前辈北京大学李景鹏教授。李先生的研究扎根于中国政治发展历程，内容涵盖中国政治体制改革、马克思主义政治学理论、中国社会利益结构变迁、政治发展和政治文明等多个方面，并开辟了以动态视角解读政治现象的"权力政治学"新领域，推动中国政治学研究在分析框架上有所创新。有鉴于此，本刊特刊此文，以纪念李景鹏教授对学界的贡献

学人简介：李景鹏，1932年6月出生于辽宁省辽阳县，曾任北京大学政府管理学院教授、博士生导师，北京大学政治发展与政府管理研究所学术委员会主

---

* 樊小川，清华大学政治学系硕士研究生，"政治学评介"团队负责人之一；蒋馨尔，华东政法大学公共管理学院硕士研究生，"政治学评介"团队成员；孙宁浩，中国传媒大学政府与公共事务学院本科生，"政治学评介"团队成员。

任,北京大学政治发展与政府管理研究所副所长、中国社会团体研究中心主任,中国政治学会常务理事、北京政治学会副会长。李景鹏先生最初在大连海运学院进行航海驾驶专业本科学习,1953年由于国家在高校组建政治理论课的要求被调离本科学校,并进行为期一年的政治经济学研习,随后进入中国人民大学马列主义研修班,1956年正式毕业。毕业后李景鹏回到大连海运学院工作了一段时间,1957年调入北京大学中国革命史教研室,先后从事中共党史、政治经济学、哲学、科学社会主义的教学与研究,1980年后重点从事政治学和中国政治的教学与研究,直至2000年退休。李景鹏先生的具体研究问题包括马克思主义政治学理论、公共选择理论、中国政治体制改革、国家与社会关系、社会主义民主、政治发展与反腐败等,先后赴美国、日本、韩国、中国香港和中国台湾等国家与地区参与会议和发表学术演讲。主要著作有《政治管理学概论》(1991)、《权力政治学》(首版由黑龙江教育出版社1995年8月出版,修订后于2008年由北京大学出版社出版)、《中国政治发展的理论研究纲要》(2000)、《中国转型期问题的政治学思考——李景鹏文集》(2002)、《挑战、回应与变革:当代中国问题的政治学思考》(2012)等,先后在《天津社会科学》《国家行政学院学报》《北京行政学院学报》等期刊上发表论文数十篇。2020年7月30日,李景鹏受邀参加由北京大学俞可平主编的《政治通鉴》新书发布会暨"通鉴视野下的政治科学"研讨会,在会议期间表达了对于研读《政治通鉴》全集的深切期待,并同时表示"政治学的发展从来都不是一帆风顺的,现在也仍如此。希望我们有足够的勇气和智慧去排除各种干扰,运用我们的研究成果造福我们的国家,造福我们的人民"。

一

政治学评介:

李老,您好!"政治学评介"非常荣幸能够与您对话。我们了解到,您早年曾在大连海运学院学习，后进入中国人民大学马列主义研修班，毕业后任教于北京大学。您能否与我们简单谈谈20世纪80年代前您的求学和研究经历？

李景鹏老师(以下简称李老)：

感谢"政治学评介"的访谈。我对此问题简单谈一谈。

其实，我少年时曾幻想航海，所以后来考入大连海运学院航海系，那时在学习期间除修读专业课程外，学校也提供政治方面的书籍让我们学习，主要是从苏联翻译过来的一些政治文件。我无意中找到两本书：一本是《论列宁主义基础》，另一本是《论列宁主义的几个问题》。我对逻辑特别敏感，在读这两本书的时候深深地被其中严密的逻辑性吸引，便认真地将其读完，从而萌发了对于社会科学的兴趣。与此同时，国家正计划着在全国高校建立政治理论课，而师资就在各个学校的专业学生中抽调。在我临近毕业实习的时候，那年(1953)暑假过后刚刚返校，学校便通知我调到政治教研室。对于当时的学生来说，服从组织调动就是义不容辞的事。后来我想，当时之所以把我调出来可能是因为我是班里的小干部，可能也知道我对社会科学感兴趣。

到政治教研室之后，我被分配负责教授政治经济学课程。当时能读到的政治经济学的书只有苏联出版翻译过来的十七本小册子，它完全是按照《资本论》内容的顺序编写的。因此，它也就很好地体现了《资本论》严密的逻辑性，使我大感兴趣。我很快就读完了这些小册子，进一步就开始读《资本论》。虽然有些经济理论我还不太懂，但是它的严密逻辑使我很有兴趣地读下去。

一年以后(1954年秋)，政治理论课有向多专业发展的需求，于是学校就派我到中国人民大学马列主义研修班去学习中共党史，因此我又开始钻研《毛泽东选集》。两年后，我以优异的成绩毕业，回到大连海运学院教了一年"中共党史"的课。第二年(1957)我被调到北京大学中国革命史教研室。到北大以后马上就赶上了"干部下放劳动"运动，北大各系的教师全部下放到门头沟区斋堂地区，与老乡同吃、同住、同劳动，到1959年上半年才撤回学校。从1959年下半年到1963年上半年，中间有两年多的时间内我都比较稳定地进行教学活动。到1963年农村开展社会主义教育，即"四清运动"，便又开始下乡参加"四清工作队"，1966年上半年才回到学校。到1970年，上面号召复课闹革命，学校便开始招收工农兵学员班，我和几个同事又带着学员搞开门办学，带着学员到工厂、农村、煤矿、海港，边参加劳动边上课，直至1976年招收了最后一届工农兵学员。后面就恢复高考了。

回顾这二十多年的时间,虽然环境动荡不定,工作本身也没有什么社会效果,但是在此期间,由于我还比较善于学习,所以在社会科学研究方面打下了比较好的基础,为后来的研究做了比较充分的准备。

二

政治学评介:

李老,您于1957年调入北京大学,在此后的几十年里见证了北京大学政治学系的重建与发展壮大。请您讲述一下您在北京大学政治学系的工作经历,又是怎样的契机让您的研究重心转到了政治学与中国政治?

李老:

我是1957年调入北大的,先后在政治系、国际政治系、政治学与行政管理系任教。从我开始在北大工作到改革开放二十多年时间里,我一直勤勤恳恳地工作和做研究,但是没有产生实际的社会效果,而且因为一些特殊原因我在那段时间里没能很好地充实自己的文史基础,这是我感到很遗憾的地方。改革开放之后,我对自己的研究和工作都是比较满意的。1982年,北京大学在全国率先重设政治学专业,1985年开始招收博士研究生,在1991年,我近六十岁的时候带了第一届政治学理论专业的博士生。我和其他同仁一起为政治学重建耕耘,我们有学术成果,有受社会认可的研究机构,也有一些非常有影响力的教材出版,这都是非常可喜的成就。二十多年前新学院成立后,更是培养了大批优秀的人才,并把他们输送到了国家社会的各个岗位中。北京大学政治学系的重建在全国带了个好头,之后我们国家就产生了一阵政治学复兴的热潮,一直到今天形成了这样百花齐放的局面。

到了北大之后,我将较多的精力投入政治学系的重建、恢复工作。早年我从事中国革命史的教学研究,后来关注科学社会主义、政治学理论与方法和中国政治的研究,更关注中国政治学的复建和发展逻辑,20世纪80年代之后,我重点从事政治学和中国政治的教学和研究。北京大学国际政治系1978级招收的是国际共产主义专业的学生,我开始给他们讲授科学社会主义专题课,而其内容几乎已经是政治学的基本原理。后来"政治学原理"的课程就是在这个基础上建立的。与此同时,由赵宝煦先生牵头,我们一起准备在国际政治系下面建立政治学专业,当时我作为国际政治系的副主任,系里决定由我负责建立政治学专业的工作。1982年政治学专业正式建立,1983年开始招收研究生和本科生。也是由赵先生牵头,我们开始编写《政治学概论》,紧接着又成立了政治学教研室,并逐步开设了"政治学原理""中国政治思想""西方政治思想""中国政治制度""西方政治制度"等课程。我给本科生讲"政治学原理",给硕士研究生讲"政治发展理论"和"政治学基本理论研究"("权力政治学"的雏形)。到1988年,政治学专业彻底从国际政治系分出,正式成立政治学与行政管理系。

三

政治学评介:

李老,您可以给我们分享一下,在政治学领域从教的二十年间您重点关注的议题有哪些?为什么您会如此关注这些问题呢?

李老:

在进行政治学教学同时,我也密切地关注国家的改革开放事业,并参加了一些有关改革的活动。因此,对于利益、腐败等问题的研究有所涉猎。

我最早关注的是利益问题。在过去下放劳动和开门办学过程中,我亲眼看到劳动者劳动热情的低落,很多人都是出勤不出力,甚至形成"懒惰的竞赛"。原因就是人们的利益得不到实现,结果使得社会失去了动力和活力,这使我感觉到利益问题的重要性。20世纪80年代初,我曾写过一篇文章论述人们追求利益的合理性,提出"人们可以理直气壮地去追求利益"的观点。当时常说的一句话——"大河没水小河干",我在文章中则强调"小河没水大河干"。后来我又进一步探讨了关于中国社会利益结构变化对中国社会发展的影响。

此外,我早年也探讨过政治腐败的问题,指出政治腐败的本质就是"权钱交易"的观点,后来的一篇文章从十五个方面分析社会变迁与政治腐败的关系。政府体制改革也是我比较关注的议题,我曾多次参加人事部召开的关于机构改革的研讨会。我提出行政组织结构的四个层次,即组织结构、功能结构、权力结构和利益结构。在该议题下,我探讨过中国官本位传统对政府机构的影响;行政单位小团体利益的影响;行政组织的自律和他律的问题;责任政府、法治政府、服务型政府、回应性政府的建设问题；政府的科学决策和民主决策的问题；等等。针对政府决策，我提出政府面对重大问题的决策时，应该充分听取不同的意见和反对的意见，同时可以做出可行性报告和不可行性报告。在充分研究两个报告的基础上，彻底解决了不可行性报告提出的问题，这时做出的决策才是比较科学的决策。

我还探讨了中国改革开放历史机遇的形成、政治形式与政治文明、中国政治文化的历史变迁、竞争在人类历史发展中的作用、人类社会发展的曲折性等问题。我的这些探讨对中国的社会发展和政治发展没有起到什么实际的作用，而且当时的一些新观点现在已成为常识了，但是它们展现了我研究的心路历程，我也尽到了一个理论工作者的社会责任。

四

政治学评介：

在《权力政治学》一书中，您运用权力分析的方法探究各种政治现象的本质特征，同时也对当时中国政治体制的运行机制进行了深刻解析。您为什么在政治学研究中尤为关注"权力"这一要素？权力分析的视角对于解读中国政治有什么帮助？

李老：

在20世纪的后二十年中，政治学研究在中国渐渐恢复，人们在了解国外政治学研究状况的同时，也从各种不同的角度对中国政治学理论进行了深入的探索，这对中国政治学的发展起了很大的推动作用。20世纪80年代初期，我便已感觉到政治学原来的静态理论分析框架无法解释事物的实际运行机制，因此无法依靠这一理论分析框架去分析大量的实际问题。于是，探索一种新的、动态的理论分析框架，非常必要。

我这一探索的理论出发点便是马克思主义辩证法关于世界本质的思想。对于这一思想，恩格斯是这样阐述的："当我们深思熟虑地考察自然界、人类历史或我们的精神活动的时候，首先呈现在我们眼前的是一幅由种种联系和相互作用无穷无尽地交织起来的画面，其中没有任何东西是不动的和不变的，而是一切都在运动、变化、产生和消失。"这就是说世界上的任何事物都是处于相互联系、相互影响、相互作用、相互制约的运动和变化之中的。而在现实中,任何一种现象所呈现出的状态实际上都是事物相互作用所产生的一定格局。这样一种对世界的根本认识,对我的影响是极深的,它构成了我的世界观的基础,因而也就成为我构想这种新的分析方法的理论出发点。恩格斯接着又说:"但是,这种观点虽然正确地把握了现象的总画面的一般性质,却不足以说明构成这幅总画面的各个细节;而我们要是不知道这些细节,就看不清总的画面。为了认识这些细节,我们不得不把它们从自然的或历史的联系中抽出来,从它们的特性、它们的特殊的原因和结果等等方面来逐个地加以研究。"因此,我尝试研究的动态分析方法就可以看作是在这个总的框架之内,具体研究各种现象相互作用的一种尝试。

从这一基本认识出发,再深入分析,我们就会看到,事物的相互作用的状况是很复杂的,其作用的形式更是千变万化。但是任何事物的相互作用都有一个共同的特点,那就是作用的不平衡性。任何两个力量的相互作用都不可能是平衡的。虽然在作用的过程中有时也会出现平衡状态,但那只能是暂时的现象。随着过程的发展,暂时的平衡必然要过渡到不平衡的状态,而不平衡的状态才是事物相互作用的经常性状态。既然事物相互作用的基本状态是不平衡的,那么其中必有一方的力量更大些、更强些,因而处于主导地位;而另一方由于力量小些和弱些,则处于被动和被支配的地位。这样,在两个相互作用的事物之间便产生了一种支配和被支配的关系。这种支配和被支配的关系实际上贯穿于一切事物的相互作用之中,显示出事物之间相互作用关系的一种确定的状态,也就是显示出事物之间相互关系的一定格局来。这样一种认识就可以转化为一种分析方法,那就是把一切事物之间的相互关系状况看作事物相互作用所形成的一定格局。进而,分析在这种格局中哪一方是处于主导地位的,哪一方是处于被支配地位的;分析这种格局形成的环境、条件和原因;分析这种支配和被支配的具体行为方式;分析当一定的环境和条件发生变化之后,对格局可能产生的影响;等等。这就产生了一种全新的分析方法,是和原来的静态分析方法完全不同的动态分析方法。

但是在构筑这一研究方法的过程中遇到一个很大的困难,即如何概括这种分析方法呢?在中国现有的政治学概念中找不到一个合适的概念来概括事物的相互作用现象和从中引出的分析方法。于是我便从国外政治学的概念中找到了一个比较合适的概念,这个概念就是"权力"。"权力"这一概念在国外政治学中被定义为一种"影响他人行为的能力",它就可以涵盖一切相互作用的现象以及这种作用的不平衡性。因此我们就可以把这种不平衡的相互作用的现象叫作权力现象，由这种现象所引起的支配与被支配的关系就是权力关系，由这种关系所造成的格局就是权力格局。而这种动态分析方法就可以称为权力分析方法。把这种分析方法引进政治学的领域，就是政治权力分析方法。

当然，权力分析方法作为一种基本的分析方法，仅有一般性的叙述是不够的，必须使之规范化。这就是要对政治权力有一个严格的定义，并要对这种分析方法所涉及的内容进行系统的阐述，并由此尝试构筑一个权力分析的体系，我的《权力政治学》就是这一探索的成果。

五

政治学评介：

您对于我国民主发展的历程也颇有研究，曾经发表过《政治平等与党内民主》（2002）、《建立民主恳谈和民主决策的新机制》（2003）、《民主的逻辑与民主的建设》（2011）等论文。您认为民主研究在中国政治学研究处于什么样的位置？

李老：

对民主的研究在改革开放的整个过程中都是一个热门的问题，我也写过一些文章，现在回想起来过去的研究和探讨还是有很大的局限性的。过去对民主问题的研究多倾向于对民主一般规律的研究，而缺乏结合中国的具体国情进行研究，因而多少有些盲目性。历史上，民主在任何一个国家的实现都是在这个国家的社会的和政治的土壤中逐渐生长出来的，只有极个别的国家在特殊的国际环境下其民主是从外部引进或强加的。所以我们研究中国的民主问题也应该从如何为民主的发展创造适合的社会的和政治的土壤做起。有了适合民主发展的社会的和政治的土壤，民主才能在中国逐渐地生长起来。而我们过去的研究却缺乏这一块的分析。现在，党中央提出的"中国特色社会主义民主"即"全过程人民民主"完全是从中国的具体国情出发而建立起来的接地气的民主理论，解决了我辈多年探讨的中国民主发展的问题，令我辈汗颜！今后将学习和研究"全过程人民民主"作为我们研究民主问题的方向是必要且恰当的。

六

政治学评介：

您对改革开放引起的中国社会利益结构变迁进行了研究。改革开放至今已经过去了四十余年，2017年习近平总书记更是在党的十九大报告中提出我国社会的主要矛盾已经发生转变，体现出中国政治社会结构已然发生深刻变革。您对于利益结构有什么独到见解？改革开放以来中国社会的利益结构在哪些方面发生了较为显著的变化？

李老：

改革开放以后，社会生活在利益问题上发生的深刻变化可以归纳为以下几点：(1)人们的利益观念开始发生重大的变化，从原来被封冻的状态中逐渐苏醒过来，从而使个人利益从社会的整体利益中游离出来，形成社会利益的基本单元，而且很快便进入利益的饥渴状态，展开了全社会规模的追求利益的热潮；(2)在利益追求热潮的基础上，社会的利益竞争便在社会的各个层次和各个领域中全面地展开，这一方面为社会带来发展的巨大动力，另一方面又产生了一系列负面的现象；(3)人们对感性满足的追求空前强烈，从而引起社会生活方式的巨大变化；(4)人们的社会关系商品化，围绕着利益追求人们交往的范围空前地扩大，而人们之间的关系也就变成实现利益的工具；(5)金钱在社会中的地位空前地提高，社会中几乎一切事物都有了标价，而钱权交易也就迅速地发展起来；(6)小团体主义迅速地发展起来，各个单位都有了独立于国家和社会利益的特殊利益；(7)经济犯罪现象普遍地出现，而且越来越严重；(8)地方保护主义出现；(9)社会贫富差距加大，社会矛盾加剧；(10)社会利益集团产生并进一步发展；等等。而这一切现象对政治发展既提供了动力又形成了挑战。对这些问题的深入分析，使我认识到，这一切变化都是社会利益结构变化的结果。

实践已然证明，利益结构是社会系统和政治系统的深层结构，它构成社会和政治运行的内在动力。社会利益结构若发生重大的变化，社会系统和政治系统便会受到极大的冲击而引起震荡。近十几年来，由于中国社会经济生活经历了巨大的变化，与此相联系，社会利益结构也发生了重大的变化。这种变化不可避免地要对整个社会生活和政治生活产生重大的影响，并在社会生活和政治生活中造成许多使人们难以理解的现象，给中国政治发展的研究带来许多难题。

那么什么是社会利益结构？一般而言，所谓社会利益结构就是社会成员之间以及社会成员与社会之间利益关系的一定模式。这种利益关系的一定模式是在占统治地位的社会生产关系的基础上形成的。从这方面来说，它的形成是不以人们的意志为转移的。但是就它形成的具体过程来说，又是离不开人们的意志与行为的作用的，是各社会成员之间以追求利益为目的的相互作用以及社会对这种相互作用的控制和调节的结果。在各社会成员的相互作用中，具有决定意义的是人们掌握或支配利益资源的状态。那些能够掌握和支配对生产过程来说具有决定意义的利益资源（例如生产资料）的人们，自然在这种相互作用中占有主动和优势的地位，相反的人们则只能处于被动和劣势的地位。社会对这一过程的控制和调节是通过国家来实现的。而国家的控制和调节则不可避免地要受到占有主动和优势地位的那部分社会成员的影响，从而使社会的控制和调节有利于他们的利益的实现。因此，利益结构形成的过程必然伴随着人们之间各种不同的利益矛盾，也伴随着社会成员与国家之间的不同矛盾。因此，任何一种利益结构都既是社会利益矛盾的结果，又包含着新的利益矛盾，是人们之间利益关系运作中的动态平衡。从利益结构概念的分析中就可以引申出利益结构的基本要素。

利益结构的第一个要素是利益单元。因为谈到利益问题，首先就要问是谁的利益，这就涉及利益主体的问题，也就是追求和享有一定利益的人或人群。而作为利益主体的人或人群，总是以不同规模的组织形式出现的，这就形成了各种不同的利益单元，如个人和家庭、工作单位、利益集团、阶级、民族和国家等。这些利益单元在任何一个社会中都不是孤立地存在的，而是彼此结成一定的关系，这种关系也就是利益结构。因此，考察利益单元在一个社会中的相互结合方式及其特点是研究利益结构的重要方面。

利益结构的第二个要素是人们的利益观念。这是利益单元的一定结合方式在人们头脑中的反映。任何一种利益观念的形成都要经历长期复杂的过程，并且需要一定的社会条件。然而当它一旦形成之后，便对社会利益结构起着极大的维护和巩固作用，以至于即使社会条件变化了，利益结构变化了，它还可能在一定时期存在着并产生影响，成为新的利益结构发展的障碍。作为利益结构在心理层次上的要素，它构成了人们追求利益的内在动力。

利益结构的第三个要素是人们利益追求的性质。不同的利益结构导致人们利益追求性质的差别：有的趋向于平均，有的趋向于差异；有的体现为共同向社会索取，有的体现为彼此的竞争；有的呈现有序状态，有的呈现无序状态；等等。在同一种利益结构中，人们利益追求的性质也不相同：有的追求温饱，有的追求享乐；有的以追求物质的东西为主，有的以追求精神的东西为主；等等。总之，利益追求的性质问题，是对不同利益结构进行比较研究和对同一利益结构内部分化状况研究的重要因素。

利益结构的第四个要素是人们追求利益的一定方式。针对不同的利益结构，人们追求利益的方式也有所不同。在有的利益结构中，人们主要是依靠个人的力量直接地去追求各种利益；在另外的利益结构中，人们则依靠集体或国家的力量间接地去追求各种利益。在同一种利益结构中，人们追求利益的方式也有所不同：有的人依靠自己的劳动去追求利益；有的人依靠占有生产手段或一般社会财富去实现利益的追求；有的人依靠其他的手段去实现利益的追求；等等。

利益结构的第五个要素是社会利益阶层的分化状况及其相互关系。社会利益分化的状况往往通过一定社会阶层及其相互关系反映出来。正是由于各利益阶层以不同的相互关系结合在一起，才显示出一定的结构来。所以，它是形成社会利益结构的最直观的因素。分析社会利益分层，可以有不同的角度。可以从阶级的角度来分析社会利益的分化，这样，社会利益结构便与社会阶级结构相适应，这对于分析社会利益结构的历史变迁是十分重要的。也可以从社会分配的角度来分析社会的利益分化，从这个角度所形成的社会利益分层情况与阶级结构可能有较大的差别，但这种分析从某种研究的角度来说仍有其价值：它对于分析一定时期内的社会的和政治的变动是有意义的，而且是微观或中观过程中经常起作用的因素。此外，还可以从其他的角度来分析。

利益结构在实际过程中是社会经济生活与政治生活以及社会经济生活与社会意识形态之间相互联系和相互转化的中介，离开了利益结构这个中介，其联系和转化都不可能，可见利益结构地位之重要。从这里也产生了利益结构的特征。利益结构的最大的特点就在于它具有一种转化功能，可以将人们外部的各种关系（包括经济的、政治的、意识形态的关系）转化为人们的内在要求，然后再通过利益结构的外在形式表现出来。所以，它是以外在的形式表现出来的人类的内在要求。这一特点使利益结构具有极大的普遍性与灵活性，它既是经济、政治、意识形态三大领域的"公约数"，又能随时与三大体系联系起来发挥作用，从而使利益结构成为一个非常重要而且不可替代的分析工具。我对于利益结构的研究和理解基本就是这些内容。

七

政治学评介：

您于2014年发表的论文《关于推进国家治理体系和治理能力现代化——"四个现代化"之后的第五个"现代化"》强调，作为治理体系核心的政府应改掉成年累积的弊病以迎接实现现代化的任务。您如何理解我国的现代化问题？

李老：

现代化问题和民主问题一样，必须联系中国的国情来研究才有意义。2014年的这篇文章也属于泛泛之谈，缺乏实际价值。改革开放初期，人们不满足于"四个现代化"，希望还有第五个"现代化"即政治现代化。而当时所希望的政治现代化指的是民主问题。如前所述，当时人们对民主的认识还是非常肤浅的。至于到底应该如何理解政治现代化，这是一个比民主更复杂的问题。其涉及的面应该是非常广的，如何立足于中国的现实，扎扎实实地推进是非常重要的。在这方面，党中央给我们做出了榜样，提出了"国家治理体系和治理能力现代化"，这应该是立足于中国的现实推进政治现代化的当务之急。至于在此基础上如何进一步推进政治现代化，这将是一个今后需要长期进行探索的问题。

八

政治学评介：

您从事政治学研究已四十年有余，也教导出了非常多活跃在我国政治学领域的优秀学者。您认为关于中国政治的研究还存在哪些空白领域或不充分之处，需要去继续跟进？

李老：

我曾经的学生中有许多现在都成为名教授了，而我已经脱离学术界多年，现在到了我向他们学习的时候了。不过有时我也在思考一些问题。我记得毛主席曾经说过一句很重要的话，大意是：事情往往是一种倾向掩盖另一种倾向。在国家治理体系和治理能力现代化过程中，一方面，依靠高度集中和高效率的行政权力，克服在我们前进道路上的一切困难和挑战，推进我们民族的复兴大业从一个胜利走向另一个胜利；但另一方面，它也掩盖着原有的行政痼疾，例如官本位的旧传统、政治腐败、小团体利益、官僚主义、形式主义、命令主义等。另外，在一片高歌猛进充满正能量的大好形势下，也隐藏着社会道德低下的问题。过去特殊时期造成的社会道德真空、道德荒漠状态，至今也没有得到很好的修复。这些被当前形势掩盖着的问题在一定的条件下就可能变成主要矛盾。所以，我认为需要有人跟踪研究这些问题，为我们国家的长治久安做出应有的贡献。

九

政治学评介：

再次感谢李老师在百忙之中参与学人专访。最后，您有什么寄语可以送给立志从事政治学研究的青年学生？您对学术公益组织"政治学评介"有什么要求和期待吗？

李老：

希望广大青年学子可以继续在政治学领域深耕，要坐得住"冷板凳"，杜绝浮躁功利，踏踏实实做学术，多花点时间读文献，尤其是自己研究领域内的前沿学术著作。政治学是一个广博的学科，除本学科体系外，还要多多关注历史学、哲学、经济学、社会学等领域内容，融会贯通，扩宽自己的知识面和眼界，提高自己的研究水平。当然，我们做政治学研究不能仅停留在理论层面，要扎根中国政治社会现实，要在实际问题中发掘出有价值的研究议题，之后再琢磨怎么去形成理论。最后也要让研究回归现实，我们研究的成果最好是要能给国家的现实问题提供一些帮助的。

"政治学评介"是一个有希望的组织，你们有很多朝气蓬勃、对政治学研究抱有热情的年轻人。看到有那么多年轻人对政治学感兴趣，我很欣慰。期待以后你们能产出和传递更多有价值、有思想的内容，继续惠及有志于政治学研究的学子和学者们。

书 评

Book Review

比较视野下的教育政治学：
评《人类思想的无限自由》*

孙宏哲**

摘　要：托马斯·杰斐逊是美国早期政治发展史与政治思想史上一位举足轻重的人物，而创建弗吉尼亚大学又被杰斐逊视作自己一生中最重要的三大成就之一。2021年，在弗吉尼亚大学庆祝成立200周年之际，弗吉尼亚大学历史系教授安德鲁·杰克逊·奥肖内西出版了《人类思想的无限自由：托马斯·杰斐逊的大学理念》一书，是为对弗吉尼亚大学的创办与杰斐逊政治生涯和政治思想关系的最新探索。本文认为，学术界对该书的回应未能给该书的一个重要侧面——弗吉尼亚大学与其他高校之间的比较和联系——以足够关注。本文试图考察该书有关弗吉尼亚大学与哈佛大学之间比较与联系的论述，并探讨它们如何体现杰斐逊独特的政治思想与教育理念。

关键词：托马斯·杰斐逊；安德鲁·杰克逊·奥肖内西；《人类思想的无限自由》；弗吉尼亚大学；哈佛大学

Abstract: A towering figure in the early history of American political development and political thought, Thomas Jefferson regarded the founding of the University of Virginia as one of the three most significant achievements in his life. In 2021, during the university's bicentennial celebration, Andrew Jackson O'Shaughnessy,

---

* 本文受到中央高校基本科研业务费北京大学文科创新性项目(7100604411)资助。
** 孙宏哲，北京大学中国政治学研究中心助理教授，主要研究方向为美国政治思想史与政治发展史。作者感谢庞亮、倪宇洁与匿名审稿人的批评和建议。

Professor of History at the University of Virginia, published *The Illimitable Freedom of the Human Mind: Thomas Jefferson's Idea of a University*, the most recent exploration of the relationship between the founding of the university and Jefferson's political career and political thought. Arguing that not enough attention has been paid to an important dimension of the book—comparisons and connections between the University of Virginia and other institutions of higher education—this review examines the comparisons and connections between the University of Virginia and Harvard University in the book and explores how they embody Jefferson's unique political thought and educational ideals.

Key words: Thomas Jefferson, Andrew Jackson O'Shaughnessy, *The Illimitable Freedom of the Human Mind*, University of Virginia, Harvard University

托马斯·杰斐逊(Thomas Jefferson)是美国早期政治发展史与政治思想史上一位举足轻重的人物。1743 年,杰斐逊出生于弗吉尼亚殖民地西部阿尔伯马尔县(Albermarle County)的夏德维尔(Shadwell)。在美国革命与早期共和国时代,杰斐逊是弗吉尼亚殖民地主要革命者之一,是邦联时期美国驻法大使,是联邦时期美国第一任国务卿,是美国第二位副总统,也是美国第三位总统。1826 年,杰斐逊与世长辞。按照杰斐逊自己生前的设计,他的墓志铭只列出了他的三个身份——《独立宣言》(Declaration of Independence)的作者、《弗吉尼亚宗教自由法案》(Virginia Statute of Religious Freedom)的作者与弗吉尼亚大学之父。这凸显了弗吉尼亚大学在杰斐逊政治生涯中的重要地位。

2021 年,在弗吉尼亚大学庆祝建校 200 周年之际,弗吉尼亚大学出版社出版了由弗吉尼亚大学历史系安德鲁·杰克逊·奥肖内西(Andrew Jackson O'Shaughnessy)教授所著《人类思想的无限自由:托马斯·杰斐逊的大学理念》(以下简称《人类思想的无限自由》)一书,是为对弗吉尼亚大学的创办与杰斐逊政治生涯和政治思想关系的最新探索。① 截至 2023 年,该书在学界已收到一些反馈。然而,这些回应无论是褒是贬,均没有给该书的一个重要侧面——弗吉尼亚

---

① O'Shaughnessy, Andrew, *The Illimitable Freedom of the Human Mind: Thomas Jefferson's Idea of a University*, Charlottesville: University of Virginia Press, 2021.

大学与其他高校之间的比较和联系——以足够关注。本文首先对《人类思想的无限自由》的作者和内容进行简要介绍,继而考察该书对弗吉尼亚大学与哈佛大学之间比较与联系的论述,并探讨这些论述如何彰显杰斐逊独特的政治思想与教育理念。

一、《人类思想的无限自由》概述

1959 年,奥肖内西出生于英格兰。在 80 年代,奥肖内西从牛津大学奥丽尔学院(Oriel College, Oxford University)先后获得学士、硕士与博士学位。从 1990 至 2003 年,奥肖内西在威斯康星大学奥什科什分校(University of Wisconsin, Oshkosh)历史系先后担任助理教授、副教授与教授,并于 1998 至 2003 年担任历史系主任。从 2003 年开始,奥肖内西担任弗吉尼亚大学历史系教授,并先后兼任蒙蒂塞罗罗伯特·H. 史密斯杰斐逊研究国际中心主任(2003—2022)与托马斯·杰斐逊基金会副总裁(2015—2022)。在《人类思想的无限自由》出版之前,奥肖内西出版的著作包括《一个分裂的帝国:美国革命与英属加勒比》(*An Empire Divided: The American Revolution and the British Caribbean*, 2000)与《谁丢了美国:英国统治者、美国革命与帝国的命运》(*The Men Who Lost America: British Leadership, the American Revolution and the Fate of the Empire*, 2013);后者现已被译为中文。此外,奥肖内西还与两位学者合编了《托马斯·杰斐逊的大学之建立》(*The Founding of Thomas Jefferson's University of Virginia*, 2019)一书,该书汇集了十余篇关于弗吉尼亚大学建校史的最新论文。[①]

《人类思想的无限自由》一书是由奥肖内西在参与编纂《托马斯·杰斐逊的大学之建立》基础上独撰的弗吉尼亚大学建校史。在美国高等教育的"批判种族理论"时代,奥肖内西为什么要写一本似乎在赞美一位白人"国父"的作品?在《引言》中,作者这样为自己的主题辩护:"在一个尊崇《宪法》原意这一理念的国

[①] 参见 O'Shaughnessy, Andrew, *An Empire Divided: The American Revolution and the British Caribbean*, Philadelphia: University of Pennsylvania Press, 2000; O'Shaughnessy, Andrew, *The Men Who Lost America: British Leadership, the American Revolution and the Fate of the Empire*, New Haven: Yale University Press, 2013;安德鲁·杰克逊·奥肖内西:《谁丢了美国:英国统治者、美国革命与帝国的命运》,林达丰译,北京大学出版社 2016 年版;Ragosta, John A., Onuf, Peter S. & O'Shaughnessy, Andrew (eds.), *The Founding of Thomas Jefferson's University of Virginia*, Charlottesville: University of Virginia Press, 2019;等等。

家,有必要理解撰写这个民族建国文献的那些人的理念和世界观。杰斐逊在美国国会的被引数量仅次于华盛顿。此外,政治家因他的话而引用他,而不只是将他作为一个符号援引,这一点同华盛顿相反。在美国人之中,杰斐逊的传记数量仅次于林肯。"① 弗吉尼亚大学正是杰斐逊实践和推广他的政治理念的重要工具。作者指出:"正如这个国家成了共和制与后来的民主制的一个实验室,这所大学也是一场未完成革命的一个仍在进行中的试验。杰斐逊明白,他这代人的局限对于后人而言将是显而易见的,就像他的同代人比他们那些烧女巫的祖先更智慧一样……他宣称,'地球在用益权上属于活人',该法律术语暗示存在一种临时权利,就好像每代人都在将接力棒传给下一代。通过建立这所大学,杰斐逊为后代提供了一个思考自己的事情与推动进步的方式。"②

全书正文共有十章,每一章被冠以一个文学化的标题。前四章论述了杰斐逊的教育理念与启蒙思想,弗吉尼亚大学的选址、规划、筹款、其前身中部学院(Central College),以及与筹备工作相关的国内、州内与共和党内政治。第五章到第九章各论述弗吉尼亚大学早期历史的一个方面,包括杰斐逊的"学术村"建筑理念与他对弗吉尼亚大学建设的参与、杰斐逊"有用的知识"教学理念、他的教员选择与学科设置以及平等和民主的治校方式,杰斐逊之坚持弗吉尼亚大学严格实行政教分离、拒绝讲授宗教知识或聘用神职人员,弗吉尼亚大学的奴隶制与严重的种族主义风气,以及学生骚乱、家长制式的学校纪律与选课制。在最后一章,作者关注杰斐逊在去世前的最后时光对弗吉尼亚大学的贡献,以及弗吉尼亚大学的深远影响。在每个问题上,作者都将弗吉尼亚大学建校时的具体情形置于杰斐逊的具体政治思想背景中考察。

在作者论述这些问题的过程中,杰斐逊的大学理念也得到阐明。一所现代大学应当是一座讲授和研究各种世俗知识的"学术村",在这里教授有治校的权力,学生有选课的权利,前者慈爱地对待后者,后者则主动遵守纪律,而这一切的目的是培育民主与共和精神,塑造一代又一代优秀的共和国公民,从而保卫共和制度。今天看来,杰斐逊的这些大学理念似乎没有什么特别之处,但在 19 世

---

① O'Shaughnessy, Andrew, *The Illimitable Freedom of the Human Mind: Thomas Jefferson's Idea of a University*, Charlottesville: University of Virginia Press, p. 9.
② O'Shaughnessy, Andrew, *The Illimitable Freedom of the Human Mind: Thomas Jefferson's Idea of a University*, Charlottesville: University of Virginia Press, p. 10.

纪上半叶，它们却显得非常独特。作者指出，杰斐逊大学观的原创性如今之所以没有得到足够赞赏，很大程度上是因为他的理念在后世已变得非常普通，以至于我们常常忘记它们的起源，或是因为弗吉尼亚大学自身已抛弃了杰斐逊的一些创举（例如教授治校）。通过离任教授、校友、朋友、家庭成员，杰斐逊的种种大学理念传播到全美各地，甚至东渡英国，成为美国乃至世界高等教育思想的一个重要源头。[1]

在出版后不久，《人类思想的无限自由》便收到了学界反馈，其中较为重要的包括2021年约翰·P. 路南（John P. Loonam）刊登于《华盛顿独立书评网》（*Washington Independent Review of Books*）上的书评，再有2022年马克·布恩肖夫特（Mark Boonshoft）刊登于《早期共和国杂志》（*Journal of the Early Republic*）上、乔书亚·S. C. 莫里森（Joshua S. C. Morrison）刊登于《弗吉尼亚历史与传记杂志》（*The Virginia Magazine of History and Biography*）上以及丹尼尔·科克（Daniel Koch）刊登于《教育史》（*History of Education*）杂志上的书评。这些书评对全书内容做了或多或少的介绍，并在该书对奴隶制等问题的处理上有所争论。其中，路南与科克的书评略有涉及该书的比较维度，前者还提及该书对弗吉尼亚大学与哈佛大学的比较，但二者均未予以展开。[2]

二、弗吉尼亚大学与哈佛大学的比较

在弗吉尼亚大学之外，散布于《人类思想的无限自由》一书中的学院或大学，在欧洲包括里斯本科学院、柏林大学、剑桥大学、爱丁堡大学、那不勒斯大学、巴黎大学、日内瓦大学、哥廷根大学、牛津大学、罗马大学、都灵大学，在美国包括卡莱尔学院（后来的狄金森学院）、达特茅斯学院、东田纳西州立大学、佐

---

[1] O'Shaughnessy, Andrew, *The Illimitable Freedom of the Human Mind: Thomas Jefferson's Idea of a University*, Charlottesville: University of Virginia Press, pp. 254-260.

[2] 参见 Loonam, John P., "Review of *The Illimitable Freedom of the Human Mind*," *Washington Independent Review of Books*, October 7, 2021; Boonshoft, Mark, "Review of *The Illimitable Freedom of the Human Mind*," *Journal of the Early Republic*, Vol. 42, No. 2, 2022; Morrison, Joshua S. C., "Review of *The Illimitable Freedom of the Human Mind*," *The Virginia Magazine of History and Biography*, Vol. 130, No. 2, 2022; Koch, Daniel, "Review of *The Illimitable Freedom of the Human Mind*," *History of Education*, Vol. 51, No. 6, 2022.

治亚大学、哈佛大学、纽约州立大学、北卡罗来纳大学、宾夕法尼亚大学、普林斯顿大学、特兰西瓦尼亚大学、耶鲁大学、南卡罗来纳大学、联合大学、合众国大学以及威廉与玛丽学院。这些旁征博引表明,作者熟稔西方高等教育史,并有意识地将弗吉尼亚大学的建立与早期历史置于这一背景中考察。

在论述弗吉尼亚大学与其他高校的比较和联系时,奥肖内西似乎给了哈佛大学最多篇幅。奥肖内西指出,虽然今天的弗吉尼亚大学与哈佛大学分别是著名的公立大学与私立大学,但美国早期私立与公立大学的界限是模糊的。马萨诸塞州的1780年《宪法》第五章为"剑桥大学与鼓励学问等",规定了哈佛大学在该州的特殊地位。在丹尼尔·韦伯斯特(Daniel Webster)看来,哈佛大学应被视作受马萨诸塞州管辖的公立大学。从1814至1823年,马萨诸塞州每年向哈佛大学提供一万美元,相当于该校运营开销的四分之一。1849年,哈佛大学前校长爱德华·埃弗里特(Edward Everett)夸赞州对哈佛大学等高校的财政支持。1851年,哈佛大学正式宣称自己是一所私立大学,但直至1865年,哈佛大学都一直有由州政府任命的被称作"监管人"(overseers)的托管人。[1]

杰斐逊将他所建立的机构命名为"大学"而非"学院"。在探讨二者区别时,奥肖内西引哈佛大学等高校为例指出,一所大学可能包含一所学院或几所学院,学院只是住宿和功能单元,没有授予学位的权力,也不能教授法律或医学。作者提及,哈佛在1780年成为一所大学,但其后来的校长贾里德·斯帕克斯(Jared Sparks)认为这个名号只是夸大了哈佛的重要性,并认为美国没有任何一所机构有资格叫作大学。当杰斐逊为弗吉尼亚大学选择"大学"一词时,美国只有九所其他机构称作大学。[2] 将弗吉尼亚大学命名为"大学"体现出杰斐逊对这所机构的较高期望。

在宗教背景上,在19世纪的美国大学,新教基督徒宗派主义日益增长,但哈佛大学与弗吉尼亚大学却是例外。在19世纪初,哈佛大学成为一位论的大本营,并于1810年任命一位论牧师约翰·桑顿·柯克兰(John Thornton Kirkland)

---

[1] O'Shaughnessy, Andrew, *The Illimitable Freedom of the Human Mind: Thomas Jefferson's Idea of a University*, Charlottesville: University of Virginia Press, pp. 3, 82. "剑桥大学"是时人对哈佛大学的一个普遍称呼。

[2] O'Shaughnessy, Andrew, *The Illimitable Freedom of the Human Mind: Thomas Jefferson's Idea of a University*, Charlottesville: University of Virginia Press, p. 81.

为校长。1815年，哈佛大学宣布学生应自己探究启示教义。1831年，哈佛大学有多达三位信仰天主教的讲师和行政人员。尽管如此，哈佛大学也并未完全实现宗教自由。哈佛大学神学院否认自己有教派偏见，但直至1870年都只任命一位论者。迟至1885年，学生还向学校请愿，要求不再强迫学生去小教堂，认为这侵犯了公民自由。相比之下，弗吉尼亚大学的世俗背景则是尽人皆知的。也因此，弗吉尼亚大学毕业生中成为牧师的比例只有3.8%，比哈佛大学的11%低很多，虽然后者已是其他学校中比例最低的了。①

在生活条件上，杰斐逊将弗吉尼亚大学的6个叫作"宾馆"的餐厅租给相互竞争的独立承包商，每个承包商照顾至少25名学生及其家眷和奴仆。与此相比，哈佛大学食堂却要为200名学生提供伙食，是新英格兰最大的餐厅。在建筑上，乔治·蒂克纳（George Ticknor）认为弗吉尼亚大学比新英格兰的任何事物都更吸引人。后来担任英国首相的爱德华·斯坦利（Edward Stanley）在谈到哈佛大学时表示，那里的几栋又高又单调的红墙楼房根本没有建筑之美。②

在教师群体上，两校既有相似性，又有明显差异。在美国早期，担任教授的通常是些年轻人，他们只是将教书当作获得一个更好工作的跳板。在哈佛大学，大多数教授都是学院的新毕业生，大多数干不到三年就跳槽了。直到1869年，在其就职演说中，哈佛大学校长查尔斯·威廉·埃利奥特（Charles William Eliot）仍在抱怨学校很难找到称职的教授。与哈佛大学相似，在弗吉尼亚大学建校初期，大多数教员也没有将教书视作第一选择。为了吸引新教师，弗吉尼亚大学提供免费食宿，并支付只有哈佛大学才能给出的高工资。在规模和结构上，虽然杰斐逊希望能有10个系，但弗吉尼亚大学在开张之际却只有8个系，每系各一位教授，而哈佛大学此时已有20名教授。杰斐逊认为医学是所有科学中最为重要的，因此医学教授便是八位教授中的一员。与此相比，在包括哈佛大学在内的其他少数教授医学的学院中，医学都没有被整合进大学，是较为独立的部门。③

在教学方法上，奥肖内西认为弗吉尼亚大学优于哈佛大学。在弗吉尼亚大

---

① O'Shaughnessy, Andrew, *The Illimitable Freedom of the Human Mind: Thomas Jefferson's Idea of a University*, Charlottesville: University of Virginia Press, pp. 170, 172.
② O'Shaughnessy, Andrew, *The Illimitable Freedom of the Human Mind: Thomas Jefferson's Idea of a University*, Charlottesville: University of Virginia Press, pp. 121, 132.
③ O'Shaughnessy, Andrew, *The Illimitable Freedom of the Human Mind: Thomas Jefferson's Idea of a University*, Charlottesville: University of Virginia Press, pp. 140-141, 145-148.

学，选课制这一不久前诞生于欧洲的教学制度是一大特色，而哈佛大学却要求学生上12门课，每年3门，学生选择很少，无法将学业集中在某一特定领域或进行逐级深入地选课。在弗吉尼亚大学，教授通过演讲的方式授课，而哈佛大学的教学方法仍强调背诵和固定任务。在1824年，一位英国人将哈佛大学比作英格兰的预备学校，认为它只适合男孩而非年轻男人。不过，两所学校在考试上却很像。在19世纪初，两校都引进了笔试而没有采用口试，但在美国大多数高校，笔试直到1870年后才成为常态。①

在学生群体上，在一个学院学生通常很年轻的时代，弗吉尼亚大学差不多三分之二的学生都是19岁或更大，只有五分之一在16到17岁之间，总体来说较为成熟。与此相比，哈佛大学最年轻的学生只有12岁，其年龄中位数是15岁半，直到1845年才超过17岁。在学生人数上，虽然起初注册学生数很低，弗吉尼亚大学在内战前已成为全国第三和南部第一，而截至1840年，全国只有包括哈佛大学在内的九所大学有超过150名本科生。在学费上，弗吉尼亚大学的学费直至内战在全国算是最高的，只有医学生的学费与其他高校相仿。②

在学生举止上，哈佛大学的学生要比弗吉尼亚大学的更躁动。作者指出，在1766年、1769年、1805年、1807年、1808年、1817年、1818年、1823年和1834年，哈佛大学都发生过学生骚乱，起因通常是食物质量或某位教师的行为等小问题。在1818年的骚乱后，哈佛大学开除了二年级的所有80名学生，愤怒的约翰·亚当斯（John Adams）甚至呼吁重新启用鞭笞。在所谓"1823年大叛乱"后，教授们将一届学生70名中的43名都开除了。在1836年，哈佛大学爆发骚乱，持续了三个月才压下来。事后哈佛大学开除了整个二年级，并对3名学生提起刑事诉讼。与哈佛学院允许体罚不同，杰斐逊认为，体罚学生，让他们像奴隶一样受到羞辱，让他们丢脸、变得铁石心肠，不是树立正直品行的最佳途径。他将学校共同体视作一个大型家长制社会，认为父子之情为师生关系提供了最好的样板。弗吉尼亚大学之所以学生骚乱较少，或正是杰斐逊开明的师生观的体现。③

---

① O'Shaughnessy, Andrew, *The Illimitable Freedom of the Human Mind: Thomas Jefferson's Idea of a University*, Charlottesville: University of Virginia Press, pp. 226-228, 254.
② O'Shaughnessy, Andrew, *The Illimitable Freedom of the Human Mind: Thomas Jefferson's Idea of a University*, Charlottesville: University of Virginia Press, p. 223.
③ O'Shaughnessy, Andrew, *The Illimitable Freedom of the Human Mind: Thomas Jefferson's Idea of a University*, Charlottesville: University of Virginia Press, pp. 218-219, 221.

奥肖内西没有将奴隶制置于本书中心，但他在这一问题上也有所涉及。可以想见，早期的弗吉尼亚大学在种族思想上是保守的，但美国早期高等教育整体上都很保守。哈佛大学便是一例。1838年，哈佛大学校长乔塞亚·昆西(Josiah Quincy)取消了一场关于奴隶制的公共辩论。1850年，在公开批评丹尼尔·韦伯斯特为《逃奴法》(Fugitive Slave Act)辩护时，拉尔夫·沃尔多·爱默生(Ralph Waldo Emerson)遭遇哈佛大学学生的嘘声。在《人类各种族起源的多样性》(The Diversity of Origin of the Human Races, 1850)一文中，哈佛教授路易斯·阿加西斯(Louis Agassiz)鼓吹种族差异和黑人人种低劣等伪科学。迟至19世纪60年代初，哈佛大学校长还谴责《哈佛杂志》(Harvard Magazine)编辑小奥利弗·温德尔·霍姆斯(Oliver Wendell Holmes, Jr.)的反奴隶制论调。[1]

三、弗吉尼亚大学和哈佛大学的早期联系

杰斐逊与哈佛大学的关联对于他创建弗吉尼亚大学颇为重要。其中一个关联是他与哈佛大学教授蒂克纳的来往。蒂克纳是最早在德意志接受研究生教育的美国人之一，曾两次在蒙蒂塞罗拜访杰斐逊。在弗吉尼亚大学初创之时，杰斐逊从蒂克纳处了解到了德意志大学的显赫地位。此外，蒂克纳还送给杰斐逊一份他的西班牙语文学课课程大纲作为礼物。杰斐逊表示，在他所知范围内，美国还没有谁像蒂克纳一样在这一单科有这么多知识。[2]

杰斐逊与蒂克纳的关系有时更为私人，蒂克纳也因而记下了杰斐逊的一些私事。他注意到，杰斐逊家中的女性习惯于参与谈话，即便主题很高端。他也描述了杰斐逊的冷静坦然。有一次，杰斐逊做了大量投资的一座工厂在一次溃坝之后被洪水卷走，蒂克纳从杰斐逊的举止来看认为这是一件无足轻重的小事，但在夏洛茨维尔和去往里士满的路上，他发现该地路人皆在谈论此事，得知重修该工厂将花费甚巨。不过，尽管保持着这种私人关系，蒂克纳也没有接受杰斐逊向他提

---

[1] O'Shaughnessy, Andrew, *The Illimitable Freedom of the Human Mind: Thomas Jefferson's Idea of a University*, Charlottesville: University of Virginia Press, pp. 208-209.
[2] O'Shaughnessy, Andrew, *The Illimitable Freedom of the Human Mind: Thomas Jefferson's Idea of a University*, Charlottesville: University of Virginia Press, pp. 25, 149.

出的去弗吉尼亚大学教语言的邀请。①

为建设弗吉尼亚大学的图书馆，杰斐逊委托哈佛大学古典书籍的主要提供者之一波士顿卡明斯与希利亚德公司（Cummings, Hilliard & Company）来购买书籍，请他们代买最新和最好的版本，包括德语古典书籍，还劝说该公司在夏洛茨维尔开一家书店。很快，弗吉尼亚大学图书馆的藏书便超过了除哈佛大学和耶鲁大学之外美国的任何一所学院。杰斐逊还一再向亚当斯征求建议，而亚当斯也对弗吉尼亚大学表示倾佩和鼓励，甚至为其图书馆荐书，虽然他担心弗吉尼亚大学的原创和出色之处在社会传统的压力下无法持续太久。此外，杰斐逊还与哈佛大学的本杰明·沃特豪斯（Benjamin Waterhouse）医生合作，在美国推广疫苗接种，杰斐逊也因而获得了伦敦王家詹纳学会（Royal Jennerian Society）的表彰。②

虽然存在种种联系，但杰斐逊并不希望复制哈佛大学。早在1816年，杰斐逊便曾在《里士满调查者报》（*Richmond Enquirer*）上匿名发表的短文《新英格兰的宗教不宽容》（"Essay on New England Religious Intolerance"），批评"哈佛和耶鲁虔诚的年轻和尚们"，将新英格兰的学院视作神学院。后来，在弗吉尼亚大学的发展势头正劲时，杰斐逊希望弗吉尼亚州放弃全部18万美元贷款，因为停下脚步"就相当于放弃我们崇高的梦想，去追求耶鲁和哈佛二流教授，把他们当作我们的一流教授"。③

杰斐逊也曾招致哈佛群体的批评。例如，在为教授们设计住所时，杰斐逊似乎以为教授们都是单身汉，没有为家庭提供足够的生活空间，后来的哈佛校长埃弗里特在《北美评论》（*North American Review*）上便曾对此匿名批评。埃弗里特还指出，弗吉尼亚大学之缺乏宗教或为世界首例，是一个危险的试验。不过，埃弗里特也认为，弗吉尼亚大学是公立大学的一个样板，值得其他州和联邦政府效仿。④

---

① O'Shaughnessy, Andrew, *The Illimitable Freedom of the Human Mind: Thomas Jefferson's Idea of a University*, Charlottesville: University of Virginia Press, pp. 29, 33, 141.
② O'Shaughnessy, Andrew, *The Illimitable Freedom of the Human Mind: Thomas Jefferson's Idea of a University*, Charlottesville: University of Virginia Press, pp. 129, 39, 147.
③ O'Shaughnessy, Andrew, *The Illimitable Freedom of the Human Mind: Thomas Jefferson's Idea of a University*, Charlottesville: University of Virginia Press, pp. 102, 105.
④ O'Shaughnessy, Andrew, *The Illimitable Freedom of the Human Mind: Thomas Jefferson's Idea of a University*, Charlottesville: University of Virginia Press, pp. 120, 181, 255.

作者还论述了弗吉尼亚大学对哈佛大学的影响。在埃弗里特的支持下，蒂克纳试图提高录取标准，扩大哈佛大学图书馆，按系来组织课程设置，并在学生选择课程方面给予更大的自由，结束通过背诵来学习的传统，虽然他最终只能改变自己所在的现代语言系。蒂克纳在一封信中指出，弗吉尼亚大学是一个伟大和重要的试验，他与新英格兰各学院都非常期待其成功。他承认哈佛大学在教学上的落后，指出如果没有弗吉尼亚大学自己也不会在哈佛大学推行改革，认为弗吉尼亚大学的繁荣会为哈佛大学带来繁荣。在1829年成为哈佛大学校长之时，乔塞亚·昆西试图访问弗吉尼亚大学，以全面熟悉弗吉尼亚大学的起源、历史、体制、纪律和一般规定，以及宗教教学，只是在听说弗吉尼亚大学爆发了伤寒热疫情后才作罢。1869年被任命为哈佛大学校长的查尔斯·威廉·埃利奥特引入了选课制，并将该制度在美国的起源归功于杰斐逊。20世纪的哈佛大学校长詹姆斯·布莱恩特·科南特（James Bryant Conant）更是称自己为一位杰斐逊主义者，撰写了《托马斯·杰斐逊与美国公立教育的发展》（*Thomas Jefferson and the Development of American Public Education*, 1962）一书，认为弗吉尼亚大学塑造了美国西部高等教育。[①]

在一次北美旅行中，一位著名的德意志军官参观了弗吉尼亚大学，并在蒙蒂塞罗同杰斐逊等人进餐。这位军官表示，弗吉尼亚大学是杰斐逊最喜欢的话题，杰斐逊对其前途感到乐观，认为它与哈佛大学将在短期内成为"美国年轻人接受真正的古典和扎实的教育的仅有机构"。[②] 在过去的两百年间，美国高等教育得到迅猛发展，今天的弗吉尼亚大学和哈佛大学当然不是"美国年轻人接受真正的古典和扎实的教育"的仅有地方，但二者分别是美国的一流公立大学和一流私立大学。读完两座学校相互交织的历史后，我们可知这并非偶然。

四、结语：弗吉尼亚大学与杰斐逊的政治思想

通过比较弗吉尼亚大学与哈佛大学并考察两校之间的联系，《人类思想的无

[①] O'Shaughnessy, Andrew, *The Illimitable Freedom of the Human Mind: Thomas Jefferson's Idea of a University*, Charlottesville: University of Virginia Press, pp. 227, 257-258.

[②] O'Shaughnessy, Andrew, *The Illimitable Freedom of the Human Mind: Thomas Jefferson's Idea of a University*, Charlottesville: University of Virginia Press, pp. 250-251.

限自由》一书体现了杰斐逊独特的政治思想与教育政治学。根据上述考察，我们可以得出下列结论。第一，在杰斐逊看来，教育是政府的重要职责。政治学学者已注意到杰斐逊将教育视作"维护我们自由的最可靠的依赖"思想。① 在杰斐逊创办弗吉尼亚大学这一案例中，政府所提供的教育不是初等或中等教育，而是高等教育，不仅包括基本的"学院"教育，还包括更高层次的"大学"教育，这就在建国后不久便为政府所能提供的教育设定了较高层次。

第二，世俗的大学教育体现了杰斐逊的政教分离主张。杰斐逊厌恶哈佛大学这座"神学院"中的"年轻和尚"，而哈佛人却认为弗吉尼亚大学脱离宗教是个危险的试验。如果了解杰斐逊起草的《弗吉尼亚宗教自由法案》及其政教分离主张，这一点就不难理解——如果政府应当是世俗的，那么政府兴办的学校也应当是世俗的。反过来，世俗教育与世俗大学又能培养出一代代具有世俗精神的公民与政治领袖，从而强化一个世俗政府的根基。

第三，对古典学的支持体现了杰斐逊的共和主义精神。莫里森认为，"几乎与其他每个美国高校都不同，杰斐逊不强调古典学，而是支持更为广泛的科学教学，同时也允许学生选择自己的学习程序"②。然而，请卡明斯与希利亚德公司代买德语古典书籍，认为弗吉尼亚大学将成为美国仅有的能为年轻人提供真正古典教育的两个机构之一，却表明杰斐逊并不忽视古典学，而在18世纪和19世纪初，推行古典教育又很大程度上是为了培养共和主义精神，使普通民众成为将国家与社会福祉置于个人利益之上、积极参与公众事务的共和国公民。

第四，选课制与反对体罚体现了杰斐逊的民主精神。与哈佛大学不同，弗吉尼亚大学引进了欧洲的选课制，建立了一套更为民主的教学体制。作为《英属美

---

① 参见王丽萍：《教育与政治：一种政治学观点》，见金安平主编：《权利与权力：教育公共政策的政治学研究》，中国文联出版社2007年版，第8页。

② Morrison, Joshua S. C., "Review of *The Illimitable Freedom of the Human Mind*," *The Virginia Magazine of History and Biography*, Vol. 130, No. 2, 2022. 在这一点上，莫里森一定程度基于奥肖内西自己的论述。参见 O'Shaughnessy, Andrew, *The Illimitable Freedom of the Human Mind: Thomas Jefferson's Idea of a University*, Charlottesville：University of Virginia Press, pp. 8, 15, 21, 146, 253, 255, 259。但奥肖内西也多次提及杰斐逊对古典学的热爱。参见 O'Shaughnessy, Andrew, *The Illimitable Freedom of the Human Mind: Thomas Jefferson's Idea of a University*, Charlottesville：University of Virginia Press, pp. 22, 27, 79, 149, 150, 157, 159。关于弗吉尼亚大学教授乔治·龙（George Long）对古典学的教学与研究，参见 O'Shaughnessy, Andrew, *The Illimitable Freedom of the Human Mind: Thomas Jefferson's Idea of a University*, Charlottesville：University of Virginia Press, p. 137。

洲权利概观》(*A Summary View of the Rights of British America*)与《独立宣言》的作者,杰斐逊憎恶专制与压迫,曾为被统治者竭力发声,而作为弗吉尼亚大学的创办者,他也将民主理念引入大学教育,允许学生选上自己感兴趣的课程。可以想见,对课程的自主选择为学生提供了民主训练,有助于他们获得更好的民主素养,成为合格的选民和政治参与者。此外,杰斐逊也反对体罚和羞辱,主张给学生以更多尊重和关爱,这有助于塑造健康的公民品格与温和的政治文化。

第五,对医学的重视表明,杰斐逊认为政府对公民的健康负有责任。在杰斐逊看来,医学是所有学科中最重要的。弗吉尼亚大学建校时仅有的八位教授中便有一位是医学教授,医学被整合进了弗吉尼亚大学的教育体系,而杰斐逊本人也与哈佛大学医生合作在美国推广疫苗接种。如果说弗吉尼亚大学是19世纪弗吉尼亚州推动科学研究的主要部门,那么确立医学在其中的地位便是弗吉尼亚州推动医学进步的主要途径,这或许可以被视作后世政府更大规模推进医学研究与保护和提升公民健康的先声。

然而,弗吉尼亚大学与哈佛大学的异同以及二者之间的关联也凸显了杰斐逊的政治缺憾。虽然杰斐逊建立弗吉尼亚大学背后有着明显的平民主义理念,虽然女性在杰斐逊家庭生活中有着较高地位,但是教员的高工资与高福利以及学校的优越环境却意味着高昂学费,再加上传统的种族和性别秩序,能够享受到这种教育的恐怕多是携带家眷和奴仆的白人男性富家子弟,不同阶层之间、不同种族之间与不同性别之间的智识水平恐怕会进一步扩大。不过,杰斐逊的这些政治缺憾并非政治思想上的缺憾,甚至与他政治思想整体上的进步精神相违背,而这一基本矛盾也将贯穿于弗吉尼亚大学两百年的历史之中。